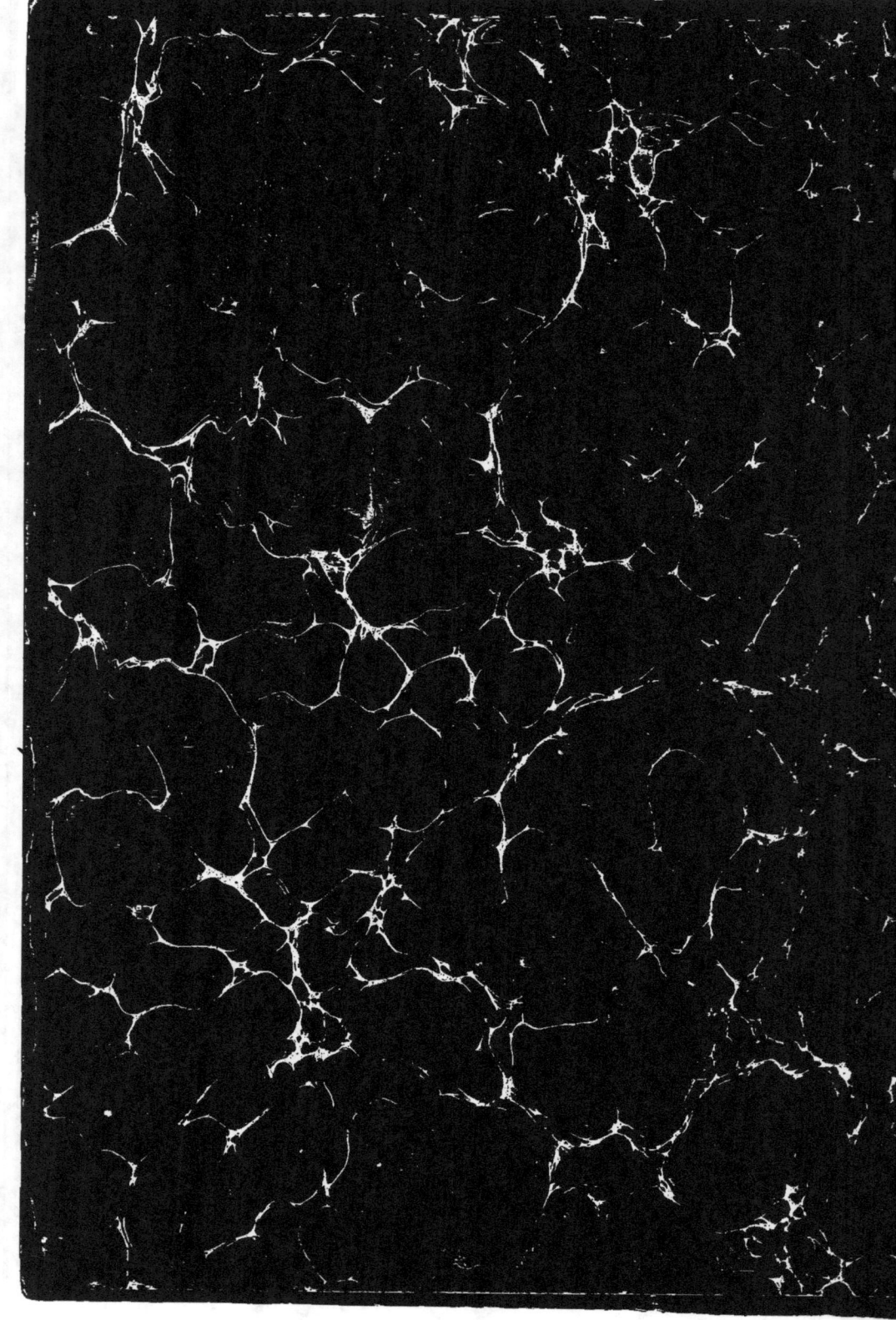

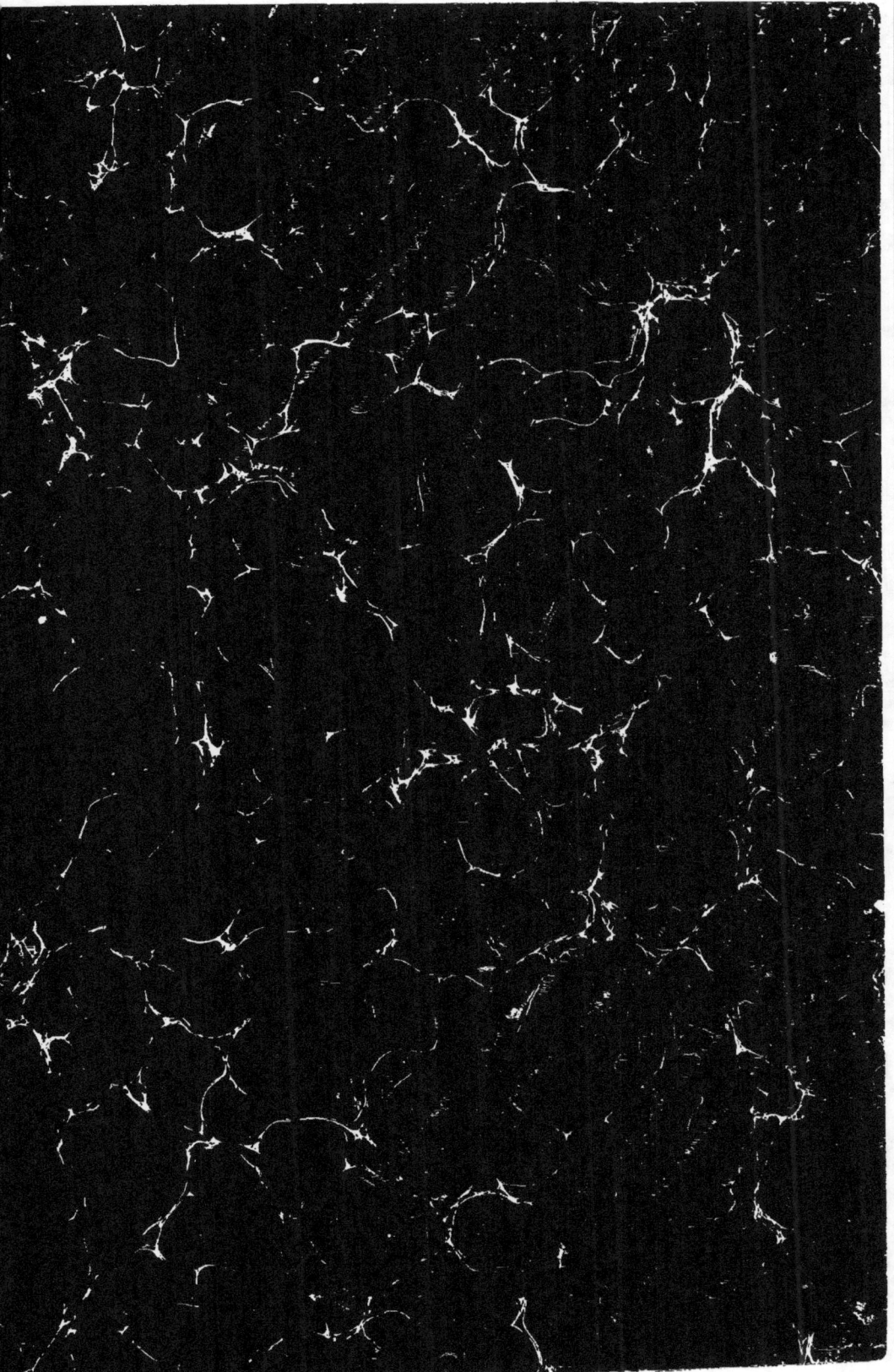

LE PAYS

DE

SOLEIL DE MINUIT

CALMANN LÉVY, ÉDITEUR

DU MÊME AUTEUR

L'AFRIQUE OCCIDENTALE. — Nouvelles aventures de chasse et de voyage. Un volume in-8°, illustré de gravures dans le texte et hors texte.......... 8 »
    Reliure toile avec fers spéciaux, doré sur tranche............... 10.50

L'AFRIQUE SAUVAGE. — Nouvelles excursions au pays des Ashangos. Un volume in-8°, illustré de gravures dans le texte et hors texte, et orné de cartes.. 8 »
    Reliure toile, avec fers spéciaux, doré sur tranche............... 10.50

VOYAGES ET AVENTURES DANS L'AFRIQUE ÉQUATORIALE. — Mœurs et coutumes des habitants. — Chasse au gorille, au léopard, à l'éléphant, à l'hippopotame, etc., avec illustrations et carte. Un beau volume très grand in-8°.. 15 »
    Demi-reliure chagrin, plats toile, doré sur tranche............... 20 »

LE PAYS
DU
SOLEIL DE MINUIT

VOYAGES D'ÉTÉ
EN SUÈDE, EN NORVÈGE, EN LAPONIE ET DANS LA FINLANDE
SEPTENTRIONALE

PAR

PAUL DU CHAILLU

MEMBRE CORRESPONDANT DE LA SOCIÉTÉ GÉOGRAPHIQUE DE NEW-YORK, DE LA SOCIÉTÉ
D'HISTOIRE NATURELLE DE BOSTON
ET DE LA SOCIÉTÉ ETHNOGRAPHIQUE AMÉRICAINE

OUVRAGE ILLUSTRÉ D'UN GRAND NOMBRE DE VIGNETTES
DONT 31 HORS TEXTE

PARIS
CALMANN LÉVY, ÉDITEUR
ANCIENNE MAISON MICHEL LÉVY FRÈRES
3, RUE AUBER, 3
—
1882

A

ROBERT WINTHROP, ESQ.

DE NEW-YORK.

A vous, mon cher Winthrop, qui, en toute circonstance, avez été un ami fidèle et constant, je dédie cet ouvrage : *le Pays du soleil de minuit*, en témoignage de la haute estime que je professe pour votre caractère et en souvenir reconnaissant des heures délicieuses que nous avons passées ensemble à votre heureux foyer, toujours embelli par l'accueil hospitalier de votre aimable femme, et par les acclamations joyeuses de vos chers enfants. Quel que soit mon sort, dans mon pays ou à l'étranger, votre souvenir et celui des vôtres sera toujours cher à

PAUL DU CHAILLU.

New-York, février 1881.

PRÉFACE

Le récit contenu dans ce volume sur la pénisule Scandinave et sur la vie de son peuple est le résultat d'une série de voyages exécutés à différentes époques, de 1871 à 1878, embrassant un séjour d'environ cinq années.

Mon intention, en l'entreprenant, a été d'écrire quelque chose de plus qu'une simple relation de voyage : je me suis proposé d'étudier le caractère physique du pays, et d'observer attentivement les mœurs et coutumes de ses habitants, en participant à la vie domestique de toutes les classes. J'étais certain qu'une telle description ne pouvait être fidèle que si je parvenais à obtenir l'affection et la confiance des indigènes, que s'ils me considéraient comme un des leurs. Pour atteindre ce but, j'ai acquis une certaine connaissance de leur langue, sachant bien qu'il n'y aurait de sympathie véritable entre la population rurale et moi, et que je n'obtiendrais aucune connaissance réelle, que si je pouvais converser avec chacun d'eux.

Afin d'acquérir une connaissance familière du pays, j'ai voyagé d'une façon irrégulière, par des routes qui bien souvent s'entre-croisaient, et, à différentes saisons de l'année, soit de la Baltique à la mer Polaire, soit de l'est à l'ouest. J'ai observé toute la côte depuis Haparanda jusqu'au point extrême nord-est de la Norvège, distance de 3200 milles; en outre, j'ai navigué sur presque tous les fiords, dont les bords ont, au total, une étendue de 3000 milles et même davantage.

J'ai porté mon attention, tout particulièrement, sur les âges préhistoriques et sur celui des Vikings; j'ai mis à profit les recherches les plus récentes des archéologues norvégiens et suédois, ainsi que les illustrations dernièrement publiées pour élucider ces sujets, car leurs restes jettent beaucoup de lumière sur le caractère et les mœurs des habitants actuels, — probablement les plus indépendants, les plus honnêtes et les plus loyaux de tous les peuples européens.

Pour mes informations, je ne me suis fié qu'à mes observations personnelles, et le lecteur peut être sûr que mes descriptions des mœurs primitives ne proviennent pas d'ouï-dire, mais reproduisent ce que j'ai vu de mes propres yeux. Sur les points scientifiques, j'ai consulté les plus hautes autorités locales

La plupart de mes illustrations et tous les portraits viennent de photographies qui ont été prises exclusivement pour ce livre. Celles qui représentent des scènes d'hiver en Laponie sont l'œuvre d'un artiste suédois, Hasse Bergman, qui a visité le pays.

Le titre de cet ouvrage dérive d'un des plus remarquables phénomènes du nord du pays, phénomène dont, en bien des occasions, j'ai été témoin avec étonnement et admiration.

J'ai adopté l'orthographe usitée en chaque contrée pour ce qui a rapport aux noms de lieux et de peuples, etc.; mais comme les langues suédoise et norvégienne se ressemblent beaucoup, et que toutes deux sont maintenant dans un état de transition et arriveront graduellement à baser leur orthographe sur un modèle commun, nulle confusion ne résultera de ce plan.

Je soumets cet ouvrage au public, dans l'espérance qu'il partagera avec moi l'intérêt qui s'attache au peuple scandinave et à son curieux pays.

PAUL DU CHAILLU.

New-York, février 1881.

Stockholm.

LE PAYS
DU
SOLEIL DE MINUIT

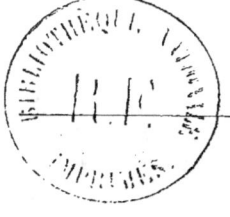

CHAPITRE PREMIER

Traits caractéristiques de la péninsule scandinave.

Il est au loin, vers les régions glacées du Nord, un beau pays, un pays admirable, avec des montagnes couvertes de neige, audacieuses et magnifiques; des vallées profondes, étroites et bien boisées; des plateaux et des pentes abruptes; des ravins sauvages; des lacs limpides et pittoresques; d'immenses forêts de bouleaux, de pins et de sapins, dont la solitude est faite pour calmer l'esprit agité de l'homme; de grands et superbes glaciers sans rivaux en Europe; des bras de mer, appelés fiords, d'une extrême beauté, s'avançant dans l'intérieur au milieu d'une vaste perspective; des ruisseaux sans nombre dont les eaux cristallines varient de nuances, selon qu'elles sont frappées par les rayons du soleil pendant leur course vers l'océan, roulant en innombrables cascades et rapides, remplissant l'air du bruit de leurs chutes; des rivières et des courants qui, dans leur marche précipitée depuis les sommets jusqu'à l'abîme, plongent en énormes torrents, si beaux, si blancs et si chastes, que le spectateur ne se lasse pas de les regarder;

c'est pour lui comme une vision enchanteresse à la réalité de laquelle il peut à peine croire.

Ils ont pour contraste d'immenses étendues de terres stériles et désolées, souvent couvertes de rocs empilés çà et là en masses épaisses ; des landes et des marécages si lugubres, que l'étranger en éprouve un sentiment de malaise auquel il tente en vain d'échapper.

Il y a aussi des paysages exquis et sylvestres, si calmes et si pittoresques, de la mer et des lacs, des montagnes et de leurs rampes, des rivières et des clairières, que l'on se délecte à errer au milieu d'eux.

Des terres cultivées ou des vallées fertiles, bordées de bois et de rochers, avec des fermes et des cottages autour desquels jouent des enfants, offrent le tableau fidèle du contentement et de la paix. Tels sont les traits caractéristiques de la péninsule scandinave, ceinte presque de toutes parts d'une côte sauvage et austère. La nature, en Norvège, est infiniment plus hardie et plus majestueuse qu'en Suède ; mais certains endroits de la côte, le long de la Baltique, présentent des vues enchanteresses de paysages ruraux.

Dans la partie septentrionale de ce pays, depuis les derniers jours de mai jusqu'à la fin de juillet, le soleil brille jour et nuit sur ses montagnes, ses fiords, ses rivières, ses lacs, ses forêts, ses vallées, ses villes, ses villages, ses hameaux, ses champs et ses fermes ; c'est pour cela que la Suède et la Norvège peuvent s'appeler « le pays du soleil de minuit ». Pendant cette période de jour continuel, on ne voit pas les étoiles, la lune est pâle et ne verse point de lumière. L'été est court : il n'accorde que le temps bien juste aux fleurs pour pousser, fleurir et se faner, et à peine assez au cultivateur pour rentrer sa récolte, qui est quelquefois compromise par une gelée hâtive. Peu de semaines après que le soleil de minuit a passé, les heures solaires déclinent rapidement, et, à la mi-août, l'air devient piquant et les nuits plus froides, quoique pendant le jour le soleil soit chaud. Alors l'herbe jaunit, les feuilles changent de couleur, sèchent et tombent ; les hirondelles et autres oiseaux *migrateurs* s'envolent vers le Sud ; le crépuscule reparaît ; les étoiles se montrent une par une et scintillent comme des escarboucles dans le ciel d'un bleu pâle ; la lune redevient la reine de la nuit ; elle éclaire et anime les longues et obscures journées de l'hiver scandinave. Le moment arrive enfin où le soleil disparaît entièrement; les cieux se montrent dans un flamboiement de lumière et de gloire; les étoiles et la lune s'effacent devant l'aurore boréale.

O Scandinavie! j'ai souvent erré sur tes montagnes neigeuses, sur tes collines, dans tes vallées, sur tes lacs et tes fleuves glacés; et lorsque le renne, ce rapide coursier du Nord, m'emportait dans un galop vertigineux, il me semblait entendre une voix murmurer à mon oreille : « Tu as parcouru des contrées où l'on ne connaît point l'hiver et où les fleurs s'épanouissent toute l'année; mais as-tu jamais vu des nuits aussi splendides que celles-ci? » Et, silencieusement, je répondais : « Jamais! jamais! »

Ce pays, qui embrasse environ seize degrés de latitude, est habité par une race d'hommes aux cheveux blonds et aux yeux bleus, braves, simples, honnêtes et bons. Ce sont les descendants des Norses et des Vikings, qui, autrefois, quand l'Europe dégradée gémissait dans les chaînes de l'esclavage, furent les seuls peuples libres et gouvernés par leurs propres lois; et, lorsqu'ils émergeaient de leurs côtes rocheuses et tempêtueuses, qu'ils abordaient dans de lointains pays pour la guerre ou la conquête, ils personnifiaient le courage et l'audace sur terre et sur mer. Ils ont laissé jusqu'à ce jour une impression indélébile de leur caractère sur ces contrées qu'ils envahirent et où ils s'établirent; l'Angleterre doit la liberté qu'elle possède et les qualités viriles de son peuple, ses dispositions vagabondes, son amour pour la mer et les conquêtes en pays lointains à ce mélange de sang scandinave, qui, par sa transmission héréditaire, l'a rendue prééminente comme descendant principalement des Anglo-Scandinaves et non des Anglo-Saxons.

Nous allons maintenant traverser ce pays d'un bout à l'autre, tantôt d'une mer à l'autre, tantôt par des routes bien frayées ou par des sentiers sauvages, en été comme en hiver, et vivre au milieu de son peuple.

CHAPITRE II

De Londres à Göteborg. — Hospitalité native. — Un dîner suédois. — Mets étranges. — Voyage par chemin de fer en Suède. — Une salle à manger modèle. — Scène pittoresque.

Sur la fin de mai 1871, je mis à la voile de New-York pour l'Angleterre, et, le premier juin, à trois heures du matin, je quittais mon hôtel de Londres pour me rendre à bord du steamer qui part toutes les semaines pour la Suède. Après une de ces longues courses qui donnent à l'étranger une idée du vaste périmètre de cette ville merveilleuse, je me trouvai aux docks Millwall juste à temps pour sauter à bord du bateau qui passait par une des écluses. L'atmosphère étant brumeuse et le brouillard épais, nous descendimes lentement et prudemment la Tamise. La rivière, comme d'habitude, regorgeait de navires de toutes les nations, venant de chaque coin du monde ou y retournant. Nous avions pour destination Göteborg en Suède. Les passagers, en petit nombre, étaient tous Suédois, excepté moi.

Le brouillard augmenta et devint si dense à l'approche de la nuit, que l'on courait le danger de se jeter dans les bateaux pêcheurs dont un nombre infini se trouvait sur notre route. Le capitaine suédois était très poli et parlait parfaitement l'anglais. Je ne l'ai jamais

Stora Hamngatan, à Göteborg.

entendu proférer un juron ; avant de se mettre à table, il inclinait la tête et disait à voix basse une bénédiction, coutume que je trouvai presque universelle en Scandinavie.

Cette partie du passage ne fut pas aussi rapide que nous l'espérions, à cause du brouillard et aussi parce que le navire était très lourd. Le dimanche, vers dix heures du matin, le ciel s'éclaircit soudain et le temps se maintint au beau jusqu'à la fin de notre voyage. Dans l'après-midi, nous aperçûmes la côte du Jutland, qui était basse et semblait déserte et sablonneuse ; dans la soirée, nous passâmes devant le phare de Skau, situé près de l'extrémité septentrionale du Danemark, et nous assistâmes à un admirable coucher du soleil : — l'incandescence d'un jaune foncé qui suivit sa disparition me rappela un peu la lumière zodiacale de l'équateur ; à dix heures, le crépuscule était si clair, que nous ne pûmes voir que Jupiter et trois étoiles.

Le lundi matin, de bonne heure, nous arrivâmes en vue d'une côte stérile et bordée de rochers granitiques. Bientôt après, notre steamer remonta le Göta-elf (rivière Göta), et, à cinq heures, nous nous rangions le long des quais de Göteborg, après un voyage de trois jours. Lorsque nos bagages eurent été examinés par les employés de la douane, je pris mes quartiers à l'hôtel Götha Källara, le meilleur de la ville, mais inférieur à maints hôtels de moindre prétention dans de petites villes suédoises. Göteborg, que les Anglais appellent Gotenbourg, est la seconde ville et le port principal de la Suède. Elle contient une population de soixante-dix-sept mille âmes, et est située sur la côte occidentale par 57° 42′ nord. La propreté de la ville m'impressionna ; ses canaux, qui passent au milieu des rues, me rappelèrent les villes de la Hollande ; mais l'architecture des maisons était décidément française, tandis que les villas étaient du style anglais.

J'avais obtenu des lettres d'introduction de herr Stenersen, le ministre de Suède et Norvège à Washington, et, pendant mon passage à Londres, j'en avais reçu du consul de New-York et d'autres amis. L'une de ces lettres était adressée à une importante maison de commerce de Göteborg ; le principal associé, herr W..., était membre de la première chambre de la Diète. Je fus frappé de l'amabilité de ces gens, de leur politesse et de la manière calme et sans prétention avec laquelle ils cherchèrent à me venir en aide. La douceur de leur prononciation modifie l'excellent anglais qu'ils parlent; ils me dirent : « Soyez le bienvenu en Suède ! soyez le bienvenu en Scandinavie ! »

Il y a trois manières de se rendre de Göteborg à Stockholm: par voie de fer, ce qui prend douze heures; par eau, d'une mer à l'autre, et par poste Si le voyageur a du temps à sa disposition, la route par le canal et par le lac, sur le bateau à vapeur, est préférable. Elle exige trois jours, mais elle offre une occasion excellente de voir le pays sans être fatigué; la plupart des steamers sont très confortables.

« Vous allez dîner avec moi, me dit l'aîné des frères, car vous ne pouvez pas partir avant demain matin; nous n'avons qu'un train par jour pour Stockholm. »

C'est ainsi que, dès mon entrée sur le territoire scandinave, je fis connaissance avec l'hospitalité de ce peuple.

Nous dînâmes à trois heures après midi, et je vis, mais trop tard, qu'il aurait été convenable que je fusse en habit noir et cravate blanche; bien que le dîner ait lieu de si bonne heure dans la journée, les Suédois sont très scrupuleux à cet égard. J'eus l'honneur de conduire mon hôtesse dans la salle à manger. En Suède, le dîner est invariablement précédé d'un *smorgås*, série de mets étrangers que l'on mange comme des friandises.

On me conduisit à une petite table, appelée *smorgåsbord,* autour de laquelle nous nous groupâmes tous et sur laquelle je vis un déploiement de viande de renne fumée, coupée en petites tranches minces; du saumon fumé avec des œufs pochés; du saumon frais, cru et découpé, appelé *graflax,* sur lequel on venait à peine de jeter du sel; des œufs durs; du caviar, des saucisses frites, une sorte d'anchois pêché sur la côte occidentale; du hareng de Norvège salé, excessivement gras, coupé en petits morceaux; une *sillsallat,* faite de hareng mariné, de petits morceaux de viande bouillie, de pommes de terre, d'œufs, de betteraves rouges et d'oignons crus, assaisonnés avec du poivre, du vinaigre et de l'huile d'olive; des poitrines d'oies fumées; des concombres, du pain noir et blanc coupé en tranches minces; du *knockebröd,* sorte de pain plat, dur, fait avec de la grosse farine de seigle et parfumé avec de la graine d'anis ; du pain *siktadt* très mince, et fait avec de la fleur de farine ; du beurre, du *gammal ost*, le fromage le plus fort que l'on puisse manger et du *kummin ost,* fromage assaisonné avec du cumin des prés ; trois carafes de cristal contenant différentes sortes de *brănvin* (spiritueux) ; *renadt,* fait de seigle et de pommes de terre ; *pomerans*, fabriqué avec du renadt et une addition d'huile d'orange amère et de quelque chose de doux ; et *finkelbrănvin,* ou esprit de vin non purifié. Autour des carafes étaient rangés des petits verres, et les messieurs burent l'une ou l'autre de ces boissons pour exciter l'appétit ; les plats et les liqueurs m'étaient également étrangers. Tout était disposé avec goût sur une nappe aussi blanche que la neige ; les assiettes, couteaux, fourchettes et serviettes étaient placés comme pour une collation ; mais, lorsqu'en ma qualité de convive, on m'invita à me servir le premier, je ne sus comment m'y prendre ; on mangeait debout. Voyant mon embarras, l'hôtesse vint généreusement à mon secours en prenant une tranche de pain qu'elle couvrit de beurre, et choisissant ensuite de bons morceaux avec une fourchette. Je liai conversation avec mon hôte, mais j'observai constamment les manières de faire, afin de savoir comment m'en tirer ensuite ; on se servait en commun des couteaux et des fourchettes. Je commençai par du pain beurré et de la viande de renne, que je trouvai fort bonne, et, voyant chacun se jeter sur le graflax, je résolus d'en goûter ; mais à peine avais-je mis la tranche dans ma bouche, que je regrettai vivement d'avoir tenté l'expérience. Il était trop tard ; il me fallait manger ; pas moyen d'y échapper. Mon estomac se soulevait, et pourtant la seule chose à faire était d'avaler le morceau ; un petit verre de renadt, que je bus aussitôt après, me sauva. Je ne renouvelai pas l'expérience du graflax ce jour-là, ni bien d'autres après. Le saumon fumé était un progrès sur le graflax, mais je le trouvai assez mauvais ; la sillsallat, qui est considérée comme une chose extrêmement délicate quand les harengs sont gras, me parut agréable ; j'aimai beaucoup les divers autres mets, et les poitrines d'oies fumées me semblèrent particulièrement succulentes ; mais je n'oublierai jamais ma première impression du saumon cru. Plus tard, je devins très amateur de la sillsallat et même de tout ce qui était sur un smörgäsbord, excepté du graflax, que je puis manger maintenant, mais je doute qu'il me fasse jamais plaisir. Les Suédois le regardent comme une friandise, et, comme les premiers saumons pris au printemps sont chers, le graflax est considéré comme un objet de luxe.

Cependant le smörgas n'était qu'un préliminaire du dîner, un apéritif. Nous nous assîmes à une grande table et l'on m'assigna la place d'honneur. Le dîner et les vins ressemblèrent à ceux des autres pays. Au commencement du repas, l'hôte, *le verre en main*, souhaite la bienvenue à ses invités, puis il salue l'hôtesse, et, pendant le dîner, l'hôte, l'hôtesse et les invités, le verre en main, se saluent aussi les uns les autres et sirotent leur vin. Il est de coutume pour tout cavalier de ramener au salon la dame qu'il a conduite au dîner ; puis vient la mode charmante et invariable pour chaque invité de serrer la main de l'hôtesse en disant : *Tack för maten* (merci pour le repas), à quoi elle répond : *Wälbekommet* (à votre service). La même cérémonie se répète en honneur de l'hôte et du reste de la famille ; les enfants viennent ensuite et, de la même façon, adressent des remerciements à leurs parents ; ainsi, dès leur jeunesse, on leur enseigne à être reconnaissants envers leurs ascendants. Suit alors un échange de politesses, souvent accompagnées de poignées de main et de révérences des convives les uns avec les autres, et un temps considérable se passe avant que l'on serve le café. J'étais, je l'avoue, en peine de savoir ce que signifiaient ces étreintes et je ne pensai ni à remercier ni à tendre la main. Donc, dès le premier jour, je commis deux bévues : j'avais assisté au dîner sans habit de soirée, et je n'avais pas exprimé de remerciements pour l'hospitalité reçue.

Le temps était délicieux ; on proposa une promenade. « Il faut que vous voyiez notre petit parc, » me dirent l'hôte et l'hôtesse ; et vraiment leur éloge de ce joli lieu de plaisir n'était pas exagéré. C'est le rendez-vous d'été favori des habitants de Göteborg. Il est disposé avec goût ; des sentiers serpentent à travers des arbustes le long des bords d'une petite rivière et des fleurs émergent en profusion de toutes parts ; on paye peu de chose pour l'entrée, mais les voitures en sont exclues. On prétendait que le printemps était en retard d'une semaine ou deux ; cependant, l'aubépine commençait à fleurir ; les lilas, les pommiers et les marronniers étaient en pleine floraison; les peupliers, es ormes et les tilleuls se couvraient de boutons, et les chênes venaient de laisser percer leurs jeunes feuilles; l'herbe était verte et la scène offrait un tableau charmant. Sous un pavillon central, une bande de bons artistes faisaient de la musique; des troupes de moineaux apprivoisés gazouillaient alentour; sous l'ombrage des arbres, des centaines de visiteurs flânaient, se promenaient ou conversaient en prenant des rafraîchissements à de petites tables préparées pour cet objet, en échangeant les courtoisies caractéristiques de ce peuple.

Voilà comment se passa le premier jour de ma visite en Scandinavie. La charmante famille, qui m'avait reçu comme son invité, exigea ma promesse de venir lui faire une autre visite lors de mon retour à Göteborg.

Le railway de Göteborg à Stockholm a été construit par le gouvernement et sous sa direction; c'est la route principale de l'ouest à l'est; elle se relie avec le nord et le sud et autres points de la Suède, de même qu'avec Christiania; ce chemin et le grand railway du sud sont les deux plus belles artères de la Scandinavie.

Le lendemain, 13 juin, à six heures du matin, je faisais route pour Stockholm, distant de 42,6 milles suédois. Les wagons sont semblables à ceux en usage dans toutes les contrées de l'Europe; un voyageur n'a droit qu'à soixante-dix livres de bagage et le poids qui dépasse cette limite est sujet à des frais très élevés. On ne me permit pas de prendre mon fusil avec moi; c'était contre les règlements, et il dut rejoindre mon bagage. En quittant Göteborg, la scène me rappelait de temps en temps la Nouvelle-Angleterre. En maints endroits, le pays paraissait stérile et rocheux, et bien des champs étaient entourés de murs de pierres, précisément comme ceux que l'on élève communément en Amérique; d'autres n'avaient pour clôture que des planches. De petits lacs, des bois, des marécages, des champs cultivés me passèrent successivement sous les yeux; les maisons de fermes étaient peintes en rouge. Plus nous avancions dans l'intérieur du pays, plus la végétation semblait en retard, et la scène devenait particulièrement suédoise: des collines de granit poli prouvant l'action des glaciers; des forêts de sapins, de pins et de bouleaux, alternant avec des pièces de terre arable, des landes et de longues étendues de marais ; çà et là des terres sableuses, couvertes de pierrailles ou d'arbres rabougris.

On a évidemment apporté de grands soins à la construction de la route, qui a été faite sous la surveillance des employés du gouvernement et avec les meilleurs matériaux. On a consulté l'économie pour l'aménagement des détails ; des monceaux de fer de rebut sont entassés le long de la ligne, et chaque pièce est conservée pour la refonte ; le graissage même des machines et des roues de wagons est exécuté de façon à empêcher toute perte de graisse. Les stations sont tenues dans un ordre parfait ; le nom de chacune d'elles s'étale sur la façade en gros caractères, avec la distance de Stockholm et de Göteborg ; presque toutes sont entourées de jardins et le bien-être des voyageurs est admirablement entendu. Les agents du chemin de fer sont très polis ; les chefs des stations, les conducteurs, les commissionnaires et autres *employés* portent invariablement l'uniforme. A des distances d'environ trois milles, de petites maisons rouges ont été bâties pour les gardiens qui surveillent le chemin ; elles sont numérotées consécutivement, et chaque gardien est tenu de parcourir la moitié de l'espace de haut en bas pour voir si tout est bien en ordre ; à chaque chemin de traverse stationne un gardien, les règlements formulés par le gouvernement exigeant que les compagnies prennent toutes les précautions possibles pour assurer la sécurité générale.

Dans l'après-midi, nous fîmes halte à une station appelée Katrineholm, l'un des meilleurs buffets des chemins de fer de la Suède. En entendant le cri de « Vingt minutes pour dîner ! » je m'élançai du train et courus en toute hâte à la *matsal* (salle à manger), car le grand air m'avait mis en appétit. Me rappelant mes expériences sur les routes ferrées de l'Amérique, je pensai qu'il n'était pas improbable que la limite stipulée de vingt minutes en signifiât dix ; de là mon empressement. Mais, quand j'entrai dans la salle, je fus honteux d'avoir coudoyé mes compagnons de voyage aussi brutalement que je l'avais fait ; tout était calme, bien ordonné, propre, et je m'arrêtai pour jouir de ce spectacle qui m'impressionna par sa nouveauté. Au centre d'une chambre spacieuse, au parquet immaculé, une grande table, couverte d'une nappe fort blanche, portait toute une variété de plats tentateurs, comprenant de grands poissons des lacs, du roast-beef, de l'agneau, du poulet, de la soupe, des pommes de terre et autres légumes frais; différentes sortes de pain; des puddings, des gelées, du lait doux, de la crème, du beurre, du fromage, et l'immanquable lait de beurre, que beaucoup de personnes mangent d'abord, même avant la soupe. Les aliments étaient cuits à point. Des piles d'assiettes chaudes, avec des couteaux, des fourchettes et des serviettes se trouvaient à portée du voyageur. L'aspect de cette salle était engageant, gai et appétissant; on aurait pu croire qu'un banquet avait été apprêté pour la réception d'une société particulière. Le télégraphe avait annoncé aux pourvoyeurs le moment exact de notre arrivée, et, comme les trains sont ponctuels, à moins d'être retardés par de soudaines tempêtes de neige ou des accidents, tout était prêt pour nous. J'observai avec beaucoup d'intérêt les manières des voyageurs : point de confusion ; on faisait le tour de la table centrale, chacun choisissait le plat qu'il préférait et, après avoir pris des couteaux, des fourchettes, des cuillers et des serviettes, on s'asseyait à de petites tables de marbre espacées dans la salle. On se servait soi-même quand on voulait quelque chose. Je remarquai particulièrement la modération de chacun; la portion d'aliments pour une personne ne dépassait pas celle que l'on aurait servie à une table privée; chaque voyageur semblait se dire que son voisin aussi pouvait avoir envie du plat qu'il avait choisi. La vente des spiritueux étant défendue par le gouvernement dans les stations de chemins de fer, on ne pouvait se procurer que de la bière ou des vins légers, que servaient des jeunes filles alertes et avenantes. Les voyageurs prenaient eux-mêmes du café à une grande urne posée sur la table ; on pouvait avoir du lait sans augmentation de prix.

Le dîner terminé et la période de vingt minutes étant expirée, nous passâmes à la caisse pour payer notre écot, que recevaient les jeunes filles. Le prix demandé pour cet excellent repas était, y compris le café, de un rix-dollar et 25 öre [1]; il est maintenant de 5 rix-dollar et 50 öre. On avait ajouté au total la modique somme de 25 öre, pour la bouteille de bière. Le compte donné par chaque voyageur

---

1. Le rix-dollar s'appelle maintenant krona; il est divisé en 100 öre, et équivaut à 26 cents américains, ou 1 fr. 30 c.

pour la quantité de vin, bière ou café qu'il avait consommée, était accepté sans observation, et personne ne se tenait à la porte pour surveiller ceux qui sortaient. En quittant la salle à manger, je me sentais plus que jamais enchanté de la politesse inépuisable de ce peuple.

La scène était devenue de plus en plus belle, même avant d'avoir atteint Katrineholm, le railway côtoyant un lac étroit et pittoresque, bien boisé de pins, de sapins, de bouleaux et de chênes dont les branches s'étendant au loin donnaient un caractère particulier au paysage. En approchant de Sparholm, le spectacle devenait plus beau encore : champs superbes, bocages, forêts, lacs et rivières passaient rapidement devant nous et formaient un panorama charmant. A six heures, nous atteignîmes Stockholm, et je ne tardai pas à m'établir confortablement à l'hôtel Rydberg, sur le square Gustave-Adolphe, d'où j'avais la vue complète du palais royal et de la plus jolie partie de la ville.

Le lendemain matin, surpris de voir le domestique poser une note sur ma table, j'en tirai la conclusion naturelle que l'on s'attendait à ce que je payasse tous les jours, et, en conséquence, je lui tendis la somme nécessaire pour faire face à cette obligation ; mais, tout en s'excusant avec politesse, il refusa de recevoir l'argent et m'expliqua que l'on avait l'habitude de présenter chaque jour sa note à tout hôte avec un memorandum du montant de la précédente journée, afi de corriger immédiatement les erreurs s'il s'en trouvait. Les maîtres d'hôtel des autres pays de l'Europe feraient bien d'imiter cette coutume, qui est avantageuse pour tous. C'est une honnête mesure, et elle a servi à fortifier encore davantage ma bonne opinion de ce peuple.

CHAPITRE III

Stockholm. — Première impression. — Grande politesse. — Sociabilité du peuple. — Vie extérieure. — Charmantes dames. — Longs crépuscules. — Parcs. — Magnifiques faubourgs. — Dimanche. — Un établissement d'instruction. — Institutions libres. — Écoles.

L'étranger qui, par une belle journée de juin, entre dans la pittoresque et charmante ville de Stockholm, éprouve une impression délicieuse. Bâtie en partie sur huit îles, reliées par des ponts traversant la petite rivière qui sert d'écoulement au lac Mélar, cette ville possède un cachet romantique différent de celui de toute autre capitale.

Le massif palais, les squares, les musées, jardins, bibliothèques, institutions scientifiques, écoles, églises et ponts; les quais splendides qui forment le plus beau trait de la ville et le long desquels les navires chargent et déchargent des marchandises; les nombreux bateaux à vapeur qui font l'office d'omnibus et transportent les passagers d'un lieu ou d'une île à l'autre; les preuves surabondantes de bon gouvernement et de prospérité; tout se combine pour faire de Stockholm une des villes les plus attrayantes de l'Europe.

La longueur du lac est d'environ soixante-quinze milles; il est constellé de plus de quatorze cents îles; ses bords profonds et dentelés sont émaillés de villes, de villages, de hameaux, d'églises, de ruines, de châteaux, de vieux castels, de modernes villas, de fermes et de prairies alternant avec d'énormes masses de rochers, des forêts sauvages et silencieuses et des rivières limpides, pendant que ses eaux sont sillonnées par des steamers et des navires à voiles se dirigeant vers la mer ou en venant. La Baltique se déroule à travers un archipel congloméré, et forme un charmant fiord marqué des traits caractéristiques d'une scène suédoise. La ville couvre un grand espace, à cause de ses places, parcs, larges quais, et de l'eau qui court rapidement entre les îles. Beaucoup de rues sont étroites, sans trottoirs, pavées de cailloux, avec des cassis dans le milieu ou sur les côtés au lieu d'égouts; cependant, la ville est propre. La plupart des maisons sont hautes et plâtrées, à peu près comme celles du vieux Paris; mais quelques quartiers sont ornés de belles résidences. Le plus ancien quartier est bâti sur l'île de Stadsholmen[1], où le palais royal domine de beaucoup les maisons environnantes. C'est une noble et vaste construction contenant une grande bibliothèque, beaucoup d'objets de curiosité et une belle galerie de tableaux; le malheur est que, dans son voisinage, se trouvent quelques-unes des rues les plus laides et les plus étroites de Stockholm. L'Opéra possède un très bon orchestre, qui serait en honneur à Londres ou à Paris, à Berlin ou à Vienne. Les divers théâtres et autres lieux d'amusement sont quelquefois fermés en été. Il y a aussi des jardins d'été ou parcs, dans lesquels on a du plaisir à voir circuler la foule et à entendre de la musique.

Kungsträdgarden est un très beau square, avec de grands arbres et de nombreuses variétés de fleurs; il est orné d'une superbe fontaine et des statues en bronze de Charles XII et Charles XIII. Le parc Berzélius est un charmant endroit, avec une statue de grandeur naturelle de l'illustre chimiste dont il a l'honneur de porter le nom. Strömparberren, agrémenté de fleurs et d'arbres, est délicieusement situé au pied du pont Norrbro, la rivière coulant rapide de l'autre côté. L'étranger ne manquera pas de visiter la colline

---

[1]. Les huit îles sur lesquelles est bâtie la ville s'appellent : Kungsholmen, Riddarholmen, Helgeandsholmen, Stadsholmen, Skeppsholmen, Kastellholmen, Stromsborg et Djurgarden.

Mosebacke, du sommet de laquelle on a une admirable vue de la ville et des environs.

Stockholm offre au voyageur quelques grands hôtels avec des chambres confortables et bien meublées; leurs prix sont modérés. Le plus moderne, le Grand-Hôtel, n'est pas situé aussi agréablement que le Rydberg, mais c'est le seul qui ait un ascenseur et des bains. Les maisons particulières ont rarement des chambres de bains, et, comme dans presque toutes les villes d'Europe, les gens doivent aller dans des établissements publics pour faire leurs ablutions.

L'étranger qui parcourt les rues de Stockholm remarque de nombreux écriteaux portant ces mots : « Rum för resande », ce qui excite l'étonnement du voyageur, parce qu'il prend ces établissements pour des débits de boisson; mais ces écriteaux annoncent seulement que ce sont des « chambres pour voyageurs ». Les Suédois qui viennent à la ville y logent généralement par mesure d'économie.

Le contraste des communautés commerciales de Göteborg et de Stockholm est très frappant. Dans la première de ces villes, les négociants suivent strictement leurs affaires pendant les heures de bureau; mais, dans la seconde, les boutiquiers manquent souvent à leurs établissements pendant ces heures, beaucoup passent trop de temps dans les cafés.

Bien des magasins sont tenus par des femmes qui dirigent parfaitement leurs affaires et sont des modèles d'économie; dans d'autres cas, les femmes et les filles viennent en aide à leur mari ou père; en un mot, à moins d'être riche, chaque membre d'une famille contribue à son entretien.

Ma surprise fut grande de voir la propreté des appartements de la plus humble classe de boutiquiers et autres gens; tous s'efforcent de sauver les apparences et ont généralement quelque rafraîchissement à offrir, soit une tasse de café, soit un verre de vin.

En suédois ou en norvégien, *herr* correspond à notre mot monsieur, et *fru*, à madame. Quand on s'adresse aux jeunes dames bien élevées, on se sert du terme *froken;* autrefois, on ne l'appliquait qu'aux filles nobles.

Il y a trois titres de noblesse en Suède : *grefve*, comte, est le plus élevé, *grefvinna*, comtesse; *friherre*, baron; *friherrina*, baronne; on se sert aussi des mots baron et baronne. Le dernier degré de noblesse n'a point de titre; en s'adressant aux personnes de cette classe on dit : *wälborne herr* ou *fru*. Les noms des autres personnes ayant un titre quelconque doivent être précédés de ce titre; ainsi *herr doctor* ou *herr professor*, ou tout autre grade civil ou militaire. De même que partout, sur le continent, les fils héritent du titre de noblesse de leur père; quand les filles nobles épousent un homme non titré, elles peuvent ajouter le titre de leur père au nom qu'elles prennent. Chose étrange! Le mot *mamsell*, corruption du français mademoiselle, est usité pour les personnes de la classe la plus humble. On se sert du mot *jungfru* quand on parle aux filles de fermiers ou à des servantes. *Flicka* est le terme général pour fillettes; *tjenstflicka*, servante, *drang*, domestique mâle.

Les personnes polies ne se servent que de la troisième personne lorsqu'elles interrogent. « Herr A... veut-il venir avec nous? Herr W... ne pense-t-il pas que le temps est orageux? » La forme personnelle *ni* (vous), est maintenant plus usitée. On se sert de *du* (tu, toi), entre amis. Quand deux gentlemen désirent employer ce terme entre eux, ils disent : « Skola vi lägga bort titlarna? (nous servirons-nous de nos titres?) » Ils s'offrent un verre de vin et disent : « Skal brother (à ta santé, frère); » ils le vident jusqu'au fond et ajoutent : « Thanks (merci). »

Il y a chez les femmes de Stockholm et de la Suède une mode qui est vraiment charmante. Non seulement les jeunes dames nobles et riches sont parfaitement élevées, mais encore on leur enseigne la simplicité dans les manières et la toilette, habitudes qu'elles conservent dans leurs années de maturité et qui leur donnent un air de modestie et de raffinement vraiment unique. Elles ont peu de bijoux, et encore ceux qu'elles mettent sont de la sorte la plus simple. Elles portent rarement des robes de soie, et, en général, pas avant leur entrée dans le monde.

Les Suédois, comme tous les peuples de l'Europe, ont un faible pour les décorations. Cela flatte leur vanité. Les militaires tiennent à endosser leur uniforme en toute occasion. La première impression que reçoit un voyageur en arrivant dans ce pays, c'est qu'il est régi par un gouvernement despotique, et que l'élément civil est subordonné au pouvoir militaire; il n'en est rien heureusement, et le pays ne gémit pas sous une telle malédiction. La liberté de la parole et de la presse est entière; on peut discuter librement l'abrogation ou la modification des lois, et la législation est conçue de façon que les libertés du citoyen ne puissent être à la merci du roi, ou d'un pouvoir arbitraire; il n'y a point de police secrète, sauf celle qui est nécessaire pour arrêter les malfaiteurs. Pas un peuple en Europe n'est plus libre que le peuple scandinave; on ne demande de passe port à personne, que l'on vienne dans le pays ou que l'on en parte.

Les habitants des villes portaient des vêtements de deuil comme marque de respect pour la reine défunte. La toilette des dames était noire avec un col blanc, des manchettes blanches et une ruche blanche sur la tête; on porte aussi un tablier blanc, mais les gants doivent être noirs. Presque tous les hommes avaient un crêpe au chapeau, des gants et des cravates noirs. Beaucoup étaient en grand deuil.

Une des particularités les plus curieuses de la ville, c'est l'air de contentement et de satisfaction qui distingue les manières de ses habitants. Dans les rues, les connaissances se saluent continuellement; les messieurs restent la tête découverte en parlant aux femmes de la classe la plus humble.

Une politesse et une amabilité extrêmes sont les signes caractéristiques de la nation, et se retrouvent dans toutes les classes; le pauvre salue le riche, et le riche salue le pauvre. On voit un raffinement de manières même chez les domestiques; ils sont traités avec considération, et un sentiment amical règne entre eux et leurs maîtres.

Les Suédois observent strictement l'étiquette; on rend invariablement le lendemain les visites d'un étranger. Comme nation, les Suédois sont les plus polis de l'Europe; s'ils ne sont pas démonstratifs, rien ne leur coûte pour rendre service.

La sociabilité de toutes les classes est remarquable. Des familles entières ou des sociétés d'amis dînent ensemble dans les restaurants des faubourgs, des groupes de tout genre s'amusent dans les parcs. Des négociants invitent leurs connaissances à passer la journée dans leurs pittoresques villas qui dominent les eaux du lac ou des fiords; c'est souvent l'occasion d'un passe-temps simple et sans prétentions.

Quand une société nombreuse est invitée à dîner, les convives mangent soit debout, soit assis, avec leurs amis particuliers à de petites tables placées dans les coins du salon ou sur les galeries. L'hôtesse et ses filles font les honneurs avec grâce et simplicité, servant l'un, ou invitant l'autre à venir s'asseoir à une table. Puis arrive généralement un petit discours de l'hôte, qui propose de boire à la santé d'une ou de plusieurs personnes de la compagnie. Ces dîners ont l'avantage d'être sans cérémonie.

Les Suédois bien élevés parlent au moins une et souvent deux langues étrangères; lorsqu'avec le temps ils ne réussissent plus à les parler couramment, ils les lisent cependant et les écrivent toujours bien. Après les Russes, ce sont les meilleurs linguistes de l'Europe.

Quoique la correspondance officielle se fasse en français et que bien des personnes des cercles comme il faut parlent cette langue mieux que les autres, j'ai remarqué chez la nouvelle génération une tendance à étudier davantage l'allemand et l'anglais.

L'été est la saison la plus propice pour visiter la ville. Le mois de juin, et surtout ses deux dernières semaines, est l'époque de l'année la plus agréable, parce que bien des gens ne sont pas encore partis pour la campagne. Riches et pauvres passent leurs heures de loisir au grand air; l'après-midi et le soir, les jardins d'agrément et les parcs regorgent de monde; des bandes d'artistes font de la musique, les citadins et les étrangers les écoutent, assis à de petites tables sur lesquelles on leur sert de la bière, du café, des sodas, du punch et autres rafraîchissements. Des familles entières, père, mère, enfants, oncles, tantes, cousins ou amis, y passent leurs soirées. Chacun est proprement vêtu et l'on ne voit ni rudesse ni vulgarité.

La rupture du long hiver ouvre le blocus glacé qui interceptait la route vers le nord; les docks s'animent et chargent ou déchargent des navires frétés pour les ports de la Baltique, le golfe de Bothnie, Saint-Pétersbourg, la Norvège, l'Allemagne, l'Angleterre et la France; la navigation des canaux et des lacs reprend dès le retour de la saison chaude; des steamers partent journellement pour les côtes méridionales et septentrionales, donnant au touriste l'occasion d'aller où bon lui semble.

Les plus longs jours dans le sud de la Suède sont alors venus. Le soleil se lève à Stockholm, du 17 au 21 juin, à deux heures quarante-cinq minutes du matin et se couche à neuf heures dix-sept du soir. Pendant un certain temps, il n'y a point d'obscurité et le crépuscule ne dure qu'environ trois heures. Alors les jours raccourcissent d'une minute le matin et d'une minute le soir jusqu'à la fin de juillet; le dernier jour de ce mois, le soleil se lève à trois heures quarante-quatre et se couche à huit heures vingt-sept. En août, les jours diminuent plus rapidement, et, le 31, le soleil se lève à quatre heures cinquante-cinq minutes et se couche à sept heures quatre minutes; le 30 septembre, il se lève à six heures trois minutes et se couche à cinq heures trente-cinq.

Au premier abord, l'absence de nuit semble très étrange. Les quais où sont amarrés les steamers s'animent de la vie des affaires, les navires livrent ou reçoivent leurs cargaisons, un nombre incalculable de *stévedores* (portefaix) apportent les colis à bord des bateaux. A une heure du matin, le nombre des promeneurs diminue sensiblement dans les rues, et, à deux heures, on ne voit plus que quelques rôdeurs; les volets des fenêtres sont fermés et les rideaux soigneusement tirés afin d'exclure la clarté; la ville est silencieuse. De temps à autre, se fait entendre la voix des veilleurs qui, des clochers des églises, crient l'heure de la nuit, vieille coutume encore régnante; les agents de police font leurs battues, et les pas des quelques soldats qui vont relever la garde résonnent dans les rues. Sur les quais, les douaniers veillent pour voir si personne ne fraude le fisc, et, là seulement, des signes de vie sont visibles durant toute la nuit.

La ville renferme une population de cent soixante-quatorze mille habitants; elle est en latitude à 59° 21', et située à l'opposé du grand et large bras de la Baltique, en forme de fiord, appelé Finskaviten (baie de Finn) qui conduit à Saint-Pétersbourg. Quoique à 35 milles plus au sud que la capitale de la Russie, son climat est de 3 ou 4° plus frais en été, et de 6 à 8° plus chaud en hiver. Cette différence provient de ce qu'en été les vents soufflent sur la Baltique et le lac Mélar, et qu'en hiver Saint-Pétersbourg est exposé aux frimas du pays. Il est très rare qu'à Stockholm le thermomètre monte au delà de 88°, ou que, pendant les plus grands froids, il descende à 25°. Les mois les plus chauds sont juillet et août ; la température moyenne varie de 62 à 66°. La température ordinaire de l'année donne un terme moyen de 41 à 43°[1].

Les faubourgs de la ville constituent son grand charme. On peut passer des journées à explorer les environs par eau et par terre, le paysage est partout d'un caractère purement suédois et sylvestre. Sur les bords des fiords, des baies et des îles, les rochers alternent avec des bois de chênes, de tilleuls, d'ormes, de frênes, de peupliers, d'aunes, de sapins et autres arbres, et chaque bout de terre est en culture. De petits steamers en fer sillonnent la mer dans toutes les directions, prenant les gens devant leurs maisons, les y ramenant, ou débarquant les promeneurs et les amants de la nature à leur endroit favori.

Le plus beau des parcs est le Djurgarden (parc du Daim), qui n'a pas son égal en Europe. Il occupe une île d'environ 18 milles de circonférence, portant des villas, des promenades romantiques, des avenues délicieuses, des sentiers à travers les clairières, des forêts d'arbres magnifiques, des lacs et des masses de rochers. On y trouve des sujets d'amusement, des cafés et des restaurants ; l'endroit le plus populaire et le plus fréquenté est Hasselbacken, où chaque jour viennent des foules de dîneurs. Le parc est d'un accès facile ; on y arrive par de petits vapeurs qui, à de courts intervalles, viennent de Norrbro et d'autres points, ou par un pont qui y conduit en quelques minutes.

Le petit palais de Rosendal, aussi charmant que peu prétentieux, habité alors par la reine douairière, est situé dans ce parc. Cette délicieuse retraite est presque cachée par les arbres. Devant la maison s'étale un magnifique vase en porphyre, sortant de la manufacture d'Elfdal, en Dalécarlie. Il y a encore plusieurs autres parcs et palais dans les faubourgs.

Carlberg-Park, avec ses grands tilleuls, ses ormes et ses chênes, est un rendez-vous favori en été. Le palais a été transformé en école

---

[1]. Il s'agit ici du thermomètre Fahrenheit.

militaire. Les autres sont : Marieberg, sur l'île de Kungsholmen, qui a une école supérieure d'artillerie; Bellevy, presque en face de Haga, avec des arbres admirables; le palais de l'Ulriksdal et son beau parc. Drottningholm est le palais le plus important près de la ville; il est situé sur la Lofön, l'une des îles du Mélar. N'oublions pas non plus Svartsjö, Rosersberg, Rydboholm, et recommandons une promenade à la voile sur le fiord et le Mélar.

Ce qui surprend surtout l'étranger, c'est que dans les résidences royales il n'y a ni clôtures, ni murs, ni soldats, ni policemen. Personne ne touche à rien; les visiteurs se promènent dans les parterres, auprès des portes et sous les fenêtres, même quand la famille royale est au château; si elle est absente, le public peut visiter tous les palais en demandant simplement la permission à un des domestiques. Il règne une si grande liberté, et les gens de service sont si peu nombreux, que ce brave et honnête peuple, qui ne comprend pas l'étiquette, se trompe souvent, et, en entrant dans un palais, est tout étonné de se trouver en face du roi.

On aperçoit des villas et des résidences d'été dans tous les coins et recoins des bords rocheux. Les maisons, à peu d'exceptions près, sont en bois, bien peintes, et souvent entourées de massifs de fleurs. Toutes ont des débarcadères où les steamers déposent ou prennent des passagers; des bains et souvent des hangars pour les bateaux.

L'eau est le seul moyen de communication pour beaucoup de ces villas. De petits vapeurs ont chacun leur route particulière; ils vont à la ville et en viennent journellement, s'arrêtant aux différentes stations. C'était pour moi une source de plaisir inépuisable, pendant mes différentes visites à Stockholm, que de faire des excursions sur ces bateaux. A chaque débarquement, les femmes et les enfants accourent au-devant de leurs maris et pères; des amis accueillent d'autres amis; tous semblent joyeux et heureux de se souhaiter la bienvenue. Ailleurs, c'est une dame et sa bonne, revenant du marché de Stockholm, avec un énorme panier rempli de provisions pour une semaine.

Le pays, tout le long des routes, est dans un état de culture superbe et, de loin en loin, on voit un champ de tabac.

A Stockholm, le dimanche, on ferme les magasins et on suspend les affaires. Pendant le service divin, les auberges et cafés doivent être clos; mais, comme chez d'autres nations protestantes de l'Europe, c'est aussi un jour de récréation pour le travailleur qui se repose. Quand le service du matin est terminé dans les églises, les bibliothèques et les musées se remplissent d'industriels qui n'ont point d'autre jour à consacrer au repos ou au perfectionnement intellectuel. Les parcs sont ouverts aux familles d'artisans et de marchands; les pères et mères prennent part aux jeux de leurs enfants et jouissent des beaux jours d'été. Ces gens appartiennent en majeure partie à la classe ouvrière, ou sont des boutiquiers qui n'ont point de maison de campagne pour y passer leurs moments de loisirs, point de villes d'eaux pour aller s'amuser, point d'argent pour des objets de luxe et qui se sentent heureux quand vient l'après-midi du dimanche. Après l'office du matin, ils vont avec leurs femmes et leurs enfants respirer l'air pur et fortifiant, qui leur infuse une nouvelle vie, avant de retourner s'enfermer dans les manufactures où ils sont occupés pendant six jours par semaine. L'influence salutaire des parcs dans les villes n'a pas été, je crois, suffisamment appréciée; ils font beaucoup de bien; maint artisan, au lieu de passer des heures à boire, irait de grand cœur avec sa famille jouir de cet innocent plaisir.

C'est le comble de l'égoïsme quand des gens qui vivent à la campagne, ou qui ont tous les conforts de la vie dans les villes, ou qui peuvent s'absenter à leur gré et assister aux fêtes, trouvent mauvais que la population ouvrière sorte le dimanche pour fortifier son corps ou perfectionner son esprit. Je voudrais que ceux qui pensent ainsi fussent à la place de ce pauvre peuple, et nous verrions ce qu'ils diraient d'un séjour dans les chambres d'une maison, sur les murs brûlants de laquelle le soleil de juillet a dardé toute la journée ses rayons enflammés.

La ville est le siège de plusieurs grandes maisons de banque. La plus importante est la Riksbanken, sous le contrôle de la diète; puis l'Enskilda-Bank de Stockholm, fondée en 1859. Le directeur herr W..., auquel je suis redevable de bien des obligeances, et dont j'apprécie hautement l'amitié, est connu comme l'un des financiers les plus capables du pays. Il représente Stockholm à la diète, comme membre de la première chambre. Sa vie a été aussi accidentée que celle de tout homme du nouveau-monde. Fils d'un évêque luthérien, il partit comme mousse sur un navire américain. Étant jeune homme, il avait acheté à New-York la *Family Library* (bibliothèque de famille) de Harper, qu'il a conservée avec soin et qu'il m'a montrée avec orgueil comme l'un de ses amusements, en me faisant remarquer qu'il l'avait payée de ses économies et avec bien du mal. Il s'intéresse fort aux affaires américaines; en politique, il compte parmi les libéraux et appartient au parti de la Réforme. Il a été l'un des premiers, sinon le premier, dans les trois royaumes scandinaves, à appeler l'attention publique sur la nécessité de prendre l'or pour étalon. Dès 1853, il essaya aussi de faire adopter le système décimal des poids et mesures. C'est lui qui, le premier, a employé les femmes dans les banques dont il est directeur, et quelques dames y occupent des emplois de grande responsabilité ; il est d'avis qu'il faut étendre le champ d'occupation des femmes, et il dit que, dans bien des cas, leur éducation les met à l'abri des tentations auxquelles sont exposés les hommes.

La capitale de la Suède n'est pas seulement une ville de plaisir et de commerce; c'est aussi un grand centre de savoir et de science. Ses musées, hôpitaux, institutions scientifiques; ses nombreuses écoles et son développement général d'éducation, lui ont valu une société hautement spirituelle, raffinée, délicieuse, qui contribue à en faire une des villes les plus charmantes de l'Europe. Professeurs, docteurs, riches négociants, personnes engagées dans toutes les branches de l'art, de la science et de la littérature, hommes de loisirs et hauts fonctionnaires, réunissent en eux les plus belles qualités du peuple, et sont toujours prêts à rendre service à ceux qui viennent visiter leur pays.

L'Académie des sciences est un grand bâtiment, sans prétentions architecturales; mais elle possède une belle bibliothèque et une vaste collection minéralogique et géologique qui passe pour une des plus remarquables de l'Europe; les spécimens de botanique et de zoologie sont aussi très précieux. Parmi ses rares curiosités, il faut citer de nombreux aérolithes de toutes tailles, dont l'un est le plus grand que l'on ait jamais trouvé ; il a été découvert par le professeur Nordenskiöld, que ses explorations au nord ont rendu si cher à la science ; le poids de cet aérolithe dépasse quarante-neuf mille livres. Dans l'une des salles où ont lieu les séances régulières de l'Académie, que préside souvent le roi, on voit le long des murs les portraits des premiers académiciens, dont quelques-uns ont laissé des noms impérissables dans les annales de la science ; entre autres, ceux de Linnée et de Berzélius. L'institut Carolin a une bibliothèque, un laboratoire de chimie et de précieuses collections ; l'institut technologique est un autre édifice public qu'aucun étranger ne manque de visiter. La Landtbruks Akademien (Académie d'agriculture), est une institution ayant une ferme où se font les expériences agriculturales. Le séminarium, collège où l'on enseigne aux dames les branches les plus hautes du savoir, est une splendide pépinière d'institutrices privées et publiques ; les professeurs de l'Académie des sciences font des cours réguliers et des conférences dans cette institution et dans les autres écoles ; l'observatoire, les écoles, et l'hôpital sont également dignes d'un examen attentif. Le musée national, superbe construction, contient une galerie de bons tableaux et des statues, et une précieuse collection de monnaies, la plupart trouvées en Suède et dont quelques-unes sont fort rares ; on peut y admirer aussi des ornements en or d'une antiquité reculée et des ustensiles appartenant aux âges de la pierre, du bronze et du fer. Une exposition extrêmement intéressante est la collection historique de vêtements anciens ; il s'y trouve la chemise que portait Gustave-Adolphe à la bataille de Lutzen ; des taches dénotent les endroits teints du sang de ce héros ; le costume de Charles XII et son chapeau troué par la balle qui le tua pendant qu'il était seul dans la tranchée devant Fredrikshald, à faire des observations topographiques ; le domino que portait Gustave III quand il fut assassiné ; et, de plus, des boucliers, des casques, et autres attirails guerriers dont chacun a son histoire.

Les églises sont en grand nombre, mais aucune n'a de prétention architecturale. La plus intéressante est l'église de Ryddarholmen, avec sa flèche en fer, haute de plus de 300 pieds. Cette église est chère aux Suédois, car c'est le mausolée où reposent leurs plus grands hommes. C'est ici que se trouve la tombe de Gustave-Adolphe, le héros de la guerre de Trente ans, le champion du protestantisme. Sur le sarcophage on lit ces mots : *Moriens triumphavit;* à côté de lui est couchée sa femme, la reine Marie-Éléonore. La basilique contient aussi les tombes de Charles X et de Charles XI avec leurs épouses, ainsi que celle de Charles XII et de plusieurs autres guerriers illustres. Le sol est couvert de dalles sous lesquelles gisent les restes de maints grands hommes dont les noms ont rempli le monde, et qui sont la gloire de la Suède. Ce n'est pas seulement par ses souvenirs historiques que la Riddarhus est intéressante : c'était autrefois la maison où la noblesse, comme l'un des quatre corps constituant la diète, tenait ses sessions. Elle est ornée d'un grand nombre d'écus, portant les armes de la noblesse suédoise, dont bien des familles sont aujourd'hui éteintes.

A l'ouverture ou à la clôture de la diète, l'étranger peut voir que toutes les classes du peuple sont représentées dans l'auditoire, depuis la simple servante avec son mouchoir sur la tête, jusqu'au plus noble et au plus riche du pays. A moins qu'il n'en soit empêché par la maladie, le roi en personne ouvre et ferme généralement les sessions. Cette cérémonie, que l'on exécute avec toutes les formalités voulues, n'est qu'une mascarade dont les Suédois sont les premiers à se moquer. Le souverain est entouré des chevaliers de l'ordre des Séraphins, fondé il y a bien longtemps ; tous portent des costumes vraiment grotesques.

Les écoles publiques sont nombreuses et l'instruction est obligatoire. Le nombre des enfants de Stockholm en âge d'aller à l'école (de sept à quatorze ans), d'après le recensement de 1870, était de 16,843.

- Nombre des assistants à l'école tous les jours. 12,849
- —   —   dans d'autres écoles. 2,313
- —   dans les affaires ou à l'ouvrage.   970
- —   des incapables par maladies.   116
- —   n'allant pas à l'école.   595

Sur cette quantité de 15,162 écoliers, 5,194 payaient le prix entier de l'écolage, 2,313 n'en payaient qu'une partie, et 7,655 ne payaient rien ; cette dernière classe suit les cours des écoles du peuple (*folkskolan*) ; la ville paie pour l'instruction 185,795 38 kronor, ou 24,26 öre par enfant. Il y a 208 professeurs masculins et féminins avec une moyenne de 38,8 enfants pour chacun ; la moyenne d'âge des écoliers est de dix ans. Sur les 7,655 élèves gratuits, 99,9 pour cent apprenaient le catéchisme, le suédois, l'arithmétique et l'écriture ; 62,6 pour cent apprenaient en sus l'histoire et la géographie ; 57,6 pour cent l'histoire naturelle, 52.7 pour cent le dessin ; 9 pour cent la géométrie ; 56 pour cent le chant et la gymnastique. Parmi les filles, 2,180 apprenaient à coudre, etc. Ceux qui s'absentent de l'école à une époque ou l'autre n'étaient que 9,6 pour cent ; les absents pour raison valable 3,2 pour cent ; sans raison 1/2 ou 1 pour cent ; par paresse. 4 pour cent ; par pauvreté, 1 pour cent. Ainsi, pendant l'année, les enfants qui ont manqué à l'école étaient de 721. Ceci parle hautement en faveur du peuple et de l'efficacité des lois sur les écoles.

Il existe une classe d'écoles, appelée *Hogre Elementar larorerk* (Hautes classes élémentaires), où l'on enseigne les langues mortes et étrangères, en même temps que les branches avancées de la science ; on y prépare aussi les étudiants qui veulent entrer dans les universités. Ils n'ont qu'une faible somme à payer pour leur instruction et ceux qui n'en ont pas les moyens la reçoivent gratuitement. Des gymnases sont attachés à ces institutions.

La Slodjskolan est une école industrielle libre, dans laquelle les étudiants apprennent la pratique des mathématiques ; construction géométrique ; dessin d'ornement, linéaire ou d'après la bosse ; mécanique ; architecture ; gravure ; sculpture ; peinture ; lithographie ; langues suédoise, française, anglaise et allemande ; tenue des livres ; les élèves sont surtout des ouvriers des deux sexes. Cette splendide école, qui fait tant d'honneur à Stockholm, était fréquentée en 1874 par 1,765 élèves, 992 garçons et 773 filles. Outre les classes du soir, il y a encore celles du jour ; mais ces dernières ne sont que pour les filles qui payent chacune 50 öre par mois. On y donne une instruction spéciale en dessin, peinture, moulage en terre et en cire, lithographie, gravure sur bois et sur cuivre, tenue des livres, arithmétique, géométrie, langues française, anglaise et allemande. Ces classes étaient suivies par 791 élèves, formant pour toute l'institution un total de 2,556 élèves. On a du plaisir à traverser ces nombreuses salles et à observer ces hommes et ces femmes, humbles mais intelligents, dont toutes les énergies semblent tendues vers leur perfectionnement intellectuel. Cette école est ouverte du 1er octobre au 1er mai.

L'une des institutions les plus importantes est le « Kongliga Gymnastika central Institutet » (Royal institut central de gymnastique), qui devrait être introduit en tous pays. Son but est de développer la gymnastique pratique, de préparer des étudiants en médecine et des instructeurs pour toutes les écoles, et enfin de traiter les maladies qui exigent un exercice physique ; les cures effectuées sous cette forme sont souvent remarquables. On enseigne aussi l'anatomie, afin de donner la connaissance du système musculaire. Le nombre moyen d'élèves qui suivent ces cours est d'environ 1,500, qui, en majorité, sortent des écoles publiques.

Une académie libre des beaux-arts pourvoit à l'instruction de la peinture, de la sculpture, de l'architecture, etc. Une académie royale de musique enseigne gratuitement la musique et le chant ; le nombre des élèves des deux sexes est d'environ 250.

La statistique se prononce en faveur de Stockholm et de ses habitants, et les autres pays trouveraient tout avantage à copier maintes de ses institutions. Nulle nation n'est plus près de sa décadence que celle dont l'orgueil se refuse à accepter les améliorations et les inventions des autres, parce qu'elles ne lui sont pas particulières, ou qui inculque à sa jeunesse qu'elle tient la tête de la civilisation et que le monde doit suivre sa direction.

CHAPITRE IV

Charles XV, roi de Suède et de Norvège. — Son accueil amical. — Conversation sur différents sujets. — Sa sympathie pour les Français. — Il est opposé à la peine de mort. — Une visite au palais Ulriksdal. — Goûts de Sa Majesté. — Le parc Haga. — Un dimanche en Suède. — Palais de Rosendal. — Un visiteur matinal. — Photographies. — Mort du roi Charles. — Regrets sur sa perte.

Du square Gustave-Adolphe, en regardant par-dessus Norrbro, on voit le massif palais royal; à sa droite vient se rattacher un petit corps de bâtiment. Les goûts simples et sans ostentation de Charles XV, lui ont fait choisir pour habitation cette partie modeste de ce vaste bâtiment; les grandes salles de l'aile principale ne servent que dans les occasions solennelles et pour les cérémonies officielles.

Dès mon arrivée, je désirai voir le roi, non par curiosité ni vanité, mais pour offrir l'hommage de mon respect au souverain dont j'allais parcourir les États. Après m'être renseigné, je m'aperçus que la chose n'était pas facile. La cour portait le deuil de la reine décédée quelque temps avant mon arrivée, et le roi, qui relevait à peine de maladie, n'habitait pas Stockholm à cette époque. Je fis néanmoins une demande régulière d'audience, et, à ma grande surprise, le ministre d'Amérique recevait le lendemain la lettre suivante, écrite en français :

« Le ministre des affaires étrangères a le plaisir d'annoncer à M. Andrews, ministre résidant des États-Unis d'Amérique, que sa Majesté le roi recevra M. Du Chaillu en audience privée, demain samedi, à onze heures (11) du matin, dans les petits appartements de Sa Majesté, au palais de Stockholm.

» Le comte de Walchmeinster profite de cette occasion pour présenter à M. Andrews l'assurance de sa considération la plus distinguée.

» Stockholm, 16 juin 1871. »

Non seulement ma requête avait été agréée sur-le-champ, mais encore Sa Majesté me faisait l'honneur de venir à Stockholm et de m'accorder une audience privée. J'arrivai à la modeste entrée des appartements particuliers trois ou quatre minutes avant le moment fixé pour ma réception ; un factionnaire gardait la porte extérieure, mais ne me demanda pas où j'allais. Accompagné d'un domestique de l'hôtel, qui était venu pour me montrer le chemin, je montai les escaliers et j'arrivai auprès de deux valets en deuil. Je demandai le roi ; ils ouvrirent une porte et m'introduisirent dans une bibliothèque fort simple au centre de laquelle se trouvait un billard ; les livres étaient reliés sans luxe, évidemment dans l'intention de s'en servir, et non pour être seulement regardés. J'étais à peine depuis trois minutes dans cette pièce, lorsqu'un gentleman, vêtu avec grande simplicité, entra vivement, suivi de deux officiers. Il me souhaita le bonjour, et passa dans la chambre voisine, dont il ferma la porte. Il avait traversé si rapidement, qu'il ne me laissa pas le temps de lui rendre son salut. Les officiers revinrent, et, après s'être inclinés devant moi, me dirent : « Le roi est prêt à recevoir M. Du Chaillu ; » puis ils m'introduisirent dans la chambre du souverain, avec lequel ils me laissèrent seul. Charles XV vint à moi, me tendit la main et me dit qu'il était heureux de me voir en Suède. Son accueil amical, son regard franc et ouvert et l'absence totale de cérémonie éveillèrent ma plus vive sympathie, et je me sentis tout à fait à l'aise.

Le roi était grand et élancé, de teint brun. Quoiqu'il portât sur la figure des traces de sa récente maladie, je ne m'étonnai pas que, quelques années plus tôt, il eût passé pour le plus beau des souverains existants.

Je remerciai Sa Majesté, au nom des littérateurs et des voyageurs américains, d'avoir bien voulu m'accorder une audience, et j'ajoutai que, chez nous, aux États-Unis, on le connaissait comme poète et artiste, et que tous, nous l'admirions surtout comme monarque d'un pays libre. « Oui, répondit-il, nous sommes libres, car nous avons un gouvernement constitutionnel. Je suis heureux d'apprendre que vous allez voyager en Suède et en Norvège, et nous voir tels que nous sommes. » Je répartis que j'avais l'intention d'explorer entièrement la péninsule scandinave d'une extrémité à l'autre, pendant plusieurs années, pour bien connaître le peuple. Je ne savais que très peu de chose alors des politesses et courtoisies de tout genre qui m'attendaient partout.

— Asseyons-nous, dit le roi en m'indiquant une chaise auprès d'une petite table devant la fenêtre ; et, tirant un étui de sa poche, il m'offrit un cigare. En apprenant que je n'avais jamais fumé ni prisé de ma vie, il me dit, avant d'allumer son cigare :

— La fumée vous gêne-t-elle ?

— En aucune façon, répondis-je.

— Je suis étonné qu'un voyageur comme vous ne fume pas, reprit le roi en lâchant une forte bouffée de fumée ; vous ne savez pas ce que vous perdez.

— L'ignorance, en ce cas, est un bonheur, répliquai-je.

— Nous vous connaissons en Scandinavie, ajouta-t-il. Plusieurs de vos ouvrages ont été traduits en norvégien et en suédois ; vous verrez que vous n'êtes pas un étranger pour nous !

— Votre Majesté veut-elle me faire l'honneur d'accepter mes œuvres en anglais ?

— Avec plaisir. Voyagez bien ; visitez nos écoles en Norvège et en Suède, nos universités, nos institutions scientifiques ; tous nous croyons en l'éducation. Voyez nos railways, nos canaux ; observez chaque chose. Vous ferez probablement connaissance avec beaucoup de nos savants qui, je n'en doute pas, seront enchantés de vous montrer nos collections.

Nous parlâmes agriculture.

— Avant d'être roi, dit-il, j'étais fermier. J'aimais beaucoup cette vie, mais je dus la quitter ; maintenant, il ne me reste point assez de temps ; car j'ai beaucoup d'occupations. Puis il parla des progrès qu'avaient fait la Suède et la Norvège en éducation. — Il faut

Le Palais royal de Stockholm.

que l'ignorant soit particllement instruit. Nous avons une loi excellente ; chaque enfant est tenu d'aller à l'école.

Et ses traits s'animaient à mesure qu'il parlait.

— Je suis très heureux, répondis-je, de voir que Votre Majesté n'est pas un de ces hommes qui, étant instruits, croient que les autres doivent demeurer ignorants ; un de ces hommes qui s'opposent à l'éducation générale, mais qui ne voudraient pas que leurs enfants fussent mal élevés.

Ensuite la conversation roula sur les télégraphes, les chemins de fer, les manufactures.

— Il faut, reprit le roi, que nous ayons plus de chemins de fer, plus de capitaux et plus de peuple ; car notre pays est vaste, et, s'il était complètement perfectionné, nous pourrions entretenir une plus nombreuse population.

Nous conversâmes sur la Laponie et le nord de la Suède.

— J'ai beaucoup voyagé en Laponie, me dit le roi, j'aime les voyages.

Jetant les yeux sur la collection exquise d'antiquités, d'armures, et de curiosités anciennes qui garnissait la chambre, je demandai la permission de l'examiner. — « Certainement, » répliqua le roi ; et il prit grand intérêt à me montrer et à m'expliquer l'histoire des spécimens précieux amassés par lui. Revenus auprès de la table, nous causâmes politique, de l'état de la France, de la guerre désastreuse dans laquelle elle s'était plongée elle-même et qui venait de finir.

— J'ai appris, lui dis-je, que Votre Majesté est opposée à la peine de mort.

— Un homme n'a pas le droit de prendre la vie de son semblable, fit-il tristement et d'un ton rêveur. J'ai été obligé de signer un ou deux arrêts de mort, c'est parce que je ne pouvais réagir contre l'opinion publique du pays. Puis, consultant sa montre, il dit : « Vous savez que je suis en deuil ; ma santé n'est pas bonne et je ne demeure pas à Stockholm. Venez demain (dimanche) à Ulriksdal où je réside maintenant, ce n'est qu'à une courte distance de Stockholm. » Il eut la bonté de m'indiquer la route pour m'y rendre en bateau et il ajouta : « Je vais vous écrire sur une carte comment vous devez vous y prendre, dans la crainte que vous puissiez l'oublier. » N'ayant point de papier, je le priai d'écrire sur une de mes cartes de visite ; son crayon ne marquait pas, je lui prêtai le mien ; puis il se leva, ce qui signifiait qu'il était temps de partir.

Sa Majesté me donna une cordiale poignée de main, me dit : « A demain ! » et je me retirai après une audience d'une heure.

Une charmante navigation de deux heures me conduisit au point de débarquement de l'Ulriksdal. Le palais est délicieusement situé sur les rives de l'Edsviken (*viken*, baie). Il occupe trois côtés d'un quadrilatère et a été construit par le grand capitaine Jacques de la Gardie. Le roi Bernadotte, grand-père du roi actuel, s'en servait comme de caserne ; Charles XV l'a transformé en belle résidence d'été et il y demeure pendant la saison chaude. Du débarcadère au palais, je n'aperçus pas un soldat, pas un policeman, pas même un domestique en livrée ; les promeneurs allaient et venaient. Les portes conduisant aux différents escaliers étaient ouvertes, ainsi que les fenêtres du rez-de-chaussée, par lesquelles chacun aurait pu facilement entrer, et des pêcheurs jetaient leurs filets en face de la résidence royale.

Je m'arrêtai au pied du grand escalier, mais je ne vis personne ; je me dirigeai vers un autre sans plus de succès. « N'y a-t-il personne ici ? » m'écriai-je alors. Un homme, se penchant sur la balustrade de l'étage supérieur, me regarda d'un air qui voulait dire : « Que désirez-vous ? — Le roi est-il chez lui ? demandai-je. Non, fut la réponse. — Il y est, repris-je ; il m'a invité à venir ! » A ces mots, l'individu disparut pour reparaître au bout d'un instant au bas de l'escalier ; il me fit une profonde révérence et me montra le chemin. En atteignant le premier étage, il m'expliqua que Sa Majesté se tenait au bout d'une suite d'appartements où j'entrai. Dans la quatrième chambre, je vis le roi en train de peindre. Dès qu'il entendit mes pas, il mit son habit en s'écriant : « Soyez le bienvenu à Ulriksdal, Monsieur Du Chaillu, » et me donna une poignée de main. « Comme vous voyez, continua le roi, je peins, je finis un paysage ; » en même temps, il me présenta à son professeur.

— Pourquoi Votre Majesté prend-Elle la peine de remettre son habit? demandai-je; Elle ne pourra pas peindre aussi aisément. Mais le roi garda son frac, et nous entrâmes en conversation.

— J'ai eu grand'peine à trouver Votre Majesté, lui dis-je, car ni soldats ni policiers ne veillent sur Elle, et les domestiques n'empêchent personne de s'introduire dans le palais.

— Des soldats pour me garder! s'écria le roi en souriant; en

Charles XV.

effet, il n'y en a point. Les soldats sont pour le pays, et non pour moi. J'aimerais mieux renoncer à être roi, si j'étais obligé d'avoir des soldats pour veiller sur moi. Nous sommes tous libres ici.

Voilà ce qu'était la simplicité de manières de Charles XV. Le peuple semble si bien connaître les convenances, qu'il s'abstient d'importuner un homme et de le suivre à la piste, bien que ce soit un souverain. On peut attribuer ce peu de curiosité à ce qu'on voit le roi partout, comme tout autre citoyen, et que le peuple s'accoutume à sa présence.

Je priai Sa Majesté de continuer sa peinture. « Non, dit le roi ; je veux vous faire voir les curiosités que j'ai réunies dans ce palais. J'aime tant cet endroit, que j'y passe toujours une grande partie de l'été. » Il me pria de garder mon chapeau, et, se coiffant lui-même d'un feutre mou à larges bords, il me conduisit de chambre en chambre, me montrant avec fierté sa belle et rare collection d'ameublements, de porcelaines, de tapis des Gobelins, de vieilles poteries, de vases, de coupes à boire, de cornes, etc. ; la plupart de ces objets très anciens et de grande beauté, quelques-uns d'un puissant intérêt historique, et tous témoignant de son goût artistique.

Nous entrâmes ensuite dans sa propre chambre, où il ouvrit une cassette dont il sortit quelques-unes de ses photographies. Il me demanda si je les trouvais bonnes et m'en donna une sur laquelle, à ma requête, il mit sa signature. Puis, prenant un album contenant des autographes de personnes illustres, il me dit à brûle-pourpoint : « Faites-moi l'amitié d'y inscrire votre nom, » ce que je fis, un peu malgré moi. »

Quand sonna l'heure du départ, il descendit l'escalier et m'accompagna jusqu'à la porte pour me dire adieu. Il me serra la main très affectueusement, me souhaita santé et succès pendant mon voyage au Nord et ajouta : « Ne manquez pas de venir me voir à votre retour.

Le lendemain matin, une ordonnance m'apporta un paquet qui contenait deux lithographies représentant la salle à manger de l'Ulriksdal que m'envoyait le roi, et une lettre de l'un des chambellans accompagnant le cadeau, avec les meilleurs souhaits de Sa Majesté pour mon voyage.

Telle fut ma première connaissance de cet aimable monarque. Plus je le vis ensuite, plus j'appréciai ses sentiments affectueux envers moi, et, comme ses concitoyens, j'appris à admirer les nobles traits de son caractère.

On le voyait souvent dans les rues de Stockholm et de Christiania, visitant les magasins comme un simple particulier, et, lorsqu'il était reconnu, chacun sentait que le souverain avait, comme toute autre personne, le droit de se promener dans les rues sans être suivi ou regardé. On se contentait de le saluer ; mais cette coutume est si générale, que tout homme connu n'a pour ainsi dire rien à faire que saluer ceux qu'il rencontre. J'ai vu quelquefois le roi descendre de voiture pour parler à des gentlemen et y remonter une fois l'entretien fini, prouvant ainsi qu'il était fidèle aux règles de la politesse. Sa ponctualité dans tous ses rendez-vous était proverbiale.

Il mourut le 18 septembre 1872 et fut pleuré d'un bout à l'autre de la Scandinavie. Dans les plus humbles chaumières, où son portrait était suspendu aux murs, j'ai entendu exprimer de sincères regrets de sa perte. On l'appelait « le bon roi Charles ». Ses meilleurs amis furent les paysans et les gens de la basse classe ; bien des Suédois m'ont dit qu'ils croyaient que, depuis les Wasa, aucun souverain n'avait été autant regretté que lui. On l'aimait malgré ses défauts ; jamais il ne rechercha la popularité, car il était indépendant et détestait les façons cérémoniales ; cette indépendance même le rendait cher aux masses ; elles aimaient la simplicité de ses manières, la bonté de son cœur, sa franchise et même sa brusquerie. Il y avait dans son maintien un certain magnétisme qui attirait les gens. J'ai entendu certaines personnes censurer ses habitudes de simplicité, et déclarer qu'il aurait dû être plus formaliste. Il eut des défauts, — qui n'en a pas ? — mais ses grandes qualités les faisaient oublier. Sa fille unique est mariée au prince royal de Danemark. Il a eu pour successeur son frère, aujourd'hui Oscar II, qui, sous bien des rapports, ne lui ressemble pas. Le roi actuel est un savant accompli, bon musicien et poète, et homme de grand tact. Il parle plusieurs langues et s'exprime parfaitement en anglais. Je ne puis que lui souhaiter longue vie et prospérité, et une popularité comme celle dont jouirent son père Oscar 1er et son frère Charles XV.

CHAPITRE V

Appareillage vers le soleil de minuit. — Navigation à vapeur dans la Baltique. — Caractéristique des passagers. — Arrangement. — Aspect de la côte. - Débarquement. — Fêtes à bord. — Un hameau. — Haparanda. — Manière de voyager.

C'est à l'extrémité nord du golfe de Bothnie, sur la rive droite de la pittoresque rivière Torne, qu'est située Haparanda, la ville la plus septentrionale de la Suède, où les touristes se donnent rendez-vous pour voir le soleil de minuit et observer la côte. Pendant les mois d'été, de confortables steamers quittent toutes les semaines Stockholm pour cette partie de la Suède, et s'arrêtent à différents points. En prenant un de ces bateaux, vers le 13 ou le 18 juin, le voyageur peut faire une petite tournée agréable, et jouir sans effort de la vue du soleil de minuit. La traversée dure environ trois jours, mais il ne faut pas manquer de retenir une cabine à l'avance, car ces bateaux sont souvent encombrés. Le seul désagrément consiste dans le bruit que l'on fait aux différents lieux d'arrêt en déchargeant ou en recevant la cargaison, ce qui empêche de dormir.

Il y a deux manières d'entrer dans la Baltique en quittant Stockholm : l'une par le fiord et l'autre par le Mélar, qui est relié à la mer par le canal Södertelge. La côte, de chaque côté du fiord, est littéralement ourlée d'îles, dont beaucoup ne sont que de simples rochers émergeant de l'eau; quelques-unes sont grandes, cultivées ou couvertes d'arbres conifères, tandis que d'autres sont habitées par des pêcheurs.

Par une de ces belles matinées, si communes en Suède en cette saison, je partis pour le Nord, au moment où le soleil levant dorait de ses rayons le sommet des collines. Le bateau passa devant Waxholm, qui défend les approches de Stockholm; tous les ans, on augmente ses fortifications. Les îles succédaient aux îles; la scène devint graduellement plus sauvage et le rivage plus stérile: des sapins, largement espacés, couvraient les rochers; parfois on apercevait un moulin à vent, ou une maison de pêcheur, ou quelques vaches appartenant à une petite ferme paissant auprès de l'eau. Après avoir navigué quatre heures, nous prîmes par le travers de l'île d'Arholma, sur laquelle on voit un vieux sémaphore, que ses bras en saillie font ressembler à un moulin à vent. Plus loin, nous passâmes entre la terre ferme et l'île d'Aland; nous entrâmes dans le golfe de Bothnie, et peu à peu nous perdîmes de vue la terre. Notre steamer, lourdement chargé, ne faisait pas plus de dix milles à l'heure. La mer était unie comme un miroir; les vents nous arrivaient de la Suède, apportant les émanations des forêts de pins et de sapins, et des prairies; point de houle, à peine une ride sur l'eau sombre formant un contraste singulier avec le bleu pâle du ciel. Je fus particulièrement frappé de l'absence d'oiseaux aquatiques; nous ne vîmes ni canards, ni mouettes, ni goélands. Nous voguions en droite ligne, en nous tenant éloignés des nombreuses îles qui constellent la côte. La Baltique et le golfe de Bothnie sont riches en poissons; le long des bords et dans quelques îles, la pêche est d'un grand rapport.

Notre bateau n'avait pas beaucoup de passagers de première classe; cela tenait probablement au petit nombre d'endroits où nous devions toucher, et à la crainte d'être arrêtés par les glaces. Parmi les personnes qui occupaient la cabine, se trouvaient la femme du capitaine et une jeune dame d'environ dix-huit ans, très polie et extrêmement réservée. Elle parlait un peu l'anglais et le français, revenait de Stockholm, où elle avait été à l'école, et retournait chez elle, au Nord lointain ; il y avait encore une autre dame qui voyageait avec son mari. Parmi les hommes, on comptait un jeune employé des douanes qui se rendait à Haparanda pour occuper son poste pendant la saison de la navigation ; c'était un aimable et gai compagnon, auquel je dois encore ajouter un acteur et deux négociants.

Tous étaient très polis l'un pour l'autre et surtout pour moi. Le capitaine me présenta à sa femme et celle-ci aux deux autres dames. Ainsi que cela est habituel sur les navires, les hommes firent connaissance sans savoir comment — chose bien facile en Scandinavie,— et bientôt nous fûmes bons amis.

Les passagers du pont étaient nombreux. Ç'a toujours été une source de plaisir pour moi que d'observer ces braves gens à bord des steamers norvégiens ou suédois; car ils offrent toutes les particularités de la vie campagnarde. Il est très rare qu'un fermier, même riche, prenne un passage de première classe; pour lui, l'argent dépensé pour une traversée est perdu sans retour. Ils sont toujours joyeux et contents ; aucune des convenances de la vie élégante ne les trouble; ils crient, ils sautent, ils rient, ils se frappent sur le dos ; la liberté règne dans tout ce qu'ils font, et ils s'inquiètent peu de savoir si le citadin petit-maître en serait choqué. Il y a dans leurs manières une géniale bonté et une innocente gaieté qui font plaisir à voir. Ces gens paraissaient les plus heureux de tous ceux qui étaient à bord ; évidemment ils tenaient à voyager au meilleur marché possible, ne payant que leur passage; car ils emportaient avec eux leurs victuailles dans des coffres en bois ou en écorce de bouleau. Leurs provisions consistaient en hareng salé, beurre, fromage, etc., et en pain noir. Ils en avaient une sorte appelée *stangkakor*, pain plus noir encore que le knäckebröd et tellement dur, qu'on éprouve de la difficulté à le manger; on le conserve des mois entiers, passé dans des perches au moyen d'un trou fait au centre. De temps en temps, de vieux amis ou des connaissances nouvellement faites se régalaient d'une bouteille de bière sur le comptoir (bar), ou plus souvent d'un verre de brånvin, qu'ils tiraient d'une fiole soigneusement empaquetée dans leurs coffres, ou mise en sûreté dans une de leurs poches.

Quand arriva l'heure de dormir, le spectacle devint réellement plaisant : ils cherchèrent à se faire de la place et des lits le mieux possible, au milieu des caisses, des sacs et de toute sorte de marchandises; ils prirent des postures hétéroclites, qui auraient risqué de choquer la sensibilité de gens un peu trop prudes. Maris et femmes, frères et sœurs, même les amoureux, dormaient dans les bras l'un de l'autre, s'inquiétant fort peu de ce que d'autres en pourraient penser. Quelques-uns se placèrent côte à côte, se blottissant dans des couvertures pour avoir chaud, ou dans des coins, ou sous des prélarts. Ceux qui étaient assez malheureux pour n'avoir pas de quoi se couvrir, s'endormaient jusqu'à ce que le froid les réveillât et les obligeât à se donner du mouvement pour se réchauffer. Les nuits étaient glaciales, quoique pendant le jour le soleil fût vraiment chaud.

Ces passagers du pont ont parfois à endurer de grandes privations, quand la traversée dure plusieurs jours et quand le temps est orageux, comme c'est souvent le cas à l'automne; mais, plutot que de payer un supplément, ils préfèrent être mouillés, et souffrir du froid.

J'ai toujours été frappé de la politesse des capitaines, et de tous les officiers à bord des steamers norvégiens et suédois. Je crois qu'il n'existe pas une contrée où ceux qui commandent un vapeur de la marine marchande, montrent autant de courtoisie et paraissent si bien élevés; ils parlent toujours une langue étrangère, généralement l'anglais, souvent le français et l'allemand, et quelquefois les trois langues. L'affabilité de leurs manières tient probablement à ce que la plupart appartiennent à la flotte ou lui ont appartenu.

Ce qui me plaisait particulièrement, c'était de voir comme les passagers de seconde classe et du pont étaient bien traités. Chacun à bord est civil pour eux et l'on ne bouscule pas leur bagage ni rien de ce qui leur appartient. Ils sont sûrs d'obtenir une réponse polie à leurs questions, et l'on ne se permet pas de termes licencieux.

La cabine, bien aménagée, était chauffée par la vapeur; tout était propre et notre couchage excessivement confortable; il y avait un bon piano dans le salon. Je ne m'étonnai pas que chaque chose fût si convenablement tenue, car tous les domestiques à bord des steamers de la Baltique, y compris les cuisiniers, sont du sexe féminin, et sous la surveillance d'une intendante, qui a la charge du département culinaire. On dit que cette coutume d'employer des femmes comme servantes date du temps de Charles XII, alors que ses guerres enlevèrent la population mâle.

La salle à manger était sur le pont, grand avantage pour

Navigation vers le soleil de minuit.

nous qui n'avions pas ainsi l'odeur de la cuisine comme dans la cabine ; on servait trois repas par jour : — déjeuner, dîner et souper, — avec de la bière et du vin de bonne qualité. Les repas n'étaient point compris dans le coût de la traversée. La cuisine me parut bonne, le service excellent, et le tarif très modéré.

A bord de ces steamers, règne une coutume qui démontre la grande honnêteté du peuple. A la fin de chaque repas, ces messieurs écrivaient quelque chose dans un grand livre déposé dans le salon. Le second jour seulement, après avoir été aux renseignements, j'appris que tout passager devait, une fois le dîner fini, écrire son nom avec ce qu'il avait consommé, et surtout les extras en vin, soda-water, café, liqueurs, bière, cigares, etc.

Passagers sur le pont

J'étais cruellement embarrassé ; car, ne connaissant pas cette règle, je n'avais rien écrit et ne me rappelais plus ce que j'avais demandé ; je savais seulement que j'avais goûté à tous les plats et régalé mes amis, comme ils l'avaient fait avec moi, de café, de cigares, etc., surtout d'*et cætera*. Je priai un de mes compagnons de route de m'aider à sortir de ce dilemme ; nous appelâmes l'intendante, et, après avoir rassemblé nos souvenirs, tout rentra dans l'ordre ; lorsqu'il y eut doute, je fis inscrire le maximum. Tout étant terminé au mieux, je recommandai à la servante d'écrire dorénavant mes commandes, et de ne point se fier à moi, attendu que je suis très oublieux. Son regard, lorsqu'elle me répondit oui, disait clairement qu'elle s'amusait fort de mon ignorance. Quand le voyageur est sur le point de quitter le steamer, il appelle la fille, et lui donne son nom ; elle inscrit alors le prix de chaque consommation, fait l'addition et met en poche l'argent qu'elle reçoit ; quand le poids de la monnaie devient trop lourd, elle la sort sans compter et la donne à la maîtresse. On offre alors une petite gratification à la fille, ce dont elle paraît très reconnaissante, en disant : *Tackar aldra odmjukast!* — « Je vous remercie infiniment ; » et cela si sincèrement, que l'on regrette de ne pas lui avoir donné davantage. Le restaurateur court quelque risque ; car un voyageur peut oublier d'inscrire tous les détails de sa consommation ; néanmoins, on se fie à l'honnêteté des gens, et cette confiance rend chacun très scrupuleux.

La côte suédoise, depuis le Sund Aland du côté nord jusqu'à la ville d'Umea, forme le fer à cheval, et entre ces deux points on perd de vue la terre. Nous rencontrâmes de grands amas de glaces dans le détroit de Qvarken ; un labyrinthe d'îles qui s'élevaient du côté finnois les arrêtait, et le vent d'est en poussait des masses vers le bord. Sur un champ immense se prélassaient des phoques en grand nombre.

Nous dépassâmes le phare de l'île de Norrskär et plus loin le phare flottant, appelé Snipan, qui prévient le marinier du danger. Après une excursion de trente-deux heures depuis Stockholm, nous cinglâmes entre la terre ferme et un groupe d'îles dont la plus importante est Holmon, en face de la jolie petite ville d'Umea, mais à assez bonne distance de la côte. Là, nous trouvâmes un nombre considérable de grands *ice-floes* (bancs de glace), poussés de la côte finnoise vers le bord suédois. L'hiver de 1870-71 avait été excessivement rigoureux, et l'on rencontra des champs de glace jusqu'aux derniers jours de juin.

La température était très fraîche, et sur le pont on endossait le pardessus avec plaisir ; le petit vent qui nous poussait soufflait du nord. De larges glaçons passaient toujours près de nous, et, par moments, le thermomètre descendait à 42° ; puis, en quelques minutes, il remontait à 50° ou 51° ; pendant la nuit, il se tint entre 41° et 46°.

De nombreux bateaux, spécialement construits pour la chasse aux phoques dans la Baltique ou le golfe de Bothnie, se voyaient dans toutes les directions. Ils sont d'une forme toute particulière : l'avant monte graduellement du centre vers la poupe ; la pointe est arrondie et s'élève au-dessus de l'eau, de sorte que le bateau peut franchir les masses de glaces, ou débarquer l'équipage sur les ice-flocs, pour permettre aux chasseurs d'approcher des phoques. Avec un bon vent, ces bateaux voguent extrêmement vite.

Plus nous avancions, plus l'eau devenait sombre et fraîche ; car, à cette époque de l'année, la mer reçoit des quantités immenses de neiges fondues qui descendent des montagnes de l'intérieur. La côte était basse, monotone, n'offrant à la vue que des pins, des sapins et des bouleaux.

Quand le steamer approcha du débarcadère de la station, nous aperçûmes des fermes, des hameaux et des scieries. Chaque débarcadère a un caractère qui lui est propre ; quelques-uns ne sont que de simples avant-postes de villes ou de villages et ont l'air abandonné. Pour l'étranger qui erre dans leurs environs, les forêts paraissent solitaires, et la petite taille des arbres lui donne une pauvre idée de la végétation, car les plus grands ont été abattus. Les rochers sont couverts de lichens, et des blocs erratiques sont visibles dans toutes les directions.

Partout où l'on s'arrête, on hisse un tableau noir sur lequel est inscrite l'heure de départ du bateau ; c'est un avertissement pour les passagers. Trois coups de sifflet stridents, poussés à de courts intervalles, rappellent tous ceux qui sont allés à terre, et le steamer part peu après le dernier signal. Ici, nous déposâmes et nous reprîmes des passagers, dont le nombre croissait à mesure que nous marchions vers le nord.

Quoique la saison fût assez peu avancée pour que le golfe de Bothnie charriât encore des glaçons, un grand nombre de navires à voiles étaient déjà venus pour charger des bois de charpente.

Un air de tristesse est répandu sur toute la contrée ; heureusement, elle est égayée par le bleu profond du ciel qui caractérise la claire atmosphère de la Scandinavie. Des forêts d'arbres nains, consistant en pins et en sapins, bordent les routes, tandis que, çà et là, des prairies, des champs d'orge, d'avoine et de seigle tempèrent la monotonie du paysage. Les fleurs sauvages poussent en abondance ; quelques papillons voltigent autour d'elles, et de loin en loin une pie ou un corbeau vient troubler la solitude. Rarement on voit un chariot sur la route. Ce fut un vrai charme pour moi de cueillir à minuit, au grand jour, de jolies violettes et des boutons d'or qui poussaient sur les rochers ou sur les côtés des chemins, et d'entendre par moments les notes du coucou. L'air était si vivifiant, la scène si neuve, que je n'eus pas la moindre envie de dormir.

A terre, il faisait beaucoup plus chaud ; les rayons du soleil étaient assez puissants pour qu'à midi la chaleur atteignît quelquefois 70 °à l'ombre. La végétation faisait des progrès rapides ; les pins et les sapins portaient déjà des rejets longs de quatre pouces. Les petites villes étaient bien tenues, quoique n'ayant point de trottoirs ; les maisons de bois reposent sur des fondations en pierres ; on en voyait de très grandes, à un et deux étages, et presque toutes bien peintes ; des roses, des œillets, des géraniums et d'autres fleurs en plein épanouissement égayaient les fenêtres. Personne en haillons ; pas un mendiant. Les hommes avaient l'air indépendant ; les femmes portaient coquettement des mouchoirs sur la tête, et, jusqu'aux plus pauvres, toutes étaient proprement vêtues. Des petits garçons et des petites filles, tête et pieds nus, heureux comme le sont les enfants, remplissaient les maisons d'école. L'église domine les autres bâtiments.

Quand notre bateau abordait à l'une des stations principales, toute la population accourait pour nous saluer. Notre arrivée était pour eux un grand événement, et à peine étions-nous amarrés au quai que tout le monde grimpait à bord. Quel admirable accueil font aux premiers steamers de la saison les habitants du Nord lointain! Qu'ils sont heureux lorsque le blocus glacé est rompu! car avec cette rupture la clarté du soleil est venue; alors la grande route des mers du globe leur est ouverte; leurs rivières transportent les arbres qui ont été coupés pendant les mois d'hiver; leurs scieries fonctionnent; des centaines de vaisseaux viennent charger leurs immenses quantités de bois de construction qui attendent l'embarquement; leurs amis arrivent les visiter; des familles, qui redoutaient le voyage par terre durant le long hiver, se rejoignent, pendant que d'autres vont à Stockholm, ou dans le sud ensoleillé de la Suède, ou sur le continent; les commerçants reçoivent les marchandises nouvelles; les objets de luxe d'une latitude plus chaude se font voir; la saison de la pêche s'ouvre; le saumon afflue dans les cours d'eau et le cultivateur affairé nourrit l'espérance d'une bonne récolte.

Ici, les steamers sont des sortes de restaurants flottants. Pendant que l'on charge et que l'on décharge les cargaisons, les hommes viennent à bord pour boire et manger, pour goûter aux radis, asperges, salades, aussi longtemps que le navire demeure dans le port. Les uns s'en vont, les autres restent jusqu'au départ; il n'y a point de nuit et tous les visiteurs sont bien décidés à s'amuser après leurs repas; mais, au milieu de toute cette gaieté, on n'entend ni grossièreté, ni vulgarité. Le pont était encombré; la salle à manger regorgeait de monde; ce fut un grand jour pour notre excellent restaurateur; son heureuse face rayonnait. Point de repos pour les servantes; elles volaient d'une place à une autre, riaient aux compliments que leur adressaient leurs nouveaux admirateurs, et s'occupaient strictement de leur affaire; point de sommeil pour elles; elles avaient à travailler, qu'importe depuis combien de temps elles n'avaient pas dormi! bien que fatiguées, elles étaient lestes, toujours de bonne humeur, et se souvenaient de chaque commande. Personne ne pouvait résister à la vue de tout ce festin : le sentiment que chacun devait manger ou boire devenait irrésistible; et, entre l'hilarité générale et le bruit causé par le débarquement de la cargaison, je vis bien qu'il ne m'aurait servi à rien d'essayer de dormir.

Tout en regardant autour de moi, j'observai un groupe de quatre ou cinq gentlemen devant une bouteille de vin. Tous se tinrent debout après que les verres eurent été remplis ; un des leurs les avait invités à boire à la santé d'un ami présent qu'il n'avait pas vu depuis longtemps. Il fit une petite allocution, parla des années écoulées et de la vieille amitié ; cela dura bien de dix à quinze minutes. Tous s'inclinèrent et vidèrent leurs verres. Celui qui avait été l'objet du toast remercia, puis les verres se remplirent et se vidèrent de nouveau.

Ailleurs, des amis sur le point de se séparer buvaient à leur prochaine rencontre, et, cette fois encore, un discours s'ensuivit ; là, d'autres riaient et s'amusaient, le vin et le punch suédois ayant évidemment surexcité leurs esprits. Ils semblaient prêts à s'embrasser les uns les autres. Une société prenait du café et tous parlaient d'affaires. C'étaient bien certainement des marchands qui traitaient des questions d'argent avec l'espoir d'en tirer des bénéfices.

Cette allégresse dura toute la nuit, jusqu'au départ du bateau, qui s'effectua à cinq heures trente minutes du matin. Après le dernier coup de sifflet, un mouvement général se produisit ; les consommateurs payèrent en hâte et remirent quelque menue monnaie aux servantes aimables, qu'ils avaient tenues éveillées toute la nuit.

Ceux qui préconisent l'abstinence seront peut-être scandalisés de cette description ; mais qu'ils essayent de faire des remontrances, et on leur répondra simplement que de tous les peuples, les Suédois et les Norvégiens sont ceux qui vivent le plus longtemps.

Après une belle scène de gaieté, le prochain lieu d'arrêt pouvait être un bord solitaire, ou quelque fiord avec un débarcadère en bois et un hangar, sans une seule maison en vue. Mais il ne faut pas se laisser abuser par cette apparente solitude ; souvent, à peu de distance, entre les collines rocheuses ou derrière les forêts, on trouve des fermes, des hameaux, des scieries, à une faible distance de la grande route.

Lorsque notre voyage toucha à sa fin et que nous approchâmes de l'extrémité supérieure du golfe de Bothnie, le crépuscule avait disparu et une heure à peine s'écoulait entre le coucher et le lever du soleil. Nous arrivâmes à Strömsund, notre dernier point de destination avant de toucher à Haparanda ; le steamer y demeura plusieurs heures.

Le lieu paraissait assez solitaire. Près du point de débarquement, il y avait un petit lac, sur le déversoir duquel fonctionnait un moulin à blé ; une ferme ou deux se faisaient voir, ainsi que des rochers couverts de lichens, entremêlés de blocs de granit, de petits sapins sur un sol stérile. Tout paraissait tellement désert, qu'involontairement on se demandait où serait distribuée la forte cargaison que l'on débarquait. Quelques hirondelles, qui voltigeaient dans les airs, nous donnèrent l'assurance de la continuation du beau temps.

Strömsund est à l'extrémité du fiord Ranea, non loin de la rivière de ce nom, sur les bords de laquelle sont des fermes et des scieries. Ranea est éloignée d'environ quatre milles, sur la grande route qui borde la Baltique ; pendant la saison de la navigation, le télégraphe la relie à Strömsund. La route, comme la contrée, était silencieuse ; en m'y rendant, je ne rencontrai que deux chariots dont les conducteurs étaient des femmes, lesquelles en descendaient pour monter les côtes à pied, afin de ne point fatiguer leurs chevaux.

Le village contient l'église paroissiale, grand édifice où peuvent se tenir environ cinq cents personnes et qui est souvent plein. Cette église a les murs peints en blanc et des sièges en planches nues. Sur l'autel on voit un Christ en argent ; on a cherché à imiter le sang qui coule des mains, des pieds et du flanc. Au-dessus de la chaire est écrit : « Louange à Dieu dans les cieux ! »

Nulle peinture religieuse n'orne les murs ; au sommet du clocher s'élance une croix avec une girouette. Le cimetière adjacent paraît négligé.

A une courte distance se trouve un puits banal, profond d'environ trente pieds. A l'intérieur, et quelque peu au-dessus de l'eau, on aperçoit une croûte de glace de plusieurs pieds d'épaisseur, qui persiste quelquefois pendant toute l'année. L'eau de ce puits est délicieuse.

Une foire se tient à Ranea au commencement de juillet, et beaucoup de maisons vides, en bois, non peintes, qui sont utilisées en ce seul moment, donnent à l'endroit un aspect d'abandon. De temps en temps, on voit se mouvoir un homme ou une femme, comme pour attester que le hameau n'est pas entièrement livré à lui-même.

Le médecin du village était chez lui et me reçut avec beaucoup de bienveillance; il me dit que l'hiver avait été très rude, que le thermomètre était parfois descendu à 40° et 45° au-dessous de zéro, et qu'il y avait encore de la neige sur le sol le 2 juin. Mais maintenant, dans les jardins, les pois avaient déjà deux pouces de hauteur et seraient bons à manger à la fin d'août ou au commencement de septembre. Le parquet, en sapin poli, était si propre et si blanc que j'avais peur de marcher dessus. La modeste bibliothèque contenait des ouvrages scientifiques et médicaux, ainsi que des volumes en anglais, français et allemand; chaque objet était simple et confortable, les chambres grandes et les fenêtres garnies de pots de fleurs.

Il m'invita gracieusement à dîner; mais, dans ma crainte de manquer le bateau, je refusai. Cependant, l'hospitalité du bon docteur ne me permit pas de quitter sa maison sans prendre quelque rafraîchissement, et, si j'avais été fumeur, sans allumer une pipe ou un cigare.

Revenu à Strömsund, j'y trouvai une animation générale. J'étais stupéfait. D'où pouvait venir tout ce monde? De nombreux chariots étaient arrivés de différentes parties du pays pour prendre la cargaison débarquée par le steamer, savoir: de la farine de seigle et d'orge, un appareil à vapeur complet pour une scierie, des barils de tabac à priser, des caisses et des pièces de vin de Bordeaux et autres, des pots en fer, des boîtes de clous, des articles séchés de toute sorte, des sacs de café, de sucre, en un mot tout ce qui convient à un magasin de la campagne.

Un autre vapeur, chargé d'hommes des districts de l'intérieur, venait d'aborder, et il fallait ajouter ces deux cents individus à ceux déjà venus. Tous étaient des fermiers appartenant à la *bewäring*, l'une des organisations militaires, qui allaient faire l'exercice et manœuvrer pendant plusieurs semaines, sous les ordres d'officiers compétents, sur un point de la côte plus au sud.

De la rivière Rane, la côte, qui forme la pointe du golfe de Bothnie, court à l'est et à l'ouest. Un trajet de peu d'heures conduit à l'embouchure de la rivière Thorne; mais, à cause de la barre et du peu de profondeur de l'eau, les navires sont forcés de s'arrêter à quelques milles au-dessous. Un petit vapeur vient alors prendre les passagers pour Haparanda, quelques milles plus haut.

La ville est au 65° 51′ N. en latitude, et à 41 milles au sud du cercle arctique et renferme une population d'environ mille âmes; les habitants, pour la plus grande partie, sont Finlandais. Haparanda est à 1° 18′ plus au nord qu'Archangel et à la même latitude que la partie la plus septentrionale de l'Islande. Le soleil se lève le 21 juin à 12 h. 01 du matin et se couche à 11 h. 37 du soir.

Du 22 au 25 juin, le voyageur peut jouir de la vue du soleil de minuit depuis Avasaxa, montagne de 680 pieds de hauteur, éloignée d'environ 45 milles, de l'autre côté de la rivière; et, quelques jours plus tard, en s'avançant au nord sur la grande route, il peut encore trouver l'occasion de le voir.

Haparanda est une ville en pleine prospérité, avec de grandes maisons bien peintes; elle a des magasins et une sorte de dépôt commercial pour la population du nord plus lointain; elle exporte principalement des bois de charpente et du goudron. Elle s'est élevée à ses dimensions actuelles depuis que la Suède a cédé la Finlande à la Russie. Autrefois, le siège du commerce était dans l'île de Tornéa, presque en face. Elle a deux églises, une école supérieure où les étudiants peuvent se préparer aux universités, et où l'on enseigne le français, l'anglais, l'allemand et les langues mortes; des écoles publiques pour l'instruction primaire, et même un journal.

C'est la dernière station télégraphique au nord de la Suède d'où l'on peut envoyer des messages dans toutes les parties du monde. Les télégraphistes sont des hommes instruits qui ont passé un examen sévère et qui sont obligés de comprendre l'anglais, l'allemand et le français. Les mêmes règlements sont imposés aussi en Norvège. Le système de télégraphie postale a toujours existé dans les deux pays et le tarif des taxes est uniforme, que la distance soit courte ou longue.

Il y a un bon hôtel où les chambres sont confortables et la nourriture excellente; on ne trouve que très peu de villes, entre Stockholm et ce point, où l'on soit aussi bien traité. La forte taille du maître de l'hôtel et celle de sa bonne et aimable femme parlent hautement en faveur de la nourriture et du climat du pays.

L'annonce de mon arrivée se répandit bientôt dans la petite ville. Le juge, le pasteur, les employés de la douane, le maître d'école, le maître de poste, le banquier et d'autres personnes, vinrent à l'hôtel pour me voir et me souhaiter la bienvenue. Quoique vivant au nord lointain, ils avaient la politesse de leurs concitoyens des districts plus populeux du sud.

Quand je leur eus appris que j'avais l'intention d'aller au nord aussi loin que je le pourrais par terre, ils semblèrent quelque peu étonnés. En m'entendant dire que je voulais traverser la mer polaire : « Il y a là des difficultés, objectèrent-ils ; les naturels ne parlent pas le suédois ; en outre, le pays n'a point de routes, il est sauvage, pauvrement peuplé, et les habitants ne sont pas capables de comprendre où vous désirez aller. Pourrez-vous seulement manger leurs aliments? Si vous ne le pouvez, il faudra que vous achetiez ici tout ce dont vous aurez besoin. — La nourriture, répondis-je, ne m'inquiète nullement ; je mange de tout. »

Ils ne voyaient pas comment je pourrais aller si loin. « N'allez pas au delà de la grande route, et revenez ; » tel fut leur conseil. « Non, repris-je ; je veux pousser jusqu'au cap Nord. »

Me voyant résolu à partir, ils prirent autant d'intérêt à mon projet que si j'avais été un de leurs parents les plus chers ; ils me procurèrent un excellent guide et semblèrent enchantés d'avoir pu m'en trouver un qu'ils savaient être un honnête homme. Ils ne se trompaient pas. Ce guide s'appelait Andrews Jacob Josefssohn. C'était un grand Finlandais d'une bonne figure, qui avait habité la Californie un certain temps et qui parlait un peu l'anglais. Revenu en Suède pour revoir sa fiancée et l'épouser, il aurait désiré retourner en Amérique, mais elle ne le voulut pas, et il s'était établi ici, au foyer de sa femme.

Le grand charme d'un voyage en Scandinavie, c'est de le faire par les stations de relai appelées en Suède *gåstgifvaregard*. Le véhicule dont on se sert est un char appelé *kårra*, tiré par un seul cheval, voiture légère à deux roues, dont la caisse et les brancards ne font qu'un, généralement sans ressorts, avec un siège assez large pour deux personnes et un bagage modéré.

Il y a plus de seize mille milles de routes en Suède, toutes avec des stations de poste, au nombre de 1,500. Ces routes sont de quatre sortes : les *kungsväg* (routes royales), les plus belles ; les *häradsväg* (routes de pays), presque toutes bonnes ; les *sockenväg* (routes de paroisses), pas aussi bonnes et souvent mauvaises, et les *byväg* (routes de villages), étroites et très cahoteuses. On peut par conséquent juger s'il y a beaucoup à faire pour celui qui veut voir le pays et le connaître à fond. Dans les districts peu habités, quelques-unes des stations sont très modestes; mais le voyageur est heureux d'y arriver après une journée de fatigues.

Karra avec ressorts attachés au siège.

La distance entre chaque station est en général d'un mille et demi suédois, rarement moins d'un mille ou plus de deux milles, bien que, dans certains districts, les intervalles soient plus grands à cause de la population clairsemée. La plupart de ces stations sont des fermes, où l'on peut avoir logement et nourriture ; beaucoup sont très confortables, spécialement sur les grandes routes qui relient les villes ; mais, dans les districts éloignés ou peu fréquentés, la nourriture est extrêmement pauvre, et un étranger ne s'habitue pas facilement à ce régime. Les gens qui les tiennent reçoivent généralement une subvention du gouvernement ; mais le montant qu'on leur paye est proportionné à l'étendue du trafic. L'État prend ces arrangements avec les fermiers les plus solvables de chaque district et s'assure ainsi un bon et loyal service. A chaque station est déposé un registre dans lequel les voyageurs inscrivent leurs noms, leur destination, l'endroit qu'ils ont quitté, leur profession et le nombre de chevaux qu'ils prennent. Sur la couverture de ce livre sont transcrits les lois et règlements relatifs aux routes; le nombre d'heures pendant lesquelles le voyageur est obligé d'attendre se règle d'après le nombre de chevaux qu'il a pris précédemment. Le tarif des prix d'une station à une autre est indiqué avec la plus scrupuleuse précision, afin qu'aucune erreur ne puisse être commise. Généralement le taux est d'une krona et vingt öre par mille suédois, à la campagne, et d'une krona et soixante öre dans les villes. Tous les mois, les employés du gouvernement relèvent les notes, et si un voyageur a une plainte à formuler, il l'enregistre et ajoute sa signature.

En Suède, tous les fermiers, à une distance spécifiée, sont obligés de fournir des chevaux sur la réquisition d'un maître de station. Cette loi semble rigoureuse, mais c'est sans doute le seul moyen praticable pour atteindre le but désiré. Aussi les stations sont-elles établies dans des endroits où l'on peut constamment obtenir des chevaux de renfort. Le voyageur est tenu de verser une somme additionnelle pour l'usure des véhicules et harnais; le taux usuel pour le traîneau ou le char est de trois öre par mille pour un char sans ressorts, et de six öre pour un char avec ressorts. Le maître de station fournit le conducteur. Le péage des lacs et des ponts est à la charge du voyageur.

Le montant du poids alloué est de quatre cents livres y compris le passager; mais il n'y a jamais de difficulté, à moins que le voyageur n'ait une quantité extraordinaire de bagages; deux voyageurs ensemble ne payent que pour un et demi. Un conducteur est mis à l'amende de vingt-cinq kronas lorsqu'il est convaincu de surcharge. Si le voyageur blesse le cheval en le faisant aller trop vite, il est responsable du dommage. La vitesse accordée par la loi est d'un mille suédois pour une heure et demie; mais on va plus vite, et la moyenne est d'un peu plus de cinq milles anglais par heure. Quand on envoie un *förbud* (c'est-à-dire quand on fait retenir d'avance un cheval) soit par messager ou par lettre, si le voyageur vient trop tard, il doit payer vingt-cinq öre par heure, et le conducteur n'est obligé d'attendre que quatre heures. Quelquefois l'administration des postes doit changer les stations, soit parce que les fermiers refusent de les garder plus longtemps, ou parce qu'ils ne les tiennent pas bien.

CHAPITRE VI

La contrée en dedans du cercle arctique. — Je quitte Haparanda. — Une station finnoise. — Les moustiques. — Conducteurs féminins. — Bonté du peuple pour les bêtes de somme. — Fermes confortables. — Un hameau. — Le soleil de minuit. — Sattajärvi. — Désir d'aller en Amérique.

La contrée qui s'étend du golfe de Bothnie à l'extrémité septentrionale de l'Europe est presque entièrement dans le cercle arctique et présente une végétation qu'on ne voit pas ailleurs, à des latitudes aussi élevées. De vastes étendues sont couvertes de forêts de pins et de sapins ; ces derniers prédominent, et les hauteurs se cachent sous de blancs bouleaux jusqu'à leurs sommets.

On peut traverser de longues distances par eau, car on trouve des stations de bateaux sur les bords des lacs et des cours d'eau. Un coup d'œil sur la carte prouve combien cette contrée est bien arrosée ; le saumon pullule dans les rivières, et les lacs regorgent d'autres poissons.

La Lule, la Kalix et la Thorne sont les principales rivières de ces régions. La Kemi coule à travers la Finlande.

La Thorne est la rivière la plus longue et la plus septentrionale qui se jette dans le golfe de Bothnie ; elle forme aujourd'hui la frontière entre la Suède et la Finlande russe. Sa branche septentrionale, la

Muonio, sort du lac Kilpijärvi, 69° N., à trois cents milles de la mer, tandis que l'Alteny, la Tana et d'autres rivières moins importantes, coulent vers le Nord, dans l'océan Arctique. Les montagnes sont en pente douce de ce côté, mais, vers la Norvège, elles sont abruptes et à pic.

Le trajet de Haparanda à la mer Arctique est extrêmement intéressant, en été comme en hiver; la distance à vol d'oiseau dépasse cinq degrés de latitude à l'extrémité la plus méridionale du pays; mais la route qui va du cap Nordkyn au détroit de Stagerő est d'environ cinq cents milles. La contrée est habitée par des Finnois qui cultivent le sol.

Les Lapons parcourent le pays avec leurs troupeaux de rennes. L'été, le climat est délicieux, et, pendant la période de jour continuel, on peut, si on le veut, voyager toute la nuit. Mais il y a de grands mécomptes : de la fin de juin jusque vers la fin d'août, la contrée est infestée de moustiques fort gênants. La nourriture est grossière, et, pour celui qui n'en a pas l'habitude, elle est loin d'être agréable.

De Haparanda, la grande route se dirige vers le nord, aussi loin que Pajala et Kengis, à une distance de plus de dix-sept milles suédois, traversant parfois un beau pays et parfois des forêts, des marécages et des régions désolées. Il y a onze stations postales où l'on change de chevaux et où l'on peut obtenir la nourriture et le logement. On fera bien de ne se munir que d'un mince bagage pour cette tournée.

Nous allons quitter pour un certain temps les bords du golfe de Bothnie et pousser vers le nord, afin de faire connaissance avec le climat d'été de ces régions.

Le jour de mon départ, la cour de l'hôtel offrait une animation inaccoutumée. Le juge, les employés de la douane, le banquier et autres amis s'étaient réunis pour boire à ma santé et au succès de mon voyage. Ils tinrent des discours et recommandèrent à mon guide, Josefssohn, d'avoir bien soin de moi. Quand mon cheval se mit en mouvement, tous levèrent leur chapeau en l'air et poussèrent trois hourras. Je les leur rendis, et, après avoir fait claquer mon fouet, nous partîmes; comme je tournais la tête pour leur jeter un dernier regard, ils crièrent encore et agitèrent leurs chapeaux. Le cheval prit le trot sans que j'eusse besoin de le toucher du fouet. Nous passâmes devant deux ou trois maisons de fermes, bien peintes, avec de bonnes clôtures autour des jardins. La Thorne et ses nombreuses îles apparaissaient de temps en temps ; au loin, s'élevait l'Avasaxa ; des bois, des prairies, des champs cultivés, des maisons peintes et des collines éloignées complétaient un charmant paysage. Le temps était délicieux, l'atmosphère sèche et fortifiante ; pendant le jour, le thermomètre marquait de 68° à 70°. La soirée était avancée quand je fis halte à une station de poste où la famille parlait suédois ; le hameau consistait en quelques fermes éparses. Au premier moment, les gens de la station se montrèrent défiants ; mais, après qu'ils eurent appris que j'étais Américain, ils devinrent tout à fait confiants, car plusieurs personnes de ce district avaient émigré aux États-Unis. La ferme se trouvait à vingt milles à peu près du cercle arctique. La disparition du soleil au-dessous de l'horizon dura peu et son coucher fut très brillant. Le soleil levant, qui suivit immédiatement, était d'une beauté indescriptible.

Pendant le grand jour de la nuit, plusieurs chariots entrèrent dans la cour. Les hommes dételèrent leurs chevaux, les mirent à l'écurie, leur donnèrent du foin qu'ils avaient apporté et de l'eau ; puis ils entrèrent dans les maisons où ils pouvaient se reposer et dormir ; car, dans cette partie du monde, les portes des habitations ne sont pas fermées à clef. Les uns ne s'arrêtaient que pour faire reposer leurs chevaux et les autres demeuraient pour se livrer au sommeil dont ils avaient besoin. La plupart de ces chariots étaient chargés de marchandises variées qu'ils transportaient dans les boutiques des villages et des hameaux ; d'autres avaient des sacs de farine russe, l'approvisionnement de la ferme étant devenu insuffisant.

Après un déjeuner composé de viande de renne fumée, de beurre, de fromage et de pain dur suivis d'une excellente tasse de café, je quittai la station. La femme voulut d'abord refuser tout payement, parce que, disait-elle, j'avais donné aux enfants des présents qui valaient plus que ma dépense.

A ce moment de l'année, les hommes sont très occupés, soit dans les champs, soit au flottage des bois, soit dans les scieries.

A chaque station, j'eus une jeune fille pour conducteur, et ces enfants du Nord ne semblaient pas avoir la moindre peur de moi. Ma première *conductrice* s'appelait Ida Catharina ; elle me donna une bague d'argent et fut enchantée quand elle la vit à mon doigt. Je promis de lui en apporter une en or l'hiver suivant, et je tins parole. Elle parut heureuse quand, à la fin du relai, je lui remis une pièce d'argent en sus de la taxe. Une autre conductrice de douze ans se nommait Ida Carolina. La bande d'une de nos roues s'étant défaite, elle se montra à la hauteur de l'événement. Descendant de voiture, elle cala la roue avec une pierre, alla dans une ferme où elle emprunta des clous et un marteau ; puis, avec l'aide du fermier, remit les choses en bon état en fort peu de temps ; elle ne paraissait pas le moins du monde troublée par l'accident. Elle causa tout le temps, bien que je ne comprisse pas ce qu'elle disait, car je ne connaissais pas encore la langue finnoise. C'était une petite beauté avec de grands yeux bleus, une épaisse chevelure et des joues rosées. Dès leur jeune âge, on apprend aux enfants à ne compter que sur eux-mêmes.

Niémis était la station la plus rapprochée ; la petite ferme isolée avait l'air assez pauvre ; il s'y trouvait quatre ou cinq bâtiments bas, aux toits couverts de gazon. La maisonnette destinée aux voyageurs reluisait de propreté, mais n'avait qu'une chambre avec deux lits, quelques chaises, une table, un miroir et une armoire, dans laquelle la famille enfermait ses richesses ; à côté de cette chambre, un petit cabinet où l'on conservait le lait. La maison d'habitation, contiguë à la précédente, était humble et sale. Un vieillard aux cheveux longs, hérissés et noirs, sa femme, et une nièce, jolie fille à la belle chevelure, nommée Kristina, l'occupaient. Immédiatement après mon arrivée, Kristina se lava la figure et les mains, peigna ses cheveux, passa une chemise blanche, ajusta sur sa tête un mouchoir propre, et sa toilette fut complète. On mit ensuite sur le feu le pot à café et l'on m'en versa une tasse. La vieille femme avait le teint brun, les cheveux presque noirs, traits qui n'étaient assurément pas ceux des Scandinaves ni des Finnois ; elle me rappelait une gipsy. Quand elle eut appris d'où je venais, elle me serra dans ses bras et m'embrassa ; je lui rendis sa politesse, sans en redouter les conséquences, car j'aurais pu me méfier de ses cheveux. En me voyant prêt à partir, le vieux qui était mon conducteur, endossa son meilleur habit, lequel avait probablement vu le jour vingt ans plus tôt.

La station subséquente, le meilleur lieu d'arrêt entre Haparanda et Pajala, se nommait Ruskola. Le fermier et sa femme parlaient le suédois et tous deux comprenaient ce que c'est que le confort. La ferme était vaste et productive. A une courte distance, se trouvait le hameau de Matarengi, avec une église rouge d'un aspect étrange, très vieille, ayant un beffroi séparé et le presbytère à côté. Quelques boutiques campagnardes me rappelèrent celles des petits villages d'Amérique. Maintes fermes avaient l'air d'être bien tenues ; de grands morceaux de terre cultivée et de belles prairies les entouraient. Nous étions dans la *socken* (paroisse) de *Ofre* Tornea, laquelle renferme une population d'environ 2,700 âmes.

Le voyageur qui ne serait pas parti à temps pouvait s'avancer jusqu'à Pajala, et, du haut des collines, de l'autre côté de la rivière, il aurait joui de la vue du soleil de minuit quelques jours plus tard. Combien semblent étranges à ceux qui vivent dans des latitudes plus méridionales ces crépuscules du soir et du matin qui se fondent insensiblement l'un dans l'autre ! comme on s'étonne de voyager dans un pays qui n'a ni nuit ni étoiles, où la lune ne projette point de lumière, et, en allant plus au nord, où le soleil brille continuellement ! Dès l'abord, le voyageur ne sait pas quand il doit se mettre au lit, ni quand il doit se lever ; mais les gens du pays connaissent l'heure du repos par leurs montres, ou par le soleil.

Je tombai dans un profond sommeil, et, quand je m'éveillai, l'astre du jour brillait dans toute sa splendeur ; toutefois, cela ne voulait pas dire que la journée fût avancée ; et, en effet, il n'était que trois heures du matin. Je me rendormis. En me réveillant, tout était si tranquille dans la maison, que je repris mon somme. Après m'être réveillé pour la troisième fois, je vis que ma montre était arrêtée ; je passai dans la chambre voisine, où l'horloge m'apprit qu'une heure de l'après-midi venait de sonner. La famille se mit à rire ; tous s'étaient tenus tranquilles pour ne pas me déranger.

Dans ces latitudes, à peine la neige est-elle fondue, que les moustiques apparaissent en essaims innombrables et que personne n'a plus de repos, ni jour ni nuit. Ils s'étaient déjà montrés et leur nombre augmentait journellement; ils devenaient de plus en plus voraces, et leur morsure plus douloureuse; dans les districts boisés, ces insectes sont une vraie peste pendant le mois de juillet et jusqu'au milieu d'août; après eux arrivent les cousins. Ceux-ci mordent très fort pendant le jour, mais au moins ils vous laissent en paix la nuit; car jamais ils n'entrent dans les maisons. Les derniers qui viennent sont des espèces de moucherons qui sont aussi fort désagréables. A un tournant de la route, je fus tout surpris de voir un nuage noir, composé en apparence de mouches

Attaqués par les moustiques.

minuscules. C'était un essaim de moustiques, tellement épais, que l'on ne voyait rien au delà. Je poussai le cheval en avant, quand soudain il s'arrêta, et j'aperçus travaillant sur la route trois hommes qui, au préalable, avaient été invisibles. Ceci peut sembler incroyable; c'est cependant la vérité. Josefssohn se mit à rire et me dit : « Nous avons ici un dicton qui prétend qu'un voyageur peut écrire son nom sur un lit de moustiques, et qu'il le retrouve s'il revient l'année suivante. »

Nous passâmes rapidement à travers le nuage; mais une partie de ces animalcules nous suivit comme des oiseaux de proie. Ils nous entouraient par myriades et leur bourdonnement était loin de nous charmer. Je n'avais pas encore vu d'essaims aussi immenses, ni rencontré quelque chose de ce genre dans les marais des États du Sud, dans le New-Jersey, ou dans l'Afrique équatoriale. On devrait porter un voile autour d'un chapeau à larges bords pour protéger la figure. Les natifs supportent cette peste avec une apparente sérénité. Ces moustiques sont d'une espèce distincte, lourds et faciles à tuer, n'ayant point d'ailes comme les variétés mieux connues; leur morsure est moins douloureuse que celle de la sorte commune, mais elle est agaçante. Je fus obligé de mettre des gants; car, après en avoir écrasé des milliers, le nombre de mes assaillants grandissait d'instant en instant.

Partout j'ai remarqué la bonté des gens pour leurs bêtes de somme. On ne peut pas pousser les chevaux dans un pays montueux, quoique je suppose que cela arrive quelquefois lorsque l'homme est sous l'influence de la boisson, ou qu'il a un mauvais cœur. Dès qu'un cheval arrive au pied d'une côte, il s'arrête afin de laisser aux personnes assises dans la voiture le temps de descendre; il tourne la tête pour voir si chacun a mis pied à terre, puis il commence l'ascension. Si tous ne descendent pas, il attend encore, et, quand on l'excite de la voix ou par un léger coup de fouet, il paraît tout étonné, et souvent, pendant la montée, il se retourne comme pour dire à ceux qui sont restés sur le char : « Pourquoi ne descendez-vous pas? » Les fermiers et leurs familles montent invariablement toutes les côtes à pied; c'est pourquoi les chevaux sont désagréablement surpris lorsque leur poids n'est pas allégé et particulièrement quand on les touche du fouet. D'une station à l'autre, le conducteur s'arrête souvent, coupe son pain noir en petits morceaux, les donne à son cheval qu'il caresse, y ajoute une poignée de foin, puis continue sa route. Ce bon traitement ne parle pas seulement en faveur du peuple, il rend aussi les chevaux doux et dociles; on en voit rarement de vicieux. Les poulains sont très dorlotés; ils viennent jusque dans la cuisine, où on les caresse et où on leur donne du sel, ou autre chose qu'ils aiment.

La station où je m'arrêtai pour la nuit était pauvre. Le bâtiment destiné aux voyageurs n'a qu'une chambre; les hommes dorment sur des peaux étalées par terre, et d'autres sur des bancs dans leurs vêtements ordinaires. Une vieille femme, sa fille et son baby couchaient dans un lit, un vieillard dans l'autre, et tout paraissait malpropre. Je ne pus trouver pour me rassasier que du poisson froid; l'un des hommes m'offrit d'aller en harponner un; mais je me décidai à manger ce qu'il y avait et à dormir ensuite. On jeta de la paille fraîche sur le plancher, on la recouvrit de deux peaux de renne, d'une peau de mouton, et ma couche fut ainsi complète.

Le touriste est surpris de rencontrer tant de fermes confortables, avec de vastes demeures qui, y compris la grange et la vacherie, sont les trois bâtiments essentiels. Il y a, en outre, plusieurs autres maisons, telles que hangars, magasins, ateliers de forgerons, etc. Dans la cour, qu'entourent généralement trois corps de bâtiments, se trouve le puits à la vieille mode, avec son levier portant un seau à l'une de ses extrémités et une pierre à l'autre. Du puits, une auge communique avec l'étable des vaches. Cette structure est particulière : le plafond est bas, les fenêtres sont très petites et ne donnent que peu de jour, le sol est planchéié et des parcs sont bâtis de chaque côté; le long de ceux-ci un chéneau recueille toutes les déjections que l'on conserve avec grand soin, car l'engrais est rare. Le bétail ne couche pas sur de la paille ni sur du foin. A l'une des extrémités, il y a une maçonnerie dans laquelle est enchâssé un pot de fer de trois ou quatre pieds de diamètre sur trois de profondeur, servant pour la cuisson de la nourriture du bétail; cette nourriture est généralement grossière; elle consiste en herbe des marais, mélangée de poussière provenant du netoyage des grains; on se sert aussi de ce pot comme baignoire et cuve de lessive. Quand les moutons sont nombreux, on leur construit un abri; sinon, ils sont parqués dans un coin. Les chevaux ont une écurie séparée.

Le bâtiment d'habitation, sauf quelques exceptions, consiste en un seul étage contenant habituellement deux chambres, une de chaque côté. On se sert de l'une comme de boulangerie et de cuisine, et aussi comme de chambre à coucher; dans un coin, on a établi une cheminée, structure étrange de six ou huit pieds carrés, en dalles de pierres, généralement plâtrées par dessus. On place le bois dans ces espèces de fours, et, quand il est consumé, qu'il ne reste que des tisons, on tire une trappe de fer qui empêche la chaleur de s'échapper. La chaleur ainsi produite est tellement forte pendant les premières heures, que le séjour de la chambre devient insupportable pour ceux qui n'ont pas l'habitude de cette atmosphère, laquelle persiste souvent pendant deux ou trois jours ; dans une section du bâtiment, on a construit une cheminée ouverte pour la cuisine. Des lits sont placés le long des murs en nombre suffisant pour la famille. Ces lits sont des espèces de coffres à tiroirs, de sorte qu'on peut les faire de diverses largeurs selon que le besoin l'exige ; on les remplit de foin ou de paille, et on les garnit de couvertures ou de peaux de mouton, quelquefois aussi d'édredons en duvet d'eider, et d'oreillers. Le matin, on ferme ces coffres et l'on s'en sert comme de sofas, sur lesquels on se repose pendant le jour. Toute la famille, y compris les domestiques mâles et femelles, dort dans cette chambre. De l'autre côté se trouve la pièce réservée aux hôtes, qui sert aussi de chambre à coucher. Un ou deux bois de lit remplis de plumes d'eider et garnis de couvertures, forment la partie principale de l'ameublement.

Il y a beaucoup de pauvres et petites fermes où une nombreuse famille a fort à faire pour tirer sa subsistance du sol ; dans ces demeures malpropres et étroites, la fièvre typhoïde fait souvent de grands ravages. Les fermes sont presque toujours sur les bords des rivières ou près des lacs ; car la terre y est meilleure et le poisson abondant.

Le revenu que l'on tire du sol, dans cette région septentrionale, serait bien modique sans le poisson que l'on prend dans ces eaux et sans le gibier qui abonde. L'argent que procure la vente de ces objets et les produits de la laiterie constituent souvent les seuls revenus du fermier.

Depuis Matarengi, la route monte le long d'une montagne à pic, hors de vue de la rivière, et, pendant plusieurs milles, elle passe par un pays désolé, que l'incendie des forêts rend plus triste encore.

Entre les stations de Kunsijărvi et de Ruokojărvi (en finnois, *jărvi* signifie lac), nous traversâmes le cercle Arctique à 66° 32'N. ou 1408 milles géographiques au sud du pôle, où le soleil brille pendant un jour entier le 22 juin ; l'observateur le verra au-dessus de l'horizon à minuit et exactement au nord. Après cette date, en se dirigeant au nord par une moyenne de dix milles par jour, on continuera de voir le soleil de minuit jusqu'à ce que l'on atteigne le pôle. Le 22 septembre, le soleil descend à l'horizon, où il demeure, pour ainsi dire, toute la journée; le lendemain, il disparait jusqu'au 22 mars.

En redescendant vers le sud avec la même vitesse, le voyageur continuera de voir le soleil de minuit sur l'horizon, jusqu'à ce qu'il atteigne le cercle Arctique où, pendant un jour seulement, comme nous l'avons dit, l'astre est visible.

A minuit, le soleil est toujours au nord de l'observateur en raison de la position de la terre. Il semble faire le tour d'un cercle, exigeant vingt-quatre heures pour son accomplissement; à midi, il atteint sa plus grande élévation et, à minuit, sa plus basse. Au pôle, son ascension et sa descente sont si imperceptibles et ses variations si légères, qu'il s'enfonce très lentement au sud, et sa disparition au-dessous de l'horizon est presque immédiatement suivie de sa réapparition.

Je vais essayer maintenant d'expliquer le phénomène du soleil de minuit. La terre tourne autour du soleil dans le cours d'une année et fait sa rotation sur son axe toutes les vingt-quatre heures. L'orbite de la terre, ou cours décrit par elle dans sa révolution annuelle autour du soleil, est, pour ainsi dire, un cercle un peu allongé, appelé ellipse. L'axe, autour duquel la rotation quotidienne a lieu, est une ligne droite qui passe par le centre de la terre et dont les extrémités s'appellent pôles, un au nord et l'autre au sud. L'axe n'est pas perpendiculaire au plan de l'orbite; il est incliné à un angle de 23°28', lequel angle est appelé obliquité de l'écliptique. Par conséquent, la terre, en se mouvant autour du soleil, n'est point verticale, mais inclinée, de sorte que, dans les différentes parties de sa course, elle présente toujours au soleil une moitié de sa surface, *mais toujours une moitié différente,* qui sera plane. Deux fois dans l'année, le 21 mars et le 21 septembre, l'exacte moitié de la terre le long de son axe est éclairée. Donc, à ces dates, chaque point sur la surface de la terre est, pendant une rotation de la terre sur son axe, la moitié du temps dans la lumière et la moitié dans l'obscurité, c'est-à-dire que le jour et la nuit sont de douze heures chacun sur tout le globe. Par cette raison, on appelle ces dates *équinoxes.* Le 21 mars est l'équinoxe du printemps, et le 21 septembre l'équinoxe d'automne. Pendant que la terre se meut sur son orbite après le 21 mars, le pôle nord incline de plus en plus vers le soleil jusqu'au 21 juin; après quoi, il s'en éloigne lentement. Le 21 septembre, le jour et la nuit sont encore une fois égaux sur toute la terre, et, immédiatement après, le pôle nord se détourne entièrement du soleil et ne reçoit plus sa lumière qu'au mois de mars suivant. On voit ainsi que, de l'équinoxe de printemps à celui d'automne, le pôle nord est dans la lumière du soleil et qu'il a un jour d'une durée de six mois. Plus le pôle nord incline vers le soleil, plus la région autour de ce pôle s'éclaire, et c'est pourquoi chaque point de cette région est, pendant vingt-quatre heures, plus longtemps dans la lumière que dans l'obscurité, et son jour est plus long que la nuit. Plus le point est près du nord, plus longue est la durée du jour.

Conséquemment, le nombre de jours de soleil constant dépend de la latitude de l'observateur, et plus il se trouvera loin du nord, plus ce nombre sera grand. Ainsi, au pôle, on voit le soleil pendant six mois, au cercle arctique pendant un jour, et à la base du cap Nord, du 15 mai au 1er août. Au pôle, l'observateur semble être au centre d'un grand mouvement spiral du soleil, qui, plus loin au sud, prend la place du nord.

Nous venons de parler comme si l'observateur était de niveau avec l'horizon; mais s'il gravissait une montagne, le soleil, cela va sans dire, semblerait plus haut; et si, au lieu de faire quinze milles vers le nord, il s'élevait chaque jour de 220 pieds au-dessus du niveau de la mer, il le verrait absolument de même que s'il avait été au nord; par conséquent, si, au cercle Arctique, il se tenait à cette élévation, et qu'il eût une vue sans obstacle de l'horizon, il apercevrait le soleil un jour plus tôt. S'il grimpait à une hauteur plus grande encore et qu'il ait la même vue sans obstacle, il verrait le soleil de minuit pendant plus longtemps. C'est pourquoi, de Haparanda, les touristes préfèrent aller à Avasaxa, montagne de 680 pieds au-dessus du niveau de la mer, d'où, bien qu'à 8 ou 10 milles au sud du cercle Arctique, ils peuvent voir le soleil de minuit pendant trois jours.

L'éclat de l'orbe splendide varie d'intensité, comme celui du lever et du coucher du soleil, selon l'état d'humidité de l'atmosphère. Un jour, il sera d'un rouge foncé, teignant chaque chose d'une nuance rosée et produisant un effet soporifère. En certains moments, les changements de couleur entre le lever et le coucher du soleil peuvent être comparés aux variations d'un feu de charbon, brûlant d'abord avec une incandescence d'un rouge vif, puis s'évanouissant et se rallumant avec un plus grand éclat.

Il y a des jours où le soleil a un aspect pâle, blanchâtre, et où l'on peut le voir pendant six ou sept heures avant minuit. A l'approche de cette heure il devient moins éblouissant, il change graduellement en ombres plus brillantes lorsqu'il s'incline vers le point le plus bas de sa course. Son mouvement est très lent et, pendant quelque temps, il suit en apparence la ligne de l'horizon et semble faire une pause comme quand le soleil atteint midi. Il est minuit. Durant quelques minutes l'éclat du lever se mêle à celui du coucher, et l'on ne peut dire lequel prévaut; mais bientôt la lumière devient lentement et graduellement plus brillante, annonçant la naissance d'un autre jour — et parfois, avant qu'une heure se soit écoulée, le soleil apparaît si éblouissant que l'on ne peut le regarder à l'œil nu.

La grande route finit subitement au hameau de Pirtiniemi, sur les rives d'un petit lac; elle continue sur le bord opposé. On aperçoit quelques fermes, mais le voyageur doit faire provision d'une bonne dose de patience avant de continuer son chemin; les chevaux ont été lâchés dans les bois pour y chercher leur pâture et il faut du temps pour les retrouver. Arrivés sur le bord, nous traversâmes le lac sur un grand bateau plat qui pouvait contenir deux chars et deux chevaux; il était gouverné par deux vieilles femmes, dont les vigoureux coups de rames prouvaient qu'elles connaissaient leur affaire; nous mîmes dix minutes pour traverser du côté septentrional, où se trouvaient plusieurs fermes. Les bestiaux étaient pour la plupart de petite taille, mais très beaux; je remarquai aussi un superbe troupeau de vingt-six vaches presque toutes blanches.

Ma conductrice, une fille de treize ans, ne semblait pas avoir peur de moi, quoiqu'on ne rencontrât pas une âme sur la route et que Josefssohn fût loin en arrière. Je lui donnai un petit morceau de candi; elle en fut si enchantée, qu'elle me prit par le col et m'embrassa.

Le trajet continuait d'être monotone, mais j'aimais à m'arrêter dans les différents hameaux. A Sattajärvi, dernière station postale avant d'atteindre Pajala, jeunes et vieux m'entourèrent, et Josefssohn tint conversation avec eux. Ils s'émerveillèrent quand ils apprirent qu'il avait été en Amérique, et, me désignant, ils s'écrièrent : « Parle-lui en américain! » Puis ils demeurèrent silencieux pour nous écouter.

Les enfants arrivèrent en foule se joindre aux précédents. Je crois que je n'ai jamais vu un tel rassemblement de beaux jeunes gens. Leur alimentation grossière paraît leur convenir, car ils reluisaient de santé. Les filles ont de forts jolis noms : Ida, Kristina, Lovisa, Margarita, Elsa et Helena. Elles étaient belles avec leurs cheveux blonds, leurs yeux bleus, leur teint rosé et leur peau satinée ; elles faisaient un contraste frappant avec les vieilles femmes, qui semblaient usées et portaient les traces d'un rude travail.

En Scandinavie, les filles ne sont mises à un ouvrage fatigant qu'après leur confirmation. Leurs jeunes années se passent à l'école ; mais elles se développent de bonne heure, car elles ont à remplir les devoirs du ménage, à traire, à soigner le bétail, et à travailler un peu dans les champs. Tous ces travaux tendent à leur donner de la santé et à renforcer leurs muscles. Elles sont extrêmement belles entre quinze et dix-sept ans ; mais elles se fanent vite, et, dans l'âge mûr, leurs traits grossissent. Je demandai à quelques-unes si elles aimeraient d'aller en Amérique, et leur réponse était toujours un enthousiaste « Oui ! »

J'en remarquai spécialement une, nommée Kristina, d'environ seize ans, qui, en compagnie de beaucoup d'autres, me suivait partout où j'allais. On aurait pu croire que je l'attirais ; elle me prenait la main, et causait avec animation. « Voudriez-vous être ma conductrice, et venir avec moi en Amérique? » lui demandai-je. « Oui! » dit-elle en fixant sur moi ses beaux yeux bleus. « Oui! » dit aussi la mère. Toutes deux disparurent soudain et je crus les avoir effrayées ; elles étaient allées préparer mon dîner.

Mais une aventure m'attendait. Au moment où nous allions quitter cet endroit, je fus étonné de voir Kristina venir à moi avec toute sa fortune — un paquet de vêtements — enveloppée dans un mouchoir. Son père, sa mère, ses sœurs et ses frères se tenaient à ses côtés. Toute la population de Sattajärvi était venue pour dire adieu à la jeune fille. Elle avait revêtu ses meilleurs habits, comme si elle se mettait en voyage. Quand je montai dans le char, elle me suivit et tous s'écrièrent : « Adieu! porte-toi bien! écris-nous, Kristina! »

— Allez-vous emmener cette fille en Amérique? me demanda Josefssohn. La route est trop pénible pour qu'elle puisse nous suivre.

— Assurément non, répondis-je. Elle va nous conduire à Pajala.

— Non, reprit-il; ils s'attendent à ce que vous allez la prendre avec vous en Amérique. Ne le voyez-vous pas? toute sa famille est ici. Son père est revenu des champs; tous ceux qui sont présents lui disent adieu, et elle a ses vêtements dans ce paquet. Ils ont cru que vous parliez sérieusement.

— Dites-leur qu'elle va me conduire, comme l'ont déjà fait d'autres jeunes filles, mais seulement jusqu'à Pajala; que je ne puis la prendre avec moi à travers le pays difficile où je vais voyager, et qu'elle n'aurait pas la force de me suivre.

La mère se mit à pleurer; elle voulait que sa fille partît avec moi pour l'Amérique

— Monsieur, dit-elle, est-ce que vous obéissez à votre guide? J'en suis fâchée pour vous; vous n'avez point de volonté : je vous plains.

Kristina descendit tout en colère du véhicule et refusa de me conduire. Quand nous partîmes, la mère accabla de reproches le pauvre Josefssohn, qui n'en pouvait mais; ils croyaient qu'il était la cause de mon refus d'emmener leur fille en Amérique. Ils avaient eu des visions de fortune pour elle, mais déjà le château qu'ils avaient construit était en ruine. Cela n'empêcha pas ces bonnes gens de me prier de revenir chez eux.

Une course d'à peu près deux heures me conduisit à Pajala, dont j'aperçus de loin le faîte de l'église paroissiale doré par les rayons du soleil de minuit.

Le hameau est à 67° 10' latitude sur la rive droite de la Torne, qu'il domine, un peu au-dessus de la jonction de cette rivière avec la Muonio, qui est à 330 pieds au-dessus du niveau du golfe de Bothnie.

La population est d'environ 150 individus, avec 25 dépendances, 35 chevaux, 220 têtes de bétail et 600 moutons; en sorte qu'on a de la laine en abondance pour fabriquer les vêtements. On dit que l'homme le plus riche de l'endroit *vaut* dix mille dollars, et quelques autres possèdent de mille à quatre mille dollars; le premier a acheté ici une assez bonne ferme, avec une habitation confortable et d'autres bâtiments. La paroisse compte 3525 âmes. Elle a une belle maison d'école, qui fait honneur à la petite population de cette région septentrionale. On trouve dans cet endroit une auberge très confortable dont les prix sont modérés. A cette époque de l'année, le saumon est très abondant; ce poisson, avec le délicieux pain tendre, la viande de renne séchée ou fumée, le lait, du bon café, de l'excellent thé (venu sans doute de Russie) et la bière suédoise, forment le menu habituel; tout est proprement servi et constitue un repas digne d'un roi.

Le saumon mord rarement à l'hameçon; aussi le prend-on dans des nasses ou filets placés au-dessus des rapides, ou bien dans les endroits où l'eau est courante. Pendant que j'étais à Haparanda, plusieurs bateaux en chargeaient journellement. Cette année, le prix était considéré comme élevé : cinq kronors pour un poids de vingt livres, andis qu'il y y a des années où il ne dépasse pas trois ou quatre kronors; il deviendra plus cher d'année en année, car, depuis l'introduction des steamers, on commence à exporter le poisson.

Le presbytère, où je fus reçu avec une grande obligeance, est assez vaste; tout y est scrupuleusement propre, quoique simple; les parquets en sapin n'avaient point de tapis, mais on n'y voyait pas une tache; les livres révélaient la culture d'esprit de leur propriétaire, et les journaux de Stockholm, qu'il recevait toutes les semaines par la poste, démontraient que, même ici, les gens savaient ce qui se passe dans le monde.

L'église, assez belle, a la forme d'une croix grecque. Le plafond est concave, la chaire simple, — reste de l'ancienne église. Sur l'autel, on voit un tableau représentant le Sauveur sur la croix et Marie-Magdeleine allant à lui. Le cimetière, qui n'y est pas adjacent, est environné d'un mur en pierres brutes; une porte peinte en blanc en ferme l'entrée. Le premier objet qui frappa ma vue était le cercueil d'un petit enfant posé sur la terre, couvert d'un poêle blanc; il devait être enterré le dimanche suivant. J'arrivai ensuite à une tombe entourée d'une grille peinte, d'environ huit pieds carrés; au centre, on avait établi un remblai circulaire au milieu duquel était planté un rosier qu'une jeune fille arrosait. « C'est la tombe de ma mère, me dit le digne pasteur. Nous n'avons point de fossoyeur, ajouta-t-il; les parents du défunt creusent eux-mêmes sa tombe. Dans l'ancien cimetière reposent les cendres de Laestadius, qui fit tant de bien en prêchant aux Lapons contre l'ivrognerie. » En revenant chez lui, il me parla de l'Amérique et des nombreuses sectes fondées en ce pays ; il apporta ensuite une bouteille de bière suédoise qui me fit grand plaisir. Quand je le quittai, il m'exprima l'espoir de me revoir.

— Vous serez toujours le bienvenu au presbytère.

Avant mon départ, je visitai plusieurs fermes et je fus reçu partout très amicalement. On adressa nombre de questions à Josefssohn sur mon compte, et tous s'étonnèrent de ma résolution de porter mes pas si loin de mes foyers pour satisfaire ma curiosité.

CHAPITRE VII

Deux manières d'aller au nord. — Traversée de la Torne. — Montée de Muonio — Une station de bateaux. — Fabrication du goudron. — Fourmis. — Muoniovaara. — Le Palojoki. — Pluie d'orage. — Fermes solitaires. — Pêcheurs. — Une maison de refuge. — Descente vers la mer Arctique.

On peut de Pajala continuer le voyage vers le nord de deux manières : en remontant la Torne, ou en traversant l'étroite bande de terre vis-à-vis de Pajala en remontant la rivière Muonio. — La première est le déversoir du lac Torne, nappe d'eau considérable, à 1308 pieds au-dessus de la mer; son extrémité supérieure est à 68° 25' nord, presque sur une ligne parallèle avec le fiord Ofoten et les îles Lofoden en Norvège. On trouve sur ses bords les hameaux de Vittangi et de Iukkasjärvi, rendez-vous favori des Lapons.

La Muonio est décidément la meilleure route en ce qu'elle court à travers une plus grande étendue de pays; elle sort du lac Kilpisjärvi, dont les bords septentrionaux sont à quelques milles au-dessus du 69° latitude et forment une partie de la frontière entre la Russie et la Finlande suédoise. La contrée, pendant vingt milles à l'ouest de Pajala, est assez abondamment habitée, spécialement sur les bords de la rivière Tärendö.

La seule manière de voyager en été est par eau. Il y a des stations régulières de bateaux qui fournissent le logement et la nourriture. Le tarif, réglé par la loi, est d'une krona par personne pour chaque mille suédois, avec un petit supplément pour l'usure du bateau.

Le voyage sur la Muonio est très émouvant; les rapides succèdent aux rapides et l'on n'évite le danger que grâce à l'étonnante dextérité des bateliers. On n'éprouve point de fatigue; car, pendant une montée d'à peu près 300 milles, on ne marche que de loin en loin et seulement pour éviter les plus mauvaises parties de la rivière. Vers la fin de juin ce cours d'eau est très gonflé. La rapidité de l'eau était fort belle à voir : les ondes furieuses remplissaient la forêt du bruit de leurs mugissements.

Le dernier jour de juin, une heure et demie avant minuit, nous traversâmes la Torne. Je suivais le batelier qui portait mon bagage, et, après une heure de marche, j'arrivai à Kieksisvaara, la première station de bateaux située au sommet d'une colline d'où l'on a une vue superbe sur le pays et qui domine la rivière Muonio. Tout le monde dormait; il était minuit; le soleil devenu de plus en plus pâle ne jetait qu'une lumière douce et voilée sur le paysage et une rosée épaisse tombait; les hirondelles étaient rentrées dans leurs nids, le coucou se taisait, et l'on n'entendait pas les moineaux. La nature semblait se reposer au milieu de l'éclat du jour.

Les collines, couvertes jusqu'à leur cime de sombres sapins, contrastaient avec le vert des nouvelles feuilles des bouleaux dont les troncs blancs, vus à distance, ressemblaient à des pilastres d'argent.

Soudain, une porte s'ouvrit et donna passage à une jeune fille qui regarda le soleil, comme pour lui demander l'heure. Ses yeux étaient aussi bleus que le ciel et son teint rosé; elle allait nu-pieds et nu-tête; ses cheveux jaunes, tombant négligemment sur ses épaules et dépassant sa taille, semblaient avoir été trempés dans les rayons du soleil de minuit; ses pieds demeuraient sur l'herbe verte, qui les faisait paraître doublement blancs. En m'apercevant, elle tressaillit, ne s'attendant pas à rencontrer un étranger; elle allait se retirer, lorsque la voix de Josefssohn la rassura dans sa propre langue. Elle s'arrêta, me regarda et dit :

— Étranger, êtes-vous venu pour voir le soleil de minuit? Maintenant le soleil brille jour et nuit. Mais, dans notre pays, l'été est court; il nous laisse à peine le temps de rentrer nos récoltes. Nos hivers sont longs et souvent tempétueux.

De cette fille, mes yeux se dirigèrent vers le soleil. Aussitôt après minuit, je remarquai un changement; l'incandescence grandit rapidement jusqu'au rouge foncé. Ses rayons doraient la forêt et les collines; la nature sembla se réveiller; l'astre devint graduellement plus brillant et enfin il atteignit un degré d'éblouissement tel que je ne pus le regarder davantage.

Trois bateliers devaient nous faire remonter la rivière. L'un d'eux s'empara du petit portemanteau contenant mon bagage, et nous partîmes. Bientôt nous nous trouvâmes sur les rives de la Muonio et nous pûmes entendre le fracas des rapides; mais la brume qui s'élevait au-dessus de l'eau nous empêcha de rien voir. Il était alors une heure trente minutes du matin; le thermomètre marquait 51°; il avait baissé de 6° depuis dix heures trente minutes du soir.

Notre bateau se composait de quatre planches, peu épaisses; sa longueur était de vingt-sept pieds et sa profondeur d'un pied neuf pouces; sa partie la plus large, depuis l'avant, avait deux pieds onze pouces, et la quille deux pouces et demi de large. Cette forme est la meilleure pour lutter contre la turbulence des courants et les rapides; ces bateaux n'ont que peu de tirant d'eau et sont très légers; la quille est forte, et protège le fond quand on est au milieu des rochers; de solides membrures défendent les côtés. Chaque batelier a une perche de dix à douze pieds de long, d'une grande flexibilité unie à une grande force; ils ne se servent ni de rames ni de gouvernail. Mon chef batelier, Hendricks Wilh, était à l'avant et les deux autres prirent place à l'arrière. Nous fûmes bientôt en face d'un rapide où l'eau se précipitait avec violence entre des blocs, et je pus juger de l'adresse et de la vigueur qu'exige cette navigation. Au lieu de mettre les perches le long du bateau, on les passe dessous et souvent elles sont courbées par son poids; Hendricks et les deux autres bateliers ne tardèrent pas à être en pleine transpiration. Il faut étudier ces courants afin de savoir comment se diriger.

En avançant, nous mettions en fuite des troupes de canards. Quand le courant n'était pas très rapide, nous montions vivement. La rivière est profonde et ses eaux sont si claires que nous pouvions voir les rochers et les cailloux qui en forment le fond.

Après un trajet de quatre heures, nous atteignîmes Kolare, ayant fait environ trois milles suédois [1]. Lorsque nous approchâmes de la station, le silence absolu qui régnait partout nous apprit que chacun dormait; cependant, notre arrivée donna le signal du lever à toute la famille.

La nourriture, dans ces parages, est de la sorte la plus simple et consiste en morceaux de mouton séché, aussi dur que du cuir, de la viande de renne fumée, du beurre, du fromage, du lait, du pain, et quelquefois du poisson. Le café serait très bon si on ne le gâtait pas souvent en y mettant du sel pour lui donner de la saveur.

Dans la chambre du voyageur est fixé au mur un tarif pour chaque article fourni, de telle sorte que l'on ne peut commettre de tromperie; mais, naturellement, quand vient un riche étranger, on s'efforce d'améliorer le menu — ainsi on fait le café plus fort — et, pour de telles attentions, on attend un petit surcroît, qui est toujours donné. Je n'eus à payer qu'une augmentation de soixante ore pour mon déjeuner.

Auprès de la maison, deux bateaux étaient en construction. Ces stations batelières sont très commodes; elles permettent, lorsque l'on est pressé, de voyager très vite; partout le voyageur trouve des hommes frais, et généralement il n'a que peu de temps à attendre; on peut facilement accomplir neuf milles suédois en vingt-quatre heures.

Mes nouveaux bateliers étaient frères et leur aspect singulier. Leurs cheveux, blonds et frisés, tombaient sur leur col en une telle épaisseur, qu'ils se servaient d'un peigne en métal, semblable à ceux employés autrefois pour carder la laine.

Entre les stations de Huaki et de Kilangi, la distance est de plus de quatre milles suédois, et la montée exigeait au moins dix heures. Nous ne cessions de rencontrer des rapides, et souvent je m'attendais à ce que nous fussions repoussés par la force de l'eau et lancés contre des rochers ou des blocs gigantesques; les perches de mes bateliers ployaient fortement sous la pression, mais jamais elles n'échappaient de leurs mains. Par moments, il nous fallait passer entre des rochers où l'espace permettait à peine de se glisser, et, d'autres fois, nous étions renvoyés contre les blocs par la violence des eaux. Les accidents sont rares; mais, quand ils arrivent, c'est presque toujours dans la descente,

---

[1]. Un mille suédois vaut 6.64 milles anglais. Le mille anglais est de 1,760 yards =1,609 m. 3,149.

où la navigation est plus dangereuse que dans la montée. Quand nous rencontrions de longs et dangereux rapides, nous allions sur le bord ; deux bateliers tiraient le bateau avec une corde pendant que le troisième, resté dans l'embarcation, la dirigeait tout près de terre.

La descente des rapides, à cette époque de l'année, quand la neige fond, est pleine d'émotions et d'excitations ; des radeaux de bois de charpente et des bateaux suivent le courant, et seraient certainement détruits sans l'habileté et l'audace des nautonniers.

La rivière ne présente pas l'aspect pittoresque de la Torne sous Pajala. Les rives sont plutôt plates qu'élevées ; mais ici l'eau est si claire, qu'elle ressemble à une feuille de verre.

Qu'elle était belle l'heure de minuit ! Combien le soleil se montrait rouge et splendide ! La nature semblait endormie au milieu de l'éclat du jour ; des gouttes cristallines de rosée reluisaient comme des pierres précieuses sur les brins d'herbe, sur les pétales des fleurs sauvages et les feuilles des bouleaux.

Vers deux heures, les hirondelles sortirent des nids qu'elles avaient construits sur les différents corps de logis de la ferme. De quelle distance énorme étaient-elles venues pour jouir du printemps de cette région lointaine ? Je ne m'étonne pas qu'elles aiment cet été si beau mais si court, ni qu'elles viennent d'année en année au pays du soleil de minuit !

Les gens qui n'ont vu que des rivières bourbeuses ne peuvent s'imaginer la beauté de celles de la Scandinavie. La limpidité de l'eau vous altère et souvent il m'est arrivé de ne pouvoir résister à la tentation d'y goûter.

Nous avions franchi plusieurs milles sans voir de maison ; parfois un peu de fumée au milieu des arbres nous indiquait une goudronnière. J'étais attristé de voir les ravages des feux dévastateurs ; d'immenses étendues de bois n'existaient plus.

En nous arrêtant pour la nuit, j'entrai dans une maison où le fermier et sa femme étaient au lit. Lorsque je les eus réveillés, la femme leva la tête et dit : « Que demandez-vous, étranger ? » Je répondis : « Nous désirons dormir ici. — Soyez le bienvenu, » fut la réponse. La bonne femme sortit de son lit, mit ses bas et ses souliers, passa dans la chambre voisine où elle prépara un lit ; puis elle sortit d'un garde-manger une ample provision de lait, pain, beurre, fromage et de viande de renne fumée et me dit : « Mangez, si vous avez faim ; buvez, si vous avez soif, et mettez-vous au lit ; » puis elle me souhaita une bonne nuit et rentra dans sa chambre.

On connaît deux variétés de sapin rouge : le *pinus sylvestris*, et un autre avec de courtes aiguilles, le *pinus friesii*. Le sapin ici est excessivement riche en matières résineuses. On se sert des racines d'arbres qui ont été abattus, et ainsi le bois de charpente a été détruit ; de là vient que les forêts brûlées ne sont pas entièrement sans valeur. Souvent ces racines demeurent des années dans la terre, puis on les en extrait et on les fend en morceaux de taille moyenne pendant l'hiver ou le printemps ; elles sont d'un rouge foncé, excessivement dures et si riches en résine, que, quand on les brûle sur un foyer ouvert, le goudron exsude. On le prépare de la manière suivante : on choisit un endroit favorable à la manutention, sur la déclivité d'une colline ou entre deux coteaux descendant doucement en talus l'un vers l'autre. On creuse un trou ou un ravin de trois à cinq pieds de diamètre ; sur le sol, on pose tout près l'une de l'autre deux traverses inclinant graduellement vers le centre, de façon que le goudron puisse couler ; sur ces traverses ou rails, on place une couche d'écorce de bouleau que l'on couvre de plusieurs pouces de terre argileuse, le tout ayant l'apparence d'un bassin qui varie de vingt à trente pieds de diamètre. Les pièces de bois dont on extrait le goudron sont empilées avec soin et rapprochées ; lorsque le tout est complet, la masse entière ressemble un peu à une ruche. On met alors le feu aux racines, et, comme il est étouffé, elles brûlent lentement pendant plusieurs jours, le goudron tombant goutte à goutte dans le bassin et s'écoulant par le trou dans un chéneau placé de manière à le recevoir. Quand, par hasard, les barils sont insuffisants, on conserve pendant un certain temps le goudron dans des fosses.

On le fait descendre par le flottage sur la rivière, d'une façon singulière. On attache deux rangs de barils au-dessus et au-dessous de longues perches, et cette sorte de radeau, que l'on confie au courant, atteint sûrement sa destination. De grandes quantités de goudron descendent ainsi les rivières du Nord. Dans certaines années, la Suède en exporte plus de cent mille barils.

Le soleil de minuit.

Dans mes courses en forêt, j'ai rencontré souvent plusieurs espèces de fourmis, et parmi elles la *formica rufa*, appelée en suédois *stackmyra*, commune même aussi loin au nord. Un sentier bien battu conduit aux fourmilières, lesquelles ont environ deux pieds et demi de haut, construites avec de petits morceaux de bois. Les fourmis venaient en grand nombre de toutes les directions, chacune portant sa brindille qu'elle déposait sur le monticule. Quand elles gravissaient la montée, les brindilles de bois cédaient sous elles, mais jamais elles ne quittaient leur tâche sans l'avoir accomplie. Quand je démolissais leur fourmilière, j'arrivais à une profondeur d'un pied avant de les trouver. Beaucoup emportaient des œufs, et, si je plaçais un bâton devant elles, elles se levaient sur leurs pattes de derrière et le saisissaient, montrant ainsi leur bravoure.

A douze milles et demi de Pajala, nous arrivâmes aux rapides de Muoniokoski, auprès desquels un misérable hameau, appelé Muonionalusta, possède une chapelle où l'on ne célèbre le service divin qu'à certains dimanches désignés à l'avance. Ici, mes bateliers quittèrent la rivière, et après une marche de quatre milles sur un terrain très marécageux, couvert de pins et de sapins, nous nous trouvâmes tout à coup devant une belle ferme. Au-dessus de la porte on lisait ces mots :

KUNGL POST STATION.

C'était Muoniovaara. Je fus reçu de la façon la plus cordiale par Herr Forsström, lequel était Suédois, et par sa femme. Deux aimables, modestes et timides jeunes filles, portant les noms suédois de Hilda et de Hedda, et trois fils, Gustave, Jean et Oscar, composaient la famille de ce confortable foyer septentrional.

La ferme dominait la Muonio, qui était ici large comme un lac ; les prairies s'étendaient jusqu'au bord de l'eau. Auprès de la maison, un ardin potager dans lequel les pois avaient environ deux pouces de croissance, avec des carottes, des pommes de terre et de l'orge déjà avancée ; mais les pâturages et la fabrication du beurre étaient l'industrie principale ; car, dans cette région, la récolte du grain est incertaine, et c'est à peine si les fermiers en sèment assez pour leurs besoins, préférant acheter leur farine.

De l'autre côté, en Finlande, se trouve Muonioniska, qui a une église, et qui est la résidence d'un ecclésiastique. Là, comme en Suède et en Norvège, le peuple est luthérien, et depuis l'acquisition de cette province par la Russie les efforts du gouvernement n'ont pas réussi à détourner les Finlandais de leur croyance protestante pour les amener à l'Église grecque.

Herr F... était maître de poste ; la malle apportait les lettres et les journaux deux fois par mois. Leur seule société était le pasteur et le länsman de Muonioniska, car les fermiers n'ont pas assez d'éducation pour pouvoir vivifier leur solitude; pour toute récréation, ils n'ont qu'eux-mêmes et les journaux.

La ferme était fort bonne et les quinze vaches laitières que j'y ai vues sont, sans contredit, les plus belles du nord de la Scandinavie ; la laiterie méritait d'être visitée et un grand troupeau de rennes paissait sur les montagnes. Les jeunes filles, très habiles dans l'art du tissage, confectionnaient les vêtements de la famille. Herr F... avait en plus un magasin, en tout semblable à ceux des petits pays dans lesquels les gens du peuple trouvent les choses dont ils ont besoin ; il était largement achalandé pendant l'hiver par les Lapons, que, cependant, on ne voit pas sur les routes durant l'été.

La maison pourvoyait aux besoins des voyageurs, et, en considérant la distance que les articles avaient à parcourir pour y arriver, les prix étaient fort modiques. L'ecclésiastique fut invité à venir partager notre bonne chère, et je m'amusai beaucoup à voir l'hôte et le bon pasteur fumer d'énormes pipes, tout en sirotant leurs grogs. En cet endroit éloigné de la mer, à plusieurs milles du 68° N., tout objet de luxe doit être transporté en hiver depuis le golfe de Bothnie.

La Muonio, à partir de Muoniovaara, vers le nord, prend une direction plus occidentale ; la population devient plus rare ; on parcourt de vastes espaces sans voir une maison. L'ascension de la rivière est laborieuse, car le courant n'est souvent qu'une succession de rapides, dont le plus formidable est le Kelokortje, sur lequel il faut tirer le bateau. Une rude besogne de quatorze heures nous amena au Palojoki (*joki*, en finnois, rivière) ; les bateliers étaient épuisés ; nous avions franchi vingt rapides et la chaleur avait été excessive, le mercure s'étant élevé de 77° à 82°, et à six heures du soir il marquait encore 70° au soleil, à sept heures, 68, et à neuf heures trente minutes 64°. Le hameau de Palojoensa, ou

Palojoki, composé de huit ou dix fermes espacées, est situé à l'embouchure de la rivière; les habitants semblent provenir d'un croisement de Finnois et de Lapons. L'herbe qu'ils peuvent récolter est à peine suffisante pour leurs bestiaux, qu'il faut nourrir avec du lichen et du foin; l'orge et les pommes de terre croissent encore, quoique la latitude soit au-dessus du 68° nord; mais leur récolte est incertaine à cause des gelées qui arrivent souvent en août. Les habitants possèdent des troupeaux de rennes, pâturant en ce moment sur les montagnes. Une chambre, dans une des fermes, servait d'école; un instituteur vient prendre ici sa résidence pendant la durée de son service. La station se trouvait dans une des meilleures fermes.

De Palojoensa on peut prendre deux voies pour aller au nord; l'une, en continuant la montée de la Muonio, célèbre par la beauté de sa partie supérieure jusqu'au lac Kilpisjärvi; l'autre, en s'arrêtant à Karesuando, à quatre milles suédois plus haut, et de là en suivant la voie de terre jusqu'au village lapon de Kautokeino. Je me serais décidé pour celle-ci comme étant la plus directe si je n'avais appris par des villageois, qui avaient été pêcher dans les lacs de l'intérieur, qu'il y en avait une bien meilleure, presque entièrement par eau, et remontant la Palojoki. Tous furent d'avis que je devais préférer cette dernière.

La Palojoki, l'un des affluents de la Muonio, est une petite rivière qui coule au nord, et a dans son cours un grand nombre de rapides. Les bateaux dont on se sert pour sa navigation sont plus petits que ceux de la Muonio, mais construits d'après le même principe, avec quatre planches solidement jointes et une lourde quille pour résister aux coups qu'ils reçoivent. On a besoin de deux bateliers, et l'on ne peut prendre que deux passagers. Cette route avait pour moi un grand avantage, celui de n'avoir jamais été fréquentée par aucun Suédois ou Norvégien, ainsi que je l'appris de Herr F... lors de mon retour à Muoniovaara l'hiver suivant, 1872-1873. Mes bateliers étaient favorisés des noms de Jean-Mathias Bass et de Eric-Gustave Laïgula, ou quelque chose d'approchant.

La rivière était basse par suite d'une longue sécheresse. Lorsque j'arrivai sur ses rives et que je vis les blocs dans le courant et le peu de profondeur de l'eau, je m'imaginai que nous ne pourrions jamais la remonter, malgré la grande habileté des bateliers de la Muonio. Notre bateau, cependant, fut à la hauteur de l'occasion; il bondissait de roc en roc comme un bouchon de liège ou une balle de caoutchouc; nous réussîmes à franchir le premier rapide, et, pendant un certain temps, nous voguâmes en eau profonde. Nous avions gravi une courte distance quand nous entendîmes une clochette résonner dans le bois, et au bout d'un instant apparurent douze rennes courant vers la rivière et qui s'arrêtèrent pour nous regarder. Ils avaient reconnu la voix de leur maître et semblaient heureux de le voir; quelques-uns entrèrent dans l'eau pour le joindre. Ce furent les premiers rennes que je rencontrai. Leur propriétaire m'apprit qu'ils valaient vingt-sept kronors chacun.

Le rivage était bordé de forêts de sapins et de bouleaux. Le bruit de l'eau bondissant sur les rapides me ravissait. Quoique si loin au nord, on entendait le coucou; des bandes de canards s'envolaient à notre approche, et quelquefois une oie sauvage s'enfuyait et quittait ses petits. De temps en temps nous passions devant des nids bizarres, construits sur des arbres, variant de dix-huit à vingt-quatre pouces de longueur, sur huit à douze de diamètre, les uns creusés dans les arbres, avec le faîte et le fond couverts d'écorce, et les autres entièrement en écorce. Ces nids devaient servir à attirer de certaines espèces d'oiseaux aquatiques qui déposaient leurs œufs dans le creux des arbres; au centre, on avait percé un trou assez large pour qu'un homme pût y fourrer la main et en retirer les œufs. Quelques-uns de ces oiseaux déposaient une vingtaine d'œufs et plus, dont s'emparait le propriétaire de ces nids. Ces sortes de maisons d'oiseaux étaient le seul signe de voisinage humain que nous aperçûmes.

Un peu plus loin, la rivière s'élargit et est bordée de prairies qui fournissent beaucoup de foin. Les forêts étaient tapissées de mousse de renne, d'un blanc verdâtre, la plus belle que j'aie vue dans mes voyages en Scandinavie.

Le 5 juillet fut la journée la plus chaude que j'eusse encore passée ici; la température, à sept heures du matin, marquait 67° à l'ombre et 109° au soleil; à neuf heures du matin, 72° à l'ombre; entre midi et une heure, 82° et 118° au soleil. Une pluie d'orage qui suivit ne rafraîchit pas l'atmosphère: à trois heures trente minutes, nous avions 82°; à quatre heures trente minutes, 79°, à six heures, 78° à l'ombre et 98° au soleil.

A l'un des rapides, où les hommes durent hisser le bateau avec une corde, je gravis le bord sableux et abrupt d'environ quatre-vingts à cent pieds de haut, afin d'observer le pays. C'était une région immense, légèrement ondulée, entièrement couverte de lichens, qui auraient pu fournir de la provende à des troupeaux de rennes; de petits bouleaux noueux se montraient de distance en distance, ainsi que des sapins solitaires. On apercevait des plaques de neige, et la contrée offrait un aspect aride et désolé; elle avait évidemment été sous l'eau autrefois. Je fus assailli par des myriades de moustiques; d'où venaient-ils? je ne saurais le dire, car on ne connaît point de marécages dans les environs.

Parvenus un peu plus loin, les hommes retirèrent leurs perches et s'arrêtèrent sur la rive gauche du courant, au pied d'un sentier. « Nous allons passer la nuit dans une ferme non loin d'ici, dit Mathias, car nous sommes brisés de fatigue. » Je ne m'en étonnai point; nous avions remonté plus de quarante rapides, ramé pendant environ quatre milles et demi et durant quatorze heures. Ils tirèrent le bateau sur le bord, et laissèrent tout mon bagage dedans. Je fus quelque peu inquiet pour la sacoche qui contenait mon argent; mais, apparemment, mes bateliers ne craignaient par les voleurs. Après une marche de vingt minutes à travers un bois de bouleaux et de grandes pièces de lichen, nous atteignîmes un bel endroit, sorte d'oasis dans ce désert, sur deux petits lacs, appelés Leppäjärvi et Sarjärvi.

Les maisons, en bûches de sapin, étaient basses, avec des toits couverts de terre, sur laquelle poussait l'herbe; elles ne brillaient pas par la propreté, et les vêtements des habitants reluisaient de crasse; deux ou trois habitations ayant de petites fenêtres affichaient plus de prétentions. Quelques filets de pêche séchaient et les hommes s'occupaient de les raccommoder. Les bâtiments étaient considérablement séparés : bonne précaution contre le feu.

Tout était de la sorte la plus primitive : assiettes, plats et cuillers en bois; seaux et écopes servant de vases à boire; les fourchettes étaient inconnues, ou, s'il y en avait, on ne s'en servait pas. Les tasses à café constituaient les seuls objets en faïence que je vis. Je préférai un banc au lit que l'on m'offrit; quant à mon guide et à mes bateliers, ils prirent possession du plancher malpropre.

La saison était en retard à cause de la sécheresse persistante, et je me demandais comment la moisson pouvait être mûre vers la fin d'août, mois après lequel on est sûr de voir apparaître la gelée. Ce fut la dernière orge qui frappa mes yeux, car nous étions alors à plus de 68° 35' N., et ce grain ne mûrit pas plus au nord. Les bouleaux sont nombreux et les habitants ont du bois en abondance pour chauffer leurs demeures.

Le docteur le plus rapproché d'ici est à deux cents milles en arrière ; l'église se trouve à Palojoensa, mais ces gens ont toujours chez eux des livres religieux, ou la Bible, ou un volume de psaumes et d'hymnes, ou des *postilla* (collection de sermons). L'argent est très rare, et dans les saisons où la récolte ne réussit pas, les habitants manquent de nourriture ; ils râclent l'écorce du bouleau qu'ils pétrissent avec de la farine, ou bien ils cuisent de la mousse de renne avec du lait, et, en y ajoutant de la farine, ils en font un plat supportable.

Cet établissement possédait vingt-deux vaches. L'une des vacheries était basse, longue, étroite, le toit couvert de plus d'un pied de terre sur laquelle l'herbe (qu'ils récoltent) était alors verte. Des cloisons en planches séparaient les étables, et, derrière, on avait disposé un chenal pour recevoir les déjections des bêtes, car l'engrais ici est aussi précieux que l'or, la terre étant pauvre. Le sol était planchéié ; à une extrémité se trouvait l'épaisse structure en pierres habituelle, supportant un énorme pot de fer servant à cuire l'herbe ou le lichen pour le bétail.

Les gens paraissaient sains et forts ; je vis plusieurs vieillards dont l'un venait d'atteindre quatre-vingt-dix ans. Hommes, femmes et jeunes filles fumaient ; cette habitude règne aussi dans bien des parties de la Suède et de la Norvège.

Après avoir passé plusieurs rapides et ramé deux heures depuis Leppäjärvi, nous entrâmes dans le lac Palojärvi, d'où sort la rivière Palojaki ; nous avions remonté le courant à une distance de cinq milles et demi. Palojärvi est un des lacs sur la pente du plateau, formant le déversoir méridional des eaux, à onze cents pieds, je crois, au-dessus du niveau de la mer ; une chaîne de collines sablonneuses, couvertes d'arbrisseaux, flanque les bords occidentaux ; en regardant vers l'est et le nord-est, je pus voir une haute colline, appelée Isticconâra, encore blanche de taches de neige. Il y a quelque chose d'impressionnant dans la solitude et le silence de ce pays septentrional, dans ces lacs silencieux et solitaires, dans le murmure des rivières serpentant au milieu des rochers qui obstruent leur course, dans l'atmosphère étonnamment claire, dans le ciel d'un bleu pâle et dans l'air fortifiant. Souvent j'étais saisi d'un indescriptible

Descente des rapides.

sentiment d'isolement, et, en même temps, du désir de pousser plus loin.

En traversant le lac, je ne pus voir qu'une ferme où séchaient des filets en grand nombre. Les demeures solitaires dans le nord lointain sont généralement situées près des lacs, foisonnant de poisson, qui, avec le lait aigre, forme la principale nourriture des habitants pendant les mois d'été. On sale et on sèche des quantités de poisson pour l'hiver.

Un effort d'une demi-heure nous conduisit à une rivière étroite et tortueuse, — la Rastajoki; nous la remontâmes pendant un mille dans la direction du nord, et nous prîmes terre.

Après deux heures de marche à travers une contrée stérile, parfois marécageuse, couverte en grande partie de mousse de renne et de bouleaux nains, nous arrivâmes sur les bords d'un petit lac, appelé Givijärvi, à environ cinq milles de Palojärvi, formant la limite entre la Finlande russe et la Norvège. Dans le trajet, j'avais vu, au pied d'une colline rocheuse, un grand nombre de pierres rondes de deux fois la taille d'une orange à trois fois celle d'une tête d'homme; elles semblaient avoir été mises là par des mains humaines, il y a bien longtemps. Depuis que nous avions quitté Leppäjärvi, je n'avais aperçu qu'un arbre conifère; nous venions d'atteindre la région où ceux-ci ne croissent plus, mais les bouleaux étaient abondants, quoique petits.

Sur une île, un grand amas de neige, que la chaleur du soleil d'été ne parvenait pas à fondre, atteignait le bord de l'eau. Des spires de fumée ondoyant au-dessus de deux huttes pointues et coniques nous apprirent que l'île était habitée. Nous trouvâmes un vieux bateau en mauvais état, avec lequel nous devions atteindre l'autre bord; il était aussi sec qu'un morceau de liège et tout disloqué; heureusement, un seau en bois était auprès de là, et il nous servit pour le réparer. Nous fîmes une voile avec des branches feuillues de bouleau et ce fut tout; j'essayai de gouverner avec un bâton et les hommes pagayèrent avec des morceaux de bois; il nous fallut une heure pour franchir une distance d'environ trois milles anglais. Quand nous abordâmes, deux hommes, qui surveillaient notre approche, vinrent nous inviter à entrer dans les huttes que nous avions vues depuis l'autre côté. D'environ douze pieds de haut sur huit ou dix de diamètre, elles étaient construites en mottes de gazon, soutenues en dedans par un châssis formé de branches d'arbres. L'intérieur et les abords étaient repoussants de saleté; des entrailles et des têtes de poissons gisaient de tous côtés et deux barils remplis de poisson salé répandaient une odeur de pourri qui donnait des nausées. Les filets, que les hommes raccommodaient, traînaient sur la terre et devaient être tendus le soir même.

Au centre de la hutte brûlait un feu dont la fumée s'échappait par

Pêcheurs du lac Givijarvi.

l'ouverture d'en haut; les lits se composaient d'herbe et de boue, et les couvertures en peaux de mouton avaient depuis longtemps perdu leur blancheur première pour devenir noires et malpropres. Je n'osais pas entrer. Un chaudron de café suspendu au-dessus du feu et une vieille tasse constituaient les seuls ustensiles du ménage; le poisson formait la nourriture unique.

Ces deux occupants de l'île étaient couverts de crasse; leurs cheveux emmêlés, qui tombaient sur leurs épaules, les protégeaient contre les moustiques, mais, selon toute apparence, ils contenaient bien des choses encore pires. Leur taille ne dépassait pas la moyenne; leurs pommettes saillantes et le type de leur face révélaient un mélange du sang finnois avec le sang lapon; ils portaient des pantalons, des chemises de laine et des bottes, mais ils paraissaient bons et insistèrent pour que je prisse une tasse de café.

De Givijărvi, la route de terre qui se dirige au nord passe par une contrée lugubre et conduit à Aitijărvi. Parfois la marche devenait fatigante et ne s'animait que par instants ; on voyait de petits lacs ou étangs dans toutes les directions.

Les moustiques faisaient de nouveau des leurs et, quoiqu'une bonne brise soufflât, leurs essaims nous suivaient et nous ennuyaient terriblement. Le plateau semble être la ligne de division pour le déversement des eaux des lacs vers le sud et le nord ; les bouleaux étaient devenus nains et la courbure de leurs branches démontrait la force et la direction des vents hivernaux.

La station de refuge à Aitijärvi nous parut très solitaire lorsque nous jetâmes un coup d'œil sur les bâtiments, depuis le haut de la colline ; en un peu moins d'une heure et demie, à partir du lac, nous atteignîmes cet endroit.

La ferme était destinée à servir de lieu de refuge. Dans ce district, l'un des plus stériles et des plus froids de l'Europe septentrionale, où le thermomètre descend jusqu'à 45° au-dessous de zéro, son abri doit être le bienvenu pendant l'hiver, lorsque les tempêtes menacent le voyageur fatigué. La maison était confortable et propre ; il y avait deux chambres — une pour la famille, et l'autre pour les voyageurs ; on ne s'attache pas au luxe des lits mollets et du beau linge dans cette partie du monde. Deux vaches et quelques moutons étaient tout le bétail de ces lieux, les rennes se trouvant alors au pâturage.

La station est située au bord du petit lac d'Aitijärvi et sur la rive de la rivière Sitcajoki, tout près du point où leurs eaux se mêlent ; avant de tomber dans le lac le courant forme un petit rapide sous lequel se trouve un îlot couvert d'herbe, le sol ayant été bien pourvu d'engrais. Le laboureur et sa femme, les seuls êtres à la maison, nous accueillirent cordialement. Adam Triumf était un beau vieillard de taille moyenne, avec de longs cheveux noirs mélangés de fils d'argent tombant sur ses épaules. Sa femme Kristina lui ressemblait, malgré son bonnet uni et bien ajusté ; ses cheveux noirs, longs et luisants tombaient sur ses épaules, et quoique les rides qui sillonnaient son visage prouvassent qu'elle était avancée en âge, à peine lui voyait-on un cheveu gris ; pour compléter le portrait, elle avait aux pieds une paire de bottes de son mari, et tous deux portaient des vêtements tissés chez eux. Depuis vingt-six ans ils vivaient ensemble et avaient eu douze enfants ; l'un des fils demeure avec eux, mais il était absent pour le moment.

Le gouvernement norvégien subventionne ces vieilles gens d'une somme annuelle déterminée pour garder la place; en hiver, ils sont moins seuls, car leurs enfants les visitent et les Lapons vont et viennent. Adam Triumf et Kristina ont beaucoup à faire pendant la courte saison d'été; toutes leurs journées sont occupées dans les pêcheries. Ils salent de fortes quantités de poisson pour l'hiver; mais, outre la pêche, il leur faut encore faucher et empiler le foin, se procurer du bois, rentrer des approvisionnements de mousse de renne que l'on dispose en énormes tas; on les enlève l'hiver sur des traîneaux, afin de subvenir à l'alimentation du bétail. La récolte de la mousse est une chose fort importante et qui doit être faite pendant que la terre est libre de neige. La laiterie demande aussi des soins, car le beurre et le fromage tiennent une grande place dans l'alimentation. Peu après notre arrivée la femme nous apporta une grande jatte en bois pleine d'un lait délicieux, du beurre, du fromage, du pain noir sortant du four, et nous dit avec bonté : « Vous devez avoir faim? »

Je demandai un bateau; mais Adam me répondit qu'il devait d'abord aller visiter ses filets et prendre le poisson, ce qui fut aussitôt fait que dit. Ces deux bonnes gens nous laissèrent l'entière possession de la maison, où rien n'était sous clef; ils ne craignaient pas que nous voulussions nous emparer du café ou du sucre, ou des provisions apportées du bord de la mer. Au bout de deux heures ils revinrent, rapportant de belles truites — dont les unes avaient de vingt à vingt-quatre pouces de longueur et qui auraient réjoui le cœur d'un pêcheur à la ligne. Kristina en fit cuire immédiatement quelques-unes; puis, les mettant sur un plat de bois, elle me dit : « Mangez, étranger; mangez autant que vous pourrez, car vous avez une longue route devant vous. » Puis elle remplit de lait le bol en bois et fit du café; quand je pris congé d'elle, je lui glissai deux kronors dans la main.

Le temps devenait plus chaud tous les jours; à neuf heures, le thermomètre marquait au soleil 100°; la température de l'eau indiquait 60°, ce qui prouvait que la neige avait fondu. A onze heures, quand nous nous arrêtâmes pour nous reposer, elle était, à l'ombre, de 72°, au soleil, de 105°; celle de l'eau de 62°. A une heure nous fîmes halte de nouveau, car les hommes étaient presque épuisés; bien que nous fussions à une latitude de 67° 30', le thermomètre marquait 74° à l'ombre et 109°

au soleil à midi. C'était la seconde journée la plus chaude que j'eusse expérimentée.

Le 5 juillet, à une heure du matin, je quittai Aitijărvi. Adam Triumf assista à notre départ et nous souhaita un heureux voyage; il me donna une poignée de main et me dit avec cordialité : « Revenez bientôt! »

Givijărvi et Aitijărvi sont situés sur la partie méridionale de la rampe que nous avions gravie après avoir quitté Palojărvi, et maintenant l'écoulement des eaux se faisait au nord vers la mer Arctique; nous descendîmes le courant, en glissant sur de dangereux rapides, jusqu'à Kautokeino, à quatre milles norvégiens.

En regardant vers le sud, la lune était visible très loin; le soleil se montrait dans la direction opposée; l'une pâle et sans lumière, l'autre brillant de tout son éclat. Le temps était superbe et le ciel sans nuages; le thermomètre marquait 57° et la rosée couvrait abondamment le sol.

Au départ, la rivière nous parut étroite, pas très profonde, la largeur moyenne n'excédant pas cinquante pieds; des bouleaux bordaient les deux rives. Depuis mon départ de Stockholm je n'avais pas encore entendu tant d'oiseaux chanter après minuit et jouir du printemps. Je ne pus que m'étonner du peu de sommeil dont ils profitaient pendant un jour si continuel; à certaines époques ils ne reposaient que d'une heure à deux et, d'autres fois, ils semblaient toujours en mouvement; les hirondelles qui avaient atteint cette latitude extrême au nord ne restaient qu'une couple d'heures dans leurs nids. Les arbres étaient courts en proportion de leur grosseur; les feuilles venaient de s'ouvrir et les troncs blancs avec leurs branches languissantes contrastaient avec la frondaison d'un vert clair. La végétation était plus en retard que celle de la rampe méridionale et l'on voyait quelques plaques de neige. La rivière offrait la limpidité du cristal, et là où l'eau était tranquille notre bateau semblait glisser sur un miroir verdâtre. En nous portant au nord nous passâmes rapides après rapides; le bateau frémissait lorsqu'il coupait les flots. Les bateliers connaissaient chaque courbure de la rivière, chaque récif dangereux, chaque rocher caché sur lesquels l'eau bondissait; l'écume de l'onde leur indiquait par où ils pouvaient sûrement passer. Souven nous défilions à un pouce ou deux d'un bloc qui menaçait de nous mettre en pièces mais par une manœuvre adroite de leurs perches mes hommes lui échappaient et se laissaient flotter jusqu'à l'approche d'un autre rapide. Un faux mouvement ou une erreur de jugement nous aurait été fatal. La dextérité de mes bateliers était extraordinaire. L'émotion causée par la descente fut bien autrement grande que pendant la montée de la Muonio.

Après une navigation de cinq heures nous arrivâmes à une ferme, la première sur notre route ; l'habitation était très sale, bien que le fermier fût dans une bonne position, puisqu'il possédait douze vaches et deux cents rennes ; il avait plusieurs enfants et la famille portait le cachet d'une extraction laponne. Sur une table j'aperçus le Nouveau Testament. Autour de la maison on avait disposé des meules de foin de dix à douze pieds, protégées contre la neige par de longues perches qui les traversaient et les empêchaient d'être enlevées par le vent.

Plus bas, après une série de rapides, le cours d'eau s'élargissait et se perdait dans un petit lac, appelé Suddumaelopaljärvi ; nous entrâmes alors dans la Sopatusjärvi, d'où la rivière se jette dans l'Alten, au-dessus de Kautokeino, endroit que nous atteignîmes après un voyage de neuf heures.

La tâche fut plus facile et plus intéressante que si nous avions remonté la rivière jusqu'à Karesuando, attendu que nous aurions dû faire par terre un trajet d'environ soixante milles à travers des marais, des tourbières et d'autres obstacles. J'avais marché trois heures dans tout le voyage et fait à peu près quatre-vingt-quatre milles depuis Palojoensa.

Kautokeino, à 69° latitude est, comme tous les villages de la Laponie, presque désert en été ; nous vîmes peu de gens car ils sont dans les montagnes ou à la pêche ; les rennes et le bétail errent dans les pâturages.

Ce hameau comporte dix ou douze maisons, construites avec des poutres ; les abris pour le bétail sont en gazon ou en pierres. Le troupeau consiste en cinquante vaches, cent cinquante moutons, quatre ou cinq bœufs et deux cent cinquante rennes, dont plus de la moitié a été dressée pour le harnais ; il n'y a point de chevaux.

Il s'y trouve une église paroissiale avec un ecclésiastique qui réside tout l'hiver ; le juge du district tient sa cour deux fois l'an et ces assises durent une semaine ; en hiver, l'école est fréquentée par soixante-dix enfants.

Le hameau de Autzi, avec la même population à peu près, est situé à un mille de distance ; au delà, des fermes isolées appartenant aux Lapons sont construites sur les bords de l'Alten ; le district entier possède environ deux cents vaches.

La région est maintenant presque entièrement dénuée d'arbres, car l'établissement date de longtemps et les habitants doivent aller à une distance considérable pour obtenir du bois de chauffage ; autrefois les pins et les sapins abondaient, comme l'attestent les restes de troncs et de racines que l'on trouve dans les marais ; aujourd'hui, ils ont entièrement disparu.

La boutique du village servait d'auberge ; mais le marchand était parti en vacances d'été, attendu qu'il n'y a rien à faire en cette saison, et sa ménagère, aidée d'une servante, avait la charge de l'établissement.

Un *lensmand*[1], qui exerce les fonctions de shériff, réside ici ; il doit veiller à l'exécution des lois, et dans les petits endroits comme celui-ci les prisonniers sont confiés à sa garde. Une chambre de sa maison, munie de barreaux à la fenêtre, sert de prison, mais elle est rarement occupée. En Amérique, comme dans presque toutes les contrées de l'Europe, il ne faudrait pas longtemps à un prisonnier pour briser de si faibles barrières et s'échapper ; mais ici tout le monde respecte la loi. Avec deux Lapons sous ses ordres, qui agissent comme policemen, le lensmand a la charge de tout le district. Sa femme et lui me reçurent avec beaucoup d'obligeance, et ce fut pour moi une agréable surprise de l'entendre parler un peu anglais.

Auprès de la maison, se voyait le jardin, où poussaient des radis et des navets qui atteignent une bonne grosseur. Ici, les pommes de terre sont très petites ; leurs tiges croissent si rapidement que les tubercules ont peu de chance de se développer, aussi les années sont-elles rares où ils peuvent se régaler de ce comestible ; on peut dire la même chose des pois, qui cependant avaient bien rendu l'année précédente. L'orge pousse quelquefois, mais il faut la couper avant qu'elle soit parfaitement mûre ; cette récolte est si peu certaine que l'on en sème rarement ; par contre, le foin est très abondant.

L'été dure peu ; la rivière Alten gèle parfois dans les derniers jours de septembre, et la glace ne se rompt qu'à la fin de mai ou au commencement de juin.

---

1. *Lensmand* est la forme norvégienne du mot suédois *lensman*.

Je me résolus à renvoyer Josefssohn, car je prévoyais les difficultés qu'il rencontrerait à son retour si je l'éloignais davantage de chez lui.

Le 7 juillet, le temps fut étouffant et accablant; un violent orage éclata sur nous; le fracas du tonnerre était assourdissant et les éclairs aveuglants; la pluie tomba à verse pendant quatre heures. C'était la troisième ondée que je subissais depuis mon arrivée en Scandinavie; toutes s'étaient produites en dedans du cercle Arctique, et deux avaient été accompagnées de coups de tonnerre. Après la pluie, le vent changea et le mercure descendit de 78° à 47°, — différence de 31° en quelques heures.

Le lensmand me procura deux guides, deux frères, facteurs réguliers de la poste entre le hameau et Bosikop; ils s'appelaient Mathias Johannesen, et Johannes Johannesen Haetta; la distance entre les deux endroits est de dix-huit à dix-neuf milles norvégiens[1].

Les rives de l'Alten près de Kautokeino sont d'un sable blanc, très fin, quelquefois d'argile, le district ayant évidemment été autrefois le lit d'un lac. Le terrain, en beaucoup d'endroits, est couvert d'une mousse spongieuse. La rivière court droit au nord et passe à travers une contrée accidentée et montagneuse; son cours est souvent obstrué par des rapides qui, plus loin, rendent sa navigation impraticable, en sorte que le voyage à Bosîkop sur l'Alten doit se faire par eau et par terre.

En approchant du premier rapide, la rivière devint furieuse; le mugissement de l'eau qui se précipitait follement couvrait nos voix. Tout à coup je crus entendre le bruit retentissant d'une cataracte. J'avoue que je me sentis quelque peu inquiet; car je n'avais pas encore été mis à même de juger de l'adresse de mes bateliers et je me doutais bien que nous arrivions à un endroit dangereux; en même temps, ils me dirent — observation peu consolante — qu'en 1858 trois hommes s'étaient noyés là. Soudain nous tombâmes dans une sorte de tourbillon, et, à une courbe de la rivière, nous virâmes vers le bord; ce n'était pas trop tôt, à mon avis. En effet, à une courte distance, la rivière se précipitait d'une hauteur de vingt à vingt-cinq pieds sur un banc de récifs. Cette chute s'appelle Njéjdagorze. Après avoir dépassé un autre rapide

---

1. Un mille norvégien vaut 6.94 milles anglais; il est conséquemment plus grand que le suédois. Le mille norvégien, comme le mille suédois, est de 36,000 pieds; le pied suédois vaut 9.974 pieds anglais; le pied norvégien, 10.029.

et fait une descente de cinq heures, la rivière se changea en un lac, auquel on a donné le nom de Ladnejărvi. Sur ses bords est établie une station qui sert d'abri aux facteurs et aux voyageurs venant de Kautokeino et d'Alten, ou s'y rendant.

Comme nous avions été quinze heures en route, nous nous arrêtâmes dans une maisonnette en bois construite par le gouvernement norvégien. Elle avait environ dix-huit pieds de long sur douze de large, et tout autour de sa base, du gazon, qui la garnissait, empêchait le vent de pénétrer dans l'intérieur; le toit était couvert de terre et de gazon. On voyait dans un coin une cheminée et dans un autre deux lits faits en planches. Des vêtements pendaient à une perche, et de la nourriture avait été laissée par quelques personnes qui pensaient sans doute la retrouver à leur retour; aucun de nous ne se permit d'y toucher. La petite maison était entourée de bouleaux qui fournissaient du chauffage aux voyageurs. Nous trouvâmes du bois prêt à être utilisé.

Pour la première fois depuis que j'avais quitté Stockholm je me sentis vraiment brisé par le manque de sommeil. Durant le voyage, en descendant la rivière, j'étais demeuré éveillé pour voir le pays, et je m'endormis en mangeant. Je n'avais sommeillé que deux heures une fois et cinq heures une autre depuis le mercredi à neuf heures du matin jusqu'au samedi à quatre heures du soir. Nous fîmes une épaisse fumée pour chasser les moustiques, et, après avoir fermé la porte, je tombai dans un profond sommeil qui dura quatre heures.

Nous rassemblâmes du bois pour remplacer celui que nous avions brûlé, comme c'est la coutume; ainsi, le voyageur fatigué trouve du combustible tout prêt à son arrivée. Une fois disposés à partir, nous jetâmes de l'eau sur le feu pour l'éteindre et nous fermâmes la porte avec une cheville en bois.

Comme nous étions à la fin de notre voyage par eau, nous gravîmes les bords abrupts, garnis de bouleaux, et nous atteignîmes graduellement un plateau ondulé, stérile et désolé, où l'œil n'était distrait que par les blocs de rochers disséminés çà et là. Le lichen abondait, et quoique nous fussions dans la deuxième semaine de juillet les bouleaux nains et les saules ne portaient pas encore de feuilles à cette altitude.

Le ciel était clair et le mercure descendu à 45°, la glace couvrait encore les étangs et l'on voyait dans l'éloignement des plaques de neige. La route était bonne, le terrain dur, et nous aurions pu facilement faire notre voyage à cheval. Quand nous arrivâmes à un passage couvert de neige que nous devions traverser, les faces de mes Lapons brillèrent de contentement; ils se jetèrent à plat ventre, se roulèrent dans la neige, lavèrent leurs mains et leur figure, et en mangèrent pour prouver ainsi leur joie et leur amour de l'hiver.

Nous étions à deux mille pieds à peu près au-dessus du niveau de la mer et nous montions encore lentement. Quatre heures après avoir quitté la maison de refuge nous nous trouvâmes au pied d'une haute colline rocheuse, semblable à une tour dominant le plateau. On l'appelait Lodigen, ou Nupp-Vara, à deux mille six cent cinquante pieds au-dessus de la mer. De son sommet, où j'attendis le soleil de minuit, la vue était sinistre et solennelle dans sa tristesse. J'aperçus des lacs gelés et non gelés; dans l'éloignement émergeaient les cimes neigeuses des chaînes de montagnes; la surface rocheuse était couverte de blocs erratiques et grise de mousse de renne. L'éclat du soleil pâlissait peu à peu, et ses derniers rayons alanguis s'arrêtaient sur les crêtes des montagnes, donnant aux taches de neige une teinte rosée et lançant ses reflets jusqu'au ciel. La scène impressionnait par son air de placidité.

Même à cette hauteur, avec le mercure à 44°, les moustiques ne cessaient pas d'être de terribles pestes; impossible d'imaginer d'où ils venaient, car certainement leurs essaims n'avaient pas éclos sur le lac gelé au pied de la colline. Si grand était leur nombre, et ils m'attaquèrent si furieusement, que je pus à peine procéder à mes observations; je brisai un baromètre anéroïde et deux thermomètres, qui m'échappèrent des mains pendant que j'essayais de me défendre contre ces minuscules persécuteurs.

L'effet de l'atmosphère sur moi, au delà d'une certaine hauteur, qui varie selon la latitude, était remarquable. Je me sentais aussi léger qu'un bouchon de liège, aussi plein de vie et de courage que si j'avais bu du champagne; l'air raréfié agissait sur moi comme un stimulant, et mes hommes me regardaient avec étonnement en reconnaissant que je pouvais les battre à la marche. J'ai éprouvé la même chose sur les montagnes de la Norvège méridionale; il y avait des jours où il me semblait que je ne parviendrais pas à me fatiguer. Dans aucun autre pays il ne m'a été possible d'entreprendre d'aussi longues marches que dans les montagnes de la Scandinavie.

Dans ces solitudes lugubres, la vue de l'homme fait un plaisir étrange ; il est le bienvenu, et nous eûmes une satisfaction singulière à rencontrer deux facteurs qui portaient la malle à Kautokeino. Continuant notre route sur un sol humide et sombre, enfonçant parfois jusqu'aux genoux dans la boue, nous arrivâmes à une vallée verdoyante — contraste étonnant avec la triste contrée que nous venions de quitter — où des ruisselets d'eau claire serpentaient sur les rampes des montagnes, où l'herbe était verte, où des violettes, des boutons d'or et des dents de lion se mêlaient à l'aimable myosotis. Les bouleaux redevenaient grands ; je mesurai deux sapins en en faisant le tour ; l'un avait sept et l'autre un peu plus de neuf pieds de circonférence au ras du sol, mais ils n'étaient pas, à beaucoup près, aussi hauts que ceux qui poussent plus au sud.

Je pouvais à peine croire que j'étais si loin au nord en voyant les oiseaux en si grand nombre. Ici on rencontre la *sylvia hortensis* (fauvette des jardins), le *fringilla cœlebs* (le bouvreuil), et d'autres de la famille du pinson ; le *turdus pilaris* (la grive), plusieurs espèces de *parus* (mésange), l'*alauda arvensis* (l'alouette commune), la *lusciola suecica* (fauvette à gorge bleue), la *motacilla flava* (le loriot) ; quelques variétés de gobe-mouches (*muscicapa*), le coucou, le moineau et l'hirondelle, le *plectrophanes nivalis* (le bruant de neige), le *garrulus infaustus* (le geai rouge), le pivert ; la *pica caudata* (la pie), le *corvus corax* (le corbeau), et le *corvus cornix* (la corneille), l'*ampelis garrulus* (le cirier) et le *loxia curvirostra* (le porte-croix). Le *cicclus aquaticus* (le martin-pêcheur) est un chanteur du nord que l'on trouve principalement près des cours d'eau des montagnes, près des limites des neiges, et qui ne descend dans les vallées que pour pondre et couver.

Douze heures après avoir quitté Ladnejärvi nous nous trouvâmes à Wind, sur les bords de l'Alten, à quelques milles de la mer et à une courte distance du 70° de latitude. Nous nous rafraîchîmes dans une ferme où nous prîmes un bateau ; deux heures après nous débarquâmes et fîmes l'ascension d'une haute colline où nous trouvâmes une route carrossable. Nous marchions vers Bosîkop, à la pointe du fiord Alten.

Je m'aperçus tout à coup que j'avais oublié ma sacoche ; je l'avais laissée dans un des endroits où nous nous étions arrêtés. J'essayai par des gestes de faire comprendre ma mésaventure à mes Lapons ; ils me regardèrent avec ébahissement. J'étais fort inquiet, car je n'avais pas un centime sur moi ; mes lettres de crédit et d'introduction étaient aussi dans la malheureuse sacoche. Je ne doutais pas un instant que les gens ne fussent honnêtes, mais je me disais aussi que nul n'est exempt de tentation, et que même ici on pouvait quelquefois voler.

Si, en dépit de tous mes efforts, mes guides n'arrivaient pas à comprendre ce que je voulais, il ne me restait d'autre alternative que celle de retourner. Dans mon anxiété et pendant ma pantomime, je n'avais pas remarqué que j'étais arrivé devant une maison de ferme d'où un gentleman et trois dames — une mère et ses deux filles — s'avancèrent vers moi. L'une d'elles m'adressa la parole en français, et les autres en anglais et en allemand, me demandant poliment ce qu'elles pouvaient faire pour moi. Je les regardai, stupéfait d'entendre si bien parler anglais dans cette région septentrionale. J'expliquai ce qui m'était arrivé. « Mon père enverra quelqu'un à cheval pour chercher votre sacoche, car vos hommes sont très fatigués, dit une des jeunes dames en fort bon anglais. Vous aurez votre sac ; ne craignez rien, tout ira bien. »

Elles m'invitèrent à entrer dans la maison, mais je m'excusai, car j'étais couvert de boue. « Peu importe, entrez, » firent-elles en insistant ; et j'acceptai une hospitalité si cordialement offerte.

L'habitation me rappelait celle des fermiers aisés aux États-Unis. Dans le parloir, des livres étaient empilés sur un piano ; l'ameublement, quoique simple, paraissait confortable ; car j'aperçus un sofa, meuble que l'on ne trouve ici que chez les personnes de la classe la plus raffinée du pays ; aux fenêtres, de petits rideaux coquettement relevés au-dessus de roses et autres fleurs qui s'étalaient et se chauffaient au soleil. Tout indiquait la civilisation et la politesse et je me sentis encore moins présentable qu'auparavant. Je ne revenais pas de mon étonnement, car je ne m'attendais à rencontrer ici que des gens rudes et primitifs, et j'avais devant les yeux l'éducation, les bonnes manières, et j'entendais parler trois langues étrangères.

Mon hôte était membre du Storthing (le Congrès norvégien) pour Vestfinnmarken ; sa famille et lui me firent l'accueil le plus cordial et me souhaitèrent la bienvenue. Ils insistèrent tellement pour m'avoir à dîner que je ne pus refuser.

Bosikop se compose de fermes espacées, avec une église, une école, quelques magasins, et une auberge confortable, tenue par une veuve et sa fille; c'est le siège d'une foire, et, en hiver, les Lapons s'y donnent souvent rendez-vous; il s'y trouvait aussi une cour de justice.

Il y a une petite société de gens bien élevés, comprenant les familles du juge, du Storthingsmand, du pasteur et d'autres. J'étais arrivé un dimanche après midi, et le dimanche est considéré par les norvégiens comme un jour de récréation et de repos. Après le dîner, deux dames m'invitèrent à me joindre à une réunion de jeunes gens. Nous partîmes tous ensemble pour l'auberge où se trouvait mon bagage. — Lorsque je descendis l'escalier, vêtu de mon mieux (ce qui n'est pas beaucoup dire), je trouvai dans le parloir une douzaine de charmantes demoiselles, quelques gentlemen qui m'attendaient; je leur fus présenté. Mes guides, désirant retourner chez eux, me demandèrent de les payer; un nuage passa sur mon front et je dus expliquer que j'étais obligé de les faire attendre. Un de ces messieurs offrit de m'avancer la somme nécessaire. J'acceptai; mais à peine avais-je soldé mes hommes, que la bonne femme du fermier se présenta. Elle avait fait toute la route à pied pour me rapporter ma sacoche, ne voulant la confier à personne, croyant qu'elle contenait une forte somme. Elle refusa la rémunération que je lui offris, en disant qu'elle n'avait pas besoin d'être payée pour demeurer honnête; mais je finis par l'emporter et elle accepta mon présent.

Toute la compagnie parlait anglais; quelques-uns même s'exprimaient en français et en allemand. En peu de temps leurs manières amicales me firent oublier que j'étais étranger.

Le lendemain, plusieurs dames vinrent me voir et m'invitèrent courtoisement à me rendre chez elles, en disant qu'elles désiraient me faire passer un moment agréable, afin de conserver un bon souvenir de ma visite à Bosikop.

Je fus assez heureux pour rencontrer ici le professeur Théodore Kjérulf, de Christiania, l'un des *savants* les plus distingués de la Scandinavie; ses ouvrages sur la géologie de la Norvège lui assurent une renommée durable. Il s'occupait alors d'étudier la formation du pays. Il s'étonna du peu de bagage que j'avais emporté avec moi, lequel consistait, disait-il, principalement en papier à écrire et en cartes. Mes souliers aussi attirèrent son attention, à cause du peu d'épaisseur de leurs semelles; je les préfère ainsi lorsque j'ai à faire de longues marches, ou quand le terrain n'est pas trop pierreux ni humide.

Après une amicale conversation nous allâmes dans un petit jardin dont le pavillon était orné de branches de bouleau et qui contenait une table couverte de rafraîchissements. On fit passer à la ronde de la limonade, des gâteaux, et les jeunes gens se mirent à jouer au *tag* pendant que les personnes âgées les regardaient. A onze heures du soir, sous les rayons brillants du soleil, la société me reconduisit en me souhaitant une bonne nuit et tous rentrèrent chez eux, me laissant enchanté de leur simplicité, de leur innocence et de leurs manières aimables.

Toutes les familles que je visitai m'avaient accueilli à cœur ouvert, aussi voulus-je donner, dans le parloir de mon hôtel, une petite fête aux personnes qui m'avaient invité chez elles. A un moment donné je vis mes convives se regarder et chuchoter entre eux; ils avaient évidemment tramé un complot, car quelques dames, conduites par le professeur Kjerulf, me demandèrent, au nom de la société, d'être assez bon pour leur dire quelque chose sur mes voyages en Afrique et sur les gorilles. Je n'avais pas soufflé mot de mes explorations et je fus presque peiné d'avoir été reconnu : c'est là le désavantage de porter un nom peu commun. Impossible de refuser; et ce fut ainsi qu'au 70° de latitude nord, dans le parloir tranquille de l'hôtel de Bosikop, je tins une conférence sur les régions équatoriales de l'Afrique et sur le gorille devant une assemblée de personnes aussi aimables que l'on pouvait le désirer.

Non loin de Bosikop, sur le fiord Kaa, il y a une mine de cuivre, la plus septentrionale qui ait jamais pu être exploitée avec succès; elle produit un minerai de la meilleure qualité et donne de l'ouvrage à environ cinq cents travailleurs. Dans les cinq dernières années bien des mineurs ont émigré en Amérique pour chercher fortune au nouveau monde sous la conduite de deux de leurs compagnons de travail qui étaient revenus au pays et avaient fait des récits enthousiastes sur les bons salaires que l'on reçoit en Amérique. La mine appartenait à une compagnie anglaise, et le directeur, un Anglais, l'administrait depuis quarante-trois ans, ce qui parle éloquemment en faveur du climat. Les mineurs, tous Finlandais, recevaient en moyenne 40 à 50 cents (environ 2 fr. 50) par jour ; beaucoup étaient mariés et avaient des familles nombreuses. Le directeur me dit qu'il avait promis d'être parrain du vingtième enfant d'une femme de Pajala ; mais elle s'arrêta au dix-neuvième et mourut à soixante-dix ans.

Les Anglais viennent pêcher jusqu'ici. Le duc de Roxburgh, qui loue la rivière d'Alten, quitte tous les ans ses domaines pour jouir du plaisir de dormir dans une hutte en bois, de prendre du saumon, et d'être dévoré par les moustiques. Le peuple parle de lui avec respect et amour, et loue son bon cœur ainsi que ses manières bienveillantes ; on dit que jamais le pauvre n'est renvoyé de chez lui les mains vides, et bien des familles nécessiteuses peuvent témoigner de sa bonté. Je ne connais point d'autre Anglais plus estimé en Norvège. Depuis plus de vingt ans il vient pêcher ici et il est connu dans tous les coins du pays. Dans une heure malheureuse le bon duc a été volé par le fils de son intendant, au grand chagrin de tous les gens de cette région, qui, paraît-il, sont absolument exempts du vice de vol. Je crois que le montant dérobé s'élevait à 20,000 dollars, dont presque tout a été recouvré. Le voleur, qui n'avait encore jamais vu tant d'argent, ne sut qu'en faire : la vue des billets de banque l'avait fasciné et séduit.

Nulle part sur notre globe, *à une si haute latitude*, la végétation n'est aussi développée qu'au fiord Alten. Au fiord Kaa, l'un des bras de l'Alten, auprès de Bosikop, la rhubarbe, l'orge, l'avoine, le seigle, le navet et la pomme de terre poussent parfaitement ; les carottes atteignent une longueur de cinq à sept pouces ; les fraises de jardin mûrissent à la fin de juillet ou au commencement d'août, si la saison est chaude ; les groseilles prospèrent et les framboises arrivent à maturité au moins une année sur trois ; les pois produisent tous les ans ; je les trouvai avancés de dix à quinze pouces le 10 juillet et près de fleurir, quoique plantés seulement depuis quatre semaines. L'herbe est riche, et, en moyenne, quatre gallons[1] de lait donnent une livre de beurre ; l'avoine et l'orge sont récoltés neuf ou dix semaines après les semailles.

La saison la plus chaude dure depuis le commencement de juillet jusqu'à la mi-août ; le thermomètre monte quelquefois à 85°. Le temps s'était rafraîchi à Bosikop, la température la plus élevée pendant mon séjour ayant été de 63° à l'ombre, et la plus froide de 55°.

---

1. Le gallon équivaut à 4 litres 54.345 mill.

Le mode habituel pour aller plus au nord est de prendre le steamer hebdomadaire de Bosîkop à Hammerfest. Le bateau touche à un grand nombre d'endroits; après avoir quitté le fiord, nous passâmes entre les îles, et une course de treize heures nous conduisit à Hammerfest, à l'extrémité nord-ouest de Kvalő, île très rapprochée de la terre ferme, à une latitude de 70° 40'; on dit que cette ville est la plus septentrionale qu'il y ait au monde.

Ces ports de mer norvégiens sont cachés par de hautes montagnes et généralement ils frappent soudainement les yeux. Je fus surpris de voir à une si haute latitude une ville aussi commerçante; plus de cinquante navires, principalement des schooners, étaient à l'ancre. Les pavillons anglais, russe, norvégien, suédois et allemand s'y trouvaient représentés; deux steamers se préparaient à partir; ici un navire anglais déchargeait du charbon, là un russe, d'Archangel, s'allégeait de sacs de farine; d'autres prenaient des cargaisons de morue séchée ou salée, d'huile de foie de morue, etc.

On voyait des bateaux, des allèges et des barques de pêche amarrés au quai en bois, auprès duquel on a construit des magasins: le port est abrité et les navires y sont en sûreté; la ville a une population d'environ deux mille cinq cents habitants. En parcourant les rues et le long des quais on aperçoit des capitaines russes avec leur longue barbe, des pêcheurs et des matelots, des Finlandaises et des Norvégiennes mises à la dernière mode, car la crinoline, le chignon et le chapeau « tuyau de poêle » ont réussi à s'introduire même ici.

Il y a peu de villes au monde — s'il y en a toutefois — bâties sur un lieu plus stérile ou entouré d'un paysage aussi triste, aussi désolé; pas un arbre, rien que des rochers nus et sombres. Aucune route ne conduit hors de la ville, car il n'existe point de fermes plus loin, et la contrée environnante ne fournit pas de bois; les rues sont étroites, l'artère principale suit le bord de la baie; quelques habitations sont grandes et commodes, et l'on est frappé du nombre considérable de magasins de tout genre.

Le sens olfactif de l'étranger est désagréablement affecté par l'odeur du poisson qui prédomine par toute la ville, car les habitants fabriquent l'huile de foie de morue, particulièrement de la sorte brune, dont la senteur et la fumée n'ont rien de réjouissant; mais, ainsi que me le fit observer un des marchands les plus importants, la fumée qui produit de l'argent n'est jamais désagréable. On entretient ici un nombre considérable de vaches, que l'on nourrit de poisson, de mousse de renne et de foin.

Le port n'est jamais fermé par les glaces; car le Gulf-Stream lèche la côte stérile et désolée, qui, à certaines saisons de l'année, fourmille de poisson; : sans la pêche il n'y aurait point de Hammerfest. Sa position géographique est excellente; elle communique directement par télégraphe avec Christiania, et ainsi avec le reste du monde. Elle a trois journaux et un petit hôtel qui fournit des chambres commodes et une excellente table. Les écoles sont bonnes et fréquentées par tous les enfants, l'instruction étant obligatoire.

Un vice-consul américain réside dans le port. Dès que je lui eus fait ma visite, le pavillon aux bandes étoilées fut hissé sur sa résidence, et j'appris, à mon grand étonnement, que mon nom était connu dans cette partie extrême du monde; en effet, mon *Afrique équatoriale* avait été traduite en norvégien. On me montra cette traduction ainsi que l'original en anglais. J'avais été pourvu de lettres de recommandation pour l'un des plus grands négociants de Hammerfest, Herr F..., qui me présenta à ses amis, et je fus admirablement accueilli dans plusieurs maisons, notamment chez le vice-consul américain.

La vie est très confortable à Hammerfest. Le poisson, l'un des principaux articles d'alimentation, abonde; le bœuf et le mouton viennent du fiord Tromsö et de la province méridionale la plus voisine; en hiver, le gibier et la chair de renne foisonnent. On trouve ici du café, du thé, des épices et autres objets de luxe; on y donne des dîners qui ne seraient pas indignes de villes moins éloignées des centres de civilisation.

Le bois est cher parce qu'il faut l'apporter des fiords environnants; le peuple brûle du charbon qui vient d'Angleterre. Cette année il ne coûtait que cinq dollars la tonne, bon marché qui m'étonna.

Toute cette partie septentrionale de la côte de Norvège est accessible en été et en hiver. Les steamers viennent à Hammerfest de différentes villes de la côte et de Christiania; le voyage exige quinze jours de navigation, parce que les bateaux s'arrêtent dans bien des endroits et la distance dépasse deux mille milles. Il y a aussi une ligne semi-mensuelle de steamers norvégiens depuis Hambourg. Ces bateaux sont les plus grands et les plus confortables; aussi les touristes qui veulent voir les scènes de la côte ou le soleil de minuit les prennent-ils de préférence. Cette ligne apporte des marchandises de toute sorte, et ramène en retour les produits norvégiens.

Des coteaux sourcilleux, dont le plus haut s'élève à mille trois cent trente cinq pieds au-dessus du niveau de la mer, forment l'arrière-plan et laissent à peine de la place à la ville pour s'agrandir; leurs crêtes semblent étonnamment aiguës et quelques-uns des blocs qui reposent sur elles ont l'air de vaciller au point de faire croire qu'une légère poussée les précipiterait le long des rampes.

En regardant du côté de la terre, je pus distinguer de petits lacs disséminés sur le désert aride; au loin sont les îles stériles de Sŏrŏ et de Seland, cette dernière s'élevant de trois mille quatre cent huit pieds au-dessus du niveau de la mer, et portant le glacier le plus septentrional de la Norvège. Du sommet des collines on peut voir le soleil de minuit dans la même saison qu'au cap Nord, mais la scène produit une bien moindre impression.

Le cap Nord.

CHAPITRE VIII

L'île de Magerö. — Gjaesver. — Saleté des maisons de pêcheurs. — Charmant foyer septentrional. — Bétail carnivore. — Temps pluvieux et changeant. — Fiord verdoyant. — Ascension du cap Nord. — Paysage désolé. — Un oiseau errant. — Le soleil de minuit.

L'île de Magerö est la plus septentrionale de l'Europe; elle est séparée de la terre ferme par un canal profond — Magerösound — large de plus d'un mille. C'est un plateau élevé, ayant des rampes très abruptes et dentelé de baies bien abritées et de fiords. Son altitude est de mille sept cents pieds au-dessus de la mer; le cap Nord constitue son extrémité septentrionale. Si l'on veut voir le soleil de minuit de son sommet, il faut prendre terre soit à la station de pêche de Kjelvik, ou, ce qui est meilleur et plus aisé, à Gjaesver (*gjaes,* en norvégien, oie), qui appartient à un groupe de petites îles rapprochées, sur le côté occidental de Magerö, et aborder près du cap, quand le temps le permet.

Le 21 juillet, un peu après minuit, par une pluie battante, accompagné du consul américain, du receveur du port, et de Herr F...., je m'embarquai dans un petit bateau pour me rendre au steamer. Ces messieurs voulaient me recommander spécialement au capitaine et lui faire des observations en ma faveur. Le passage devait être peu récréatif par ce temps brumeux et pluvieux, avec le thermomètre à 45°.

Quatre vaisseaux russes, d'Archangel, à l'ancre devant Gjaesver, attendaient leurs cargaisons de poisson; notre steamer fut obligé de jeter l'ancre à cause de la violence du courant. Passagers, malles et marchandises furent jetés pêle-mêle dans un batelet, et la population entière, accourue sur le rivage, et comptant environ vingt personnes, attendait notre débarquement, avide d'apprendre des nouvelles. Cet établissement consistait en quelques maisons de pêcheurs. Les environs n'étaient rien moins qu'attrayants : des entrailles de poissons, des barils de foies de morue, du sang et de la saleté, c'est là tout ce qu'on voyait, et l'odeur infecte qui s'y ajoutait inspirait le dégoût. A l'intérieur des huttes régnait une malpropreté que je n'avais pas encore vue; des poêles remplaçaient les cheminées, car il fallait être économe dans l'emploi du chauffage. Un seul appartement servait de chambre à coucher à toute la famille; les lits et les couvertures se composaient de duvet d'eider; quant aux draps, c'étaient probablement des articles inconnus. L'île avait un marchand dont la maison faisait un contraste agréable avec les autres; partout la propreté, le confort et le goût; un piano se prélassait même dans un des parloirs, et les tables étaient couvertes de journaux et de livres. L'hôtesse, dont le mari, pour lequel j'avais une lettre d'introduction, était à Hammerfest, me reçut avec grande bonté.

Charmante demeure, en vérité, telle qu'un étranger ne pourrait jamais rêver d'en rencontrer une semblable en cet endroit, et pourtant on en trouve beaucoup sur cette côte, la plus stérile de la vieille et glorieuse Norvège. Autour de la maison on avait élevé des communs pour l'emmagasinage du bois, du poisson, et des provisions. Il y avait cinq petites vaches, mesurant seulement trois pieds deux pouces à trois pieds quatre pouces en hauteur; quelques moutons et beaucoup de chèvres, ces dernières friandes de l'herbe qui croît entre les rochers; mais comme la pâture ne suffisait pas, on les nourrissait deux fois par jour de... *poisson!* Je fus ébahi lorsque, pour la première fois, je vis des vaches, des chèvres et des moutons autour d'une cuve remplie de morceaux de poisson en partie cuits et souvent crus, les dévorant avec voracité. Il serait intéressant, au point de vue darwinien, de constater si, en nourrissant des créatures herbivores avec des substances animales, d'année en année, pendant un temps considérable, on arriverait à modifier leur appareil digestif; si l'on rendrait les molaires plus étroites et plus tranchantes, et si les canines et les incisives supérieures apparaîtraient; si les trois premiers estomacs de l'animal ruminant seraient moins développés et si le quatrième deviendrait pareil à l'estomac digestif de la créature carnivore ou omnivore; et si le long canal intestinal appartenant au ruminant se rapprocherait de l'intestin court du carnivore à la digestion prompte. Pendant la saison de la pêche on fait sécher en grand nombre des têtes de poissons que l'on garde pour donner l'hiver au bétail et que l'on fait cuire avant de les lui servir.

Même ici, des pies, apparemment apprivoisées, volaient de place en place, mais on ne voyait point d'hirondelles ; les canards et les goëlands étaient innombrables.

Le beau temps qui m'avait suivi jusqu'au fiord Alten venait de finir. Les chances du touriste qui pousse jusqu'à une aussi haute latitude pour voir le soleil de minuit ne sont pas souvent grandes : des mers affreuses, des tempêtes de neige, des pluies et des brouillards arrivent en hiver, tandis qu'en été ce sont des alternatives de chaud soleil, de pluie, de brume, de vents froids et de brouillards ; régulièrement le climat d'été est incertain, car les vents du nord et du nord-est amènent du brouillard et un temps humide. Cette année, du 11 au 23 juillet, on n'a eu que deux jours secs, deux avec du soleil et de la pluie ; le reste a été ou orageux, ou brumeux, et souvent avec une mer difficile.

La température la plus chaude s'est produite à Hammerfest, où le mercure s'est élevé à 59°, mais seulement un jour ; la moyenne depuis lors avait été de 44° à 45°, et à Gjaesver on l'avait vue plusieurs fois descendre à 41° et 40°, la variation n'étant pas plus de 5° pendant le jour. Je commençai à craindre de ne pas revoir le soleil de minuit du haut du cap Nord, car le temps était nuageux et menaçant.

Le 20 juillet, le bateau fut prêt. La matinée était charmante et même ce lugubre paysage semblait sourire aux rayons du soleil, qui s'était tenu caché pendant plusieurs jours ; la mer, d'un vert foncé, pas très salée, était si claire, que l'on pouvait en voir le fond de sable à une grande profondeur ; les falaises qui, à distance, offraient un air abrupt, semblaient maintenant descendre vers la mer par un angle de 30° à 40°. Des goëlands en nombre immense volaient au-dessus de nos têtes, nous prenant pour des pêcheurs ; les canards aussi étaient nombreux.

Quelques-uns se montraient défiants, mais on aurait dit que les eiders savaient que personne ne les molesterait, et qu'il est défendu de les tuer.

L'île de Fruholmen, à 71° 5' N., planait au-dessus de l'eau lorsque nous entrâmes dans un petit fiord à l'ouest de Magerö, laissant au nord une autre île qui faisait face à l'entrée. Quand nous atteignîmes la pointe du fiord, un changement remarquable s'était produit dans l'entier aspect de la nature. En prenant terre je vis une herbe verte, pointillée de boutons d'or, de dents de lion, de violettes et de myosotis dont les tiges avaient plus d'un pied de long ; le bouleau nain et le saule abondaient, de même que le plantain *(plantago major)*. Partout, dans mes voyages en Scandinavie, j'avais vu cette dernière plante, mais je fus surpris de la trouver si loin au nord ; je ne crois pas qu'il en existe une autre qui vive dans une latitude aussi étendue ; elle est commune sous l'équateur en Afrique et elle prospère au 71° nord.

Des sources et des ruisseaux semblaient jaillir de terre, et les rayons du soleil versaient des torrents de lumière et de chaleur dans l'étroit vallon, qui est le coin le plus vert qu'il soit possible de trouver à l'extrême nord ; quelques petits oiseaux s'y étaient même acclimatés.

La montée devenait par moments si raide que je fus obligé d m'arrêter plusieurs fois pour respirer avant d'atteindre le sommet ; le thermomètre indiquait 48° et l'ascension me donnait chaud. De la cime je pus apercevoir notre petit bateau, qui à cette distance ne paraissait pas plus gros qu'un point ; deux hommes étaient restés à bord, et les trois autres m'accompagnaient. Il n'y avait point de sentier, mais la marche était généralement bonne, le sol étant dur et pierreux ; nous traversâmes de petits cours d'eau, d'épaisses plaques de neige, et beaucoup de petits étangs encore couverts de glace flottante.

Après avoir marché plusieurs milles, je m'arrêtai sur le point extrême du cap Nord, à une latitude de 71° 10', à neuf cent quatre-vingts pieds au-dessus du niveau de la mer. Cet audacieux promontoire est une énorme masse de micaschiste, sortant majestueuse et sombre de la mer.

Devant moi, aussi loin que l'œil pouvait atteindre, se développait le bleu foncé de la mer Arctique, disparaissant à l'horizon septentrional ;

elle était aussi calme que le vent qui l'effleurait à peine, comme s'il craignait de réveiller sa fureur, et de troubler un de ces jours rares, limpides et délicieux du nord glacial, qui jouissait autrefois d'un climat aussi tempéré que celui de l'Angleterre aujourd'hui. Je ne pouvais voir le soleil, car à ce moment du jour il continuait sa course derrière moi, c'est-à-dire autour du point où je me tenais.

Au loin par delà, c'était cette région inconnue, gardée par un mur de glace qui en interdit l'approche et déjoue les efforts de tous ceux qui essayent d'en percer le mystère et d'atteindre le pôle nord ; derrière moi, c'était l'Europe avec ses climats ensoleillés et l'Afrique aux déserts brûlants et aux marécages malsains ; à ma droite, l'Asie ; à ma gauche, l'Amérique, improprement nommée le nouveau monde.

Partout où je regardais, je voyais une nature nue, lugubre, désolée ; grandiose certainement, mais triste. Le sol était couvert de fragments qui avaient été détachés des couches rocheuses par l'action de la gelée et du temps ; pas une habitation humaine, pas un arbre en vue ; tout autour de moi d'immenses falaises qui m'étourdissaient. Sur le côté occidental du cap, quatre larges fissures déchiraient les murs de rochers ; au delà, la terre formait une anse dont le côté opposé était comparativement bas et arrondi, descendant doucement à la mer. Il y avait un îlot rocheux, sur lequel se brisait le ressac, et sur ses bords gisaient les troncs échoués de deux grands arbres que les vagues cherchaient à reprendre ; peut-être avaient-ils poussé dans le nouveau monde et avaient-ils été entraînés ici par le Gulf-Stream ! Un peu plus loin et faisant saillie vers le nord, c'est Knivskjælodden ; mais cet îlot n'a pas la grandeur du cap Nord. La vue s'arrêtait aussi sur une ligne de côtes élevées, dentelées et déchiquetées de précipices, paraissant sortir brusquement de la mer ; tandis que plus loin encore — et sans doute la dernière terre visible — se montrait le cap Nordkyn, le point le plus septentrional sur la terre ferme d'Europe. Tout le long du rivage les vagues battaient sans cesse contre les rochers qui les arrêtaient, et se brisaient en une continuelle frange blanche sur la base des falaises.

Ce n'est qu'à distance que le cap, comme la côte, semble vertical ; quand on longe les bords en bateau, l'apparence du promontoire change beaucoup. Ainsi que le montre la gravure, la pointe tombe dans la mer en pente douce.

Une atmosphère de tristesse flotte sur ce paysage désolé, qui a laissé dans mon souvenir une impression indélébile; je voulais le quitter alors, car l'oppression m'avait saisi, et j'essayai en vain de la chasser; mais j'avais fait un long voyage expressément pour voir une dernière fois le soleil de minuit du sommet de ce roc élevé, barrière de l'Europe septentrionale et je n'avais plus que dix heures à attendre.

Prenant mon marteau de minéralogiste, j'allai au point extrême du cap qui tombe à pic dans la mer. Je me couchai à plat ventre pour regarder par-dessus le bord de la falaise, et pendant qu'un de mes guides me tenait solidement, je parvins à détacher un morceau du rocher en micaschiste, afin de le conserver comme souvenir de mon voyage[1].

Je pensai alors à la saison d'hiver et combien doivent être terrifiantes les tempêtes qui balayent les falaises; avec quelle fureur les vents doivent hurler, combien la neige tombe épaisse, et avec quelle rage l'océan vient battre les murs gigantesques qui lui font obstacle, précipitant ses vagues en masses immenses d'écume !

Même pendant ce beau jour d'été le temps était froid, bien que le soleil fût éclatant ; le thermomètre, à deux heures trente minutes après midi, demeurait à 46°. Malgré sa force, le soleil était si pâle qu'il paraissait presque blanc, et le ciel, d'une teinte bleuâtre et brumeuse, se nuançait de blanc vers l'horizon.

Derrière le point extrême du cap Nord et descendant doucement jusqu'à lui, il y a un tertre un peu plus élevé; puis une dépression traverse toute la largeur du promontoire de l'est à l'ouest et se relie avec les deux anses de chaque côté. La seconde chaîne de collines est plus pierreuse que la première avec ses marécages, son cours d'eau et son étang; ici, l'herbe étant protégée contre le froid et le vent, était verte, et des fleurs sauvages y poussaient; la troisième chaîne est encore plus rocailleuse que la seconde et demeurait couverte de plaques de neige. A la pointe extrême du cap avaient germé quelques brins d'herbe.

Un peu plus loin sur la terre ferme apparaissait le bouleau nain, plus grand lorsqu'il était abrité, mais si petit d'abord qu'on le voyait à peine: il n'atteint qu'une hauteur d'un pied avec un diamètre d'un quart à un

---

[1]. A mon retour à Christiania, mon ami le professeur Kjerulf me demanda un morceau du rocher, pour le déposer au muséum de l'Université.

tiers de pouce, et même il lui faut une génération ou deux pour arriver à ces dimensions; il ne porte pas son sommet vers le soleil : il se tapit sur la terre, et s'y cramponne comme une plante rampante, afin de n'être pas mis en pièces par la force des vents. Bien des fois depuis lors, en traversant des chaînes de montagnes, j'ai observé le même phénomène.

En marchant, pour tuer le temps, au sud du cap, j'aperçus une araignée, un bourdon et un petit oiseau; j'avais épaulé mon fusil pour le tirer et le conserver comme un souvenir du cap Nord ; mais, en voyant la petite bestiole voltiger effarouchée, je n'eus pas le courage de lui prendre la vie. Elle sautait de place en place, ses cris aigus prouvaient son anxiété ; évidemment cet oiselet n'était pas chez lui. Je me dis alors : « Je ne le tuerai pas ! car, comme moi, c'est un vagabond dans ces climats de l'extrême Nord. » A peine cette pensée m'était-elle venue qu'il prit son essor et s'envola vers le sud.

Je commençai à devenir inquiet car, depuis une heure, des nuages s'étaient amoncelés de l'est au sud, s'élevant lentement, mais de plus en plus. A onze heures, une grande portion du ciel était couverte, mais vers le nord il restait clair ; si la masse noire n'avançait pas vivement dans cette direction, je pouvais encore voir le soleil.

L'astre s'enfonça de plus en plus lentement, et, quand approcha l'heure de minuit, il sembla pendant un certain temps suivre la ligne de l'horizon ; à cette heure il brillait magnifiquement sur la mer solitaire et sur le pays lugubre. Lorsqu'il disparut derrière les nuages, je m'écriai au bord du précipice : « Adieu, soleil de minuit! »

Je l'avais vu depuis le sommet des montagnes, éclairant un pays stérile, désolé et couvert de neiges; je l'avais contemplé montant et descendant au-dessus de pittoresques rivières, ou traversant des lacs solitaires ; j'avais vu maints paysages, des champs fertiles, des prairies verdoyantes, de grandes et vieilles forêts, teints de sa lumière assoupie; je l'avais suivi du golfe de Bothnie à la mer Polaire, et je ne pouvais aller plus loin.

Je retournai donc jusqu'à l'endroit où j'avais laissé notre petit bateau. Les hommes nous attendaient; la pluie commençait à tomber, et lorsque nous atteignîmes Gjaesver j'étais mouillé et transi, avec les pieds glacés. Je me sentais épuisé, car j'avais passé vingt-deux heures sans dormir ; mais j'avais vu ces falaises sombres et âpres, ce paysage triste et silencieux, cette mer Arctique sans repos, et ce beau soleil de minuit brillant sur le tout. A cette heure, j'entends encore le murmure des vagues battant le solitaire cap Nord [1].

Je reviendrai en hiver dans ces régions septentrionales, pour errer avec les Lapons et leurs rennes sur les montagnes neigeuses, et le long des vallées et des rivières glacées, afin de voir les côtes fouettées par les mers tempétueuses et enveloppées des tempêtes de neige aveuglante.

1. Les tableaux suivants donnent les dates de l'apparition et de la disparition du soleil de minuit en dedans du cercle Arctique.

NUIT CONTINUELLE

Où l'on voit le soleil en dernier.			Où l'on voit le soleil en premier.		
Bodo	décembre	15	Bodo	décembre	28
Karasjok	novembre	26	Karasjok	janvier	16
Tromso	—	25	Tromso	—	17
Vardo	—	22	Vardo	—	20
Hammerfest	—	21	Hammerfest	—	21
Cap Nord	—	18	Cap Nord	—	24

JOUR CONTINUEL

Où l'on voit en premier le soleil de minuit	Rebord supérieur		Demi-soleil		Plein soleil		Où l'on voit en dernier le soleil de minuit	Plein soleil		Demi-soleil		Rebord supérieur	
Bodo	mai	31	juin	2	juin	4	Bodo	juillet	8	juillet	10	juillet	12
Karasjok	—	19	mai	21	mai	22	Karasjok	—	21	—	22	—	23
Tromso	—	18	—	19	—	20	Tromso	—	22	—	24	—	25
Vardo	—	15	—	16	—	17	Vardo	—	26	—	27	—	28
Hammerfest	—	13	—	15	—	16	Hammerfest	—	27	—	28	—	29
Cap Nord	—	11	—	12	—	13	Cap Nord	—	30	—	31	août	1

CHAPITRE IX

Fusion du lever et du coucher du soleil. — Bodö. — A travers la péninsule scandinave. — Venset. — Vallée Saltdalen. — Rognan.—Mes voyages africains en Norvège. — Gens simples et contents. — Race primitive. — Hameau abandonné. — Hospitalité. — Filles du village d'Almindingen. — Dîner de famille. — Storjord. — Légendes de la côte. — Le précipice Kvaen et la baie de l'Homme mort. — Orage arctique. — Lang-Vang. — Puces scandinaves. — Skjönstuen. — Fagerli. — Ferme de Larsen. — Candi, billon et baisers. — Moulins à blé. — Préparatifs pour traverser le pays. — Mon bagage et mes provisions.

Dans les derniers jours de juillet je naviguai le long de la sauvage et superbe côte méridionale de Tromsö. A onze heures la couleur des nuages se changea en une teinte dorée qui nous prévenait que l'heure de minuit approchait et que le soleil allait se lever ; bientôt les nuages devinrent d'un rouge intense, tandis que le soleil demeurait caché ; puis ils changèrent de nouveau, leur couleur devenant graduellement plus éclatante, comme si une nouvelle vie leur était infusée. Lorsqu'ils furent teintés des nuances du soleil levant, l'éclat du coucher se mêla à celui du lever ; le crépuscule du matin et celui du soir se fondirent l'un dans l'autre. Les montagnes et les collines à l'est prirent une teinte rosée qui contrastait singulièrement avec leur base plus sombre ; la mer bleue et calme reflétait les images de la terre et du ciel, et, à mesure que le jour avançait, les nuages se changèrent en une blancheur floconneuse.

Le lendemain, j'abordai dans la ville de Bodö — 67° 20' lat. — petit port sur la côte norvégienne du Nordland. Cette place a un aspect incomplet et doit son importance à ses pêcheries ; c'est une station régulière où viennent faire du charbon les steamers pour Hammerfest. L'église, très ancienne, est construite en pierres et l'on a conservé l'autel catholique ; on y voit quelques tableaux bizarres et des armoiries du peuple danois, maintenant oubliées ; sur le mur extérieur il y a une dalle qui porte la date de 1596-1666. Bien que la ville ne renferme que quelques centaines d'habitants, elle a ses journaux et sert de résidence à l'*amtmand* (gouverneur de la province).

Mon but, en venant en cet endroit, était de traverser encore une fois, avant que l'été fût passé, la péninsule scandinave et d'atteindre la ville de Lulea — 65° 40' N. — en Suède, sur le golfe de Bothnie, traversant ainsi un des districts les plus sauvages et les moins habités de la Suède et de la Norvège, en longeant le grand glacier de Sulitelma. J'avais une lettre de recommandation pour l'un des principaux marchands, l'informant de mes plans et le priant de faire tout son possible pour m'aider, et, en effet, il me fut très utile. Il ne me fallut pas longtemps pour acquérir des amis parmi ces gens aimables et hospitaliers, qui me reçurent comme un des leurs.

A l'exception d'une commission d'officiers suédois et norvégiens, désignée il y a quelques années pour établir la frontière entre les deux pays, j'étais le premier qui eût tenté ce voyage. Pour la plus grande partie du trajet il n'y avait point de routes ni même de sentiers ; le pays était très sauvage et, pendant de grandes distances, complètement inhabité ; il était nécessaire de trouver à la pointe des fiords, quelques-uns des Lapons qui, en été, traversent les chaînes de montagnes de la Suède avec leurs troupeaux et descendent vers la côte en visitant les fermiers sur leur chemin. Herr K… décida que je prendrais cette route et que je m'arrêterais à un endroit nommé Venset, où demeurait un de ses cousins, avec lequel je conférerais sur la meilleure manière d'exécuter mon voyage.

Nul ne doit entreprendre la tâche de franchir les montagnes de Qvickjock à moins d'être robuste et habitué aux longues marches et aux privations, car, en cas de mauvais temps, le péril est grand.

A l'entrée du fiord intérieur de Salten, appelé le Skjaerstad, ce dernier forme un immense bassin alternativement vidé et rempli par les marées; l'eau se précipite dehors ou dedans par le canal, avec une force si terrible qu'un bateau serait infailliblement englouti par les vagues. Au retour de la marée, le passage est sûr.

Quand nous atteignîmes Venset, le capitaine me montra le gentleman pour lequel j'avais une lettre d'introduction. Il en prit lecture et, en me donnant la cordiale poignée de main caractéristique des Norvégiens, il me souhaita la bienvenue en disant que je ferais mieux de laisser partir le steamer, car il désirait causer avec moi et réfléchir au meilleur plan pour me procurer des guides. Nous nous rendîmes à sa grande et commode habitation, en passant par des champs d'orge, de seigle et de pommes de terre, et par des prairies, car il était non seulement marchand, mais encore propriétaire d'une vaste ferme. Auprès de la maison il y avait un jardin potager où abondaient les fraises et les groseilles; j'y constatai de beaux navets, des pois, des carottes et d'autres légumes. Herr K... s'excusa de ne pouvoir me recevoir convenablement, à cause de l'absence de sa femme; mais le dîner fut préparé, la bière et le vin servis, et, en buvant le café, nous discutâmes sur mon voyage.

— Je suis venu, lui dis-je, pour explorer la partie la plus sauvage de la Scandinavie; je suis accoutumé aux privations, et, quant à la nourriture, je puis manger de tout. Ma santé est excellente et j'endure la marche pendant plusieurs jours consécutifs.

— Je vous enverrai à Fagerli avec deux fidèles bateliers qui vous mettront dans les mains d'un excellent fermier et lui diront de vous garder jusqu'à ce qu'il ait trouvé des Lapons qui vous feront traverser les montagnes de la Suède par le chemin de Sulitelma; vous verrez des gens simples, honnêtes et bons, qui vous mèneront d'abord à Saltdal et attendront votre retour. Vous dormirez cette nuit chez moi et demain vous partirez par bateau. Je vais envoyer chercher mes hommes; en attendant, nous ferons un tour de promenade.

La vue est belle à Venset, mais je ne pus voir le pic de Sulitelma, parce qu'il était couvert de nuages.

La vallée de Saltdal, une des plus fertiles de la côte norvégienne du Nordland, est étroite, flanquée de chaque côté par des montagnes couvertes de pins et de bouleaux jusqu'à leur sommet; en quelques endroits, l'écoulement des eaux avait mis le roc à nu, prouvant ainsi qu'il n'était couvert que d'une mince couche de terre, sur laquelle les arbres avaient poussé.

L'avoine, le seigle, l'orge et les raves poussaient avec exubérance. Les fermes sont situées sur les belles terrasses de l'ancien niveau des eaux, s'élevant en amphithéâtre à la base des montagnes. La plus haute des terrasses avait environ soixante-dix pieds au-dessus du lit actuel de rivière; la à un certain endroit, une masse énorme de rocher s'était écroulée quelques jours plus tôt, en suivant directement son chemin le long de la colline, brisant les arbres dans sa course, laissant derrière elle un sillon profond; elle s'était arrêtée auprès du sentier.

L'église n'est pas loin de la mer; c'est la seule dans la vallée. Quelques hangars à bateaux, avec des filets séchant alentour, et des habitations clairsemées, forment le hameau isolé de Rognan.

Peu après mon arrivée je me régalai d'un bon repas au presbytère, où je fus bien accueilli par le pasteur et sa femme, qui parlaient tous deux un peu anglais; ils me montrèrent quelques traductions de mes récits de voyages en Afrique, qu'ils venaient de lire dans le *Shilling Magazine;* ils avaient appris par les journaux de Christiania que j'allais voyager dans leur pays. La femme surtout paraissait prendre grand intérêt aux travaux des missionnaires, et avant son mariage elle avait rêvé d'aller dans le sud de l'Afrique travailler au salut des Zoulous. Le pasteur me pressa d'accepter sa propre carriole et son cheval; mais je refusai son offre amicale, ayant déjà retenu des moyens de locomotion.

Les habitants de la Saltdal comptent parmi les plus primitifs en Norvège. Ils sont séparés du reste du monde, avec lequel ils ne communiquent que par le cours d'eau qui se rend à la mer. L'agriculture est leur principale occupation; beaucoup d'entre eux n'ont jamais été plus loin que l'église de Rognan, et la plupart n'ont pas vu de ville plus grande que Bodö. Quoique virtuellement séparés de leurs semblables, ils paraissent contents; ils n'ambitionnent pas la richesse, car ils ne savent pas ce que c'est; la somme de leurs désirs terrestres est d'ajouter une pièce de terre à leur ferme, ce qui est fort difficile; d'avoir un plus grand nombre de têtes de bétail, un joli cheval, ou une voiture pour aller à l'église; de bâtir une maison neuve et d'économiser un peu d'argent pour la famille. Élever leurs enfants dans la crainte du

Seigneur est un des soins principaux des parents ; la jeunesse est instruite religieusement, et on apprend à lire aux enfants avant même qu'ils aillent à l'école. Leurs plaisirs sont en petit nombre et simples: une danse de temps à autre le dimanche soir, des visites de société, un moment de gaieté à l'occasion d'un mariage, des solennités à la Noël et autres fêtes, voilà quel est à peu près le catalogue de leurs amusements.

En été, les hommes travaillent aux champs, pêchent, construisent des maisons, etc ; leurs femmes et leurs filles suivent le bétail, moutons et chèvres dans les montagnes, font du fromage et du beurre, et viennent en aide aux hommes pendant la moisson. En hiver, elles filent et tissent du chanvre et de la laine, se vêtissant ainsi elles-mêmes des produits de leurs champs et de leurs troupeaux, pendant que les hommes vont dans la forêt couper du bois.

Quoique les habitants soient uniformément pauvres, qu'ils ne tiennent point de comptes de banque, qu'ils n'aient pas d'argent placé, pas un d'eux ne paraît émacié par la faim ou grelottant de froid ; si elle est grossière, leur nourriture est saine, et leur aspect prouve qu'ils sont en bonne santé. Il y a une prison, mais il se passe souvent des années sans que personne de la population fermière y soit enfermé ; le peu d'offenses qu'ils commettent sont habituellement d'une nature insignifiante.

Il existe une route carrossable pour une distance d'environ vingt milles et un sentier praticable à cheval, conduisant à quelques milles plus loin jusqu'aux dernières fermes. Les principaux hameaux sur cette route sont Niestby, Medby, Sandby, Braende, Drageide et Qvale.

En Norvège, les *skydsskaffer* (hommes des stations) qui sont fermiers sont obligés, par une convention avec le gouvernement, d'avoir dans leurs écuries un nombre stipulé de chevaux, selon les voyages ou le trafic sur les grandes voies où ils demeurent ; ils reçoivent en retour une certaine somme annuelle. Les lois et règlements sont à peu près les mêmes que ceux de la Suède.

A cause de l'étendue de la nature montagneuse de la contrée et de la population plus clairsemée, il n'y a pas autant de grands chemins que dans ce dernier pays, mais quelques-uns de ces chemins sont simplement superbes, et l'on voyage pendant des centaines et des centaines de milles sur des routes que l'on peut comparer à celles des plus beaux parcs dans les villes. Le véhicule en usage est la carriole à deux roues, avec un siège pour une seule personne, qui pose ses jambes en dehors, et un coffre à l'arrière pour le bagage du conducteur; ce bagage doit être de peu d'importance ou bien il faut prendre un second véhicule. Dans certains districts les fermiers se servent aussi du « karre », comme en Suède.

Le voyage me parut agréable, car il n'y avait point de moustiques;

La carriole.

les gens me regardaient passer devant chez eux et se demandaient ce que pouvait être cet étranger. Cela m'amusait beaucoup, car dès que je m'arrêtais les filles couraient aussitôt mettre leurs bas et leurs souliers. La plupart étaient occupées à la récolte du foin ; les hommes fauchaient, les femmes et les enfants, tête et pieds nus, retournaient le foin et le mettaient en meules ; d'autres étaient sur la rivière, où elles inspectaient leurs filets pour voir s'ils avaient pris un saumon, tandis que, çà et là, un homme construisait un bateau, soit pour lui, soit pour vendre.

Le soir, le bétail, les moutons et les chèvres redescendent des montagnes et sont parqués dans les champs fauchés, et les filles traient les vaches; les enfants jouent et tous paraissent heureux. Tout porte un aspect primitif : les charrues, les faux et autres instruments aratoires que j'ai vus étaient de la même mode que ceux usités il y a un siècle; les roues des voitures sont d'un bois solide. Il me semblait avoir été rejeté dans le passé.

Nous fîmes halte au hameau de Nedre Almindingen *(Nedre*, signifie « inférieur ») à deux milles norvégiens du fiord, pour reposer pendant la nuit. J'allai de maison en maison, mais je ne découvris personne et je commençai à craindre que tous les habitants ne les eussent quittées pour aller dans les montagnes; toutes les portes étaient ouvertes. Nous criâmes à tue-tête, mais en vain, personne ne se présenta; nous fouillâmes les granges, les étables et les habitations; j'avais grand'faim; plus faim encore que sommeil. Enfin, après avoir fait beaucoup de vacarme, nous vîmes un homme et une jolie fille sortir d'une des maisons, en se frottant les yeux et à demi éveillés.

— Que demandez-vous, étranger ? Tel fut leur salut.

— Un lit, quelque chose à manger et un cheval pour demain, répondis-je.

— Soyez le bienvenu! dirent-ils. Et immédiatement la fille alla chercher deux couvertures en peaux de mouton dont la laine était blanche comme la neige; elle mit du foin frais sur le lit en guise de matelas, posa une des peaux dessus, l'autre devant servir de couverture et un large oreiller de plumes. Tous deux disparurent et revinrent avec du pain et du beurre, un bol en bois plein de lait, et me dirent : « Mangez et buvez; bonne nuit, dormez bien! » Puis ils me laissèrent en possession des lieux.

Une grande horloge à l'ancienne mode faisait son incessant tic-tac dans un coin; des assiettes et autres objets de faïence étaient posés sur des planches, et des estampes communes ornaient les murs; quelques chaises de bois, une table et une couchette, tous deux en bois de pin, formaient tout l'ameublement; une échelle communiquait avec l'étage supérieur.

Je me couchai entre les peaux, laissant la porte ouverte au large et ne tardai pas à tomber dans un profond sommeil, dont je fus réveillé le matin de bonne heure par un bruit de voix venant du dehors. On m'apportait un bassin rempli d'eau pour mes ablutions matinales, et un déjeuner composé de café, de pain, de beurre, de lait et de fromage.

Le hameau semblait être le rendez-vous de toutes les filles des fermes du voisinage ; quelques-unes étaient fort jolies avec leurs cheveux blonds, leurs yeux bleus et leurs joues rosées, images de santé, de gaieté et de bonheur. A cinq heures, elles commencèrent à se rassembler ; elles venaient d'un petit village situé de l'autre côté de la rivière appelé Ovre Almindingen (*övre* signifiant « supérieur »), et se rendaient aux montagnes. Chacune d'elles avait une boite en bois, à peu près de la forme d'un grand livre, contenant leur nourriture pour la journée, c'est-à-dire quelques crêpes beurrées et la galette ordinaire ; la plupart portaient aussi un petit seau de lait d'une main et, de l'autre, une paire de souliers ; toutes avaient la tête et les pieds nus et leurs cheveux tombaient en tresses par derrière ; elles ne mettaient leurs souliers que quand le terrain était raboteux ; car, dans ces districts ruraux, l'argent est gagné durement et les souliers sont précieux.

Les filles, bavardant joyeusement, disparurent bientôt dans leur marche vers les montagnes, où elles allaient garder le bétail ou couper le foin. Celles qui ne portaient point de seau de lait, tricotaient des bas en marchant, car les femmes travaillent toujours, excepté le dimanche. Je pus entendre leurs éclats de rire et la musique de leurs chansons pendant qu'elles gravisssaient la colline. La pauvre vachère qui se loue à bas prix et la fille du riche fermier marchaient côte à côte comme deux sœurs, car dans ce pays primitif règne une parfaite égalité sociale.

Je passai la rivière à gué jusqu'au hameau d'Ovre Almindingen, qui consistait en quelques maisons de fermes avec des communs. Je fus surpris de trouver chez les habitants de cette localité un type ressemblant quelque peu à celui des Lapons ; tous étaient activement occupés à faucher le foin.

La route passait maintenant sur la rive droite du cours d'eau, et devenait plus pauvre, quoique encore assez bonne. Un peu plus loin, presque toutes les fermes étaient sans habitants ; mais à la fin j'arrivai à une maison où je trouvai la famille assise à table, et dînant ; le père partageait un grand poisson cru, salé, que tous mangeaient comme une friandise ; je leur demandai pourquoi le poisson n'était pas cuit : ils me répondirent que, s'il l'était, ils en mangeraient trop. Je fus invité à partager le repas, qui fut suivi d'une amicale causerie et de questions sans nombre. Le fermier était beaucoup plus vieux que sa femme, qui avait de jolis traits et une belle figure, de beaux cheveux et des yeux gris; mais un teint de tristesse assombrissait son visage et elle paraissait fatiguée et usée. Elle nourrissait un enfant dont la mère était morte trois mois plus tôt : acte de pure bonté, car elle avait nourri son propre enfant pendant treize mois.

Storjord, situé à l'extrémité de la partie habitée de la vallée, est au milieu d'une scène sauvage et entouré par une forêt. La ferme se trouve sur le bord de la rivière Junkersdal, qui prend son nom de la vallée qu'elle arrose et se jette, non loin de là, dans la rivière Löniselv; les cours d'eau ainsi réunis coulent par la Saltdal jusqu'à la mer; on voit dans l'éloignement les monts de Vestfjeld, couverts de neige, et pas très loin une magnifique cascade tombant d'une hauteur de sept à huit cents pieds, et à gauche la haute montagne de Kimaanasen.

Une nuit dans cette solitaire mais hospitalière maison fut tout ce que je pus me ménager; ma chambre était un modèle de propreté, cependant le murmure des rivières m'empêcha de dormir. Le lendemain, après un déjeuner copieux de café et de lait, on apporta du vin, on en remplit des petits verres, et tous ensemble me souhaitèrent un heureux voyage vers la Suède. A neuf heures et demie du matin le thermomètre marquait 68° à l'ombre et 118° au soleil; à midi, 125° au soleil et 72° à l'ombre.

A mon retour, je trouvai le propriétaire de Storjord, qui, ayant eu vent de ma visite, s'était empressé de revenir chez lui; il parut désappointé de mon départ. J'aimai son aspect franc, ouvert, et je regrettai de ne l'avoir pas vu à mon premier passage. Après une bonne causerie nous nous séparâmes, et je repris ma route. Au presbytère, le digne pasteur et sa femme m'accueillirent de nouveau et je dus passer la nuit chez eux. Le matin, avant de déjeuner, nous eûmes une adoration familiale, pendant laquelle la femme du pasteur accompagna les hymmes sur un mélodéon; pendant la prière, tous se tinrent debout, la tête courbée et les mains jointes. Un bon nombre de jeunes filles, proprement vêtues, étaient venues passer un examen devant le pasteur, comme préparation pour la cérémonie de la confirmation.

Le soleil de minuit ne brillait plus, et à cette heure il faisait presque sombre; nous étions au 3 août et, plus loin au sud, les jours diminuaient rapidement; il était donc grand temps pour moi d'entreprendre mon voyage à travers la péninsule.

Mes bateliers étant prêts, nous hissâmes la voile et partîmes. Je vis bientôt que mes amis les marins connaissaient toutes les légendes de cette côte sauvage. « Voyez-vous ceci? me dit l'un deux en désignant un précipice du fiord à notre droite. Il y a longtemps, bien longtemps, lorsque la Norvège était sous la domination des Danois, un fermier, qui demeurait dans une ferme nommée Leifsets, donna un jour une grande fête pour le mariage de sa fille. Des Finlandais suédois *(Kvaen)*, qui avaient entendu parler de cette fête, franchirent les montagnes dans l'intention de piller le fermier et ses hôtes; mais ils ne connaissaient pas le chemin et arrivèrent chez un des tenanciers du fermier de Leifsets, qu'ils forcèrent, en le menaçant de mort, de les mettre dans le bon chemin. Une neige épaisse couvrait les montagnes et les nuits étaient obscures; le tenancier prit une torche, mit ses patins, et dit aux voleurs de le suivre. Connaissant parfaitement le pays, il s'était mis en tête qu'ils n'arriveraient pas à Leifsets. Pendant le trajet, il approcha du bord d'un précipice; se plaçant de façon que la clarté de la torche les empêchât de le voir, il la jeta dans le précipice, et les bandits, suivant la lumière, y tombèrent et se brisèrent en bas. Le tenancier se hâta de courir à la ferme. Il tira un coup de fusil près de la fenêtre afin d'avertir les convives de son arrivée et leur apprendre qu'ils venaient d'échapper à une bande de pillards armés. Le lendemain, on chercha à l'endroit où la torche avait été jetée, et, tout en bas, dans la neige, on découvrit les voleurs, dont les cadavres étaient gelés. » Puis, levant le doigt, le batelier ajouta : « Voici la place où les brigands furent tués, et on a nommé cet endroit le précipice des *Kvaen*. »

Un peu plus loin, me montrant une baie, il dit : « Nous autres pêcheurs, nous appelons ceci la « baie de l'Homme mort », à cause des rafales subites qui viennent des montagnes et souvent font chavirer les bateaux et noient les bateliers. »

Le temps devint très chaud; le mercure se tenait au soleil à dix heures, à 118°, et à l'ombre à 68°. A onze heures le ciel s'assombrit, d'épais nuages se formèrent et le vent s'éleva; les pêcheurs se hâtaient d'aborder à terre, et, sur la rive, les gens emmenaient leur foin sur leurs chariots aussi vite qu'ils le pouvaient, ou le mettaient en meules.

L'orage éclata sur nous ; le vent soufflait avec force et le tonnerre roulait furieu ement, pendant que des éclairs éblouissants se succédaient sans relâche. Heureusement, nous tournâmes la terre à temps, nous primes deux ris dans la voile, et, courant devant le vent, nous passâmes rapidement sur les vagues, la mer nous fouettant de côté et nous mouillant de haut en bas. L'orage dura une heure ; c'était le troisième que j'avais vu en dedans du cercle Arctique et ce dut être le dernier de cette année.

Avec un bon vent, nous arrivâmes à l'embouchure d'une rivière qui était le déversoir du Lange-Vand *(vand,* en norvégien, signifie « lac ») ; l'eau s'élançait avec une grande force, car c'était l'heure du reflux, et nous dûmes tirer le bateau le long du bord par le petit canal d'écoulement. Le lac a environ un mille de largeur, sur trois ou quatre milles de longueur ; les bords en terrasse étaient parsemés de fermes et flanqués à quelque distance en arrière de hautes montagnes, sur lesquelles on pouvait voir les sentiers suivis par le bétail lorsqu'il se rend dans ses pâturages pendant l'été.

Après avoir remonté une petite rivière, nous arrivâmes dans un second lac plus étroit et plus long que le premier, avec des bords sombres et âpres. A la pointe est situé le hameau de Skjönstuen, complètement entouré de montagnes, la basse terre ayant l'apparence du fond d'un chaudron. Je passai la nuit dans un lit fait avec du foin frais, mais je ne pus dormir. Ce mystère me fut dévoilé lorsque j'eus découvert que j'étais dévoré par un nombre prodigieux de puces ; quant au remède, je n'en trouvai pas d'autre que de me jeter sur une table qui me servit de couche. C'était la première fois que je faisais leur connaissance en Scandinavie. Les peaux de mouton, à moins qu'on ne les sorte nouvellement du grenier, sont des nids pour ces pestes, durant l'été, et, comme règle, dans les régions très primitives, il faut s'en méfier.

De Skjönstuen, le chemin est très raboteux et quelquefois il ne semblait pas possible d'aller plus loin, le sentier finissant en apparence au pied d'un récif à pic, qui paraissait devoir nous barrer le passage ; en nous servant de chaque pierre, nous pûmes continuer lentement notre route. Lorsqu'il y a un mort ici, on descend le cercueil jusqu'au bas de la falaise avec des cordes.

A douze milles anglais de Skjönstuen, nous arrivâmes à une ferme sur les bords de la rivière du Lang-Vand; c'était une maison faite en rondins de bois et deux autres bâtiments ayant la forme de pains de sucre, construits en gazon. Nous ne trouvâmes rien à manger ni à boire excepté du lait aigre.

On reprend la navigation à cet endroit, bien qu'il faille attendre un temps considérable avant de se procurer un bateau. Après quelques coups de rames on atteint le Lang-Vand supérieur. Nous fîmes une voile avec des branches de bouleau, nous la fixâmes sur la proue de notre bateau plat, et, comme nous avions un vent frais, nous avancions lestement. Le lac se trouve entre deux hautes montagnes; la vue est superbe et la chute d'une cascade, tombant des hauteurs âpres et boisées, ajoutait à la beauté. Trois rivières — l'Ykien, la Lommi et l'Erva — à l'écume blanche, se jettent dans ce lac qui fourmille de truites splendides. Deux heures de navigation à la voile et à la rame nous firent arriver à Fagerli, à l'extrémité supérieure du lac. Trois ou quatre fermes disséminées sur le bord constituent le hameau de Fagerli. Mes fidèles pêcheurs m'avaient amené là même où leur avait dit de me conduire le marchand de Venset. Larsen nous reçut amicalement et les écouta attentivement pendant qu'ils lui remettaient leur message; entre temps, sa femme nous préparait à manger.

L'humble ferme était située au pied des collines, près du lac; tout à côté passait la rivière Ykien, sur les bords de laquelle étaient échoués de nombreux baliveaux de pins et de sapins que Larsen avait coupés pendant l'hiver, en haut de la montagne, et qu'il avait flottés jusqu'en bas lors de la fonte des neiges. Quelques-uns avaient de vingt-trois à vingt-cinq pieds de long, et de douze à seize pouces de diamètre; d'autres, d'environ treize pieds de long, mesuraient vingt-huit pouces à une extrémité et vingt-six à l'autre. La petite ferme avait deux maisons, dans l'une desquelles la chambre des étrangers me fut assignée. Dans l'attente des Lapons que l'on avait envoyé chercher, j'allai quelquefois pêcher dans le lac, et, en moins d'une demi-heure, je revenais avec quatre ou cinq truites de dix-huit à vingt-deux pouces de longueur, prises avec des vers à l'hameçon. Du lait, de la crème, du beurre, du fromage, de la galette et des fraises sauvages, que les enfants allaient cueillir pour moi, telle était la carte de chaque jour.

En me rendant à une ferme voisine, de l'autre côté de l'Ykien, j'entendis, avant d'entrer dans la maison, une jeune mère qui chantait des psaumes auprès du berceau de son poupon. Lorsque j'entrai elle me dit : « C'est mon premier-né ; j'ai voulu que, depuis sa naissance, il m'entendît chanter les louanges de Dieu ; je tiens à ce qu'il craigne et aime le Seigneur quand il sera grand, car Dieu est bon pour nous tous. »

Quand j'allais visiter les fermes, je remplissais mes poches de candi acheté à Bodö, pour le distribuer aux enfants qui s'attroupaient autour de moi ; je leur donnai aussi de la monnaie de billon qui semblait leur plaire, car ils crièrent : *Penger!* (monnaie) et s'empressèrent d'exhiber leurs trésors. Alors je leur demandai de me donner un baiser, ce qu'ils firent ; là-dessus, les femmes mariées insistèrent pour que les deux grandes sœurs les imitassent. La rougeur montait aux joues des jeunes filles, qui refusèrent ; mais les matrones étant revenues à la charge, elles obéirent pour avoir la paix et me donnèrent un bon baiser d'où suivit une gaieté générale. J'avoue que je fus parfaitement consentant.

Sur les bords de la Lommi il y a deux moulins à blé ; on en voit par toute la Norvège, et, dans bien des districts, chaque ferme en possède un ; quelquefois aussi des fermiers se réunissent pour en établir en commun. Ils sont près des torrents, et toujours situés d'une façon pittoresque. Lorsque la trémie a été remplie de grain, le fermier s'en va et ne revient que quand il croit le moment venu d'en remettre ; ou, si le moulin est éloigné de la ferme, l'une de ses filles ou l'une de ses servantes y demeure pour le surveiller, et passe le temps à coudre ou à tricoter, en chantant et pensant quelquefois à son amoureux et à ses noces qui s'approchent. La journée finie, elle retourne à la maison pour traire les vaches ou préparer le repas du soir pour la famille, qui est allée travailler dans les champs.

Le 9 août arrivèrent deux Lapons et une femme laponne ; c'étaient de vieux amis de Larsen et ils allaient être mes guides. Le lendemain, on fit les apprêts de mon départ. Moins on emporte de choses pour un semblable voyage, mieux cela vaut. Mon bagage ne consistait qu'en une chemise de flanelle en plus, un pantalon, des souliers et un léger surtout ; quant à mes provision, elles consistaient en galette, beurre et fromage, une fiole d'eau-de-vie (pour servir en cas de besoin), une solide cafetière, une livre de café grillé et moulu et du thé. Quand le temps est humide et froid, ou quand je suis fatigué, je trouve que le thé et le café sont des breuvages très rafraîchissants. C'est une grave erreur de croire que l'alcool rafraîchit le système lorsqu'on est accablé de fatigue; l'effet immédiat est stimulant, mais une demi-heure après on se sent plus harassé qu'avant. J'avais pour arme un fusil et des munitions pour tirer le gibier, plus deux revolvers; j'aurais voulu me débarrasser de ces derniers, car ils étaient lourds, et, en outre, je me sentais honteux de les avoir avec moi; aussi les tins-je hors de vue. Je les avais pris pour me protéger! Pour plus de sûreté, j'avais laissé à Londres certains objets de valeur, y compris une chaîne de montre en or; mais — et je puis le dire sans crainte de contradiction — je voyageais dans la contrée la plus sûre du monde.

Nous étions prêts à partir, et mon bagage était déjà sur nos épaules, lorsque la femme de Larsen s'écria : « Prenez plus de pain! » Et à peine ces mots étaient-ils prononcés qu'elle mit dans une petite caisse d'écorce de bouleau un supplément de pain et de beurre, et ajouta du fromage dans mon sac : la bonne femme oubliait que nous devions porter nos provisions sur le dos. Après tout, elle avait raison, car même avec ce surcroît de vivres je me trouvai quelquefois à court de nourriture. J'ai une telle aversion pour le bagage que souvent j'ai souffert de la faim; mais, heureusement, je puis aller sans manger plus longtemps que personne. En partant, je donnai un peu d'argent à chaque enfant et je mis plusieurs dollars dans la main de la bonne ménagère, qui fondit en larmes, m'embrassa de tout son cœur, pendant que son mari, me serrant la main, me dit : « Merci d'être venu chez nous; » et nous nous écriâmes : *Farvel! Adjo!* Ole, leur jeune fils, vint avec moi jusqu'au haut de la montagne, portant mon fusil; et les derniers mots que j'entendis furent des recommandations à mes guides lapons « d'avoir bien soin de Paul! »

Sulitelma et le lac.

CHAPITRE X

Tenue d'été laponne. — Scène aride et désolée. — Sulitelma et son grand glacier. — Campement lapon. — Intérieur désagréable. — Malpropreté et vermine. — Bon traitement. — Dure existence. — Le lac Pjeskajaur. — Passage à gué de la rivière. — Tente laponne. — Aspect des femmes et des hommes. — Vases et cuillers, nouvelle manière de les laver. — Arrivée d'un troupeau de rennes. — Le lait et la façon de le traire. — Fromage de renne. — Voyage difficile. — Njungis. — Qvickjock. — Niavi. — Jockmock. — Le baron de Düben. — Feux dévastateurs. — Vuollerim. — Superbes chutes. — Lulea. — Prison. — Ivrognerie. — Réception par le gouverneur.

Le costume d'été des Lapons est bien adapté au climat des montagnes. Mes deux hommes portaient une blouse grise en étoffe de laine brute, appelée *radmal*, descendant au-dessous du genou, ouverte à la gorge, laissant voir une chemise de même étoffe; des guêtres ajustées en cuir de renne, serrées aux chevilles par des lanières de drap; des souliers de même matière plus épaisse, et pointus; un bonnet de laine brute; une gibecière en cuir sur le dos pour transporter les aliments, et une ceinture, à laquelle pend un couteau. Le costume des femmes est le même que celui des hommes, excepté que la blouse est plus longue et fermée au col.

Quelque part qu'aille le Lapon en été, il prend avec lui un solide bâton de bouleau d'environ sept pieds de long, dont il se sert pour gravir les montagnes ou traverser les cours d'eau.

Après une montée modérée, nous vîmes Lang-Vand au-dessous de nous, des collines couvertes de neige, l'écumante Ykien, la Lommi et l'Erva.

En peu d'heures nous fûmes au milieu d'une scène très sauvage. Les collines nues et rondes offraient le tableau de la désolation ; le sol était jonché de pierres de formes et de tailles diverses, enlevées des rochers par des milliers d'années de gelée. Les amas de neige devenaient plus nombreux et formaient parfois des arceaux sur les courants ; un brouillard couvrait les crêtes des montagnes, et le pic de Sulitelma, haut de six mille trois cent vingt-six pieds, était caché par une masse de nuages noirs. Nous vîmes le glacier, qui offrait un superbe aspect ; la glace était

Tente laponne.

bleue, car les pluies avaient fondu la neige sur une grande partie de sa surface ; au loin, ses crevasses et ses sinuosités présentaient un étrange spectacle. Au milieu de cette masse énorme de glace, deux montagnes sombres et nues levaient leurs têtes pelées, et pendant plusieurs milles au delà le glacier courait du nord-ouest au sud-est. A sa base, un lac, auquel un sentier à peine perceptible conduisait, et sur les bords solitaires duquel croissaient le saule, le bouleau nain et le genévrier. Par une pluie d'orage, on peut suivre les bords du lac sans voir Sulitelma. Notre route longeait l'eau, le centre du glacier portant au nord. Partout on voyait des ruisseaux et des cascades formées par la neige fondue et les pluies continuelles des derniers jours ; des amas de neige comblaient tous les creux, et de larges taches neigeuses descendaient jusque sur les bords. Le brouillard avait disparu et nous pûmes voir les hautes montagnes dans la direction du sud. Nous atteignîmes l'exutoire d'un autre lac, séparé du premier par une chaîne de basses collines renfermant de bons pâturages. Nous nous reposâmes quelque temps et allumâmes du feu pour faire du café, avec les petits bouleaux que l'on trouve dans ces hautes régions ; sans eux les Lapons ne pourraient errer sur ces tristes montagnes. Notre feu nous parut d'autant meilleur que le mercure était à 34° 1/2 ; malgré cela, nous étions en transpiration à la suite de nos efforts pour gravir les collines et nous sentions vivement l'âpreté du vent, lorsque nous nous arrêtions pour prendre du repos.

Du sommet d'une haute colline nous eûmes une des vues les plus lugubres qu'il soit possible d'imaginer : des montagnes couvertes de blocs granitiques de toute taille perçaient dans l'éloignement, s'étendant au sud et au sud-est, pendant qu'aux autres points de l'horizon nous ne pouvions rien voir à cause du brouillard. Jamais nous ne perdîmes la vue des contours bleus de Sulitelma, mais le pic resta caché à nos yeux. Par moments, la marche devenait extrêmement pénible par l'effet de la neige molle dans laquelle nous enfoncions jusqu'aux genoux, du sol humide et sablonneux, des rocs brisés et des poudingues.

Quand nous fûmes à l'est de Sulitelma, je pus voir, avec ma lunette, un profond ravin sur lequel était suspendu un glacier avec d'immenses glaçons cramponnés à ses côtés ; le mercure était descendu à 38°, quoique le vent soufflât de l'ouest. Nous suivîmes le talus d'une longue colline, et lorsque le ravin s'élargit, un torrent, pareil à une rivière qui serait venue de l'une des grandes branches du glacier, traçait son chemin vers un lac appelé Pjeskajaur (*jaur*, en lapon signifiant « lac »). Pendant que je m'étais arrêté pour prendre le relèvement des montagnes et du glacier, la femme, qui était aussi virile que pas un de nous, avait pris l'avance ; soudain j'entendis le mot *Samé* (Lapons), et je vis au loin un campement de Lapons et les spirales de fumée s'élevant de leur *kata* (tente). Peu après, nous arrivions à l'endroit qu'ils occupaient et, en entrant dans leur tente, je reconnus notre compagne de voyage ; les hôtes étaient ses parents et elle connaissait le canton où ils faisaient paître leurs troupeaux. En regardant autour de moi, je me sentis saisi d'un sentiment de dégoût. La tente, à sa base, ne semblait pas avoir plus de huit pieds de diamètre; au centre, un feu, alimenté par des branches de genévrier, brûlait clair : on l'avait allumé pour nous, car les Lapons sont obligés de ménager le combustible. Dans un petit espace, d'un côté de la tente — l'autre côté, à gauche de la porte, ayant été nettoyé pour nous — étaient serrés pêle-mêle, sur des peaux de renne mouillées par la pluie, trois femmes, quatre enfants, deux hommes et quatre chiens. Les chiens grognèrent en me voyant; mais un coup de poing vigoureusement appliqué à celui qui tentait le plus rageusement de troubler la paix leur imposa silence. Les vêtements des hommes, des femmes et des enfants étaient en peau de renne, le poil tourné en dedans; on eût dit que les figures des enfants n'avaient jamais été lavées, et l'eau pouvait bien n'avoir pas touché depuis quinze jours celles des plus grands. Sans cesse ils portaient les mains dans les ouvertures de leurs vêtements, près du col, et ces mouvements me suggéraient des idées peu réjouissantes; une grande quantité de chair de renne, et autres sortes de nourriture, gisait sur les peaux où ces gens dormaient.

Telle est la peinture de la première tente laponne que je vis, mais je dois ajouter que c'était une des plus mauvaises.

Ces Lapons faisaient preuve d'un excellent naturel, et la femme qui avait voyagé avec nous se multipliait pour soigner notre bien-être. Dès notre arrivée, elle mit le chaudron sur le feu et prépara du café, pendant que le chef de la famille découpait de la viande de renne, qu'il jeta ensuite dans un pot de cuivre suspendu par une chaîne au-dessus du feu. Le café fut bientôt prêt, et la femme me dit en m'en présentant une tasse : « Sur la route, vous avez été bon pour moi; vous m'avez donné de votre café et de vos provisions, bien que vous ne me connaissiez pas : je vous remercie. Maintenant laissez-moi prendre soin de vous. Buvez ceci, et tout à l'heure vous aurez de la viande de renne à manger tant que vous voudrez. » Lorsqu'elle fut cuite, le père de famille en donna une portion à chacun, mais les morceaux de choix furent réservés pour moi et mes deux guides. Nous n'avions ni fourchettes ni pain. On jeta les os aux chiens qui guettaient tous nos mouvements avec des yeux affamés. Quand l'heure du coucher fut venue et que le feu eut été éteint, j'étais mouillé et transi, ne sachant que faire, car je ne tenais pas à demeurer dans la tente : j'en redoutais les conséquences. Cependant je m'attendais à un rude labeur pour le lendemain, et, en réalité, le lendemain était déjà venu, puisque le ciel marquait deux heures du matin. Ne voulant pas froisser l'amour-propre de ces braves gens, je me décidai à courir tous les risques ; je m'étendis sur les peaux et j'essayai de dormir. Au bout d'un instant je crus sentir des corpuscules ramper sur moi ; mais je m'efforçai de croire que c'était un pur effet de mon imagination ; enfin, la fatigue fut plus forte que ma volonté, et je dormis pendant une heure.

Vers quatre heures je me réveillai en entendant entrer un Lapon qui, pendant la nuit, avait été faire paître un troupeau de deux cent cinquante rennes, à un endroit où le lichen était abondant, et qui revenait pour se reposer ; le camarade ôta ses guêtres mouillées, mit des souliers secs et s'endormit aussitôt, sans même prendre une tasse de café, préparée pour lui.

La vie de ces Lapons est très dure pendant l'été : il faut qu'ils suivent les rennes jour et nuit dans la crainte qu'ils ne s'égarent ; aussi, quand ils reviennent dans leurs tentes, sont-ils harassés et prêts à tomber dans un profond sommeil. Un étranger qui arrive à un « kata », ou campement, peut facilement s'imaginer que les Lapons sont paresseux ; c'est pourtant loin d'être vrai.

J'aperçus un troupeau de rennes qui traversait de l'autre côté de la rivière ; ces animaux nagent très bien, et quelquefois ils doivent aller à de longues distances à travers les fiords. On prétend qu'ils peuvent faire six milles à la nage en trois ou quatre heures.

Le lac Pjeskajaur a environ quinze milles en longueur, et de deux à cinq en largeur ; il est près du 67° latitude. La rivière qui s'y rend était profonde ; la fonte des neiges et du glacier avait rendu l'eau si bourbeuse que nous ne pûmes en voir le fond et que nous ne savions où traverser. Les Lapons essayèrent de passer à gué, mais ils durent s'y prendre à deux fois ; enfin, nous trouvâmes un endroit ; cependant ce fut avec grande difficulté que nous pûmes tenir tête au courant fort rapide et marcher sur des cailloux ronds et du sable mouvant qui s'enfonçait sous nos pieds. L'eau était si froide — 37° — que, quand elle atteignit mon cou, je crus que j'allais perdre la respiration. Parvenu de l'autre côté, je m'aperçus que nous avions encore à franchir deux cours d'eau ;

heureusement ils n'étaient pas aussi profonds que l'autre. Le froid avait tellement engourdi mes jambes que je pouvais à peine mettre un pied devant l'autre. Alarmé de ces symptômes, j'eus recours à ma fiole, et j'avalai une bonne gorgée d'eau-de-vie ; j'en donnai aussi à mes Lapons, qui en parurent reconnaissants.

Notre chemin passait par un marais qui rendait la marche ennuyeuse et difficile, mais ce rude exercice était précisément ce dont j'avais besoin ; mes membres ne tardèrent pas à perdre leur rigidité, et une bonne chaleur de la peau me convainquit que de nouveau j'étais tout à fait bien. Le centre du glacier semblait maintenant être au nord-ouest ; il apparaissait sous la forme d'un arc, courant du nord-nord-ouest au nord. Nous passâmes une autre rivière dont l'eau était beaucoup moins froide, parce qu'elle ne descendait pas des glaciers, et nous arrivâmes auprès de quelques bouleaux d'assez bonne taille *(betula glutinosa)*, restes d'une ancienne forêt. J'ai toujours regretté depuis de n'en avoir pas coupé un, pour compter les anneaux et m'assurer de leur âge, car ils ont poussé à la plus haute élévation que j'aie vue en dedans du cercle Arctique.

En atteignant la crête d'un petit coteau, nous aperçûmes dans le lointain un autre « kata » ; c'étaient des Lapons de Lule, Lappmark, dont les pâturages s'étendaient jusqu'à Sulitelma ; dès qu'ils nous virent ils sortirent aussitôt. Lorsque j'arrivai à leur campement j'y trouvai trois jeunes femmes et un homme ; les premières venaient justement de donner la dernière touche à leur toilette : l'une se ceignait d'une belle ceinture d'argent, l'autre arrangeait son vêtement, et la troisième nouait ses souliers. Leurs robes, d'un drap épais, en laine bleue, appelée *vuolpo,* étaient bordées de rubans rouges et jaunes et laissaient voir un vêtement de dessous en laine, celui de dessus atteignait la cheville ; leurs chemises étaient délicatement brodées aux ouvertures. Ces femmes paraissaient assez jolies, la couleur des robes contrastant bien avec celle de leur peau. Elles portaient aussi des ceintures, qui sont considérées comme l'un des principaux ornements ; il en est même de dispendieuses. Une seule avait une ceinture agrémentée d'argent, les autres l'étaient de cuivre ; ces ornements, larges d'environ un pouce, sont attachés sur le drap si près l'un de l'autre que c'est à peine si on peut en voir la matière ; une jolie agrafe fermait la ceinture, à laquelle pendaient un petit

Un campement de Lapons.

couteau et une paire de ciseaux. Des guêtres en laine de couleur bleue, serrées à la jambe, complétaient le costume. L'une d'elles portait des souliers neufs, faits de peau de renne préparée, mais sans talons; les deux autres n'avaient point de souliers, et je remarquai la petitesse de leurs pieds, très bien formés et très propres. Les blouses *(kapte)* des hommes étaient plus courtes; comme celles de mes guides, elles tombaient un peu au-dessous du genou et étaient bordées au bas d'un ruban de couleur voyante, contrastant avec le bleu ; les cols de leurs chemises étaient brodés avec du fil d'une couleur éclatante. Les ceintures que portent les hommes ont, quelquefois, deux ou trois pouces de largeur ; on les fabrique en cuir, avec des dents d'ours, pour montrer que celui qui la porte a tué sa proie; ils portent aussi une sorte de gilet, richement agrémenté d'ornements en argent, que l'on aperçoit par l'ouverture de leur « kapte ».

Les femmes avaient lavé leur figure, peigné leurs cheveux et couvert leur tête de bonnets réellement gracieux. Je fus surpris de la bonne mine de deux d'entre elles : yeux bleus, mains très petites et beaux cheveux, un peu roux ; elles avaient le teint rosé et la peau remarquablement blanche aux places protégées contre le vent. La peau des hommes était rouge et tannée par l'action de l'air.

Pas la plus petite apparence de sauvagerie chez eux, nous fûmes bien accueillis tout de suite : on mit la bouilloire sur le feu. Quant au café, déjà grillé, on le moulut, on le fit bouillir, on le clarifia dans une peau de poisson sèche, et on me le servit dans une petite tasse d'argent de forme bizarre, que j'admirai beaucoup : c'était un héritage de famille que l'on disait avoir plus de cent ans. La cuiller, fort gracieuse, était également une relique de famille et beaucoup plus ancienne que la tasse. La propreté faisait défaut, car le lait de renne avait séché dessus et je m'amusai fort de la manière dont une des filles la nettoya. N'ayant point d'eau sous la main, elle passa plusieurs fois sa petite langue dessus jusqu'à ce qu'elle fût propre et lisse ; alors, comme si c'était une chose toute naturelle, elle s'en servit pour remuer le café et me tendit la tasse. Je n'admire pas précisément cette manière de nettoyer les cuillers; heureusement, elle avait les dents excessivement blanches et les lèvres aussi rouges qu'une cerise. J'ai vu, depuis, bien des Laponnes et je crois que c'est la plus jolie que j'aie jamais rencontrée.

Le café était excellent. A peine avais-je fini d'en prendre une seconde tasse, qu'un Lapon entra, suivi de plusieurs chiens ; il arrivait avec deux cent soixante-treize rennes qui se tenaient autour de la tente ; leur approche avait été si calme, que je ne les avais pas entendus. Quelques animaux broutaient de la mousse qu'ils détachaient avec leurs pieds de devant, pendant que d'autres se couchaient ; les mâles étaient de grande taille, avec les cornes larges et développées ; les femelles étaient beaucoup plus petites. Pas un ne manifestait l'intention de se sauver, tout le troupeau demeurait aussi tranquille que les vaches qui viennent dans la cour d'une ferme pour se faire traire ; les mâles paraissaient calmes, bien que quelques-uns se cognassent de la tête. J'appris que leurs cornes sont quelquefois tellement enchevêtrées que l'on ne peut les dégager et qu'il faut les tuer.

J'étudiai avec intérêt la manière de traire les rennes. Les femmes connaissent chaque animal, et si l'un manquait elles seraient capables de le désigner sur-le-champ. Elles s'avançaient avec précaution, jetaient doucement sur les cornes de la femelle à traire un lasso qu'elles lui nouaient sur le museau pour l'empêcher de se sauver ; mais ces bonnes bêtes ne faisaient aucun effort pour s'échapper. Quelquefois une femme tenait la renne pendant qu'une autre la trayait ; cependant ces précautions sont inutiles, car ces animaux sont si doux qu'ils n'exigent aucune coërcition. Le procédé est tout particulier : la femme tient d'une main une sébile de bois et de l'autre presse fréquemment et fortement le pis, car le fluide épais ne vient qu'avec difficulté ; on le porte de la sébile dans un vase en forme de baril, fermé par un couvercle à coulisses et disposé de façon à pouvoir être placé sur le dos d'un animal. On en remplit aussi des outres en peau pour l'usage des Lapons qui doivent rester un jour entier avec les troupeaux. Je fus surpris du peu de lait fourni par les femelles ; quelques-unes n'en donnaient même pas la valeur d'une tasse de café, mais ce lait est tellement épais et riche qu'il faut ajouter de l'eau avant de le boire. Il est extrêmement nourrissant, d'une saveur forte, assez semblable à celle du lait de chèvre. Le lait de renne constitue un article très important de la nourriture des Lapons et possède des qualités nutritives plus grandes que celles du lait de vache ou d'ânesse. Chose étrange, le beurre fait avec ce lait est tellement mauvais qu'on le prendrait pour du suif ; c'est pourquoi les Lapons font très peu de beurre, mais du fromage en grande quantité.

vase en bois l'écume qui monte à la surface; on en verse ensuite la plus grande partie dans une outre vide que l'on suspend à une perche; cette écume séchée, que l'on nomme *kappa* (crème) est considérée comme une friandise, et on la sert toujours aux hôtes distingués. On ajoute ensuite de la présure au lait. Le fromage est pressé à la main et empaqueté dans des boîtes rondes en bois, ou mis dans des formes faites de racines de sapin tressées; quand il est sec, on le suspend à la fumée dans la « kata »; il est blanc à l'intérieur et a le goût du lait; on en fait d'immenses provisions pour l'hiver. Les Lapons sont très friands de lait épaissi; mais, à cause du climat, il faut qu'ils en hâtent la coagulation en y ajoutant de la grassette fraîche *(pinguicula vulgaris)*.

J'avais toujours cru que les Lapons ont les yeux noirs et les cheveux foncés; mais ceux-ci avaient la peau blanche, les cheveux blonds, les yeux bleus, les pommettes saillantes —, ce qui ne déplaisait pas chez deux des femmes, — et le nez particulièrement lapon et *retroussé*. Les trois femmes mesuraient en hauteur quatre pieds et un quart, quatre pieds trois quarts, et quatre pieds six pouces; les hommes, de quatre pieds cinq pouces à cinq pieds un quart. La mesure faciale des femmes, du sommet du nez à la pointe du menton, est de trois à quatre pouces, et celle des hommes de quatre pouces et demi à quatre pouces trois quarts.

Pendant que les hommes fumaient leur pipe, les femmes s'occupaient de la cuisine. Elles firent un potage avec du lait écrémé, l'agitèrent dans l'eau avec une cuiller de bois, et nous servirent un plat assez agréable et très nourrissant; chaque personne avait un petit sac d'où elle tirait une cuiller pour s'en servir à table; la langue fit l'office d'eau et de serviette, et l'on passa les doigts autour du plat jusqu'à ce que le dernier vestige du potage eût disparu. Les Lapons ne se servent pas de fourchettes, mais certains de leurs articles en argent sont très vieux et leurs cuillers ont la même forme que celles des paysans de la Suède et de la Norvège.

Les chiens affamés qui s'étaient faufilés dans la tente nous regardaient avec des yeux étincelants; quand nous eûmes fini, on ajouta un peu d'eau à ce qui restait de potage, on le leur donna et ils se jetèrent dessus avec voracité. Puis l'homme qui était entré repartit avec les rennes pour se rendre dans une partie des montagnes où il savait trouver de la mousse en abondance; il devait rester avec le troupeau jusqu'au soir et être relevé de sa tâche; l'autre s'étendit sur une peau de renne et fut bientôt endormi; nous fîmes tous de même, en nous serrant du mieux que nous pûmes dans cet espace si limité.

La tente dont se servent les Lapons est très portative; le renne la transporte de place en place. La carcasse se compose de perches qui s'adaptent aisément les unes aux autres; elles sont si fortes et si bien jointes, qu'elles peuvent résister à la plus violente tempête; une traverse posée en haut soutient une chaîne de fer ayant à son extrémité un crochet pour les chaudrons. Sur la carcasse, on étend un drap en laine brute, appelé *vadmal,* tissé par eux; on ne se sert pas de peaux pour cet objet; ce drap est composé de deux parties, réunies par des cordons et des épingles; la qualité poreuse du drap permet une circulation partielle de l'air. Les tentes sont fréquemment raccommodées, car une couverture neuve coûte de trente à quarante dollars. En été, les Lapons campent souvent près d'une source ou d'un cours d'eau, où le bouleau nain et le genévrier fournissent du combustible, et non loin d'un bon pâturage.

On était sur le point de transporter le campement ailleurs, et on avait amené des animaux dressés à porter le bagage. Il est beaucoup plus difficile au Lapon de se mettre en mouvement l'été que l'hiver; car alors, au lieu de tirer les fardeaux, les rennes les portent sur le dos et la charge est d'autant plus petite; les animaux employés comme bêtes de somme sont généralement châtrés, grands et forts.

La tente avait été défaite, le drap roulé et les supports divisés en plusieurs paquets; on avait emballé le drap et les autres articles dans des caisses en bois d'environ dix-huit pouces de long sur vingt de large et six de profondeur, liées par des cordes et arrangées de façon qu'une caisse pût être placée de chaque côté de la selle; il y avait aussi des sacs dont quelques-uns ressemblaient à de forts filets. Le *svaka,* ou bât est une curiosité: il consiste en deux morceaux de bois, arrondis de façon à s'ajuster sur le corps, avec des pièces de cuir à l'extrémité; on le met sur le dos du renne exactement comme quand on selle un cheval, mais plus en avant; en dessous on étend une couverture en laine brute ou un morceau de peau de renne, afin de protéger le dos de l'animal; on dispose les fardeaux de chaque côté, de manière qu'ils soient en équilibre, et on les assujettit avec soin; la moyenne du poids que porte l'animal paraît être de 80 à 100 livres. Quelques perches avaient été liées ensemble, et on les traînait ainsi sur le terrain.

Sept rennes furent attachés par de solides courroies en cuir, nouées à la base des cornes, et l'un des guides prit la tête de la colonne; quelques animaux non chargés suivirent en arrière pour prendre la place de ceux qui seraient fatigués; ils furent un peu tracassiers au commencement et le Lapon qui était en avant dut les attacher et les tirer.

Nous nous séparâmes de ces excellentes gens et nous continuâmes notre route dans une direction est-sud-est, rencontrant çà et là des terrasses le long de la rivière, indications d'anciens soulèvements du pays. Auprès des étangs croissait le fameux *shoe-grass* des Lapons, dont il y a deux variétés : *le carex ampellacea* et le *carex vesicaria*. Pendant l'été, les Lapons récoltent cette herbe en grande quantité, la sèchent et la conservent soigneusement, car elle leur est indispensable en hiver. Ils la mettent dans leurs souliers, parce qu'elle possède la faculté de retenir la chaleur et maintient les pieds tellement chauds, qu'ils défient le froid le plus vif; on s'en sert aussi pendant l'été pour protéger les souliers quand on marche sur un terrain rocailleux.

Le grand glacier était toujours en vue, mais la partie supérieure de Sulitelma continuait à demeurer cachée; comme les nuages se mouvaient rapidement, j'espérais que le sommet se laisserait voir et je m'arrêtai pour le regarder; soudain, le pic devint visible pendant environ quinze minutes, portant précisément au nord-ouest d'après la boussole. Quand le soleil brillait sur la glace, son reflet était simplement merveilleux ; en maintes places, le glacier semblait être une masse énorme de scintillantes topazes; son étendue me parut immense et des plaques de neige émaillaient sa surface. Je n'aperçus que deux points d'un roc sombre dans la masse congelée, et, dominant le tout, Sulitelma, obscur et menaçant, regardant au-dessous de lui la mer de glace.

Plus loin, nous atteignîmes le sommet d'une autre chaîne de collines, d'où je vis un petit glacier portant nord-nord-est, par le nord.

Notre route traversait alors une région très montueuse et désolée, au milieu de laquelle se faisaient voir de nombreux petits lacs. Nous rencontrâmes plusieurs Lapons conduisant des troupeaux de rennes ; chaque propriétaire reconnaît ceux qui lui appartiennent au moyen d'une marque spéciale sur les oreilles. Les moustiques, qui m'avaient laissé tranquille pendant près de deux jours, revinrent de nouveau en foule, et, quoique le thermomètre variât de 44° à 45°, ils mordaient avec malignité.

Par moments, pendant le jour, nous arrivions à la ligne des neiges. A mesure que nous montions, les places nues devenaient moins nombreuses et la ligne n'était brisée que par des pointes de rochers. Cependant, au milieu de ce terrain stérile où la température moyenne de l'année touche presque au point de glace, maintes fleurs se montraient : la *ranunculus nivalis* et *glacialis* (bouton d'or), le *rumex digynus* (la patience), le *juncus curvatus* (le jonc), le *silene acaulis* (la silène), et le *saxifraga stellaris, rivularis* et *oppositifolia* (saxifrage). Bien des fois je suis resté en admiration devant cette dernière fleur exquise, qui semble un tapis velouté de mousse pourpre, et qui croît en plaques sur des rochers souvent entourés par la neige. La première fois que je la vis, ce fut sur le sommet des hautes collines derrière Hammerfest ; elle était alors en pleine floraison. Ces plantes poussent ici, à un peu plus de 4,000 pieds au-dessus du niveau de la mer, et sur la ligne des neiges. Plus haut, leur nombre diminue graduellement, jusqu'à ce qu'il ne reste plus que le *ranunculus glacialis;* enfin, les lichens disparaissent à environ 2,000 pieds au-dessus de la ligne neigeuse.

La marche était pénible ; il fallait franchir colline après colline, par des chemins à pic, sur des pierres brisées qui, parfois, étaient entassées les unes sur les autres en masses épaisses, de toutes tailles et de toutes formes : partout des blocs erratiques épars et encombrant les déclivités des collines. Je ne sais lequel est le pire : marcher à travers des marais noirs, humides, mous, où l'on enfonce jusqu'aux genoux dans la boue, ou enjamber d'un bloc à l'autre, et sur des pierres détachées, au risque d'une chute qui peut vous casser un bras ou une jambe ; mes Lapons même souffraient des pieds.

Tout paraissait nu et lugubre ; le lichen était court et poussait sur le roc ; l'herbe, dans le fond de la vallée, paraissait à peine verte, quoique nous fussions à la mi-août, et l'on n'apercevait que peu de fleurs. En me désignant une série de lacs, mes Lapons me dirent qu'ils formaient les eaux de la rivière Pite.

Troupeau de rennes au pâturage.

Nous étions harassés de ce dur voyage et nous brûlions d'arriver à un « kata »; les rochers immenses apparaissaient au loin comme des maisons à notre imagination surexcitée et souvent nous les prenions pour des tentes de Lapons; mais toujours nous étions déçus en approchant. De chaque coteau, nous avions cherché en vain un de leurs campements, car le temps était pluvieux et froid; parfois nous nous réfugiions sous une grande pierre afin de nous mettre à l'abri pendant les averses.

Un soir, ayant trouvé un immense bloc granitique superposé sur un autre, de telle sorte que nous pouvions nous abriter sous lui, nous résolûmes d'y passer la nuit, d'autant plus volontiers que des genévriers et des bouleaux nains poussaient tout près de là. Le thermomètre se tenait à 44°; nous rassemblâmes plus d'un cent de petits bouleaux pour, à cette altitude extrême, nous préserver de la gelée et des moustiques, et sécher nos habits. Nous essayâmes d'abord d'un côté, mais la pluie fouettait contre nous; un autre ne fut pas plus favorable; de quelque côté que nous nous tournions, la pluie et un vent glacial chassaient sur nous, et nous avions encore le désagrément de la fumée et de la flamme.

Assis contre le roc, j'essayai de dormir; mais il pleuvait si fort, que je ne pus y rester; à trois heures le temps devint si froid, et nous étions tellement mouillés, qu'aucun de nous ne put y tenir plus longtemps et nous pensâmes qu'il valait mieux marcher. Nous nous levâmes donc, les membres raidis, mais espérant qu'ils deviendraient plus flexibles en avançant; alors, après avoir pris chacun une tasse de café brûlant, nous partîmes à quatre heures un quart par une pluie battante : nous étions si épuisés, que, quand nous nous arrêtions pour quelques minutes, nous nous endormions aussitôt.

Notre route continuait au sud-est par l'est sur un sol affreux. Il nous fallait passer par de grands marécages, traverser un terrain pierreux qui fuyait sous nos pieds, gravir des blocs erratiques, empilés les uns sur les autres, franchir des rivières, des ruisseaux et des plaques de neige molle, jusqu'à ce qu'enfin nous atteignîmes le plus haut point auquel nous fussions parvenus depuis notre départ de Fagerli, — plus de 4,000 pieds au-dessus de la mer.

De tous les paysages glacés que j'avais vus dans ce voyage, celui-ci me parut le plus lugubre ; il était absolument grand dans sa désolation. Je trouvai néanmoins une sorte de charme dans la solitude et le silence absolu ; des montagnes de granit et de gneiss formaient le fond du tableau, et, tout alentour, des pierres de toute taille et de toute forme étaient empilées en monceaux. Nous eûmes à chercher notre chemin pardessus ces pierres pendant des heures entières, sautant presque continuellement de l'une à l'autre jusqu'à ce que nos chevilles devinssent douloureuses. Tous les exercices pédestres les plus pénibles que j'eusse jamais faits n'étaient rien auprès de celui-ci ; j'avais vu des terrains pierreux plus mauvais, des collines plus abruptes, et des passages plus

Njungis.

difficiles, mais je n'ai jamais passé par une contrée aussi désespérante pendant de si longues heures. Mes guides ne s'étaient-ils pas trompés de route ?

A midi, le temps s'étant éclairci, nous nous reposâmes dans un endroit abrité, et sur des rochers couverts d'un court lichen, bien protégés contre le vent, nous nous étendîmes de tout notre long, car nous avions un pressant besoin de dormir. La température s'était élevée, le mercure marquait 54° à l'ombre et 95° au soleil ; notre couche de lichen était douce et chaude ; jamais lit ne me sembla si bon. Bientôt je m'endormis, mais je fus réveillé au bout d'une heure par un vent glacial, et je vis que le soleil s'était couvert de nouveau. Je réveillai mes Lapons et nous reprîmes notre voyage.

Nous avions atteint une région subalpine, caractérisée par la *betula alba*, variété *glutinosa* (bouleau), dont la limite supérieure était à environ 2,000 pieds au-dessous de la ligne des neiges; on voyait de la végétation du côté des collines, où les rayons du soleil étaient encore puissants, et l'on pouvait y trouver le *lonchus alpinus* (charbon du pourceau), le *struthiopteris*, l'*aconitum lycoctonum*, et le *tussilago frigida* (tussillage pas d'âne).

En longeant le côté d'une colline, je vis à distance le lac Saggat, sur les bords duquel est situé Qvickjok. De l'autre côté de la vallée se trouvait Njungis, petite ferme sur les bords de la Tarrejoki. Mes guides me proposèrent de passer la rivière et d'y dormir; je refusai follement, contrairement à ma coutume de toujours obéir à leurs suggestions. Il y a des jours, dans ces montagnes, où ce qui est éloigné semble rapproché et l'étranger doit prendre garde d'être victime de la déception; j'étais dans un de ces jours-là. Nous arrivâmes enfin au fond de la vallée et nous nous trouvâmes dans une forêt de pins, croissant à quelques milles au sud du 67°. De leurs branches descendait une longue mousse foncée; elle formait sous les arbres un épais tapis, qui laissait suinter une grande quantité d'eau, surtout après une averse. La tige est composée de petites cellules qui retiennent le liquide, et la masse est si compacte, que l'évaporation se fait très lentement et que cette mousse ne devient jamais sèche. Au milieu de ce tapis velouté avaient poussé de nombreuses baies; nous en mangeâmes pendant une heure; car, depuis le matin, nous n'avions rien pris que du café.

Nous passâmes à gué un cours d'eau d'environ quatre pieds de profondeur, et nous atteignîmes une sorte de caverne formée par des blocs erratiques, où les Lapons auraient désiré dormir; mais j'insistai pour continuer notre route; car il était supposable que bien des personnes déjà y avaient dormi, et j'étais effrayé de cet endroit, qui me paraissait très sale. Un peu plus loin, nous campâmes pour la nuit sous de grands pins, non loin de Tarrejoki. Nous étions moulus, car nous marchions depuis trente-six heures.

Nous fîmes du feu que nous couvrîmes de mousse afin de produire une épaisse fumée qui chasserait les moustiques; la mousse formait une couche assez molle, mais je ne pus dormir. A onze heures, regardant à travers les branches au-dessus de ma tête, je fus heureux de voir une étoile, la première que j'eusse aperçue depuis trois mois; c'était Vega — une ancienne amie, qui m'avait souvent aidé à trouver mon chemin dans les jungles de l'Afrique. Plus tard, je fus réveillé par une sensation brûlante : la mousse avait pris feu, et, comme de l'amadou, brûlé lentement jusqu'à ce qu'elle m'eût atteint. Je compris alors comment les forêts ont pu être mises en flammes par des gens qui n'avaient pas éteint leurs feux en quittant leurs campements.

Le lendemain, de bonne heure, nous reprimes notre voyage, et, nous tenant sur le bord de la Tarrejoki, nous nous trouvâmes au milieu de champs couverts d'herbe, et de bosquets de bouleaux, d'aunes, et de saules qui avaient poussé sur les bords de la rivière. Quel contraste avec le jour précédent! Mes Lapons grimpèrent sur un grand bouleau et poussèrent des cris, pour que les habitants du voisinage vinssent avec un bateau; mais ils crièrent en vain, car le vent était contraire, et on ne pouvait les entendre. Je tirai alors plusieurs coups de fusil et nous attendîmes. Bientôt un bruit de voix et de rames frappa nos oreilles; un bateau contenant deux hommes venait vers nous, et, peu après, nous abordions à Qvickjok, que l'on dit être à environ 60 milles de Sulitelma.

Le hameau est près du 66° 55, N. à l'entrée du lac Saggatjaur, qui forme le premier grand réservoir d'une série de lacs dans le thalweg de la rivière Lilla-Lule (*lilla*, petite). Le Kamajoki, cours d'eau montagneux sortant d'un petit lac, frappe constamment l'air du murmure de ses vagues lorsqu'elles se brisent contre les rochers.

L'humble église en bois, construite en 1671, semble pouvoir contenir 150 personnes; mais on m'a dit qu'à l'occasion des festivals religieux, 250 fidèles y assistent souvent. Sur l'autel est suspendu un portrait du Sauveur, représenté en petit enfant; plus loin, on voyait le portrait du roi Charles, et sur les murs quelques tableaux grossiers d'un caractère religieux. Un petit cimetière était adjacent à l'église; sur certaines tombes se trouvaient des cadres protégés par une glace, dans lesquels on pouvait lire les noms du défunt, écrits sur du papier.

Il y avait une maison d'école où les enfants des Lapons nomades et stationnaires recevaient l'instruction. Les gens de cet endroit possédaient 35 vaches, 12 chevaux et de 800 à 1,000 rennes.

Les deux habitations les plus marquantes étaient celles du pasteur mais il était absent), et celle du *klockaren* (sacristain). La dernière

LE LAC DE KAMAJOKI

ferme avait deux maisons, dont une réservée aux voyageurs, car la station de bateau était à sa charge. Ici, les moustiques redevenaient un vrai fléau.

On me montra un livre dans lequel les voyageurs inscrivent leurs noms, et, parmi les signatures, je vis celles du roi Charles XV, qui visita cet endroit le 16 août 1858, et du prince Oscar, maintenant roi, des 28 et 29 juillet 1870.

Le lac, dans lequel abonde le poisson, est à 957 pieds au-dessus du niveau de la mer. Au delà des limites du sapin et du pin, on ne trouve pas de perche ni de brochet dans les lacs ; mais l'ombre et la truite se rencontrent jusqu'à la limite supérieure de la région du bouleau, après laquelle tout poisson disparaît. L'extrémité supérieure du lac présentait une richesse de végétation plus réjouissante encore pour l'œil après la traversée de montagnes arides.

Voici les fleurs que l'on cultivait au prieuré : *calendula* (chrysanthème), *reseda* (mignonnette), *iberis* (......), *baptisia* (faux indigo), *stellaria* (morgeline), *malva* (mauve), *tagetes* (pâquerette), *aquilegia* (colombine), *campanula* (campanule), *dianthus* (œillet), *convolvulus* (liseron) ; en outre, des carottes, navets, radis, persil, épinards, laitues, échalotes et rhubarbe.

Le temps était charmant, et, le 13 août, à onze heures trente minutes du matin, le mercure se tenait à 59° à l'ombre, et à 119° et demi au soleil. La plus haute température que j'aie trouvée ici à l'ombre est de 66° et demi, et la plus basse, de 49°.

Mes deux guides avaient tenu la promesse faite à Larsen de Fagerli, et désiraient retourner dans leurs montagnes ; je les payai et nous nous séparâmes bons amis.

De Qvickjok jusqu'aux rivages du golfe de Bothnie, la distance est de 19 milles et demi suédois. Le voyage est facile et se fait en grande partie par eau, à travers une série de lacs communiquant l'un avec l'autre par de courtes rivières ; mais ces dernières, en raison de leurs rapides, ne sont pas navigables. Des routes servent de communication entre les lacs, et l'on trouve des stations de bateaux régulières. Cette chaîne de lacs, descendant graduellement de l'un à l'autre, ressemble à une suite de bassins et constitue un des traits frappants du paysage. Le Saggatjaur a environ 21 milles de long, à 957 pieds au-dessus du niveau de la mer, avec un rapide à l'extrémité la plus basse ; le Tjamatisjaur et le Skalkajaur sont reliés sans rapides ; ils ont 30 milles de long et s'élèvent de 935 pieds au-dessus de la mer ; le Parkijaur a 5 milles de long et 929 pieds au-dessus de la mer ; le Rakdijaur, 894 pieds ; le Purkijaur, 894 pieds ; le Vajkijaur, 808 pieds.

Le 14 août, je dis adieu à Qvickjok. A l'extrémité la plus basse du lac, une île et une masse de rochers et de blocs erratiques interceptent la navigation, et la rapidité du courant nous avertit que nous étions près des rapides ; mais, par un mouvement adroit, le bateau vira et nous abordâmes sur la rive gauche de la rivière. Une marche de vingt minutes nous conduisit à la pointe du Tjamatisjaur, et à Niavi, située près du bord, non loin du point où le turbulent déversoir du lac Saggatjaur se jette dans le Tjamatisjaur.

Niavi était une ferme très confortable et la maison d'habitation contenait plusieurs grandes chambres. La salle à manger pouvait passer pour un modèle de propreté ; les murs étaient tapissés de papier ; le plancher en bois de pin n'aurait pu être plus blanc, et les aliments furent bien cuits et bien servis. Dix vaches, quatre chevaux, et environ 200 rennes composaient le bétail ; les vaches et les chevaux pâturaient dans les bois. Le foin était vert, les pommes de terre poussaient supérieurement, l'orge avait une teinte jaune et allait être récoltée.

Mes nouveaux bateliers étaient deux solides gars de la ferme ; leurs longs cheveux droits, tombant plus bas que le col, les protégeaient contre les moustiques. Bien qu'ils eussent rudement travaillé toute la journée dans les champs, ils ramèrent vigoureusement. Quand l'air devint piquant, l'un d'eux insista pour que je prisse sa cote, sur laquelle tombaient ses cheveux. Il n'y eut pas moyen de faire autrement ; je ne pouvais refuser, quoique je susse parfaitement à quoi je m'exposais.

Les bords du lac Tjamatisjaur n'offraient rien d'intéressant ; les plus hautes collines sont éloignées de l'eau et le pays devenait de moins en moins pittoresque à mesure que nous allions vers l'est.

A une distance d'à peu près douze milles de Niavi, nous arrivâmes à Tjamatis, qui est un composé de plusieurs fermes, près de la voie d'écoulement d'une rivière formée par quelques lacs qui fournissent considérablement d'eau. Le lac Tjamatisjaur se rétrécit et devient un canal pendant cent yards (80 mètres) ; plus bas sont des îlots et l'entrée

UNE FERME NON MODÈLE

du lac Skalkajaur. A l'extrémité inférieure, près de son déversoir, se trouve l'île de Bjorkholm, avec une station de bateaux. Tout le monde était parti, mais les portes n'avaient pas été fermées et nous entrâmes dans l'une des maisons de ferme, sans frapper. Le mari n'était pas à la maison ; sa femme se leva, me servit un souper de poisson froid, de pain, de beurre, de fromage et de lait, et me prépara un lit.

Après un repos d'une heure, mes bateliers retournèrent à Niavi, non sans nous avoir serré les mains, selon la coutume. Ces hommes avaient travaillé toute la journée lorsque j'arrivai à Niavi, et pourtant ils n'hésitèrent pas à ramer pendant 30 milles. Ils ne se reposèrent qu'une heure et partirent, car ils étaient nécessaires à la maison. Ils auraient été honteux de se prévaloir de ce surcroît de travail comme d'excuse pour la paresse.

Un court trajet par un étroit sentier me conduisit à la pointe du lac Parkijaur, et une heure de voile à son extrémité inférieure, où il n'y a qu'une ferme. Après une autre courte marche, j'arrivai au lac Randijaur, et à une ferme, la seule habitation que je pus voir sur ses bords. L'unique chambre offrait une telle image de malpropreté, qu'elle me repoussa ; je jetai un regard sur les deux lits, et je frémis à la pensée de la vermine qui devait grouiller dans ces sales peaux de mouton ; je remerciai ma bonne étoile de n'avoir pas à y dormir. Le mobilier consistait en outils de charpentier, un pot à café, quelques bols et plats de bois, deux ou trois tasses à café avec leurs soucoupes, une poêle à frire, un chaudron, des bancs de bois, une table également en bois, et un certain nombre de vieux livres religieux en mauvais état. La famille comportait huit enfants dont quelques-uns de mariés ; mais le vieillard et sa femme, ainsi qu'une Laponne, étaient les seuls occupants de la maison.

Quand je fus prêt à partir, la vieille femme se lava la figure et les mains, peigna ses cheveux, mit un vêtement propre sur celui qui était sale, pendant que le vieux revêtait ses habits du dimanche pour me conduire à la station la plus proche, car les bateliers se mettent toujours en toilette de fête pour de telles occasions. Après avoir ramé deux heures, le couple se sentit fatigué.

A l'extrémité inférieure du lac se trouvait une autre station. Ici, les habits des hommes, et les jaquettes des femmes étaient en peau dont on avait enlevé le poil ; tous étaient également sales. A dîner, ils n'eurent ni pain, ni beurre, ni fromage; ils ne mangèrent que du poisson bouilli, mais en énorme quantité. Ils burent du lait aigre hors d'un seau, et insistèrent pour que je prisse une tasse de café, qu'ils firent exprès pour moi.

Après avoir ramé dix minutes et en avoir marché quarante sur une bonne route à travers une forêt, nous arrivâmes à la pointe du lac Vajkijaur, où se reposaient un grand nombre de rennes que l'on avait laissés là pour brouter le lichen. On me donna de nouveaux bateliers, deux garçons et leur père, qui ramèrent aussi énergiquement qu'ils le purent; puis, laissant le bateau, nous fîmes à pied un trajet d'une heure qui nous conduisit au hameau lapon de Jockmock. Pendant cette marche, je fus pris d'un accès de faim-valle. En arrivant à la station, je demandai aussitôt de quoi manger; malheureusement, la maîtresse du logis était absente et les minutes qu'il me fallut attendre me parurent aussi longues que des heures.

Le village était complètement désert, et, comme je ne pus obtenir de nourriture, je tâchai de faire diversion à ma faim en le parcourant. Pendant que je rôdais, m'amusant à regarder les maisons en rondins avec leurs toits couverts de terre où l'herbe poussait, et cherchant une figure humaine, je vis venir à moi un gentleman, et je me souvins que j'avais du célèbre explorateur arctique, le professeur Nordenskiöld, qui me l'avait donnée à Stockholm, une lettre de recommandation pour le professeur baron de Düben, que l'on m'avait dit que je pourrais rencontrer en Laponie où il faisait des études sur le peuple de cette contrée. Je sentis instinctivement que le nouveau venu était le baron. Nous nous saluâmes, nous nous dévisageâmes l'un l'autre, et je lui demandai : « Ne seriez-vous pas le professeur baron de Düben? — Je le suis en effet, répondit-il. — J'ai une lettre d'introduction pour vous. Je viens de traverser la Norvège. — Je suis heureux de l'apprendre, reprit le professeur en excellent anglais. — J'ai tellement faim, que je ne sais que faire de moi, lui dis-je. J'en suis tout étourdi; la domestique de la station ne paraît pas se presser, parce que sa maîtresse n'est pas à la maison. — Venez avec moi, » repartit le baron. — Et il m'emmena au presbytère, dont il était l'hôte. Il me présenta à l'hôtesse, puis à la baronne. La femme du pasteur sortit quand elle eut appris que j'étais affamé, et revint bientôt m'inviter à prendre une collation.

Le baron et son épouse avaient passé l'été en Laponie. Nous résolûmes de voyager ensemble jusqu'à la mer. Je leur suis redevable de beaucoup de bontés, non seulement pendant notre voyage, mais encore à Stockholm, et de lettres de recommandation, sans compter plusieurs illustrations de la Laponie qui accompagnent ce récit. Les photographies originales en ont été prises par la baronne elle-même.

Le village lapon de Jockmock a une école et un pasteur résident. Son église bizarre, avec son clocher à part, a été construite en 1753, et une plus ancienne date de 1607. Il est situé sur une colline, à la base de laquelle coule la rivière Lilla-Lule, déversoir du lac. Dans le puits du presbytère, la glace et la neige paraissaient avoir deux pieds d'épaisseur. Il y a seulement trois mois que la neige a disparu du sol, que la gelée pénètre à une profondeur de six pieds.

L'une des occupations des naturels est la pêche aux moules, dans la rivière. Certaines coquilles contiennent des perles d'une valeur considérable.

Une grande étendue de pays, connue sous le nom de Lulea Lappmark, a une surface de 327 mille carrés suédois, et se compose de deux *soknar*, ou paroisses. La paroisse de Jockmock, selon le dernier recensement, contient 648 Lapons. Elle est divisée en quatre *byar*, ou districts. Jockmock, Tuorpenjaur, Sirkasluokt, et Sjokksjokk ; chacun d'eux a son propre territoire de pâture dans les montagnes. Fort peu de ces Lapons vont jusqu'à la côte norvégienne.

De Jockmock, jusqu'à Storbacken, distant de quatre milles suédois, la Lule n'est pas navigable à cause de ses rapides trop rapprochés l'un de l'autre. Ici commence un grand chemin, qui n'est fini que depuis peu d'années, et qui a été construit pendant la grande famine de 1867, année mémorable dans les annales de l'Europe septentrionale, en raison d'une gelée hâtive qui détruisit les récoltes et répandit la désolation et la mort dans de vastes districts. Le lichen et l'écorce de bouleau, mélangés avec un peu de farine, devinrent la nourriture du peuple, après que l'on eut mangé le bétail et qu'il ne resta rien autre. L'année suivante vit une forte émigration en Amérique.

La route passe par une contrée monotone, par des marais, à travers des districts jonchés de blocs erratiques. A l'époque de mon voyage, les forêts brûlées présentaient, en bien des endroits, l'image d'une désolation totale. Ces conflagrations arrivent généralement par l'indifférence des Lapons, ou des bûcherons qui négligent d'éteindre les feux de leurs campements. La perte est cruelle, car, dans ces régions, les arbres croissent très lentement, et il leur faut au moins 150 ans pour atteindre un pied de diamètre; on en trouve qui n'ont même pas un demi-pied de diamètre et qui comptent plus de deux cents ans. Il y a des milliers de grands sapins qui gisent sur le sol, noircis et calcinés, ou qui sont restés debout comme de noirs pilastres, avec leurs branches et leurs cimes brûlées, pendant que des monceaux de cendres et de charbon apparaissent de toutes parts. Pas un brin d'herbe ni de mousse sur le terrain desséché et terrifié; çà et là, un arbre ou un groupe d'arbres a échappé à la fureur du feu; on se demande comment cela a pu se faire, car chaque chose alentour a été anéantie par les flammes.

Les fermes me parurent très en progrès. Dans quelques maisons, les chambres étaient tendues de papier; des poêles en porcelaine les ornaient; une nappe en beau linge blanc s'étalait sur la table de la salle à manger préparée pour l'étranger. Quelquefois on avait tracé un petit jardin où poussaient des radis, des oignons, des laitues et des pois verts.

Vuollerim est admirablement situé auprès d'une chute d'eau, en forme de fer à cheval, et entouré de champs d'orge, d'avoine, de pommes de terre et de prairies verdoyantes. Les toits des maisons étaient couverts d'écorce de bouleau sur laquelle on avait posé des perches très rapprochées l'une de l'autre, comme protection contre le vent; au sommet de quelques maisons était construite une plate-forme pour sécher de la chair de renne et de mouton, que l'on tue en novembre.

Non loin du hameau, la rivière Lilla-Lule unit ses eaux à celles de la Stora-Lule (*stora* signifie grande), qui s'élance à travers un grand rapide, et forme ensuite la chute du Porsi, d'environ six pieds de hauteur. Sous la chute, le lit, d'un sable sec, prouvait que l'eau se calmait.

La Stora-Lule est l'exutoire d'une série de lacs, comme ceux qui forment la Lilla-Lule. La Virijaur sort près de la base du grand glacier de Sulitelma, à 1,948 pieds au-dessus du niveau de la mer. En remontant la rivière, le voyageur aperçoit la chute de Niommelsaska, qui est formée par la Stora-Lule. On dit qu'elle est très belle en juillet, parceque c'est l'époque où l'eau arrive en plus grande quantité. Une partie du courant est un impétueux rapide avec une chute totale de 251 pieds suédois ; à un certain endroit, elle franchit une distance de 102 pieds. Plus grande encore est la chute d'Adnamuorki-Kortje, formée par l'exutoire du lac Gjertejaur, au point où les eaux descendent dans le lac Pajiplolilujaur, d'une hauteur de 134 pieds. A quelques milles au-dessous de Vuollerim, la grand'route finit à Storbacken, la rivière étant tombée de 650 pieds depuis Jockmock. Ici, les changements marqués entre la nuit et le jour sont démontrés par les notes thermométriques suivantes pour le 18 août : à huit heures du matin, 51° et demi ; à neuf heures, au soleil, 94° ; à midi, à l'ombre, 60° ; à deux heures après midi, à l'ombre, 60° ; à trois heures trente minutes, sur l'eau, et au soleil, 106°. Il n'y eut pas un souffle de vent pendant toute la soirée, et je remarquai que ces grands changements arrivent graduellement avec une atmosphère parfaitement calme.

Le 19, à six heures du soir, le thermomètre se tenait à 54° ; mais l'air devint piquant et froid à mesure que le soir approchait. Le ciel était tout à fait clair, et, à onze heures, la température tombait à 42°, et on craignit la gelée. A minuit, le mercure marquait 38°. Le temps devint encore plus froid pendant la nuit, et, quand je sortis à quatre heures du matin, le 20 août, l'herbe était couverte d'une gelée blanche et le thermomètre se tenait à 32°, quoique le soleil brillât. Heureusement le grain ne fut pas maltraité.

Il paraît que, du 20 au 24 août, dans certaines années, une forte gelée se produit en cette région, et nuit aux récoltes ou les détruit ; mais, si la gelée ne vient pas, elles sont généralement sûres.

Les framboises sauvages avaient mûri, les moineaux étaient nombreux auprès des fermes, et les hirondelles pas encore parties pour le sud.

Un des faits qui m'ont particulièrement frappé en dedans du cercle Arctique, c'est la grande différence de température au soleil et à l'ombre. J'ai noté dans le cours de ce récit l'étendue de ces variations, et, comme moi, le lecteur a sans doute été étonné d'apprendre combien les rayons du soleil étaient puissants. En sortant de la chaleur pour passer à l'ombre, on sent que l'atmosphère est rafraîchie et souvent elle donne le frisson, tant le changement est grand. La chaleur la plus forte du soleil se produisait quand il brillait entre les lourds nuages couleur de plomb.

Je faisais mes observations avec plusieurs thermomètres simultanément. Au soleil, je ne me servais que de tubes en verre à la bulle noircie, que je posais sur mon chapeau de feutre, soigneusement gardés contre le vent ; car la moindre brise sur le verre aurait produit aussitôt une variation de plusieurs degrés.

De Storbacken, la rivière Lule, dans son cours vers la mer, forme deux réservoirs ou lacs, entre lesquels, près d'Edefers,—à une distance de vingt-six milles environ,—il y a un beau rapide ; le deuxième lac est à 76 pieds au-dessus du niveau de la mer. Six milles plus loin, la navigation reprend jusqu'à Hedenfors, avec une autre chute, sous laquelle, à Rabäck, un steamer vous porte à la ville de Lulea.

Sur les deux derniers lacs, les fermes et les hameaux sont plus nombreux et plus grands ; le paysage est diversifié par les forêts et les champs.

Ici, le seigle rend souvent énormément et est très bon ; bien des tiges étaient hautes de six à sept pieds et j'en vis même de plus hautes. Le *blaklint* (bluet), la *centaurea cyanus* (la centaurée), et les pavots abondaient, et leurs belles couleurs réjouissaient les yeux ; à deux ou trois pieds sous cette luxuriante végétation, le terrain était gelé.

A Rabäck, nous trouvâmes le steamer *Gellivara*, qui attendait, et peu après notre arrivée nous descendions la rivière à toute vapeur. Le gouverneur de la province était à bord et je lui fus présenté. A mesure que nous avancions, le cours d'eau devenait de plus en plus large : nous nous arrêtâmes à plusieurs points ; nous passâmes devant l'école d'agriculture, et, le 20 août au soir, nous arrivions à Lulea.

Le voyage de Qvickjok à la mer donne une assez juste idée du thalweg d'à peu près toutes les rivières de la Suède.

Lulea, 65° 41, latitude, la ville la plus septentrionale après Haparanda, est située à l'embouchure de la rivière d'où dérive son nom ; elle est aussi la résidence du *landshöfding* ou gouverneur de la *Lan* (province) de Norrbotten, dont la juridiction s'étend à toute la partie la plus septentrionale de la contrée. La ville consiste en maisons de bois, et en plusieurs magasins ; car c'est un centre de commerce, comme toutes les villes suédoises bâties aux embouchures des rivières, et aussi une sorte d'*entrepôt* pour les marchandises. On y fait un grand commerce de bois de construction et bien des vaisseaux viennent en charger tous les ans.

UNE PRISON ET UN CABARET

Pendant les mois d'été, tout arrive par steamer ; car, l'hiver, les marchandises ne peuvent être transportées par la voie de terre, à moins de payer un prix exorbitant. Les maisons sont grandes et peintes les unes en blanc, les autres en rouge.

La petite ville possède une église en pierre, élevée au milieu d'un square. L'intérieur en est très simple. Aucune peinture n'orne les murs blanchis à la chaux ; mais, sur l'autel, il y a une grande croix en bois doré, avec une couronne au sommet ; à sa base, un cœur et une ancre, et, de plus, une image que je suppose devoir représenter des feuilles de laurier. La chaire est fastueusement dorée.

La prison, bâtiment octogone en pierres, existe depuis assez longtemps, et est entourée d'une barrière en planches, peinte en rouge. Les cellules sont au nombre de dix-sept, de diverses tailles et formes.

A l'étage supérieur sont les quartiers des prisonniers condamnés à la réclusion. La dimension moyenne des cellules est d'environ dix pieds en longueur sur sept en largeur. On se sert de hamacs au lieu de lits. Chaque cellule a une petite fenêtre fortement grillée de barreaux de fer et chaque porte a un verre épais, ou œil-de-bœuf, par lequel le surveillant peut voir dans l'intérieur. Je fus surpris de n'y trouver que six condamnés, et l'on me dit que le plus grand nombre jamais connu se produisit à l'époque de la famine, où il y en eut jusqu'à vingt. Les lois sont strictement exécutées ; une conduite désordonnée, du bruit dans les rues et les troubles de nuit, les batailles, les mutilations d'arbres, la violation des lois sur la chasse, la désobéissance à bord des navires, le manque de respect envers la police, et beaucoup d'autres offenses, sont promptement punies, et, par-dessus tout, le vol d'un objet, quelque petit qu'il soit, expose le coupable à une pénalité sévère. En été, quand les ports sont ouverts, et que les étrangers arrivent pour chercher de l'ouvrage, le nombre des prisonniers est le plus grand.

La vente des spiritueux est permise, et je suis peiné de le dire, l'auberge était bruyante et m'offrit des scènes d'ivrognerie qui me firent une mauvaise impression. C'est naturellement pire en été, car alors les marins, les rôdeurs et les portefaix passent la majeure partie de leur temps dans la ville, et la prison est souvent occupée par des hommes simplement coupables de conduite désordonnée ou d'ivrognerie. L'ordre est maintenu dans les rues par trois ou quatre policemen, ou veilleurs, dont on entend les voix la nuit et qui ont pour devoir de donner l'alarme en cas d'incendie.

Je fus invité à une réception chez le gouverneur, qui était veuf; sa fille, jeune dame de vingt printemps, était une charmante hôtesse. Presque toutes les dames présentes parlaient anglais ou une autre langue étrangère. La musique et le chant formèrent les principales distractions de la soirée, où chacun sembla s'efforcer, et cela sans affectation, de faire en sorte que l'étranger se crût chez lui. — « Il faut que vous alliez voir la vieille Lulea, » dirent quelques-unes de ces dames. — « Ne voulez-vous pas venir avec moi ? » demandai-je. J'invitai deux demoiselles et une dame mariée pour être leur chaperon; elles acceptèrent, tout en faisant remarquer que c'était un peu en dehors des habitudes : « Mais, ajoutèrent-elles, nous savons qu'en Amérique les gentlemen invitent les jeunes dames à se promener avec eux. »

Le gouverneur me montra son jardin, dont il semblait fier; les framboises venaient de mûrir; les fraises de jardin étaient avancées; les groseilles à grappes rougissaient; celles à maquereau et les mûres étaient encore vertes; les betteraves, navets et carottes se trouvaient en bonnes conditions; les choux et choux-fleurs allaient pommer; les épinards et les radis étaient abondants; les pois avaient fleuri et poussaient déjà des cosses. Je remarquai l'absence de pommiers et de cerisiers, qui ne croissent pas sous cette latitude en Suède; mais les dahlias, asters, petunias, dicentras, *delphinium* (pieds d'alouette), zinnias, *bellis* (pâquerettes), *digitalis* (digitale), *hesperis* (julienne), *antirrhinum* (muflier), les lupins, violettes, œillets doubles, tulipes, pivoines, anémones, lys et lilas étaient cultivés.

Quoique nous ne fussions qu'au 24 août, les jours diminuaient sensiblement; à dix heures trente minutes, les ombres du soir étaient sur nous et les étoiles scintillaient sur nos têtes. On avait du plaisir à voir la lune après un intervalle de trois mois. Chaque nuit avait été nuageuse depuis que j'avais quitté la Norvège, et, vers onze heures, la première aurore boréale de l'automne se montra dans les cieux. Quand elle apparaît dans cette latitude avant minuit, c'est regardé comme un signe de vents du nord et de l'est; et, si elle apparaît après, comme un signe de vents du sud-est.

CHAPITRE XI

Climat d'été en dedans du cercle Arctique. — Végétation.

Aucun pays, depuis le cercle Arctique vers le nord, ne possède un climat aussi doux et une végétation aussi luxuriante que la Norvège et la Suède. Les contrées situées sous les mêmes latitudes en Asie ou en Amérique, offrent un aspect stérile et froid comparé avec la partie du monde que nous venons de visiter. Ce climat est dû à plusieurs causes : le Gulf-Stream, la Baltique et le golfe de Bothnie ; la position des montagnes qui abritent les vallées ; la prédominance des vents du sud et du sud-ouest qui soufflent presque toute l'année, spécialement en Norvège ; les longues heures de soleil et la puissance solaire. Du côté norvégien, le long de la côte et des fiords, grâce à l'influence du Gulf-Stream, le printemps commence de meilleure heure, et l'été est plus long qu'en Suède ; mais les jours de soleil le sont moins et le climat est plus humide ; conséquemment, la végétation ne croît pas si vite. L'été succède à l'hiver plus rapidement sur le golfe de Bothnie, et la végétation augmente presque visiblement, surtout lorsque la rosée est épaisse. Grâce à un hiver moins rigoureux sur la côte norvégienne, et à une période plus longue de temps moyen ou plus doux, bien des arbres fleurissent et prospèrent à une plus haute latitude qu'en Suède.

Le seigle, que l'on sème dans le cercle Arctique au commencement ou au milieu de juin, atteint une hauteur de sept à huit pieds au commencement d'août; il monte donc de quatre-vingt-seize pouces en neuf semaines, et, si on le sème en premier, il pousse quelquefois de trois pouces par jour. A Niavi, l'orge était prête à être moissonnée au milieu d'août, six ou sept semaines après avoir été semée.

Le mélèze (*larix europæa*) s'étend en Suède un peu au-dessus du cercle Arctique; mais, en Norvège, il va plus loin. Le cerisier (*prunus padus*) croît en Suède en dedans du cercle arctique; en Norvège, il s'avance jusqu'à 70° 20', et, sur les bords de la rivière Tana, il atteint une hauteur de dix à douze pieds et porte des fruits. Le sorbier (*sorbus aucuparia*) fructifie en Norvège au fiord Alten, 70°; le *torbus hybrida* pousse en buisson en Norvège jusqu'à Tromsö, 69°. Le lilas (*syringa vulgaris*) existe à Lofoden aussi haut que 68° 30'. L'érable (*acer platanoïdes*), — le maronnier (*æsculus hippocastanum*) et le nerprun (*rhamnus frangula*) poussent jusqu'au cercle Arctique; l'orme (*ulmus montana*) croît au 67°; le *cytisus alpinus* à 68° 30', et le noisetier (*corylus avellana*), à Stegen, 67° 56', mais il ne porte point de fruits.

La région des sapins (*regio sylvatica*) s'étend depuis la côte à environ 3,200 pieds au-dessous de la ligne des neiges; mais, vers les hautes latitudes, les arbres grossissent très lentement; ils sont rabougris et se trouvent dans les marais. Quand le sapin disparaît, on cesse de remarquer les plantes suivantes : *rosa cinnamomea, carex globularis, galium boreale, lysimachia thyrsiflora, phragmites communis, smilacina bifolia*.

Dans la deuxième région (*regio subsylvatica*), les arbres continuent à croître à une hauteur de 200 pieds au-dessous de la ligne des neiges. Des forêts de sapins écossais et autres (*pinus sylvestris et abies*) s'étendent en Suède aussi haut que 68° 30', et à 700 ou 800 pieds au dessus du niveau de la mer. Plus le pays s'élève, plus ils sont rabougris, et ils disparaissent dans les terres plus au nord. En Norvège, on les rencontre même à la hauteur du 70° N.

La troisième région, plus caractéristique (*regio subalpina*), est celle du bouleau; ces arbres croissent à une plus haute élévation que tous autres. Le *betula alba verrucosa* pousse à une hauteur de 2,000 pieds dans la partie méridionale, mais on ne le voit pas en Norvège au-dessus du 64°. Le *betula alba glutinosa*, ou bouleau du pays haut, se rencontre à la partie septentrionale presque extrême, et pousse dans quelques districts du sud jusqu'à 3,500 pieds au-dessus du niveau de la mer. Le bouleau atteint souvent une hauteur de quatre-vingts pieds, prend un développement à peu près pareil, et atteint quinze à dix-huit pieds de circonférence dans le sud.

Dans la quatrième région (*regio alpina*), le bouleau a disparu, et le saule nain (*salix glauca*), le bouleau nain (*betula nana*), et le genévrier (*juniperus communis*) croissent à environ 1,400 pieds au-dessous de la ligne neigeuse. On trouve dans la cinquième région l'*arbustus alpina*, le *trientalis europea*, la *veronica alpina*, l'*andromeda cerulœa*, le *pteris crispa*, et l'*archangelica*. Plus haut, le saule et le bouleau nain perdent même leur forme de buisson ; le *betula nana* rampe sur le sol. Sur les côtés chauds des collines, on voit le *lychnis (sagina?) apetala*, l'*ophrys (orchis?) alpina*, l'*erigeron uniflorum*, l'*astragalus leontinus*; et, dans les marécages, l'*aira alpina*, le *carex ustulata*, le *vaccinium uliginosum*, même à 800 pieds de la ligne des neiges.

Dans la sixième région, les montagnes ne dégèlent pas. Quand le sol est délivré des neiges, très peu de plantes croissent : l'*empetrum nigrum* (sans baies), l'*andromeda tetragona* et *hypnoides*, la *diapensia laponica*; sur les déclivités plus vertes, la *gentiana tenella* et *nivalis*, la *campanula uniflora*, la *draba alpina*; dans les endroits plus froids, le *pedicularis hirsuta* et *flammea*, la *dyras octopetala*. La région s'étend à 200 pieds au-dessous de la ligne des neiges. Encore plus haut, comme nous l'avons vu, la végétation se montre en peu de fleurs exquises, et la mousse de renne (*cladonia rangeferina*), qui croit presque à la ligne neigeuse, est abondante au Spitzberg, 80° N. On en fait de l'alcool, car elle possède un peu de matières farinacées. La mousse d'Islande (*cetraria islandica*) abonde aussi et contient quatre-vingt pour cent de substance digestive ; on s'en sert souvent (mélangée avec de la farine) pour remplacer le pain dans les mauvaises années.

Quant aux céréales, nous voyons que le blé ne prospère pas en dedans du cercle Arctique en Suède, quoiqu'il réussisse en Norvège.

Le blé commun et autres espèces croissent jusqu'à Skibotten, 69°28', et même très rapidement; dans le sud, depuis les semailles jusqu'à la moisson, il exige de 110 à 120 jours. Les variétés d'été et d'hiver du seigle prospèrent aussi haut que le fiord Alten. On voit aussi l'orge à Alten; si elle est semée dans les derniers jours de mai, elle fleurit à la mi-juillet, et on la récolte à la fin d'août et au commencement de septembre; elle rapporte au décuple. L'avoine croît jusqu'au 60°N., et à Alten jusqu'au 70°; le pois de champ pousse à Bodö, 67° 20'. Les pommes de terre rendent bien sur la côte de Norvège, à Alten, et, dans les étés chauds, même jusqu'à Skarsvag, à environ 71°4', et même à Vadsö. Le climat est plus froid sur le côté est du cap Nord. A Vardö, 70°40'N, on ne peut commencer à jardiner ou à planter avant le milieu de juin, et quelquefois pas avant la Saint-Jean; les brouillards prédominent depuis juin jusqu'à la fin de juillet; août et septembre sont généralement clairs.

Les betteraves poussent aussi haut que Vardö; le chanvre et le lin, bien qu'assez médiocres, atteignent dans la région la plus septentrionale, au 70°N., une hauteur de deux à trois pieds. Le vulpin, la folle avoine et le trèfle rouge croissent jusqu'au 69° dans le Finnmark occidental; le trèfle blanc au 70°; on voit des navets ou raves à Vardö; les carottes poussent jusqu'au fiord Varanger, et, à Alten, elles atteignent un poids d'une livre et demie; les panais n'arrivent pas à plus d'un pouce et demi en grosseur. Le houblon croît jusqu'à Lofoden.

La contrée est surtout riche en baies. La fraise sauvage (*fragaria vesca*) est très parfumée, très douce, et mûrit au delà du 70°N., et dans la partie méridionale de la Scandinavie, jusqu'à 3,000 pieds. Le framboisier sauvage (*rubus idæus*) prospère au 70°N., et, au sud, à une hauteur de 3,000 pieds; la framboise arctique (*rubus arcticus*) est délicieuse, elle a le goût de l'ananas. On trouve aussi la canneberge (*vaccinium oxycoccus*) et la camarine (*empetrum nigrum*). Bien des variétés de brimbelles et de myrtilles (*vaccinium*) poussent partout au 71°, et, plus au sud, à une hauteur de 3 à 4,000 pieds. On voit le groseiller (*ribes*) aussi haut que le 70° au Finnmark occidental, et dans Syd-Varanger, à la rivière Jacobs; dans les montagnes, il va jusqu'aux limites du sapin et du bouleau. Les groseilles noires et rouges sont sauvages sur les montagnes; de même la groseille alpine (*ribes alpinum*) et la cornouille suédoise (*cornus succica*). La baie la plus estimée est le *rubus chamæmorus* (......), qui pousse partout aussi loin que le 71° N., et que l'on trouve au sud jusqu'à 3,000 pieds au-dessus du niveau de la mer ; avant de mûrir, elle est rouge, et, quand elle pousse en buisson épais, elle forme un très beau *parterre* rouge. La cerise (*prunus avium* et *cerasus*), mûrit parfois en Norvège, au 66° N.

CHAPITRE XII

Les saisons près du cercle Arctique. — Maisons de ferme. — Chambre de réception et cuisine. — Nourriture habituelle. — Holmsund. — La maison D., et Cie. — Sa prévoyance et sa philantrophie. — Umea. — Réception par le gouverneur. — Écoles d'agriculture. — Un accueil cordial. — Un charmant jardin. — Plats natifs. — Scène religieuse. — Jolis noms de femmes. — Banques. — Un cas de fièvre typhoïde.

Du cercle Arctique en se dirigeant vers le sud, la végétation augmente rapidement. Une grande partie de la province de Westerbotten est couverte de forêts de sapins et de pins, où prédominent les premiers ; ils commencent sur les déclivités des montagnes à une hauteur de mille à treize cents pieds, et s'étendent jusqu'à la mer, à une distance de cent cinquante milles. Peu à peu la contrée devient plus peuplée ; de nombreuses scieries convertissent en planches les immenses troncs d'arbres que l'on a flottés sur les lacs et les rivières ; — l'agriculture est développée de la plus intelligente manière ; les bâtiments des fermes sont grands et bien construits et les maisons d'habitation spacieuses.

J'ai vu ici, à la fin d'avril, d'aveuglantes tempêtes de neige, et j'ai trouvé les petits lacs, près de la mer, tels que celui de Stöcksjö, près Umea, gelés jusqu'au 15 mai ; néanmoins, les hommes étaient à la charrue.

Du 20 au 24 mai, les fermiers sont occupés à semer leur grain ; hommes et femmes sont aux champs. Les tas de fumier de l'année, qui ont été soigneusement conservés, sont répandus sur le terrain. Le 28, les premières hirondelles firent leur apparition, et, deux jours après, le chant du coucou annonça l'approche de l'été. Dans l'intérieur, la saison était moins avancée ; dans la vallée de Ume, au commencement de juin, il y avait beaucoup de glace sur le Tafvelsjön, et des plaques de neige çà et là, au pied des collines ; plus loin, la végétation était encore plus en retard ; mais, en été, et même au nord, j'ai vu de superbes champs de seigle.

Les bâtiments d'une ferme se composent de corps détachés, entourant une sorte de cour ; tous sont peints en rouge, quand le maître est riche ; mais la maison d'habitation l'est toujours ; on peut dire que les jardins d'agrément sont inconnus chez les fermiers.

Dans la chambre de réception, tenue avec une propreté scrupuleuse, le parquet est plus ou moins couvert de tapis faits à la maison, et un poêle en porcelaine, rond ou carré, généralement blanc, atteint le plafond à une hauteur d'environ dix pieds. Les chambres à coucher ont des lits confortables dont les matelas et les oreillers sont invariablement remplis de plumes.

La grande chambre est la cuisine, avec sa cheminée largement ouverte, qui donne de la lumière le soir, et réjouit autant qu'elle réchauffe la famille. Ici, cela va de soi, ont lieu la cuisson et la préparation des mets ; le mobilier est simple et utile. Le long des murs, on a installé des lits à coulisses en planches unies, servant de sièges pendant le jour, et que l'on remplit de foin ou de paille pour la nuit ; ces lits peuvent recevoir deux ou trois dormeurs. Toute la famille couche dans la même chambre, frères et sœurs, domestiques mâles et femelles ; les femmes toujours en chemise, et les hommes vêtus en partie.

Dans cette pièce commune, des perches sont disposées près du plafond et de la cheminée ; chaque soir, on y suspend les vêtements et les bas pour les faire sécher. La cave est sous cette chambre ; on y descend par une trappe dans le plancher ; c'est là que se gardent les pommes de terre, le beurre, le fromage et divers autres articles. La compagnie est reçue tous les jours dans cette pièce ; les hommes fument et crachent sur le plancher qui est lavé tous les samedis, quand a lieu le nettoyage général. On ne se sert pas de nappes, mais la table est toujours tenue très propre ; les fourchettes sont inconnues et on mange rarement sur des assiettes ; le pain en tient lieu. Une grande écuelle de pommes de terre est posée au centre de la table et chacun va y puiser ; on partage généralement le beurre au préalable, et souvent aussi la viande ou le poisson ; pour boire, chacun se sert également lui-même en buvant à un grand bol en bois contenant du lait aigre, que l'on agite d'abord.

Excepté dans les occasions extraordinaires, on ne change de linge ou de vêtements de dessous qu'une fois par semaine, le samedi soir quand le travail est fini. La plupart du temps, la lessive de la famille n'a lieu qu'une fois tous les trois mois, et son montant est alors énorme.

Un jour d'août. je débarquai à Holmsund, à l'embouchure de la rivière d'Umea. — un de ces nombreux hameaux dont les embarcadères sont encombrés de millions de pièces de bois prêtes à être embarquées. La meilleure idée que l'on puisse donner de l'extension de ce commerce ici, c'est de dire que la maison D... et Cie, de Göteborg, employait à cette époque de trois à cinq mille personnes dans les scieries, ou à tirer, flotter et embarquer le bois ; la maison eut la sagacité de prévoir l'inévitable hausse des prix, et, en conséquence, il y a bien des années, acheta aux fermiers de vastes étendues de forêts qui ne valaient encore que peu. Le principal associé, herr D..., a fait bâtir une église et une maison d'école pour les ouvriers ; il se charge des traitements de l'ecclésiastique et de l'instituteur, et, en réalité, il a créé un village ; son monde semble très soigné, et, par leur bonne tenue, tous font honneur à sa philanthropie. Un membre de cette maison de commerce, inspiré par un louable sentiment d'esprit public, a supporté seul le poids principal de l'expédition de Nordenskiöld, qui a exigé de très gros déboursés.

A quelques milles plus haut est la ville d'Umea (lat. 63° 49, N.), inaccessible aux grands navires ; c'est une belle petite ville avec une population d'environ 2,500 âmes. Je fus frappé de son extrême propreté, comme, du reste, dans la généralité des villages suédois ; ses rues sont un peu étroites et pavées de cailloux ; toutes les maisons sont en bois, très longues et bien peintes ; la plupart ont un étage. Un très beau pont de bois, construit sur des piles de granit, traverse la rivière Umea. auprès de laquelle j'ai compté plus de dix mille barils de goudron attendant leur embarquement. Il y a beaucoup de boutiques ; car ces petites villes sont des centres de commerce pour le pays environnant. Les habitants avaient tous un air de confort et de prospérité ; ils étaient vêtus comme des citadins, et l'on voyait clairement que le plus humble même avait reçu de l'éducation. Les figures heureuses des nombreux enfants sortant de l'école démontraient que leur tâche ne leur avait pas semblé fastidieuse ; le grec, le latin, l'allemand, le français, l'anglais, le dessin, la musique, l'astronomie, les mathématiques, etc., sont compris dans le cours des études de l'école supérieure.

On voyait ici des exemples de l'amour qu'ont les Suédois pour la musique et le chant, même aussi loin vers le nord. En passant dans les rues, j'entendais le son d'un piano presque dans chaque maison ; les enfants s'y exercent pendant que leurs aînés jouent. On comptait au moins cent pianos dans la ville, soit un par vingt-cinq habitants, à peu près ; certes, beaucoup n'étaient pas dans le meilleur état ni de première qualité, mais le cas est le même dans tous les petits endroits.

Ma réception par le gouverneur de la province fut aussi cordiale que peu prétentieuse, quoiqu'un domestique en livrée ait dû m'annoncer. Des portraits du roi et des deux autres membres de la famille royale ornaient les murs ; l'ameublement était simple ; point de tapis sur les planchers, mais tout scrupuleusement propre. Le gouverneur m'invita à dîner le même soir avec une société choisie de gentlemen. Sur la table, décorée avec goût, se prélassait un melon qu'un steamer avait apporté du sud ; grand luxe, si loin au nord ! Le *menu* se composait d'un magnifique sau ;mon servi entier, de délicieux bœuf, poulets, *capercailzie* (grand coq de bruyère noir), pommes de terre, pois et haricots verts, salade, pudding, dessert et vins variés.

Le gouverneur proposa deux toasts, dont un pour moi, auquel je répondis de mon mieux. Après le dîner, nous descendîmes à une sorte de piazza, protégée par des vitres, où l'on servit des cigares et du punch ; une agréable conversation termina la journée ; à sept heures, nous nous dîmes adieu, et mon hôte me supplia de faire une seconde visite à Umea.

Les écoles d'agriculture comptent parmi les institutions les plus utiles de la Suède. Vingt-sept de ces *landtbruks skolor* sont distribuées dans le pays, et, en outre, deux collèges agricoles. Ces écoles ont grandement contribué au développement et au perfectionnement de l'agriculture, et le peuple les regarde avec une faveur toute particulière, popularité qu'elles méritent à juste titre. Le but de ces institutions est d'élever le niveau de l'agriculture et d'enseigner aux fils des fermiers les moyens d'améliorer leurs terres. Les étudiants sont tenus de donner deux ans à leur instruction : les cours comprennent les principes de l'agriculture et de l'horticulture, le soin des animaux domestiques, le perfectionnement des élèves, le dessin, l'arpentage, le drainage, les métiers de charpentier, de serrurier, de carrossier, de forestier, les mathématiques, la chimie agricole, la météorologie, l'art du vétérinaire, la botanique, un peu de zoologie et de géologie, la fabrication du beurre et du fromage, la construction des barrières et des murs. On a joint à quelques-unes des principales écoles des classes de laiterie pour les femmes; elles y passent un an à faire du beurre et du fromage. Après avoir terminé leurs examens, les étudiants peuvent, s'ils le veulent, passer encore deux autres années dans un collège agricole; cependant la plupart retournent chez leurs parents avec la connaissance pratique du fermage.

L'instruction est gratuite, mais les étudiants donnent leurs travaux à l'école; la dépense est supportée en partie par la province et en partie par l'État. Le coût du collège, y compris la nourriture et le logement, est d'environ 600 kronors par an. Il y a aussi un institut forestier, avec six écoles moindres, pour l'éducation de forestiers pratiques. L'école d'agriculture la plus septentrionale est établie sur les rives de la rivière Lule; chaque *län* en a généralement une, et, dans le sud, où la population est plus dense, quelquefois deux.

Cette année, le prix d'une vache, dans cette partie du pays, était de 80 kronors; quand le foin est rare, le prix descend jusqu'à 50 kronors. Un beau cheval de ferme valait de 200 à 250 kronors, et un mouton de 7 à 10 kronors; on payait vingt livres de mouton 4 kronors; dans la saison, on a vingt livres de saumon pour 5 kronors, et autant de bœuf de première qualité pour la même somme; le beurre coûtait 50 ore la livre. Une corde de bois, de huit pieds de long, sur six de haut et trois de large, valait de 4 à 6 kronors, et pour 50 ore on avait vingt livres de foin. La paye d'un journalier variait de 1/2 à 2 kronors par jour, les charpentiers et les maçons recevaient de 2 à 2 kronors et demi; mais les prix du travail ont presque doublé depuis.

J'étais venu à Umea avec herr Dannfelt, qui faisait une tournée d'inspection des écoles d'agriculture du nord. Ce savant était un lettré en anglais, et parlait en outre parfaitement le français et l'allemand; je lui fus redevable de bien des actes d'obligeance pendant mon séjour dans son pays. Son gouvernement l'a envoyé, en qualité de commissaire royal pour la Suède, à l'Exposition de Philadelphie, où l'on a eu occasion d'apprécier ses manières courtoises. En sa compagnie, celle du gouverneur de la län, et d'autres fonctionnaires, nous nous rendîmes en voiture à l'école d'agriculture de Innertafle, à quelques milles de la ville. Bien que ce fût le matin, tous étaient en tenue de soirée et portaient leurs décorations.

Le directeur de l'école, herr Dr U..., avait reçu son grade de docteur en philosophie à l'université d'Upsal. Cette institution, dont la renommée s'étend au loin, ne confère de grade que quand le prétendant à cet honneur a donné des preuves de capacité, en passant un examen rigoureux; on ne fait aucune exception dans la stricte exécution de ce sage règlement.

L'école d'Innertafle, qui ne date que de peu d'années, avait en culture un peu plus de cent acres de terrain [1], mais 800 autres acres de terre inculte et de forêts devaient être amendés par le labourage, et la nature rocheuse et marécageuse du sol offrait aux étudiants d'excellentes occasions pour apprendre l'art du drainage. Des ateliers de forgeron et de charpentier étaient en pleines opérations; la grange et tous les bâtiments extérieurs me parurent très beaux. Le troupeau de la ferme consistait en trente têtes de bétail, outre les chevaux, moutons et porcs de différentes espèces. On observait avec grand soin les produits des croisements. On faisait aussi des expériences avec le blé, qui ne paraît pas prospérer en ce district : en Norvège, ainsi que cela a été établi précédemment, il pousse plus au nord qu'en Suède.

Nous fûmes chaudement accueillis. J'étais frappé de l'aspect confortable de la maison, et l'on voyait du premier coup d'œil que la main d'une femme y présidait. Les sofas et chaises du parloir étaient cou=

---

[1] L'acre vaut 40 ares 4671^c.

verts de housses en toile blanche ; des pots de fleurs ornaient les fenêtres ; si propre était le parquet, qu'on craignait de marcher dessus ; il y avait un piano avec une pile de musique à côté ; près de la fenêtre, une machine à coudre américaine ; des gravures pendaient aux murs ; des figurines en porcelaine étaient dispersées çà et là ; sur la table, des journaux illustrés et des livres ; dans un casier, des ouvrages français, allemands, grecs et latins ; et parmi les livres pratiques en anglais, des essais sur « l'art de dompter les chevaux [1] » et « comment on administre une ferme [2] ».

Des fenêtres de derrière, la vue donnait sur un jardin rempli de fleurs, fraises, framboises, groseilles, pois, carottes et pommes de terre, et plus loin, une étendue de champs verdoyants. La végétation me parut beaucoup plus avancée ici qu'à Lulea, quoique la distance ne soit que de 70 milles environ. Les fraises, très grosses, allaient mûrir, ainsi que les groseilles ; les choux, choux-fleurs et laitues avaient pommé ; les pois portaient abondamment et des melons poussaient sous cloches.

Lorsque l'examen de l'école fut terminé, on nous invita à prendre part à un succulent repas, dont la maîtresse de la maison fit les honneurs avec une grâce si charmante, que l'on se serait cru chez soi ; le reste de la journée se passa de la façon la plus agréable. Entre autres plats, on nous en servit un qui est particulier à la Scandinavie : un pudding de poisson ; en Suède, on emploie communément le brochet ; en Norvège, la morue. Le poisson est découpé en petits morceaux après que l'on en a retiré les arêtes, puis haché très fin avec du beurre ; après quoi, on le mêle à des œufs, du lait, de la farine, assaisonnés de poivre et de sel ; on fait bouillir le tout dans un moule pendant deux heures, puis on le mange avec du beurre et de la sauce d'écrevisses ou de homard. Ce plat est vraiment délicieux et très léger. Il y en a un autre, appelé köttbullar, très populaire, fait du meilleur bœuf, mêlé de graisse et haché fin ; on y ajoute des œufs, du lait, des épices, puis on le roule en boulettes, et on le frit dans le beurre. Un autre plat, dénommé köldolmar, se prépare de la même manière, mais on le roule dans des feuilles de chou bouillies, puis on le met dans un pot avec du beurre et on le fait cuire à petit

---

1. *The art of Taming Horses.*
2. *How to Farm.*

feu, jusqu'à ce que le chou soit devenu tout à fait brun. On aime aussi beaucoup le saumon froid, fortement épicé, avec la gelée.

Le temps à Westerbotten et dans quelques-unes des provinces adjacentes est souvent pluvieux en automne, et dans les saisons humides il est difficile de sécher le grain sans qu'il soit moisi. En passant par les fermes, le voyageur remarque une construction très étrange, appelée *hässja,* qui est en usage dans les provinces d'Angermanland et de Jemtland. La hässja est par elle-même une curiosité, peu usitée dans les autres parties de la Scandinavie et inconnue en tout autre pays.

Les fermiers s'en servent pour le séchage du grain avant la rentrée définitive de la récolte et souvent on lui donne une grande taille. Elle est construite en troncs d'arbres placés verticalement dans la terre, séparés à des distances de dix à quinze pieds et percés de trous par lesquels passent des traverses à des intervalles d'environ deux pieds. La hauteur varie de vingt à trente pieds et quelquefois plus ; la longueur est proportionnée à l'importance de la moisson. Quand la récolte est réunie, les gerbes sont placées dans la hässja, où on les laisse sécher. On les empile en rangées se recouvrant l'une l'autre, et, en cas de pluie, elles ne deviennent pas humides, l'air circulant constamment dans la masse entière. Chaque poteau vertical est soutenu par des armatures formées d'arbres de plus petite taille, de sorte que toute la structure est affermie et solide. Quand elle est vide, debout dans le paysage comme un squelette, son apparence singulière excite l'étonnement de l'étranger. On se sert aussi de hässja doubles, construites avec deux rangées de rayons, couvertes d'un toit et renforcées par des traverses. A l'extrémité on édifie une maison dans laquelle le blé est emmagasiné ; elles ont de soixante à cent vingt pieds de long. A côté, ou au bout de cette structure, on place souvent la grange où l'on conserve aussi le grain. La manière la plus connue de battre le seigle ou l'orge consiste à les répandre sur l'aire planchéiée de la hässja, où l'on fait passer, tiré par un cheval, un rouleau en bois très lourd qui écrase les tiges. Dans les petites fermes on bat le blé à l'ancienne mode, c'est-à-dire au fléau.

Ce n'est que rarement et seulement dans les districts peu peuplés, où la bonne terre est rare, que l'on voit une ferme solitaire en Scandinavie. Le peuple vit, pour la plupart, dans des hameaux sans rues, mais composés d'un bon nombre de fermes un peu distancées l'une de l'autre ;

les fermiers sont à même d'avoir de fréquents rapports, de se réunir pour d'innocentes récréations, égayer leur existence, réchauffer leurs cœurs et les rendre plus charitables. Leurs habitudes deviennent ainsi moins moroses.

Pendant mes voyages dans l'Ouest, et même dans des parties des États de l'Est, en Amérique, j'ai souvent éprouvé un sentiment de tristesse en voyant les fermes tellement éloignées les unes des autres, qu'il y a des saisons de l'année où les habitants demeurent absolument livrés à eux-mêmes pendant des mois entiers. La solitude dérange souvent l'esprit et conduit à la folie. L'homme exige une certaine somme de rapports sociaux, de travail ou d'exercice, mêlés de récréation, pour être en parfaite santé; tout excès, d'un genre ou d'un autre, lui devient nuisible avec le temps, et tôt ou tard il porte la peine d'une violation des lois de la nature.

Ces gens sont heureux de trouver l'occasion d'une fredaine. Quand j'arrivais dans une ferme, parfois le fermier m'accueillait avec ces mots : « Paul, vous êtes venu à temps; je vais construire demain une hässja et tous les voisins viendront m'aider; voulez-vous être aussi de la partie? Nous aurons ensuite une kalas (fête). » Naturellement je consentais. Au jour fixé nous étions à l'œuvre. On mettait sur terre de grosses cordes, et, après un rude travail de trois heures, la hässja était debout. Alors on nous invitait à entrer dans la maison, où un copieux repas avait été préparé par la fermière, qui nous souhaitait la bienvenue. Comme apéritif on prenait un verre de branvin, et ni la bière ni le café ne manquaient. Peu à peu les fermiers devenaient plus animés et plus sociables, et tous étaient joyeux et contents.

Le samedi après midi beaucoup de fermiers s'habillent de leur mieux et se rendent à la ville pour acheter des provisions; ils n'omettent pas d'y ajouter une bouteille de branvin pour traiter leurs amis et eux-mêmes pendant la semaine.

Dans un hameau où je m'arrêtai, arriva un colporteur avec son chariot de marchandises; il devait y rester trois ou quatre jours. Il prit ses quartiers dans une des fermes, étala ses articles dans une des chambres et se tint prêt pour les affaires. C'était, en outre, un piétiste, ou prêcheur sentimental, qui partout où il allait tenait des meetings, exhortait le monde et priait. J'allai l'entendre et je trouvai parmi ses auditeurs des femmes en très grande surexcitation. L'une d'elles était en butte à un violent accès d'hystérie, pleurant et criant que ses péchés ne lui seraient pas pardonnés et qu'elle irait en enfer! Deux ou trois de ses compagnes, plus calmes, essayaient de l'apaiser en lui disant que Dieu pardonnait à tous les pécheurs qui croyaient en lui. En même temps le prêcheur hypocrite lisait à haute voix des versets de la Bible, qu'il savait toujours approprier à l'occasion par une interprétation forcée, afin d'effrayer ses auditeurs, et de temps en temps insérait dans son discours l'espérance du pardon pour le pécheur repentant. La pauvre créature demeura pendant plus de deux heures dans un dangereux état d'agitation; enfin, l'épuisement la rendit plus calme et elle partit, accompagnée de quelques amies, satisfaite enfin de ce que ses péchés lui seraient pardonnés.

Toutes les femmes de l'endroit semblaient affolées de ce prédicateur; mais les hommes le goûtaient peu. Des scènes de ce genre, m'a-t-on dit arrivent souvent dans ces hameaux, surtout en hiver, quand les gens n'ont rien à faire. De tels prêcheurs font beaucoup de mal et jamais de bien.

Les femmes portent de jolis noms, et toujours par deux, — comme Maria, Olivia, Sara, Clara, Joséphina, Christina, Carolina, Augusta, Lovisa, Gustafva, Engla, Cathrina, Anna, Carin, Erika, Mathilda, Margareta, Albertina, Eugénia, Brita, Evelina, Eva, Magdalena, Ulrika, Kajsa, Sophia, Nina. Les hommes en ont moins; les plus communs sont Gustaf, Olof, Anders, Carl, Johan, Erik, Nils, Elias, Pehr, Zachris, Thomas, Jonas, Frans.

A mon retour à Umea, je m'aperçus que ma bourse était plate, découverte qui fut loin de m'être agréable, attendu que je n'avais point de lettre de crédit sur la banque de cet endroit et Stockholm se trouvait à 500 milles de là. Par bonheur, la ville possède une station télégraphique et j'envoyai à mes banquiers à Stockholm un message les priant de télégraphier à une personne d'ici de me remettre de l'argent. La réponse arriva bientôt, me favorisant d'un crédit illimité.

La banque était un simple bâtiment en bois, sans volets aux fenêtres, quoiqu'elle eût quelquefois en caisse de fortes sommes; évidemment les voleurs avec effraction n'avaient rien à faire en ce pays. Le directeur et les employés de l'institution me reçurent avec la considération qui s'attache aux personnes en proportion du montant dont elles sont créditées, de même que dans les autres pays. Or, j'avais un crédit illimité;

lecteur, jugez de ma réception! Je ne sais de quelle façon la nouvelle se répandit dans Umea que j'avais acheté d'immenses étendues de forêts, et mon étonnement fut grand lorsque le directeur de la banque me demanda si j'avais besoin de 30, ou 40,000 dollars. Quand il m'eut appris pourquoi il supposait que je lui demanderais autant d'argent, je ne pus que rire aux éclats d'un commérage aussi ridicule. Quelques centaines de dollars furent tout ce que j'exigeai.

Mon voyage dans la vallée d'Umea avait été le sujet d'une foule de

Hassja simple.

commentaires. A cette époque, la Scandinavie était parcourue dans toutes les directions par des spéculateurs, riches et pauvres, venus des villes, avides d'acheter des forêts et même des bouquets d'arbres. C'était une vraie manie, une rage; si seulement ils pouvaient acheter les arbres sans le sol, leur fortune, pensaient-ils, était faite; heureux si les fermiers consentaient à leur vendre leurs bois. Au début, beaucoup les cédèrent à bon marché; mais avec le temps la valeur augmenta et les plus malins, qui n'avaient pas vendu, demeurèrent les maîtres de la situation et obtinrent des prix énormes, qui allèrent augmentant tous les jours. Enfin le ballon creva; la Scandinavie passa de mauvais moments, et les spéculateurs virent bien que la hausse ne pouvait pas toujours durer.

Un jour que j'entrai dans une maison où régnait la fièvre typhoïde, un triste spectacle frappa mes yeux. Une petite fille d'environ dix ans expirait dans les bras de sa mère qui la caressait. Le col de l'enfant, non encore raidi par la mort, permettait à la tête de se balancer en tous sens quand la mère passait la main dans ses cheveux; mais les mouvements cessèrent graduellement et alors elle fut convaincue que la petite avait cessé de vivre. Quoiqu'elle ne versât pas une larme, elle ne pouvait cacher les angoisses de sa douleur. Pour que la désolation de ce foyer fût plus complète, sur un lit voisin était couchée une autre fille atteinte de la même maladie, et si pâle, qu'elle semblait prête à rejoindre sa sœur. J'en avais le cœur serré.

— Avez-vous vu le médecin? dis-je à la mère.
— Oui; il m'a donné une ordonnance, mais elle n'a pas fait de bien.
— A-t-il vu l'autre enfant?
— Non.
— Pourquoi ne l'avez-vous pas fait appeler?
— Je suis trop pauvre, répondit-elle.

Je me souvins que j'avais dans mon bagage un médicament que feu mon excellent ami, le Dr F.-L. Harris, m'avait donné lorsqu'il me serra la main à bord du steamer qui m'emportait loin de l'Amérique, en me disant : « Ayez bien soin de vous, mon garçon! »

— Je vais revenir, dis-je, et je vous apporterai un remède pour votre enfant, qui sera, je l'espère, la consolation de votre vieillesse.

Le médicament fit très bon effet, et, avant que je quittasse la province, la fillette était guérie.

CHAPITRE XIII

Provinces méridionales de Westerbotten. — Angermanland. — Une belle rivière. — Ornskōl dsvik.—Une côte pittoresque. — Hernôsand. — Je quitte Hernôsand.—Une route charmante. — Scène rurale.—Ecole d'agriculture à Nordvik. — Beaux bâtiments. — Quartiers des étudiants. — Règlements. — Accueil hospitalier. — Un diner. — L'hôtesse. — Honnêteté du peuple. — Amélioration dans la végétation. — Pommiers. — Le hameau de Nora. — Changements de température. — Une réunion. — La rivière Angermann. — Une belle ferme. — Grande hässja. — Fabrication du beurre. — Harmanger. — L'église paroissiale. — Épitaphes dans le cimetière. — Comment on a soin du pauvre. — Funérailles à Njutanger.

Au sud de Westerbotten sont les provinces d'Angermanland, de Medelpad et de Helsingland, situées entre le 61° et le 64° degrés de latitude, arrosées par de beaux lacs et de belles rivières ; des forêts couvrent de vastes étendues ; les rivages sont dentelés de baies et de fiords sur les côtés desquels, près de la mer, apparaissent de jolies villes et des villages pittoresques. Quand nous aurons erré dans leurs bois et dans leurs vallées, quand nous aurons visité leurs hameaux et leurs fermes, nous traverserons encore une fois la péninsule scandinave d'une mer à l'autre, et nous comparerons sa végétation à celle de la contrée plus au nord.

L'Angermanland est une belle province, et beaucoup de ses vallées sont très productives. L'Angermanelfven, qui arrose tout son territoire, est la plus profonde rivière du Nordland et de la Suède ; les steamboats la remontent jusqu'à Myland, distant d'à peu près soixante milles, les petites embarcations poussent jusqu'à Holm, à trente milles plus loin.

La localité la plus septentrionale sur la côte est le village d'Ornsköldsvik, en latitude 63° 15', au milieu de collines à l'extrémité d'un fiord, avec une population de 600 âmes. Elle est composée d'une grande rue bordée de maisons grandes et commodes, dont deux ou trois ont environ 150 pieds de long sur 40 à 45 pieds de large; presque toutes reposent sur des fondations en granit et sont peintes en blanc ou en jaune clair. Il y a plusieurs magasins, une station télégraphique, un hôtel et un petit jardin public.

Sur la côte méridionale d'Ornsköldsvik, la scène augmente de beauté, et, jusqu'à Sundsvall, la côte la plus élevée de la Suède, de nombreuses îles émaillent la mer le long du bord; les principales sont Ulfo-nord et Ulfo-sud, habitées par quelques centaines de pêcheurs.

La ville la plus importante et en même temps le port de la province est Hernösand sur l'île d'Hernö, en latitude 62° 36', avec une population de 4,700 âmes. Elle est admirablement située sur la déclivité d'une colline et offre à la vue de belles résidences; c'est le siège d'un gouverneur, d'un évêque, d'une cour de justice, et sa position près l'entrée de la rivière Angerman lui donne une assez grande importance commerciale.

Non loin de la ville se trouve l'école d'agriculture de Nordvik, que j'allai visiter le 28 août en prenant passage à bord d'un petit steamer. La matinée était superbe et l'eau sans une ride; l'air avait la sécheresse particulière, la propriété rafraîchissante qui donne la force à l'homme fatigué et rend la santé au malade; il fallait se munir d'un pardessus, car sur le pont le mercure était à 53°. Après avoir vogué un peu plus d'une heure, je débarquai et trouvai le directeur de l'école qui nous attendait; nous passâmes en voiture par un charmant pays, sur une route excellente qui cotoyait le fiord. Une brise légère et fraîche, chargée des émanations des pins et des fleurs sauvages, soufflait sur nous; des oiseaux et des papillons voltigeaient partout, et des ruisselets d'eau claire bondissaient en bouillonnant dans leur course vers la mer; la route était bordée de chaque côté d'une herbe courte parsemée de mufliers en pleine floraison. Pendant que nous montions et descendions les collines, des fiords, des îles, des navires, des bois, des fermes, des prairies et des champs cultivés venaient successivement frapper nos yeux.

L'école de Nordvik est une institution plus ancienne que celle d'Innertafle ; elle est aussi dans un district beaucoup plus fertile et plus peuplé ; c'est pourquoi l'agriculture a plus d'essor, et les expériences sur différentes espèces de grains peuvent être poursuivies avec de meilleurs résultats par suite de sa situation plus méridionale.

Les bâtiments de la ferme sont commodes ; on y a joint une immense grange d'environ 200 pieds de long et large en proportion. Au rez-de-chaussée se trouvent les écuries pour le bétail, avec un chenal par lequel les déjections des animaux se rendent dans une hutte adjacente, où l'engrais est préservé de tout contact avec la pluie ; en outre, un grand espace pour remiser les voitures, chars, charrues et autres ustensiles aratoires ; de l'autre côté, on emmagasine le grain.

De même qu'à Innertafle, les jeunes gens qui recevaient l'instruction étaient au nombre de douze ; leur quartier renfermait une cuisine, une salle à manger, une salle d'étude, et des chambres à coucher, le tout remarquablement propre. A midi, ils vinrent dîner ; c'étaient des gars solides et bien portants, aux visages hâlés par le grand air. Les étudiants d'ici me parurent plus avancés en écriture que ceux des premières écoles que j'avais vues, et pourvus d'une meilleure éducation préliminaire ; je remarquai un perfectionnement progressif sous ce rapport à mesure que j'avançai vers le sud, dans des districts plus riches. Ces jeunes gens, par l'étude, le travail, et l'économie, se préparaient pour la carrière agricole, cette noble profession qui doit être le but incessant de leurs efforts ; ils désiraient en porter haut le drapeau et se tenir au niveau de la marche du progrès.

L'école n'avait que seize vaches, mais les produits s'amélioraient rapidement en apparence aussi bien qu'en valeur. Une des vaches avait donné dans une année 500 gallons de lait[1], deux gallons un quart rendent, en moyenne, une livre de beurre ; on tient un compte exact de la quantité de lait donnée par chaque vache, surtout quand les élèves

---

1. Le gallon vaut 4 litres, 54345.

sont croisés, afin de constater le degré de perfectionnement dans la quantité et la qualité du lait et du beurre.

Notre hôte nous invita à partager ce qu'il appelait un dîner de campagne, un peu différent de ceux que j'avais vus précédemment. Un gros bouquet ornait le centre de la table et on avait garni le beurre de fleurs charmantes ; à l'une des extrémités était placé un bol en argent contenant du sucre en poudre ; de l'autre côté, un pied en argent soutenait un plat de cristal rempli de framboises fraîchement cueillies dans le jardin, et une cruche de porcelaine contenant de la crème exquise. Ce repas était une combinaison de smörgasbord et de dîner. Après avoir fait disparaître les plats composant le smörgasbord, on servit une délicieuse soupe aux légumes, mêlée avec du lait ; après quoi, je pris, ainsi que je le vis faire par le reste de la société, des framboises et de la crème, pensant que le dîner était fini et que nous en étions au dessert ; à mon grand étonnement, un autre service apparut, consistant en plusieurs coqs de bruyères et un pudding. On buvait du lait et de la bière.

L'hôtesse, d'assez grande taille, avec des cheveux blonds, de doux yeux bleus et un joli teint, portait une robe claire montant jusqu'au col ; pour seuls ornements, elle avait une collerette brodée et un ruban de velours noir retenu par une petite broche en or ; un filet de soie noire, au travers duquel ses cheveux paraissaient encore plus blonds, complétait sa toilette. Deux servantes l'assistaient, mais elle réservait son attention personnelle à ses convives, qu'elle pressait d'accepter les plats les plus friands d'une voix suave et avec une charmante simplicité de manières.

Le voyageur voit partout des preuves de l'honnêteté de ce peuple. Quoique la maison donne sur la grande route, je n'avais vu personne en y entrant ; tous étaient à l'ouvrage dans les champs ; on avait laissé les portes ouvertes, et, dans les chambres à coucher, les montres pendaient aux murs ; auprès de leurs lits, les étudiants avaient accroché les portraits de leurs pères, mères, sœurs, bien-aimées et amis.

Je constatai une amélioration marquée dans la végétation ; bien qu'à seulement 80 milles au sud d'Umea, le jardin expérimental contenait plusieurs pommiers, qui poussent ici au nord le plus lointain de la Suède, soit à environ 62° 40', de latitude. Les fruits étaient petits, mais certains arbres, encore jeunes, en paraissaient surchargés. Cette robuste espèce de pomme vient de Russie et s'acclimate bien dans cette partie de la Suède; elle réussirait probablement aussi dans la section septentrionale des États-Unis. Il y avait encore plusieurs cerisiers dont les fruits mûrissaient, des groseilles, des fraises, des légumes beaucoup plus avancés que ceux que j'avais vus jusque-là; on cultivait le blé et le lin que l'on exporte. Dans ce district, on élève une race de grands et forts chevaux pour les brasseurs.

Dans l'après-midi, nous allâmes faire un tour au hameau de Nora, à trois milles environ de Nordvik. Quittant la grande route, nous passâmes par une vallée parsemée de nombreuses fermes; une petite rivière ajoutait au charme du paysage. Nous vîmes de superbes champs d'orge et de lin; on cultive énormément le lin, que les fermières tissent pour l'usage domestique; les moissonneurs étaient occupés à couper l'orge, pendant que les garçons et les filles la liaient en javelles. Les grandes charrues à neige, le long de la route, nous rappelaient que ce riant tableau allait bientôt disparaître et que l'hiver donnerait un autre aspect au paysage; en effet, si grand fut le changement, que, plus tard, je ne reconnus pas l'endroit, lorsque, dans ma route vers l'extrême nord, je passai devant la Landtbruks-Skola sans m'y arrêter pour remercier ceux qui avaient été si bons pour moi.

Notre excursion finit au petit lac Nora, près duquel sont bâtis l'église et le presbytère; l'instituteur demeure un peu plus loin. La maison d'école peinte en rouge est sur la route; on a élevé trente ou quarante huttes en troncs d'arbres, à côté les unes des autres, pour abriter les chevaux contre les vents de l'hiver et les tempêtes de neige, pendant que leurs maîtres sont à l'église.

Je fus surpris des changements subits de la température; quelquefois nous voyagions par une atmosphère chaude, suivie instantanément d'un coup d'air glacial, auquel succédait aussitôt un autre plus chaud. Le temps se refroidit. A sept heures du soir, le mercure se tenait à 50°, pour descendre à huit heures à 46°, à dix heures, à 44°, bien que dans l'après-midi, la température ait été de 59° à l'ombre et de 114° au soleil[1].

Dans la soirée, le pasteur de Nora vint nous rejoindre, et fut le

---

1. Nous rappelons qu'il s'agit toujours du thermomètre Fahrenheit.

bienvenu pour tous. Un trait qui caractérise le clergé suédois, c'est qu'il se mêle aux plaisirs du peuple au milieu duquel le sort l'a placé, qu'il assiste à ses danses et à ses réunions publiques. On voit souvent l'ecclésiastique sourire à ses paroissiens qui s'amusent, heureux de leurs plaisirs et presque toujours on le regarde comme faisant partie de la famille. De telles scènes me ravissaient ; car il est évident qu'une influence morale salutaire s'exerce à la fois sur l'ecclésiastique et le peuple, en inspirant au dernier un excellent sentiment de retenue, et en donnant au premier une perception du cœur qu'aucun homme ne peut avoir s'il ne se mêle à l'humanité.

Une course de trois quarts d'heure nous conduisit de Nordvik à Hornön, où, sur un bac, nous traversâmes la rivière pour prendre passage sur le steamer qui remonte l'Angermanelf. La contrée devenait de plus en plus pittoresque à mesure que nous remontions la rivière, sur les terrasses et le sol alluvial de laquelle se montraient de nombreuses fermes. Dans l'après-midi nous atteignîmes Holm, le point le plus élevé de la navigation à vapeur, où nous apprîmes qu'une gelée blanche s'était fait sentir pendant trois nuits consécutives.

Non loin du débarcadère, sur la rive gauche, se trouve une des plus grandes fermes d'Angermanland, où, avec une parfaite politesse, son propriétaire nous attendait pour nous recevoir. Il m'invita à demeurer chez lui tant que je le voudrais. Cette ferme a en culture plus de 700 acres de terre, dont l'orge est la principale récolte.

Sur une petite île voisine, contenant environ 150 acres de terre de pâture et de bois, du bétail appartenant à l'État avait été laissé en liberté pendant l'été; ces animaux parurent joyeux de nous voir, ils accoururent; les chèvres et les moutons se mirent de la partie, et nous les caressâmes tout à notre aise. Les bestiaux d'une ferme scandinave sont toujours apprivoisés parce qu'on les traite avec bonté.

Il y avait dix-huit grands communs, séparés l'un de l'autre par précaution contre le feu ; en Amérique, ces bâtiments coûteraient beaucoup d'argent. L'une des hässja était la plus grande que j'eusse jamais vue; elle avait 180 pieds de long et une hauteur proportionnée; non loin d'elle s'en dressait une autre d'environ 110 pieds de long, 40 de large et 30 de haut, avec onze traverses soutenues par vingt supports placés verticalement, et un grand espace dans le milieu pour servir d'aire à battre le grain. C'était la première ferme avec une glacière que je voyais dans le nord ; on n'utilisait pas la glace exclusivement comme luxe, on l'employait aussi pour la conservation du laitage que l'on tenait, en l'entourant d'eau, à une température uniforme de 42°. On considère ce procédé comme meilleur que celui qui consiste à tenir le lait dans une eau courante ou dans une chambre froide ; la crème ne s'aigrit jamais et le beurre est infiniment meilleur.

Après une tournée dans Angermanland et Medelpad, j'entrai dans Helsingland, naviguant le long de ses côtes, marchant sur ses bords, et passant quelque temps dans des fermes confortables. Ses deux villes principales sont Hudiksval, port de mer, en lat. 61° 50', avec une population de 3,700 âmes, à l'extrémité d'un fiord ; et Söderhamn, en lat. 61° 25', avec une population de 6,200 âmes, non loin du déversoir de la rivière Ljusne qui sort des montagnes d'Herjeadal et traverse toute la région. Cette province abonde en grandes forêts et en marécages. Dans l'intérieur, un certain nombre d'habitants descendent de Finlandais. Une grande route, passant par le district de Herjeadal, conduit à Rŏraas, en Norvège.

Pendant que je voyageais dans cette partie du pays, je m'arrêtai une après-midi à Harmanger, près de la mer, devant une ferme dont les bâtiments formaient un carré, et j'entrai par un porche. A ma demande d'y demeurer quelques jours, on répondit que j'étais le bienvenu, et une servante me conduisit à l'une des chambres d'amis, à l'étage supérieur. Après avoir pris un repas frugal j'allai au presbytère, où je fus amicalement reçu par le pasteur, qui, à ce moment, préparait la jeunesse de la paroisse pour la confirmation ; cet excellent homme insista vivement pour que je m'installasse chez lui. Quand nous allâmes visiter l'église, il en prit la clef. Ici, les clefs sont toujours très grandes, surtout celles des églises, dont les serrures sont souvent fort anciennes. Celle-ci avait au moins un pied de long et un tel calibre, qu'en perçant un trou dans le tube, elle aurait fait un très bon pistolet d'arçon.

La vieille église d'Harmanger, construite en pierres brutes de différentes tailles, était, comme d'habitude, au centre du cimetière. A côté s'élevait une tour d'environ vingt pieds carrés, dont les murs très épais étaient lisses à l'extérieur, mais rudes et non terminés à l'intérieur; personne ne savait quand ni par qui cette tour avait été bâtie; le pasteur me dit qu'elle datait de l'époque païenne et que l'on s'en servait probablement pour les sacrifices. On y entrait par un porche d'une forme bizarre.

L'autel est ancien, en bois peint et doré, portant l'image d'un ange aux mains jointes et aux cheveux d'or, entouré de nuages sur lesquels repose un agneau tenant une croix dans ses pattes; la partie inférieure de l'ange est cachée par des rayons. A gauche, on a représenté le Christ de grandeur naturelle, avec d'affreuses blessures au côté et tenant en main une balance dont un des plateaux porte un cœur saignant, et l'autre une épée. A droite, on voit une femme tenant une croix d'une main et de l'autre la Bible; une ancre est au bas de la croix; à ses pieds se tient un enfant et une jarre renversée, qui laisse échapper des pièces d'or. Sur les fenêtres, on a peint deux chérubins, l'un avec une trompette et une couronne, l'autre avec une branche de palmier et une trompette. Il y a aussi une grande croix sur laquelle est horriblement représenté le Christ crucifié et couvert de sang. Ces peintures datent d'avant la Réformation, mais la chaire est moderne. En face de l'autel, on découvre de vieilles dalles; sur l'une on lit la date MDC : XXII, et sur une autre 1669 — 1691, avec des inscriptions latines.

Ici, j'ai rencontré d'anciens noms scandinaves : Erik, Carin, Brita, Olof, Lars, Ingre (Inger), Ingrid, qui sont très rares plus loin au nord.

On prend soin d'une façon très particulière des pauvres de cette paroisse. Pendant que je causais dans une maison, entra un vieillard habillé de neuf et portant un chapeau de soie de forme haute; on le pria de s'asseoir. Lorsqu'on m'eut dit à l'oreille que c'était un pauvre, je pus à peine le croire. Celui qui a besoin d'être secouru doit prouver devant le Häradsting qu'il est trop vieux et trop infirme pour pouvoir travailler; il est alors autorisé à demeurer six jours dans chacune des fermes de la paroisse. Je fus surpris de voir avec quelle bonté on les traitait, — en bien des cas comme des visiteurs, — recevant les meilleurs aliments du jour et un bon lit. Ils vont ainsi d'une ferme à l'autre. On a bien soin d'eux, car ce serait une honte pour un fermier si le bruit courait qu'il est dur pour les malheureux. Il arrive quelquefois qu'un homme n'est pas absolument incapable de pourvoir à ses besoins; dans ce cas, les autorités de la paroisse prennent des arrangements avec des fermiers qui doivent payer annuellement une somme déterminée, en stipulant quelle sorte de travail un homme peut entreprendre ; c'est généralement de garder les moutons ou les vaches, de fendre du bois, de tirer de l'eau, en un mot de se rendre utile autant que possible. Ils pensent que ce système est moins démoralisateur que celui des dépôts de mendicité ; cependant, il y a parfois de grands inconvénients ; ainsi j'ai vu un homme tellement vieux et imbécile, qu'il n'était pas loin de la brute par sa malpropreté, et causait beaucoup d'ennui aux familles qui, à tour de rôle, devaient prendre soin de lui.

Un peu plus loin au nord, on arrive dans la pittoresque vallée de Jättendal.

Un dimanche matin, comme j'entrais dans l'église de Njutanger, je vis près de la porte, et touchant au cimetière, un cercueil contenant un enfant mort ; on n'avait pas encore mis le couvercle, de sorte que les voisins et les amis pouvaient jeter un regard sur le défunt ; le corps était littéralement entouré de fleurs. Dans un groupe rapproché se tenaient plusieurs filles et femmes vêtues de noir, avec des tabliers, des coiffes et des cols blancs ; c'étaient les parents les plus proches, et leur toilette était un signe de grand deuil. Quelques jeunes gens qui devaient tenir un coin du poêle portaient un brassard de mousseline blanche ; deux hommes avaient un petit bouquet de fleurs à leur boutonnière. Le curé arriva bientôt et l'office des morts commença ; les hommes debout d'un côté et les femmes de l'autre. À la fin de la cérémonie, le curé jeta trois pelletées de terre sur le cercueil et entra dans l'église pour célébrer le service ordinaire.

En Helsingland, comme dans d'autres provinces du nord, la culture du lin est commune et les femmes sont habiles à fabriquer la toile. Ici, bon nombre de maisons de paysans offrent l'image d'une aisance qui réjouit les yeux de l'étranger.

En entrant dans une maison je vis deux métiers à tisser, selon l'ancienne méthode, la même qui a servi pendant des générations ; à l'un de ces métiers, une des filles tissait de la toile ; auprès d'elle, sur une chaise, un gros rouleau de beau drap de coton qui avait été fabriqué par une autre sœur allait être employé pour faire des vêtements à la famille. C'était une habile ouvrière qui pouvait fabriquer douze *alnar* (24 pieds) par jour. A l'autre métier, la mère tissait une étoffe en laine brute pour confectionner des habits d'hiver à son mari et à ses garçons qui devaient être habillés de neuf pour Noël. Deux des plus jeunes sœurs étaient occupées à filer, pendant que la servante cardait de la laine.

Nous allons maintenant quitter Helsingland, faire route vers le Jemtland, et de là passer en Norvège.

CHAPITRE XIV

D'Ostersund en Norvège. — Maisons de fermiers en Jemtland. — Paysage sur la route. — Un troupeau de bétail. — La ville d'Ostersund. — Une confiante hôtesse. — Frösö. — Fossoyeurs. — Départ d'Ostersund. — Forêts immenses. — Gibier. — Une pittoresque contrée. — Un cheval intelligent. — Areskutan. — La frontière norvégienne. — Descente vers la mer. — Scène superbe. — Une ancienne ferme. — Levanger. — Un district fertile. — Trondhjem. —

Il y a plusieurs grandes routes depuis la côte ouest de la Baltique qui convergent vers la ville d'Ostersund, en Jemtland, et, de là, vers les villes norvégiennes de Levanger et de Trondhjem, sur la mer du Nord, en traversant ainsi la péninsule d'une mer à l'autre. De Hudiksvall, la route passe dans toute la longueur de la province d'Helsingland, de Sundsvall, par celle de Medelpad et d'Hernösand, en suivant l'Angermanelf et en franchissant l'Indalself à Ostersund.

La route la plus directe passe par Sundsvall, dont la distance jusqu'à Trondhjem comporte 500 milles; mais elle est fatigante et poudreuse; la plus pittoresque est celle qui part d'Hernösand le long de la rivière Angerman. Bientôt une communication directe par chemin de fer reliera les deux villes.

Le 29 août, en quittant Holm et en passant par un beau pays, j'arrivai au hameau de Solleftea, où deux fois l'an se tient une foire; je logeai pour la nuit dans une ferme très bien tenue. Tout le long de la route depuis la mer, j'ai remarqué que le seigle d'hiver poussait plus abondamment que l'orge ; cependant, les deux récoltes paraissent mûrir à la même époque ; les avoines étaient en retard : elles exigeaient encore dix jours de plus, car l'été avait été froid ; les groseilles étaient bonnes à cueillir, et les carottes, navets, panais et pois semblaient en bon état.

Le lendemain matin, j'atteignis le hameau de Foros, sur les rives de l'Indalself, par une belle route depuis l'Angermanelf. Je ne vis point de « hässja », car, dans ce district, on sèche et on bat le grain en plein air. Le seigle d'hiver était coupé, l'orge allait tomber sous les faucilles des moissonneurs, les avoines jaunissaient ; sur la côte, on apercevait des champs de chanvre que l'on file pour en faire des filets de pêche et des

Jeunes filles du Jemtland.

cordes. Les pommes de terre abondaient et chaque ferme avait ses plantations de houblon, car les fermiers brassent eux-mêmes leur bière. D'immenses blocs erratiques étaient dispersés sur la surface du pays.

Les hameaux sont éparpillés partout où le sol est fertile, et les champs et les prairies semblent plus gais, lorsqu'ils sont séparés par des étendues de pays rocailleux ou des forêts. Les maisons des fermiers aisés de l'Angermanland méridional et du Jemtland, sont excessivement propres. Beaucoup de fermes ont deux maisons d'habitation, dont l'une n'est pas occupée par la famille, mais toujours tenue en ordre parfait ; une des maisons sert pour l'été et l'autre pour hiver, « afin de donner à l'une le temps de se reposer », comme le remarque le peuple en riant.

Le paysage changeait continuellement d'aspect; c'étaient des alternations de belles terres cultivées, de solitudes forestières, de rivages souriants, de lacs, de sombres marais; de temps à autre, l'indice d'un cours d'eau à la blanche écume, se brisant contre les rochers et les blocs granitiques qui contrariaient sa course.

Les nuits froides — le mercure se tenait à 42° — prouvaient que l'été finissait, bien que, pendant le jour, le soleil fût très chaud et que le mercure atteignît souvent 68° à l'ombre à une heure trente minutes après midi; les hirondelles se réunissaient pour concerter leur migration vers le sud, et le bétail revenait de la Norvège.

Nous rencontrâmes un troupeau de deux cents vaches qui suivaient une fille dont les cris aigus les faisaient avancer; à une courte distance en arrière, venaient douze chevaux conduits par un homme dont la profession était évidemment celle de conducteur de bestiaux. Un des chevaux se détourna et nous suivit, en dépit de nos efforts pour l'en empêcher; il fallut nous arrêter et le confier à un homme qui passait dans la direction opposée. Vint ensuite un troupeau de moutons; dès qu'ils eurent aperçu notre cheval, ils retournèrent sur leurs pas et se mirent à trotter jusqu'à une vieille femme, leur bergère probablement. Elle tricotait en marchant; mais elle cessa de travailler pour calmer les bêtes effrayées, auxquelles elle parla jusqu'à ce que nous fussions passés.

La route traversait alors de longues étendues de forêts; les fermes devenaient moins nombreuses et le sol paraissait plus stérile. Quelques stations de poste étaient très propres et confortables, mais la nourriture ne brillait pas par la diversité. Dans une des fermes, les murs du parloir étaient tendus de papier bleu à petits dessins, les rideaux en mousseline blanche; il y avait deux sofas, une chaise à bascule, un bureau, une table au milieu de la chambre, un portrait du roi Charles, et un petit tableau représentant la ferme; à côté, se trouvait une chambre à coucher dont l'ameublement était en bois de pin poli admirablement travaillé; des chandeliers en verre, placés de chaque côté du miroir, portaient des bougies; le parquet en bois de pin reluisait de propreté. Le plancher de la salle à manger était en partie couvert de tapis, dans presque toute sa longueur.

Le dernier jour d'août, j'arrivai en vue de Storsjö (*sjö* signifie *lac*), à deux ou trois cents pieds au-dessous de la route. Le soleil allait se coucher et ses rayons déclinants doraient les collines et les bois de sapins ; les bords du lac étaient doublement colorés par les champs près d'être moissonnés ; on voyait les voiles de quelques bateaux et un petit steamer suivait sa route vers les différents hameaux.

Sur le bord oriental est située la ville d'Ostersund, en latitude à 63° 24', avec une population de 2,500 âmes. Les étoiles commençaient à briller lorsque je passai dans les rues. Je ne pus trouver de place dans l'hôtel, qui était bondé d'étrangers venus pour une réunion de chemin de fer. On manifestait beaucoup d'enthousiasme, car on désirait voir construire le chemin de Sundsvall à Trondhjem à travers la péninsule, et la ligne proposée, passant nécessairement par le cœur des provinces du Jemtland, tendrait à développer ses ressources.

Le maître de l'hôtel obtint un logement pour moi dans une maison voisine, où le seul inconvénient que je trouvai, fut la trop excessive confiance de l'hôtesse, qui, pour prouver sa bonne opinion de son locataire, étala devant moi tous ses petits trésors. Le soir, quand je pris possession de la chambre qui m'était assignée, j'aperçus dans une coupe sur le bureau, des boucles d'oreilles en or, des bagues, une montre, des broches et divers autres objets précieux. Pas un tiroir n'était fermé à clef ; tout démontrait la confiance que l'on avait en moi. Cependant, je me sentais mal à l'aise, car j'ignorais si les servantes ou d'autres personnes ne me surveillaient pas ; deux ou trois fois, pendant mon séjour, il me sembla que la bonne femme jetait sur moi des regards inquisiteurs, qui me faisaient croire qu'on lui avait dérobé quelque chose et qu'elle m'en soupçonnait ; mais ce n'était que pure imagination. On n'a pas coutume en ce pays de rien mettre sous clef ; en effet, pas une servante ne voudrait rester dans une maison où l'on se méfierait d'elle. Au moment de partir, je priai mon hôtesse de voir s'il ne lui manquait rien. Il faut du temps à celui qui a vécu dans de grandes villes pour s'accoutumer aux habitudes honnêtes de ce peuple. Je me suis souvent arrêté dans des villages et des villes de la Suède et de la Norvège, alors que personne n'était dans les maisons ; la clef pendait à un clou hors de la porte, et, même quand la famille partait en voyage, on la laissait à ce clou pour qu'en cas de besoin, les voisins pussent entrer.

Deux jours après mon arrivée, la poste m'apporta un porte-crayon en or que, dans ma précipitation, j'avais laissé à l'hôtel, à Hernösand. Quand je m'aperçus de cet oubli, j'en avais déjà fait mon deuil et je n'espérais plus le revoir; mais, quand j'en parlai à mon compagnon, il me dit très froidement : « Nous allons écrire pour qu'on vous l'envoie à Ostersund »; l'idée ne lui était pas venue que quelqu'un aurait pu l'empocher, et il avait raison.

On ne voit aucune particularité frappante dans le costume du peuple, mais les filles portent une espèce de turban qui s'accorde très bien

Église de Frösö.

avec certains visages, ainsi qu'on le voit par la gravure, page 193.

Le gouverneur donna un dîner en honneur du meeting pour le chemin de fer, et j'y fus invité. Il y avait trente convives, mais point de table mise. L'hôtesse fit les honneurs de la manière la plus affable et la moins affectée. Dans la soirée, il y eut réception avec musique et danses; le gouverneur, passionné pour la musique, était bon exécutant; trois de ses amis et lui jouèrent du violon et du violoncelle avec accompagnement de piano par l'hôtesse et une de ses amies. Plus tard, on servit des rafraîchissements dans le jardin, qui avait été illuminé avec des lanternes chinoises. On chanta des chœurs en plein air, et, en retournant à la maison, l'hôte conduisit la procession, pendant que tous chantaient. La réception se termina par des danses, dont la favorite était la valse suédoise très rapide.

Le gouverneur et sa femme se montrèrent attentifs pour chacun. Point de servilité dans les manières, mais courtoisie parfaite ; personne ne tirait vanité de sa position civile ou militaire, de son rang, de sa naissance, de sa science ou de sa richesse. Si cette inclination existait, on la cachait avec soin, car l'éducation et la courtoisie native réprimeraient toute tendance pour de telles exhibitions de vanité.

Le Storsjö est une nappe d'eau très pittoresque, à 983 pieds au-dessus de la Baltique, à peu près au centre de la province ; c'est un des plus charmants lacs de la Suède et le paysage est caractéristique.

Tout près d'Ostersund est la jolie île de Frösö, qui s'élève de 500 pieds au-dessus du lac, et qui est reliée à la terre ferme par un pont de 1,296 pieds de long. On voit ici une pierre runique avec cette inscription : « Érigée en mémoire du fils d'Ostmadur Gudfort, qui, le premier, christianisa le Jemtland. » La *kyrka* (église) de Frösö, sur la plus haute partie de l'île, est construite en pierres ; c'est une des plus anciennes de la Suède. A l'entrée, les murs ont environ neuf pieds d'épaisseur, et, à la fenêtre, sept ou huit. A côté on a construit un clocher en bois, « Klockstapel », et le cimetière entoure l'édifice. Comme on était au samedi, les tombes avaient été décorées de fleurs par les parents et les amis, selon la belle coutume suédoise et norvégienne. Sur les tombes des pauvres, les survivants avaient déposé des guirlandes et des bouquets de fleurs sauvages, n'en ayant pas d'autres à donner. On avait passé des heures entières à les cueillir dans les bois et les prairies, ce matin et la soirée précédente, et la partie du cimetière à côté de la route ressemblait à un parterre fleuri. En errant de tombe en tombe, lisant les épitaphes, mon attention s'arrêta sur une inscription indiquant que trois *syskonen* (frères et sœurs) étaient enterrés là. Les mots inscrits sur un parchemin, au sommet de la tombe, étaient les suivants :

SYSKONNEN

ARVID ERLAND BEHM

Född den 17de maj, 1855; död den 1ste jan. 1858.
(Né le 17 mai 1855; mort le 1er janvier 1858.)

ARVID EMMANUEL

Född den 20de febr. 1861; död den 1ste juin 1864.
(Né le 20 février 1861; mort le 1er juin 1864.)

EMILIA VIRGINA MARIA CHRISTINA.

Född den 24de febr. 1863; morte le 25 mai 1864.
(Née le 24 février 1863; morte le 25 mai 1864.)

Le petit Arvid Erland était mort le jour même où l'année naissait; il n'avait pas trois ans. Emmanuel était décédé le premier jour de juin, quand le soleil commence à être chaud, quand les fleurs s'ouvrent et que les oiseaux aiment et chantent. Emilia s'endormit sur le sein de sa mère, sans dire combien elle avait souffert. Mais ces petits êtres n'avaient pas été oubliés, comme le prouvaient trois grands bouquets posés sur l'endroit où ils reposent. Les oiseaux chantaient, les abeilles et les papillons voltigeaient de place en place sur les tombes et toute la nature souriait. Une gentille brise, venant du lac, apportait les parfums des fleurs sauvages et des pins, sur cette dernière demeure de l'homme.

Entendant des voix et un son étrange, j'allai de l'autre côté de l'église, où je vis un contraste à la scène dont je venais d'être le témoin. Les fleurs étaient plus rares, les monticules sur les tombes avaient été négligés ou tombaient en ruines, et, plus loin, on n'apercevait plus de fleurs. C'était le lieu du repos de ceux qui étaient morts depuis longtemps, et on les avait oubliés. Un côté du cimetière formait la parodie de l'autre. J'entendis de nouveau un son de voix et un bruit de bêches ; j'aperçus deux fossoyeurs. La tombe qu'ils creusaient était longue, large et profonde, car ils faisaient de la place pour plusieurs morts, le cimetière étant plein.

En Suède et en Norvège, les cimetières sont des terrains consacrés et on ne les agrandit pas. On enterre généralement ensemble les gens de la même famille, et il doit y avoir six pieds de terre au-dessus de la tombe, avec un monticule indiquant la place. Quand le cimetière es plein, on ouvre les anciennes tombes, et l'on réunit les ossements, que l'on place dans un lieu spécial, — bâtiment construit pour cet objet, que j'ai quelquefois vu rempli de ces restes de l'humanité.

La beauté du coup d'œil atteint son point culminant près de l'église et de la maison d'école, d'où l'on peut voir douze églises. Je demeurai longtemps immobile auprès du vieil édifice, car la splendeur naturelle des environs ne ressemblait pas à celle des autres paysages suédois que j'avais vus. Au loin, vers l'ouest, les contours des montagnes neigeuses paraissaient adoucis et floconneux ; le lac se montrait au bas, avec ses eaux limpides semées de charmants îlots couverts de pins et de sapins, avec ses bords dentelés de petites baies pareilles à des fiords pénétrant dans l'intérieur ; les collines et les arbres se miraient dans l'eau, et, plus loin, s'estompaient de sombres forêts ; les rives descendaient en pente douce et des maisons de fermes peintes en rouge étaient disséminées partout au milieu des champs couverts d'épis dorés et de belles prairies.

Le Jemtland est une des plus grandes provinces de l'intérieur de la Suède, et s'étend vers l'ouest jusqu'à la frontière de la Norvège. Dans quelques parties, il s'élève de 600 à 2,000 pieds au-dessus du niveau de la mer. Souvent, et aussi loin que peut atteindre la vue, on ne voit dans toutes les directions qu'une masse d'arbres sombres et superbes, des collines et des montagnes couvertes jusqu'à leurs cimes de pins et de sapins. Il y avait quelque chose d'imposant dans cette immense étendue de pays, où le ciel bleu et les blancs nuages neigeux formaient un contraste étrange avec ces millions d'arbres.

Beaucoup de vallées sont très fertiles et bien cultivées ; mais dans les hautes régions, ce ne sont que vastitudes de terrain stériles. Dans les replis de ces forêts, on trouve l'élan (*alces malchis*), un peu plus petit et avec des cornes plus étroites que l'élan d'Amérique (*alces americanus*). Le renne sauvage (*rangifer tarandus*) erre aussi dans cette froide région montagneuse. Le glouton (*gulo luscus*), le renard, le loup, dans quelques districts, sont incommodes pour les troupeaux. L'ours (*ursus arctos*) fréquente les forêts, et détruit annuellement un nombre considérable de bétail et de moutons, quelquefois même des chevaux. Ces ours atteignent leur plus forte taille et se montrent en plus grand nombre dans le Jemtland, le Wermland, le Dalarne et dans la Norvège centrale ; ils égalent presque l'ours gris (*ursus horribilis*) des montagnes Rocheuses.

Le gibier est très abondant en bien des parties de la province. Le coq de bruyère, ou tétras des bois « tjäder » (*tetrao urogallus*), se voit même près des routes, et notre présence, pas plus que celle de nos chevaux, ne semblait l'effrayer. Ces oiseaux ont les plus grandes ailes de tout le gibier à plumes des forêts de la Scandinavie, et, quand ils sont cuits et préparés à point, ils constituent un manger délicieux. Ils pèsent de 10 à 15 livres chacun, et même davantage; on en prend de grandes quantités dans des pièges en hiver dans le Norrland, et on les envoie dans les villes. Le tétras noir, « orre » *(tetrao tetrix)*, le tétras noisette « hjerpe » *(tetrao bonasia)*, le ptarmigan « dalripa » *(lagopus subalpinus)*, et le ptarmigan de montagne *(lagopus alpinus)*, abondent aussi et l'on en trouve dans beaucoup de provinces. La perdrix « rapphöns » *(perdrix cinerea)*, est rare. Le pluvier *(charadrius apricarius)* et la bécasse *(gallinago media* et *gallinago major)* sont assez communs.

Comme dans bien d'autres districts, à certaines saisons de l'année, diverses variétés de canards et d'oies, ainsi que de cygnes font leur apparition sur les lacs et les mers.

Les lois sur la chasse et sur la pêche sont strictement appliquées. Il n'est permis de chasser l'élan que du 10 août à la fin de septembre; en tout temps, il est défendu de tuer le castor, qui est à peu près éteint; on ne peut tirer le coq de bruyère et autres espèces de tétras, de même que le lièvre, que du milieu de mars au 10 août; la chasse de la perdrix et du tétras rouge, est autorisée en septembre et en octobre. L'expérience prouve que, dans les contrées où l'on exécute rigoureusement les lois sur la chasse et la pêche, le poisson et le gibier sont le plus abondants. La pêche est excellente dans presque tous les lacs et rivières de la province.

A partir d'Ostersund, la grande route, vers la Norvège suit le bord septentrional du Storsjö, et, traversant son déversoir à Flaxelfven, elle continue vers l'ouest. Il y a aussi une nouvelle route qui est beaucoup plus agréable et moins fatigante.

Deux fois par semaine, des steamers chauffent d'Ostersund à Qvittsle, à cinq mille suédois, où l'on peut prendre la poste pour Bonâset, à quatre milles plus loin, à l'extrémité méridionale de Kallsjön, 1,281 pieds au-dessus du niveau de la mer. Un trajet de quatre milles et demi suédois de plus, amène le voyageur à Sundet, et une course en voiture d'environ un demi-mille, à Anjehem, sur le lac Anjan, 1,413 pieds au-dessus de la mer; de là, un tour de deux milles à la voile, lui fait prendre terre à Melen, à sept milles de la frontière norvégienne.

Par l'ancienne route d'Ostersund à la frontière de Norvège, la scène varie entre de longues bandes de forêts et des champs d'orge, de seigle et d'avoine. On plante énormément une sorte de pois, ou vesce, dont on se sert comme de fourrage pour le bétail.

A une station, une vieille femme allait être mon conducteur. Le cheval attelé semblait aussi vieux qu'elle et c'était l'animal le plus paresseux que j'eusse jamais vu. La femme, dans la crainte continuelle de le fatiguer, descendait au pied de chaque colline, le caressait, lui donnait du pain noir qu'elle coupait à une miche préparée spécialement pour l'animal, et y ajoutait une poignée de foin. Chaque fois que je mettais pied à terre pour soulager le cheval, elle paraissait enchantée; mais alors, et apparemment sans raison, elle s'arrêtait quelque temps pour lui donner le temps de souffler; elle le palpait par tout le corps, afin de voir si elle ne découvrirait pas de la moiteur. Une fois, elle crut s'apercevoir qu'il avait chaud; il fallut nous arrêter plus d'un quart d'heure pour le laisser se rafraîchir. Le cheval, qui savait avec quelle tendresse on le traitait, était assez intelligent pour deviner comment il devait agir; aussi, c'est à peine si nous pûmes lui faire prendre le trot; quelque cri, quelque flatterie que nous lui eussions prodigués ne l'auraient pas fait marcher un pas plus vite qu'il ne lui plaisait. Je fus néanmoins enchanté de ma vénérable conductrice, et, comme la scène était très belle, le temps passa agréablement. Notre route courait entre le lac et les collines couvertes de bouleaux, de pins et de sapins; les montagnes s'estompaient dans le lointain. En approchant d'Areskutan, le pays devint plus sauvage, et je comptai plus de trente plaques de neige sur la montagne.

Je fis halte à une des fermes situées à la base d'Areskutan, mais personne n'était dans la maison, tous les habitants se trouvaient occupés dans les champs; une servante qui nous avait vus approcher vint nous demander qui nous étions, et s'en fut appeler Hans Benjamin, le fermier, qui se montra bientôt, nous souhaita la bienvenue, et consentit à me conduire au sommet de la montagne.

Cette ferme avait deux habitations : l'une pour l'hiver, qui était inhabitée, avait dans un coin une spacieuse cheminée, consistant en une plate-forme haute d'environ un pied, et près de laquelle pendait une crémaillère; pendant les mois d'été, l'ouverture de la cheminée avait été remplie de branches de genévrier; le plancher était propre, et, comme d'habitude, on y avait répandu des brindilles de genêt pour donner une odeur agréable à la chambre ; les autres étaient tenues avec le même bon ordre; quand on ne peut se procurer de branches de genévrier, de sapin ou de pin, on se sert de feuilles de bouleau ou d'autre arbre.

Du sommet d'Areskutan, 4,958 pieds de haut, j'eus devant les yeux un splendide panorama de chaînes de montagnes constellées de lacs, dans lesquelles plusieurs des plus grandes rivières de Scandinavie prennent leurs sources, ou ont une bonne partie de leurs déversements; les eaux courent soit de l'est à l'ouest, ou du nord au sud ; parmi les plus importantes sont l'Angerman, l'Indals, la Ljusne, la Stördal, et la Glommen ; — cette dernière est la plus grande rivière de la Norvège.

Sur le pic d'Areskutan, je trouvai une urne en pierre, dans laquelle était placée une boîte en étain, contenant un livre avec des pages blanches; j'ajoutai mon nom à ceux déjà inscrits, je tirai deux coups de fusil, et, après une descente d'une heure un quart, j'arrivai à la ferme d'où j'étais parti.

Dans la soirée, les fermiers vinrent nous voir et nous passâmes un bon moment; je fus obligé de porter le *skal* — qui signifie : « à votre santé » — avec eux ; il n'y avait pas moyen de faire autrement, car si le convive refuse, ces gens s'en offensent et le traitent d'orgueilleux. Aux temps anciens, on appelait « skal » la coupe à boire ; — de là ce nom.

De cette ferme à Skalstugan et à la frontière de Norvège, la scène devient monotome, car elle ne consiste qu'en forêts et en marais; les poteaux télégraphiques sont les seuls signes apparents de civilisation, outre la route; le sol est plus stérile, et les maisons de fermes ne sont pas peintes.

A environ trois milles avant d'atteindre Stalltjernsstugan, on admire une des plus belles chutes d'eau de la Suède : Tännforsen. La rivière a environ 80 pieds de largeur, et est divisée par un rocher appelé « le rocher de l'ours », à cause d'un de ces animaux qui se noya en essayant de traverser la rivière à la nage. Elle plonge d'environ 90 pieds en nappe écumeuse, et forme au-dessous un lac pittoresque.

A Mestugan, les fermes paraissent moins prospères, bien que l'on y fasse considérablement de beurre. A Skalstugan aussi, il y avait une belle ferme à beurre et à foin, et tous les gens étaient occupés à rentrer la récolte.

En moins d'une heure depuis cette dernière ferme, on franchit la frontière de la Norvège au plus haut point de la grande route, entre les deux mers. Le plateau était passablement nu ; la mousse de renne couvrait les coteaux rocheux, et, entre les ondulations de terrain, on ne voyait que terre marécageuse, bouleaux, saules et tourbières. D'un côté, un ruisseau semblait être sur la ligne du déversement des eaux suédoises, tandis que de l'autre, coulait une source se dirigeant vers la Norvège. Sur une plaque sont inscrites les distances : depuis Ostersund, 16 milles et demi, et depuis Trondhjem, 11 milles un quart. La montée depuis la Baltique avait été graduelle, et je ne m'aperçus pas que la route était à 2,000 pieds au-dessus du niveau de la mer, tant avait été bien fait le travail des ingénieurs.

Sur le versant occidental de la chaîne, la vue est une des plus belles de ce genre en Norvège. D'abord les arbres étaient rares ; mais en avançant, les pins firent leur apparition — grands, forts, vigoureux, avec une mousse foncée pendant de leurs branches. La rivière au-dessous était un torrent écumant avec plusieurs chutes d'eau ; la vallée devenait plus étroite et extrêmement sauvage. C'est à peine s'il semblait y avoir de la place pour la route, qui continuait à être excellente et qui est taillée dans le roc ; on a construit des murs sur le bord de l'eau, pour protéger la route contre les torrents, et des blocs de pierre sont placés à peu de distance les uns des autres, comme sauvegarde additionnelle.

Une ferme barrait la route, qui passait par une porte dans la cour ; c'est Garnes, dont les bâtiments forment un carré. Tout paraissait étrange, primitif et ancien. Cette ferme appartenait à une veuve. Deux jolies filles, d'environ dix-huit ans, lavaient le plancher du parloir ; l'une d'elles avait la figure d'une Vénus ; sa chemise ouverte révélait ses formes presque jusqu'à la taille ; mais il faisait chaud, et elle était parfaitement inconsciente de commettre la moindre inconvenance.

L'hôtesse me donna un bon dîner et ne voulut pas en recevoir le montant. « Non, dit-elle ; il faut que vous reveniez ; vous serez toujours le bien reçu. Les Norvégiens sont amicalement traités en Amérique ; vous le serez par moi. »

Plus loin, la route était barrée par une autre ancienne ferme carrée, appelée Naes. Une fois les fermes de Garnes et de Naes passées, la végétation s'améliorait en descendant vers la mer ; le sol était formé de terrasses d'alluvions. Les champs de seigle jaune contrastaient avec les sombres pins et bientôt la vue sublime des vallées de Suul et de Verdal, vint frapper nos yeux. Au loin, on distinguait le superbe fiord Trondhjem, et, à mes pieds, la contrée était couverte de fermes et d'habitations. Les terrasses se surplombaient l'une l'autre ; une rivière coulait dans le milieu de la vallée, qui a plusieurs milles de large, flanquée par des montagnes ombragées d'immenses forêts. Des collines rondes et ovales formaient de petits plateaux à différents points, et jaunissaient sous les récoltes de grains : ravins, pâturages, prairies, bois, montagnes et champs dorés, tout se mêlait ensemble. En bien des places, les côtés des plus basses terrasses près de la rivière avaient glissé et laissaient voir la couleur grise des rives argileuses. De l'endroit où j'étais arrêté, la scène apparaissait comme un pays enchanté, féerique ; dans toute la Norvège, il n'est pas de paysage plus charmant.

A mesure que nous descendions et que nous regardions les maisons de fermes, elles nous paraissaient pauvres et beaucoup moins pittoresques que quand nous les vîmes à distance. Il semblait y en avoir trop, la propriété ayant été divisée à l'infini. Les toits des maisons étaient couverts de terre, et la vacherie s'y trouvait attachée ; elle formait souvent une partie de l'habitation.

De beaux enfants norvégiens, aux cheveux blonds, couraient partout, tête et pieds nus. Beaucoup avaient été dans les bois et revenaient à la maison chargés de jeunes branches de bouleaux qui devaient servir de fourrage en hiver aux chèvres et aux moutons. De nombreux pigeons picoraient dans ces fermes, et les poulets y étaient abondants.

Nous atteignîmes enfin la ville norvégienne de Levanger, excessivement propre quoique les rues ne fussent point pavées ; les toits couverts de tuiles rouges donnaient un aspect joyeux à l'endroit ; quelques années plus tôt, elle avait été presque entièrement détruite par le feu ; elle a aussi un hôpital, car les Norvégiens prennent grand soin de leurs malades pauvres. Le port est bien abrité et offre un ancrage sûr. Deux foires ont lieu ici tous les ans et sont fréquentées par un grand nombre de Suédois du Jemtland et d'autres parties du pays.

Non loin de Levanger est le hameau de Stiklestad, célèbre comme étant l'endroit où saint Olaf fut tué dans une grande bataille. Sur la place où tomba le guerrier chrétien, on voit les restes d'un vieux pilier de pierre, avec une croix de fer au sommet ; on en a érigé un moderne à côté.

L'église est très ancienne et construite en pierres ; on dit qu'elle s'est enfoncée de six pieds au-dessous de son premier niveau. Sur les murs, je comptai vingt peintures primitives qui datent d'avant la Réformation ; elles illustrent les histoires de la Bible représentant Adam et Ève, tous deux nus ; Adam, sous le pommier, tenté par Ève est vraiment plaisant ; puis viennent Matthieu, Marc, Luc et Jean, différentes phases de la vie du Christ, se terminant par la Crucifixion.

De Levanger, en se dirigeant au sud vers la ville de Trondhjem, à environ cinquante milles plus loin en descendant le fiord, la scène, sur terre et sur eau, est fort belle. La route se déroule superbe par des fermes bien tenues et des hameaux, parmi des collines boisées ourlant ça et là le fiord. Cette partie du Trondhjem-Stift est une des plus fertiles de la Norvège, et, quand, le 9 septembre, je quittai Levanger, la récolte du foin avait été rentrée avec succès. Les champs de grains étaient à peu près aussi avancés que dans les provinces de la Suède que nous venions de visiter. Nous voyagions entre le 63° et le 64° de latitude, et les groseilles et les fraises étaient entièrement passées.

Le long de la côte et des fiords de la Norvège, le printemps est plus précoce qu'en Suède ; la végétation est plus en retard, parce que le climat n'est pas aussi sec et que le soleil y brille moins ; mais il n'est pas aussi sujet aux gelées soudaines, qui arrivent rarement en août, et aucune n'avait encore apparu à la date de notre arrivée.

Près de Levanger, sur la route, je m'arrêtai à une de ces grandes *herregaard* (ferme de gentilhomme) que l'on rencontre ça et là dans le Nordland norvégien, et que l'on distingue aisément par leur apparence de propreté, par des jardins potagers et d'agrément, par des plantations d'arbres de la *gaard*[1] du bonde (bonde, fermier propriétaire de sa terre). Celle-ci se faisait remarquer par les dimensions de ses bâtiments : la maison d'habitation avait 140 pieds de long, avec un étage supérieur, et large en proportion ; un jardin lui faisait face ; derrière, la cour était flanquée de trois autres grands bâtiments, qui, avec l'habitation, faisaient un enclos d'environ 200 pieds de large, et 250 de long ; au centre du carré, l'eau venait des montagnes par des tuyaux. Un des bâtiments avait des étables pour plus de 50 vaches, et une écurie pour 9 chevaux ; au-dessus de la vacherie se trouvait un grenier où l'on pouvait emmagasiner plus de cent tonnes de foin.

Le monde était occupé à la récolte ; les femmes liaient les gerbes et semblaient souffrir de la chaleur du soleil ; beaucoup ne portaient qu'une longue chemise en toile avec des manches, et un mouchoir noué comme ceinture autour de la taille ; dans leur innocence, elles ne paraissaient nullement alarmées, lorsque, en se baissant, elles faisaient voir leur poitrine.

Je ne m'étonnai plus de l'excellence des routes de la Norvège quand je vis la manière dont on les a construites. On a fait d'abord une fondation de gros blocs ronds, sur lesquels on a placé des morceaux de granit ou de gneiss à une profondeur de 15 à 18 pouces ; puis le tout a été recouvert d'une épaisse couche de gravier ; je compris alors pourquoi la pluie ni la neige ne les affectaient. Par moments, la route était très accidentée, ce qui rendait les montées et les descentes escarpées ; à la station, les poneys étaient en meilleure condition que sur beaucoup de routes ; cela tenait à ce qu'il y avait peu de voyageurs. Dans cette région, aussitôt que commence la descente, on lâche les rênes aux chevaux, qui, immédiatement, dégringolent les collines à triple galop. Leur allure est effrayante, mais ils ont le pied si sûr, qu'il n'y a point de danger.

Les fermes varient beaucoup selon les districts. Depuis Forbord, la vallée était bien peuplée, mais les fermes petites. La plupart des demeures des pauvres gens n'avaient que des toits couverts d'herbe, tandis que d'autres l'étaient avec des bardeaux ; un côté de la maison

---

1. *Gaard*, *gard*, ferme. *Bönde*, sing. *Bonder*, plur.

avait été réservé aux vaches, chèvres et moutons; d'autres encore avaient de petites maisons basses pour le bétail.

Quant à la nourriture, les stations sur cette route étaient pauvres; cependant, on pouvait facilement y trouver des œufs et du lard, avec d'excellent café, du lait, du beurre, du fromage et de la galette (*flatbröd*).

Le pittoresque hameau de Humlevigen (*vig*, en norvégien, signifie « anse »), avec sa petite filature de coton, est situé près de la rivière. Les maisons sont couvertes en ardoises, ou en tuiles rouges, en bardeaux et en terre. Près du bord, on avait construit quelques magasins pour le poisson, sur des piliers en bois, et trois semaques étaient échouées sur la plage. Les jours diminuaient rapidement, et, vers huit heures, les contours des montagnes n'apparaissaient plus qu'estompés dans le crépuscule; un peu plus tard, l'aurore boréale lança ses jets de lumière au zénith.

En approchant de Trondhjem, je vis émerger du fiord l'île de Munkholm, sur laquelle on a construit, pour la défense de la ville, des fortifications qui sont en progrès. Sur l'île, un monastère de bénédictins fut fondé en 1028; il n'en reste plus que quelques ruines qui sont enclavées dans les murs de la forteresse.

En traversant les rues de Trondhjem, j'appris à mes dépens l'effet des pavés en cailloux sur celui qui occupe une carriole sans ressorts. Il me semblait que mes os allaient se briser, et je fus heureux lorsque, broyé, concassé, je mis pied à terre devant l'hôtel, où le service était très propre, et où tout semblait luxueux comparé à la chère des stations.

Trondhjem, autrefois capitale de la Norvège, est à 63° 26' latitude. On dit qu'elle fut fondée par Olaf Tryggvason, en 997. Sa population est d'environ 21,000 âmes; un railway la met en communication directe avec Christiania; en population, elle tient le troisième rang parmi les villes de la Norvège. Elle est bâtie sur les bords d'une baie à l'embouchure de la rivière Nid; c'est en cette ville que le roi de Norvège et de Suède vient se faire couronner roi de Norvège. Elle a un aspect triste, de nombreux incendies ayant détruit les maisons en bois dans plusieurs parties de la ville. L'air de silence qui plane sur cette ville semble prouver qu'elle a vu de meilleurs jours; car l'herbe pousse dans bien des rues. On espère qu'avec ses nouvelles communications par voie de fer, elle récupérera un peu de sa grandeur et de sa prospérité passées. C'est la résidence d'un « stif amtmand » et d'un évêque, le siège d'une cour supérieure de justice, et elle renferme un grand hôpital. Elle a plusieurs journaux du matin et un de l'après-midi. Les écoles sont nombreuses, et, ici comme ailleurs, la visite que j'y fis m'intéressa beaucoup.

En été, la ville est pleine de touristes, principalement d'Anglais, dont la plupart aiment à y venir de Christiania par la route de Gutbransdal. Comme les étrangers ont l'habitude d'affecter des airs de supériorité, les habitants ne semblent pas se soucier d'eux ; aussi ont-ils la réputation d'être généralement froids et plus réservés que ceux des autres villes. Le grand nombre des voyageurs a démoralisé les basses classes, qui ont appris à demander des prix exorbitants pour les voitures, les bacs, le transport des bagages et autres services. Deux Anglais et moi, pour traverser la rivière Nid, — laquelle n'est pas plus large qu'une grande rue, — nous fûmes taxés de deux marks. Je refusai de payer ce montant, mais les Anglais consentirent, encourageant ainsi le passeur dans ses extorsions. Le tarif régulier n'est que de quelques sols, et le drôle aurait été puni d'une forte amende si j'avais porté plainte.

La cathédrale est très belle ; c'est un des plus anciens bâtiments en pierre de la Norvège. On la restaure, et elle perdra, j'en ai peur, son aspect étrange, tant estimé par les amateurs d'antiquités.

L'entrée du fiord depuis le sud est au milieu d'un archipel, et près de son embouchure se trouve Hiteren, la plus grande île de la Norvège au sud du pôle Arctique ; au delà, on entre dans le fiord Trondhjem proprement dit, avec le fiord Skjoren au nord-est. Il tourne ensuite vers le sud-est, en envoyant une de ses branches au sud, puis à l'est vers Trondhjem. De cette ville, il court au nord-est dans Stördalshalsen, Levanger et Vaerdalsören, et rejoint plus loin au nord par un passage étroit le fiord Beitstad à Stenkjaer ; de cet endroit, on peut aller en voiture jusqu'à Namsos, et monter la Namdal, où finit la route. La longueur du fiord, y compris celui de Beitstad, est de plus de 70 milles.

On ne manquera pas de visiter la Lierfossen, distante environ de trois milles. La rivière, formant la chute supérieure, se précipite perpendiculairement d'une hauteur de 100 pieds, et la chute inférieure, à une courte distance plus bas, d'une hauteur de 80 pieds. L'eau est aussi claire que du cristal ; mais la chute supérieure est de beaucoup la plus pittoresque. Cependant, des scieries et des fonderies de cuivre atténuent beaucoup la beauté du paysage.

CHAPITRE XV

Fin de la saison du touriste. — Mauvais temps. — Voyage avec une jeune dame. — « Prenez garde à vos courroies. » — Un cheval paresseux et intelligent. — Une ferme de montagne. — Les montagnes Dovre. — Destruction des récoltes. — Gelée. — Désespoir des fermiers. — Une tempête de neige. — Trainage en Septembre. — La Romsdal. — Belle vue. — Nombreuses chutes d'eau. — Une confortable auberge de campagne. — Le fiord Molde. — La ville de Molde. — Dîner chez le gouverneur. — Routes commodes.

En septembre, je parcourais encore une fois la magnifique route qui relie la ville de Trondhjem à Christiania ; j'avais fini ma tournée d'été dans les localités éloignées des grands chemins et inconnues à la foule des touristes. Le temps était devenu très pluvieux et les quelques amateurs d'excursions et de scènes sauvages retournaient en hâte à Christiania. Les troupeaux revenaient des *saeters*[1], car dans les régions élevées où on les trouve, la neige était déjà tombée ; le vent balayait les vallées avec une force épouvantable et en un seul jour l'aspect des montagnes et des collines avait entièrement changé. Les coteaux se couvraient de neige, quoique dans la vallée la pluie tombât mélangée de grésil.

Tandis que je regardais tranquillement par la fenêtre à l'une des stations postales en attendant que le temps devînt moins mauvais, une carriole s'arrêta devant la porte, une jeune dame norvégienne en des-

1. Fermes d'été.

cendit et demanda aussitôt un cheval. Elle habitait sur les bords de la Mjösen et était fille d'un des plus riches fermiers de cette région; elle venait de Trondhjem, et retournait chez elle parce que quelqu'un de sa famille était très malade. Ainsi l'affection lui faisait braver la tempête, tandis que moi, paresseux et insouciant, je craignais de faire face à la pluie et au grésil. Je me sentis honteux et je me demandai ce que j'avais fait du sang qui autrefois me portait à affronter les dangers dans les contrées lointaines; étais-je donc devenu si efféminé, que j'eusse peur du mauvais temps?

Je dis à la jeune dame : « Je pars aussi, fröken; si vous pouvez voyager par ce temps, je le puis également. — J'en suis bien heureuse, répondit-elle avec naïveté et bonhomie; ce sera bien plus agréable pour moi, car je suis toute seule. » — Je commandai un cheval, et, quand elle eut pris une tasse de café pour se réchauffer, nous fûmes prêts à partir. Je lui prêtai mon surtout, car elle avait été mouillée jusqu'aux os, et je montai dans ma carriole. Peu auparavant, j'avais été victime d'une petite coquinerie. A la station d'Aune, mon bagage m'avait manqué; il avait été déposé dans la station, mais sans la courroie; la même chose me serait arrivée ici, si je n'avais été sur mes gardes, — mon domestique ayant laissé la courroie dans la carriole, comme s'il l'avait oubliée. Cela arrive communément quand on voyage dans certains districts situés entre Trondhjem et Christiania; on ne vole pas les courroies dans le but de les vendre et d'en tirer profit, mais pour l'usage particulier de ceux qui les dérobent, et les gens qui commettent ce larcin ne prendraient pas autre chose. Je ne crois pas avoir rencontré de voyageur qui n'ait eu à s'en plaindre, et ma jeune compagne de voyage s'en plaignit aussi.

La scène, quand j'eus quitté la ville de Trondhjem, me parut très belle. Par moments, la route était taillée dans le roc, le long des bords des précipices, ayant la rivière Driva à sept cents pieds au-dessous. En approchant du Dovre field, la nouvelle route est construite avec tant d'habileté, que la montée semble insensible. La Norvège a produit les meilleurs ingénieurs du monde, dont le talent a triomphé de difficultés en apparence insurmontables, et il n'est pas de pays, excepté la Suisse, où leur génie soit plus hautement apprécié.

Bien que nous ne fussions qu'au 17 septembre, le vent était d'un froid perçant et les sommets des montagnes de Dovre se couvraient d'un manteau de neige; le mercure se tenait à 24°. Les pluies de ces derniers jours avaient gonflé le torrent de la turbulente Driva, qui, pendant un espace de presque cinquante yards, se précipitait avec rage dans un tortueux canal, entre des murs de rochers séparés l'un de l'autre de moins de 15 pieds. A la station de Drivstuen, à environ 2,200 pieds au-dessus de la mer, la vue est émouvante.

Un peu plus loin, la montagneuse et solitaire station de Kongsvold est nichée dans une gorge du Drivsdal, à une hauteur de 3,063 pieds au-dessus de la mer. Le vent soufflait furieusement, mais ma compagne y paraissait indifférente, anxieuse qu'elle était d'arriver chez elle. Le cheval que l'on m'avait donné à la station semblait avoir deviné que je n'avais point de fouet, et tous mes efforts pour lui faire prendre une allure plus accélérée demeurèrent infructueux jusqu'à ce que j'eusse ordonné à mon postillon de couper une baguette de saule dont la vue produisit sur l'animal un effet magique. Quand nous atteignîmes le plus haut point de la route, 4,594 pieds au-dessus du niveau de la mer, le thermomètre marquait 22°. Nous descendîmes alors vers un groupe de sombres maisons à Hjerdkin, la station montagneuse la plus élevée sur le Dovre field, fondée dans la première moitié du xi° siècle et nommée Fieldstuen. Les indigènes ont conservé leur honnêteté malgré les tentations qu'offre une des stations les plus fréquentées entre Trondjhem et Christiania. Les voyageurs s'arrêtent ici en été et en hiver, et durant les mois d'été, l'endroit est toujours plein d'étrangers, surtout d'Anglais. Cette localité et ses environs exercent une sorte de fascination. Le touriste peut parcourir le plateau du Dovre field, rafraîchi par des brises fortifiantes; le botaniste y trouvera en abondance d'exquises fleurs naturelles. Les courses sur les collines, avec de gentils poneys norvégiens au pied si sûr, sont extrêmement agréables; le piéton qui aime à gravir les alpes peut faire l'ascension du Snehaetten, la plus haute montagne de la chaîne qui s'élève à 7,714 pieds, et explorer ses glaciers; et, quoique le renne soit rare aujourd'hui, l'œil exercé du chasseur parviendra encore à en découvrir de petites troupes. La nourriture est bonne; la crème, le lait et le beurre sont parfaits. Les prix se tiennent un peu plus cher que dans beaucoup d'autres places; mais la distance de la mer est grande. En Norvège, on ne considère pas le voyageur

Le Monœfoss dans la Romsdalen.

comme une poule bonne à plumer, et on n'exige pas de lui des prix exorbitants.

La neige, qui était épaisse par terre, à Hjerdkin, avait graduellement disparu avant que nous atteignissions Fokstuen, à 3,150 pieds au-dessus du niveau de la mer.

A Dombaas, où il y a une station télégraphique, la scène avait entièrement changé, et des champs d'orge ondulant sous la brise charmaient les yeux. On voyait disséminées çà et là, par groupes, de petites fermes ; mais le district est pauvre, et les filles en général sont contentes lorsque leurs voisins plus riches les engagent moyennant quatre ou cinq dollars par an, y compris l'habillement.

Ici, à 2,000 pieds au-dessus du niveau de la mer, les récoltes n'étaient pas parfaitement mûres, la saison ayant été tardive. L'orge aurait eu besoin de quelques jours de soleil de plus, et les pommes de terre étaient encore en fleurs. Les soirées devenaient froides et les visages des fermiers laissaient deviner leur inquiétude. Le vent soufflait du N. N. O. et pendant deux nuits consécutives une dure gelée s'était fait sentir. Les pommes de terre devinrent noires et la récolte du grain fut sérieusement compromise. Après la première gelée, chacun se mit à l'œuvre dans les champs ; hommes et femmes coupèrent l'orge et toutes les mains capables piochèrent les pommes de terre. La douleur étreignait le cœur des fermiers ; car c'était une grande affliction pour eux, et, pendant ces quelques jours, des larmes coulèrent sur bien des joues maternelles. Après ce moment de froid subit, le temps devint orageux, une violente tempête éclata, quoique l'on ne fût qu'au 20 septembre. Ceci me força d'abandonner la carriole.

Le touriste, dans son trajet de Trondhjem à Christiania, perd une quantité de vues superbes en ne suivant pas la Romsdal jusqu'à la mer, la route principale s'embranchant à Dombaas. La course d'ici au fiord Molde, à une distance de 70 milles, offre un des tableaux les plus grandioses de la Norvège, et un panorama de scènes admirables qui se succèdent rapidement.

Les vallées de Gutbrandsdal et de Romsdal sont séparées par le lac Lesje, long d'environ sept milles, et à 2,050 pieds au-dessus du niveau de la mer. C'est un des peu nombreux lacs qui ont deux déversoirs, une rivière s'écoulant de chaque côté dans des directions opposées. La Logen court vers le sud, par la Gutbrandsdalen, et finit dans le lac Mjösen, tandis que la Rauma coule au nord par la Romsdalen.

Entre Stueflaaten et Horgheim on voit le plus beau et le plus grand spectacle de la route. C'est le point culminant de tout le voyage. La gorge ou vallée est d'une grandeur que l'on n'oublie pas aisément ; les immenses murs perpendiculaires, les montagnes nues et âpres, avec de sombres et profondes crevasses, et les rampes noires et abruptes des collines et des rochers de gneiss, donnent un aspect particulièrement sombre au tableau. A Ormein, près de la station postale, la Rauma reçoit les eaux d'un courant formant une magnifique cascade, la Vermedalsfossen, qui se partage en trois branches, dont chacune dégringole les pentes des collines en ondes écumantes. Où la vallée était plate, les prairies encore vertes contrastaient avec les murs sombres et perpendiculaires de chaque côté, pendant que les cimes des montagnes se cachaient sous la neige.

Les nuits étaient froides ; le matin, le thermomètre ne se tenait qu'à peu de degrés au-dessus du point de gelée, et on voyait la glace sur les côtés des ruisseaux. Pendant le jour, le mercure à l'ombre montait rarement au-dessus de 46°, mais il atteignait 85° au soleil qui fondait rapidement la neige. Depuis la tempête, le ciel avait été sans nuages, l'air délicieux et fortifiant.

Dans une partie de la vallée, entre Stueflaaten et Fladmark, on jouissait d'une vue réellement sublime ; d'innombrables chutes d'eau, provenant de la fonte des neiges supérieures, tombaient le long des falaises abruptes, et produisaient une scène étonnante. Beaucoup se jetaient de hauteurs tellement considérables, que l'on perdait la vue des sommets ; dans l'éloignement, elles faisaient l'effet de petits rubans d'argent qui disparaissaient pour reparaître plus bas, pendant que l'œil s'efforçait en vain de les suivre ; d'autres semblaient se fondre en un nuage d'écume avant d'atteindre le fond. Cette scène de cascades défie toute description. Dans une étendue de moins d'un mille anglais, avant d'atteindre Fladmark, je comptai, des deux côtés de la vallée 73 chutes d'eau dont aucune n'avait moins de 1,000 pieds de haut ; il en est qui se précipitaient de 2,000 pieds. Tout le long des déclivités de la montagne, on voyait distinctement les marques des glaciers qui ont creusé, poli, et déchiré les rochers. Les terrasses aussi se montraient jus-

Pics du Troldtinden.

qu'à une hauteur de 500 pieds, prouvant ainsi l'ancien niveau de la mer.

A quelques milles avant d'atteindre le fiord Molde, on arrive à une charmante auberge appelée Aak, où je m'arrêtai quelques jours. C'était une petite maison, blanche, bien peinte, et un endroit agréable et confortable, encombré de touristes pendant l'été, mais désert maintenant, car la saison des voyages et de la récolte était passée. On voyait un peu de légumes dans le jardin potager où abondaient les framboisiers, les groseillers et les fraisiers. Les pommiers et pruniers étaient chargés de fruits; mais la température avait été généralement froide et les pommes n'atteignaient pas encore à la maturité. Nous étions entre les 62° et 63°.

Combien me parut somptueux le menu de cette petite auberge après mes explorations estivales dans les montagnes! La cuisine était excellente; j'eus trois repas par jour; la carte comprenait: soupe, poisson exquis, mouton, volaille, pois verts et autres légumes du jardin, et plats confectionnés; on me donna toute la crème, le lait et le beurre que je désirais; le café était parfait et le linge de table très blanc. Les chambres sont petites; mais telle est la réputation de cet endroit, qu'en été il est encombré et que les voyageurs logent dans différentes fermes. Certaines personnes passent des semaines à Aak, rien que pour jouir de la belle vue. C'est une des meilleures auberges de la Norvège et les prix sont très modérés. J'espère que les bonnes gens auxquelles elle appartient, et qui la tiennent si bien, conserveront leurs honnêtes procédés norvégiens.

Quoique tout fût en repos dans la vallée, un ouragan se déchaînait sur les sommets des montagnes où des nuages de neige volaient dans toutes les directions et à de grandes hauteurs sous forme de colonnes en spirales. De temps en temps le calme était troublé par un bruit retentissant dont les échos se répercutaient de montagne en montagne; ce bruit venait d'avalanches de neige entraînant dans les crevasses du dessous des rochers et des blocs erratiques, pendant que l'immense Troldtinden et le Romdalshorn dominent le paysage de la vallée. En face de Aak on voyait une de ces vallées étroites et courbes qui finissent brusquement dans une gorge, avec deux ou trois « saeters ».

Un agréable trajet d'environ trois milles conduit de Aak à Veblun gnaes, à la pointe du fiord, où un petit steamer prend les passagers pour Molde. Après avoir navigué quelques heures sur le fiord, on y aperçoit la petite ville serrée au pied des collines par la mer. Ses maisons peintes en jaune et en blanc, aux toits couverts de tuiles rouges ou foncées, ont un aspect très pittoresque vues de la mer; les rues propres et l'apparence bien rangée des habitations font un effet très agréable quand on a débarqué.

Je ne connais point de ville en Norvège qui présente un panorama plus vaste et plus beau de fiords et de montagnes. L'église est le principal édifice; le cimetière qui l'entoure était embaumé du parfum des fleurs d'automne. Marronniers, chênes, frênes, peupliers et bouleaux ombrageaient les tombes; plusieurs ne portaient point de nom, mais chacun connaissait la place où reposaient ses morts. Dans la ville, il y a une fort belle avenue de bouleaux dont quelques-uns ont cinq pieds de diamètre. Le dimanche, l'église regorgeait de monde. Avant de monter en chaire, l'ecclésiastique enleva son surplis blanc et apparut dans sa soutane noire, avec un rabat au col. Il fut très éloquent et la congrégation observa un profond silence, interrompu seulement par les dames. Le sermon dura une heure vingt, et, à la fin, le prédicateur parut fatigué. Comme cela est usuel dans toutes les assemblées, quelques-uns dormirent; mais, dans mon banc, un dormeur combattit le sommeil par une prise de tabac qui produisit l'effet désiré; il éternua et demeura éveillé pendant toute la durée du service. Après le sermon vint le baptême de deux enfants; l'officiant répandit par trois fois de l'eau sur la tête de chaque nouveau-né, pour représenter la Trinité, et les parents, ainsi que le parrain et la marraine, passèrent derrière l'autel pour remettre leur offrande.

Dans une ville de Norvège ce n'est pas dans la résidence de l'amtmand (gouverneur) ou de tout autre employé du gouvernement que l'étranger devra chercher la plus belle demeure; c'est un trait caractéristique en ce pays, qu'un bâtiment modeste est régulièrement affecté à la résidence du premier personnage officiel. Cependant, en Suède, la demeure du gouverneur d'une province est toujours belle et même imposante, comparée à la plupart des autres maisons de la ville.

L'amtmand m'invita obligeamment à passer la soirée chez lui, où il avait engagé une société choisie de gentlemen, parmi lesquels devaient

Romdalshorn.

se trouver plusieurs fonctionnaires de la ville. Tous les convives s'exprimèrent en anglais, à l'exception des plus vieux qui parlèrent français. Maintenant l'anglais et l'allemand sont généralement employés, résultat de l'accroissement du commerce avec ces deux pays. Le joli parloir dans lequel je fus reçu était un modèle de propreté, et les fleurs dont on l'avait orné réjouissaient les yeux.

Dès que je fus arrivé, on servit le thé; après quoi, les convives se versèrent eux-mêmes un verre de toddy, c'est-à-dire un grog. Puis vint le souper. L'hôte prit mon bras et me conduisit dans la salle à manger, où présidait son excellente femme. Le gouverneur, tenant un verre de vin, observa la coutume qui veut que l'on incline la tête pendant que l'on prononce une bénédiction silencieuse et que l'on souhaite « la bienvenue à table »; ensuite il proposa un toast en mon honneur, disant que tous étaient heureux de ma visite en Norvège et à Molde; qu'ils espéraient que je verrais le pays à fond, que j'y demeurerais longtemps, afin de pouvoir travailler au bien de l'humanité et dans l'intérêt de la science. Quand ce petit discours flatteur eut été terminé, chaque convive me salua, et, lorsque je vis le souper tirer à sa fin, je proposai, selon l'habitude, c'est l'agréable devoir d'un invité, la santé de la femme du gouverneur; après quoi, tous inclinèrent silencieusement la tête en signe de remerciement au Tout-Puissant; puis ils se levèrent, frappèrent des mains, se saluèrent réciproquement, et rendirent grâce à l'hôte et à l'hôtesse.

Dans un coin du parloir s'étalait une collection d'immenses pipes d'écume. On apporta du tabac, et tous, excepté moi, se mirent à fumer; ils parurent étonnés quand je leur dis que je ne fumais pas. Plusieurs carafes de vin et d'eau-de-vie et une bouillotte d'eau chaude étaient sur la table; chacun se fit un grog, et notre amicale causerie dura jusqu'à minuit.

Le lendemain, le gouverneur visita les écoles avec moi et me dit : « Quoique notre pays soit pauvre, nous aimons à dépenser de l'argent pour l'éducation! » Il prit plaisir à me faire expliquer tout par le principal et les professeurs. J'étais heureux de voir le sentiment viril qu'il déployait. Il ne venait pas avec cette démarche hautaine et dédaigneuse si souvent adoptée par les fonctionnaires sur le continent; on le reçut avec politesse, mais non obséquieusement.

Dans cette modeste ville, on enseignait l'hébreu, le grec, le latin, le français, l'allemand et l'anglais. Plusieurs élèves lurent devant moi de l'anglais, qu'ils traduisirent ensuite en français. Les garçons et les filles reçoivent l'instruction en commun dans la même salle.

J'étais arrivé à Molde avec quelques dollars seulement, et naturellement, je dus penser à me procurer des fonds. Comment faire? Le seul moyen était de télégraphier à Christiania; mais je n'avais pas encore visité cette ville, je ne connaissais aucun des banquiers et je ne savais comment établir mon identité; j'envoyai donc un télégramme ainsi rédigé à mess. Heftye : « Je suis sans argent, mais j'ai une lettre de crédit sur vous. Pouvez-vous télégraphier ici à quelqu'un de m'en remettre?» Je fus rassuré lorsque je reçus presque aussitôt de cette maison ces quelques mots: «M^r..., gentleman à Molde, vous versera le montant dont vous avez besoin.» Peu après l'arrivée de ce message, le gentleman en question vint me voir et me dit qu'il avait reçu un télégramme de mess. Heftye, mais qu'il lui fallait un jour ou deux pour réunir l'argent dont j'avais besoin; puis il s'informa poliment de la somme que je désirais. Il avait reçu ordre de me donner tout ce que je lui demanderais; ne sachant pas quelle somme je voudrais toucher, il m'expliqua que Molde étant une petite place, n'avait point de banque, et que, par conséquent, il serait obligé d'aller chez plusieurs personnes pour réunir le montant s'il était fort. « Je n'ai besoin que d'une petite somme, lui dis-je, pour me rendre à Christiania. — En ce cas, reprit-il, grandement soulagé, je puis vous remettre quelques centaines de dollars tout de suite! » Celui-là seul qui s'est trouvé dans la même position que moi peut apprécier avec quelle satisfaction j'encaissai cet argent.

De Molde, le touriste ou le piéton qui aime la nature verra s'ouvrir devant lui un champ d'exploration si vaste et si beau, qu'il saura à peine par où commencer ses pérégrinations.

Vers le nord, c'est une côte sauvage avec des contours magnifiques, où le soleil de minuit est visible, et où la navigation, parmi des milliers d'îles, offre un panorama qui change constamment. Il y a aussi la grande route pour Bergen, passant à travers un paysage grandiose, qui rivalise à divers égards avec celui de la Romsdalen. Sur cette route, il faut traverser des fiords, et les vues alternantes de la mer et des montagnes sont saisissantes. On peut choisir encore une grande route par la Romsdalen,

Le fiord Molde.

que j'ai déjà décrite, conduisant soit à Christiania, Trondhjem ou Rôraas, et, de là, en Suède. Un autre chemin, qui, après avoir quitté Molde, suit le bord du fiord Fanne, traverse deux branches du fiord Christiansund. On rencontre, de plus, de nombreux sentiers où l'on peut aller à cheval ou à pied, divergeant des grands chemins ou des fiords, et suivant les sinuosités des montagnes vers les glaciers, offrant au botaniste, au chasseur, au pêcheur et à l'admirateur des scènes les plus sauvages, une suite de vues toujours nouvelles.

CHAPITRE XVI

BERGEN

Le port de Bergen. — Fondation de la ville. — Un endroit pluvieux. — Le marché au poisson. — Une vision de beauté féminine. — Une intéressante école industrielle. — La cathédrale. — Confirmation. — Jours de changement des servantes. — Aspect animé du Strandgaden. — Hospitalité de Bergen.

Par une belle matinée de la fin de septembre, j'approchai de la vieille cité de Bergen. C'était un magnifique jour d'automne; pas la moindre brise n'agitait l'air, mais une atmosphère épaisse et fumeuse planait sur les rives. En passant devant la jetée et son phare aux couleurs voyantes, le port ressemblait à un grand canal encombré de navires. Nous avançâmes lentement au milieu des embarcations et d'une forêt de mâts : on voyait confusément au loin les magasins aux formes bizarres, avec leurs toits pointus garnis de tuiles rouges, paraissant plus fantastiques encore à travers l'atmosphère brumeuse. Après avoir louvoyé dans un labyrinthe de petites barques chargées de bois de chauffage, de troncs d'arbres, de poisson, de foin, etc., et au milieu du brouhaha d'un port affairé, nous jetâmes l'ancre, et bientôt nous fûmes entourés de batelets dont les occupants se disputaient à qui transporterait les passagers à terre pour quelques shillings.

Vue de la mer, Bergen est très pittoresquement située. A gauche, une haute chaîne de collines nues et grises, sur les déclivités desquelles est construite en amphithéâtre une partie de la ville; le port est étroit; il forme une sorte de canal ayant des magasins de chaque côté, dont ceux de gauche ont été construits par la ligue hanséatique et sont des types frappants de l'architecture de cette période. Un récif de haute taille, couronné par le château de Bergenhus, sépare une partie de la ville par une autre baie étroite. Au printemps, le port a beaucoup d'animation, lorsque des centaines de petites embarcations reviennent de la pêche. On exporte tous les ans d'immenses quantités de morue sèche,

Vente du poisson.

d'huile de foie de morue, et des centaines de mille de barils de harengs marinés. La ville semble être nichée dans un creux. Un petit lac, à quelques centaines de pieds au-dessus du niveau de la mer et à quelques milles de distance, fournit l'eau potable à la ville.

Bergen, 60° 24', latitude, est, en importance, la seconde ville de la Norvège — Christiania est la première — et a une population d'à peu près 38,000 habitants. Elle fut fondée en 1069 ou 1070, par le roi Olaf-Kyrre.

On dit que la ville, avec ses environs, est l'endroit le plus pluvieux de la côte norvégienne; c'est beaucoup dire, mais elle le mérite bien. La somme de pluie qui tombe est grande : la moyenne des jours pluvieux dans une année est de 134, des jours neigeux de 26, et le total de la pluie et de la neige fondue monte annuellement à environ 72 pouces. Le climat est très doux ; la température moyenne pendant le mois de janvier reste un peu au-dessus du point de glace ; en février, une fraction de degré au-dessous ; en mars, elle monte de 34° au-dessus ; en avril, 45° ; en mai, 48° ; en juin, 55° ; en juillet, 58° ; en août, 57° et demi ; en septembre, 53° ; en octobre, 45° ; en novembre, 37° et demi ; en décembre, 36°. En juillet, le mercure s'élève jusqu'à 85°. Le nombre des jours brumeux est d'environ 40. La température moyenne de l'année est de 43°, l'une des plus élevées de la péninsule scandinave.

La ville est très animée et prospère, et, bien que presque toutes ses rues soient étroites et encombrées, elle est pleine d'intérêt pour le visiteur.

Le jour du marché au poisson est une curiosité à laquelle il ne faut pas manquer d'assister. Dès le matin, plus de cent cinquante bateaux pêcheurs viennent s'amarrer le long du quai. Beaucoup vendent leurs chargements par bateaux, d'autres conservent le poisson vivant, soit dans des réservoirs soit dans des seaux. Certains bateaux étaient remplis d'éperlans, que l'on nomme ici *brisling;* mais le plus grand commerce est celui des morues ; il y en a qui pèsent cent cinquante livres et souvent davantage ; on les découpe en morceaux pour la vente. Les carrelets et aiglefins abondent et se vendent à très bon compte ; les pauvres gens vivent surtout de poisson.

Les pêcheurs, assis dans leurs bateaux avec leurs femmes et leurs enfants, offrent leur poisson à la vente et regardent avec des yeux avides les consommateurs qui viennent acheter au meilleur marché possible, particulièrement quand le poisson est abondant. Une chose des plus amusantes, c'est de voir les femmes se pencher sur la balustrade pour mieux regarder le poisson dans les bateaux ; la plupart ont des robes courtes et font voir leurs jambes de manière à enchanter l'amateur de mollets fins et bien faits. Servantes et paysans se bousculent sans considération. Beaucoup de consommateurs s'en retournent chargés d'une morue ; la mère et le fils en portent une énorme à eux deux, ou bien un homme solide ploie sous la charge d'un poisson plus grand que lui. La foule est amusante ; les paysans et les paysannes en costumes bariolés se promènent gaiement dans les rues de Bergen.

L'une des choses qui frappent le plus agréablement l'étranger en

Scandinavie, c'est le nombre d'enfants qui vont à l'école et Bergen n'y fait pas exception. Toute la jeune population s'y rend chaque matin ; les jours de pluie les filles portent un manteau imperméable ; les écoliers ont sur l'épaule une petite gibecière contenant leurs livres, et marchent droit, la poitrine en dehors. La plus ancienne maison d'école, fondée en 1738, est en pierres. L'instruction s'y donne gratuitement, et les garçons, même ceux de la classe la plus pauvre, sont propres et bien tenus. Dans une autre partie de la ville, se trouve une école plus grande et plus moderne pour l'instruction gratuite des garçons ; elle a un gymnase où ils se livrent aux exercices athlétiques et militaires. L'étage supérieur est destiné aux classes de garçons et de filles. Les heures d'école sont de neuf heures à midi, et de trois à cinq. Dans quelques classes, les élèves des deux sexes apprennent ensemble, et chaque écolier a un pupitre séparé. Je remarquai avec plaisir plusieurs institutrices. Dans l'une des salles où il n'y a que des garçons, l'un deux, possédant une belle voix, fut invité par le surintendant à diriger le chant. Ils entonnèrent pendant près de vingt minutes des ballades norvégiennes, suédoises et danoises.

L'école industrielle libre, où l'on enseigne à des filles pauvres les arts de l'industrie féminine, est une des institutions les plus recommandables. C'est un établissement dont Bergen peut être fière et que chaque ville devrait posséder. J'entrai dans une vaste chambre où la principale, dame âgée à l'aspect bienveillant, me reçut très poliment. Sur une grande table, des bouquets de fleurs donnaient une apparence de gaieté à la salle, et devaient inspirer aux élèves le goût du beau. Disséminés parmi les fleurs, on apercevait quelques jolis ouvrages confectionnés par les jeunes filles pour des personnes qui devaient les leur payer. L'âge des élèves s'échelonnait de sept à seize ans. Toutes travaillaient par groupes ou classes, selon leurs progrès, faisant des robes et des chemises, ourlant, cousant, tricotant, raccommodant et reprisant, sous la surveillance de maîtresses compétentes et attentives. C'était un spectacle fort intéressant, car ces pauvres filles apprennent ainsi à se rendre utiles. Elles faisaient preuve d'une adresse étonnante dans le raccommodage de nappes, où l'on pouvait à peine distinguer la place qui avait été réparée. Les enfants plus jeunes étaient occupées à un travail plus simple dans une chambre à eux consacrée, où elles apprenaient la couture.

Cette école renfermait, lors de ma visite, plus de 500 élèves qui suivaient les classes de neuf heures à midi, et de deux à cinq. On consacrait trois heures à l'étude, et trois heures aux travaux d'aiguille, etc. Les filles reçoivent ici une bonne éducation rudimentaire, et, en même temps, elles apprennent à prendre soin d'elles-mêmes et de leurs familles. Les bonnes gens de Bergen honorent grandement, et avec raison, la surintendante, ainsi que les maîtresses de cette école pratique si bien administrée.

Avant que je quittasse l'institution, la principale m'offrit, comme souvenir, deux paires de bons bas de laine tricotés par les élèves. Je

Regardant le poisson.

voulus les payer, mais elle refusa et je ne pus lui faire accepter que mes remerciements. Peut-être la bonne dame apprendra-t-elle avec plaisir — si elle l'apprend — que, l'année suivante, ces bas m'ont aidé à tenir mes pieds chauds dans mes souliers lapons, pendant qu'au cœur de l'hiver, je traversais le pays sur les régions montagneuses entre le golfe de Bothnie et le cap Nord.

Dans l'école de la cathédrale, où l'on prépare les garçons pour l'université de Christiania, l'institution est partiellement sous la surveillance du recteur, qui, à cette époque, était membre du Storthing. L'école a une bibliothèque contenant des livres précieux.

La Domkirke (cathédrale) est un ancien édifice de forme bizarre,

Bergen.

dont les arrangements intérieurs ne ressemblent à ceux d'aucune des églises que j'avais vues jusque-là. A droite, et regardant l'autel, elle est divisée en loges, contenant des sièges qui rappellent un peu le théâtre. Après le service, l'aile principale se remplit de garçons et de filles qui devaient subir un examen pour être admis à la confirmation. La cérémonie commença par une allocution du pasteur, puis, en présence des parents, il fit poser question sur question par le domprovst (le doyen) à chaque enfant, sur la Bible et le cathéchisme. Plusieurs heures se passèrent de cette manière, aussi les enfants devinrent-ils fatigués et inattentifs. Cette longue cérémonie, si peu nécessaire, étant terminée, le doyen prononça une bénédiction sur chacun d'eux séparément, en disant : « Que le Seigneur te bénisse et te conserve ! Que le Seigneur tourne sa face vers toi et te soit favorable ! Que le Seigneur te protège et te donne la paix ! » Le dimanche suivant, après la confirmation, les enfants devaient communier.

Le dimanche après midi, aussitôt après le service, la bande militaire joue sur la place pendant une demi-heure, et alors l'*élite* de Bergen se promène et écoute les morceaux de musique. La foule se compose de dames mises à la dernière mode de Paris, de pêcheurs dans leurs costumes du dimanche, et de *bönder* de la province de Bergen dans leurs atours rustiques. On remarque quelquefois, dans la multitude, des personnes aux cheveux noirs dont l'aspect contraste du tout au tout avec celui de la majorité du peuple.

L'une des coutumes du pays consiste à engager les servantes pour six mois, et à renouveler leurs engagements si les deux parties sont d'accord. Ceci a lieu les 14 avril et 14 octobre. On appelle ces deux jours *Flyttedager* (jours de changement). Je fus surpris de voir une telle animation en ville. Le soir, le Strandgaden offrait un spectacle extrêmement gai ; car la coutume veut que, lors du Flyttedag, toutes les filles engagées pour un service domestique quittent leurs anciennes places à deux heures de l'après-midi et entrent dans leurs nouvelles maisons à neuf ou dix heures du soir. Elles mettent alors leurs meilleurs vêtements et vont se promener dans le Strangaden, où leurs futurs et leurs amies viennent les trouver. Le Strangaden correspond à Broadway, aux Boulevards, ou à Regent street ; une foule épaisse le parcourt de sept à onze heures du soir, puis il redevient désert. En Suède, les dates du renouvellement sont les 24 avril et 24 octobre ; mais les servantes y ont pour elles trois jours dont elles peuvent disposer à leur gré, ce qui cause souvent bien de l'embarras aux dames, lesquelles sont obligées de faire de leur mieux pour se servir.

La position géographique de Bergen, entre le Sogne, le Hardanger, d'autres fiords et des districts pêcheurs, lui donne une grande impor-

Pêcheur portant un poisson.

tance commerciale. De cette ville, deux fois par semaine, des steamers chauffent pour les parties les plus éloignées de ces grands bras de mer.

La ville est bien pourvue d'institutions de charité et de bienfaisance, d'hôpitaux, et d'un asile pour les gens âgés et infirmes. Les habitants sont sociables, bons et hospitaliers. J'ai conservé un fort agréable souvenir de mes visites répétées en cette ville. Ses savants ont toujours été disposés à me donner tous les renseignements que je pouvais désirer. Le musée m'a fait un cadeau qui m'est très précieux :

une corne à boire très ancienne. Une visite à cette institution ne peut manquer d'éveiller l'intérêt. Des antiquités trouvées dans les tumuli, de vieilles armes, des monnaies, des cornes à boire, des objets sculptés, etc., etc., méritent d'être vus.

Il n'est pas de ville en Norvège où les touristes puissent mieux qu'à Bergen passer une couple de jours; les promenades en voiture et à pied sont magnifiques; la nouveauté de la scène, les divers costumes des paysans, le pays environnant, tout contribue à faire passer le temps agréablement; mais Christiania est préférable si l'on veut y séjourner plus longtemps.

CHAPITRE XVII

LES FIORDS

Fiords de Scandinavie. — Leurs murs et vallées terminales. — Action des glaciers. — Terrasses ou brèches de mer. — Phénomènes et causes. — Lignes de côtes et marques de la mer. — Élévation et abaissement du pays dans les temps modernes. — Ne peut être utilisé comme mesure de temps. — Vues du professeur Kjerulf sur ce sujet. — Théories de l'iceberg et du glacier. — Mouvements inégaux et intermittents, et longues périodes de repos. — Changements dans le climat et dans la distribution de la vie des plantes et des animaux.

Lorsqu'on vogue le long de la péninsule scandinave, et spécialement sur la côte de la Norvège, on voit partout d'étroits et profonds bras de mer s'introduisant souvent à cent milles parmi des masses de roches appartenant aux plus anciennes formations; ces bras de mer portent le nom de *fiords*. Ceux de la Norvège sont bien plus grands et plus majestueux que ceux de la Suède et contribuent à la grandeur de l'aspect caractéristique du pays. Quand on regarde avec admiration, presque avec terreur, leurs murs qui s'élèvent à des milliers de pieds au-dessus de la mer, on se pose naturellement cette question: « Quelles sont les causes qui ont formé ces étonnants canaux? » La mer n'ayant point de courant apte à les produire, la seconde pensée doit être naturellement aussi, que leur formation est due à quelque grande convulsion de la nature; mais ni la mer ni les catastrophes géologiques n'ont été des agents actifs en ce cas.

A l'extrémité d'un fiord il y a invariablement une vallée avec un cours d'eau qui recueille les eaux venant des montagnes; à tous égards, ces vallées sont la continuation du fiord; seulement l'un est de terre, l'autre est d'eau, et tous deux sont découpés dans le roc; la même chose est vraie des branches, fiords transversaux, et des vallées.

Partout vous voyez les sillons, les stries et le poli dus à l'action de la glace; partout vous voyez de nombreuses moraines, si immenses qu'elles sont souvent couvertes de fermes, de champs et de hameaux; tout prouve que les fiords, comme les vallées, ont été creusés dans le roc solide par l'action des glaciers. En considérant l'effrayante hauteur de ces murs et y ajoutant l'énorme profondeur, qui est souvent égale à la hauteur des montagnes, nous ne pouvons comprendre les incalculables périodes de temps qu'il a fallu à ces glaciers pour faire leur œuvre dans leur marche lente mais irrésistible vers la mer; nous obtenons ainsi une idée, que rien autre ne peut nous donner, de la terrifiante puissance de l'eau, sous forme de glace, pour modifier le caractère de la surface du globe.

Il y a aujourd'hui en Norvège des glaciers à l'extrémité supérieure des fiords descendant vers la mer, témoins silencieux mais irrécusables de l'œuvre qu'ils ont accomplie et qu'ils continuent encore; en se retirant, de mois en mois, ils laissent sur les rochers précisément les mêmes marques laissées par eux depuis des siècles. Le temps, la gelée, des influences atmosphériques ont, en beaucoup de places, oblitéré ces marques faites par les glaces, et souvent la boue et les débris des siècles les cachent à l'œil du vulgaire, mais elles ont été préservées pour le géologue.

En naviguant le long des fiords, des ouvertures de vallées, ou des baies abritées de la côte norvégienne, l'attention du voyageur ne peut manquer d'être attirée par les terrasses ou plages, s'élevant l'une au-dessus de l'autre en amphithéâtre, et apparaissant comme de gigantesques escaliers. Elles suggèrent à la fois l'idée de successifs soulèvements du sol et de différents niveaux de la mer, plus ou moins permanents, dans lesquels les rivières et cours d'eau ont charrié des pierres, du sable, de l'argile, qu'ils ont répandus au-dessous de la surface.

Dans beaucoup de fiords se voient de courtes vallées rapides, dont l'entrée est barrée par une terrasse ou deux, surmontées par des blocs, des pierres et du sable d'une moraine laissée par la précédente période glacière ; bien des lacs ont été produits ainsi, suivant le cours de la vallée. La terrasse la plus élevée, que l'on peut distinguer de la moraine par sa stratification, marque le plus ancien niveau de la mer. Leur hauteur dépend de la largeur de la vallée, de la quantité de matière déposée, et de la durée du tassement; la plus ancienne atteint une

Marques de la mer près de Trondjhem.

hauteur de 600 à 620 pieds, et contient des fossiles marins arctiques.

On trouve aussi dans l'argile des coquillages marins et des bancs de coquilles de deux faunes distinctes. Dans les marnes d'argile dure, on a découvert des squelettes de phoques et de poissons, et de larges lits de tourbes se présentent dans les plaines. Les terrasses plus basses et plus récentes, de 50 à 150 pieds de haut, contiennent des fossiles appartenant à la faune actuelle de régions en-dessous du cercle polaire sur la côte de Norvège. D'immenses bancs de coquillages courent parallèlement à la côte, et sur eux s'est déposé un terreau foncé, comme

Un fiord norvégien.

a Bodö. D'autres lits de tourbe se font voir aussi sous ces dernières terrasses.

Des lignes de bord composées de cailloux se rencontrent dans différentes parties du pays; j'en ai vu sur les bords septentrionaux de la Baltique, au milieu de forêts conifères, au nombre de trois superposées; de même sur la côte de Finmarken, derrière Vadsö.

On voit des marques de mer sur divers points de la côte de Norvège. J'en ai remarqué particulièrement près de la ville de Trondhjem, où on les découvre à une hauteur de 462 à 516 pieds; près de Stensö, sur le fiord Stavanger; dans le fiord Oster, à 138 pieds au-dessus de la mer; et aussi dans le fiord Alten. Ces marques ne correspondent pas exactement avec la hauteur des terrasses environnantes, et doivent avoir été produites par l'action des vagues; elles seraient beaucoup plus communes si le temps et la gelée ne les avaient oblitérées en bien des endroits. Les terrasses, les lignes de bords et les marques de la mer désignent le grand soulèvement du sol pendant l'époque appelée « terrassique », et les longues périodes de repos. Mais, si les faits susmentionnés indiquent le soulèvement du sol précisément avant l'ère actuelle, on a aussi la preuve que dans certains districts il y a eu un enfoncement local subséquent. Plusieurs plages distinctes et abruptes sont submergées dans l'île de Gotland, à une certaine distance des falaises actuelles, que, grâce à la limpidité de l'eau, on peut voir distinctement du rivage.

Pendant des années on a fait des observations en Suède, dans la Baltique, en creusant des marques dans les rochers, qui démontrent que, dans la partie septentrionale, le sol s'élève d'à peu près deux pieds et demi par siècle, pendant qu'il s'enfonce au sud. Il y a une brèche remarquable le long de cette mer d'Ystad à Trelleborg et Falsterbo, produite sans doute par le soulèvement subit du sol au nord, et de l'enfoncement au sud, accompagnés d'un immense mouvement de l'Océan; cette brèche aurait amené une vaste mer entre la Scandinavie méridionale et l'Allemagne septentrionale. Antérieurement à cela, ces deux portions de pays étaient jointes par un continent, à travers lequel émigrèrent des plantes, des animaux et des hommes; la partie du sud étant la plus basse, celle du nord, encore couverte par la glace, aurait été la première occupée par l'homme, probablement par une race de chasseurs.

Quant à ce qui concerne la date, toutes les tentatives faites pour approcher du nombre d'années requises pour produire ces résultats ont été vaines, attendu que les mouvements ascensionnels et déclinants ont été trouvés inégaux et que d'indéterminables périodes de repos presque parfait ou de soulèvement très lent sont intervenues. Des évaluations basées sur l'observation moderne prouvent seulement qu'une période de temps indéfinie doit s'être écoulée, mais ne nous donnent point d'information positive.

La théorie du mouvement ininterrompu du sol, et par conséquent

Terrasses prouvant l'ancien niveau de la mer.

es calculs basés par des géologues sur les soulèvements comme une mesure de temps, ont été niés par l'éminent Théodore Kjerulf, professeur de géologie à Christiania, et auteur de la meilleure carte géologique de la Norvège. Il a fait connaître sa théorie dans un discours sur le « soulèvement de la Scandinavie considéré comme mesure de temps », prononcé dans la réunion des naturalistes scandinaves à Copenhague, en juillet 1873, résumé ainsi qu'il suit : « Une chose hors de discussion, c'est que la péninsule scandinave, en tout cas la

Torghatten vu de loin.

Tunnel de Torghatten.

Suède, s'élève irrégulièrement, mais avec une extrême lenteur. Qu'un semblable soulèvement ait eu lieu aux époques géologiques, cela est clairement démontré par les coquillages marins, les argiles, sables, squelettes de baleines, terrasses et lignes de bord que l'on voit maintenant à des hauteurs considérables au-dessus du niveau actuel de la mer, et à une grande distance dans l'intérieur. » — Et plus loin : « Les marques les plus hautes sur les montagnes ou dans les vallées sont les lignes de division sur le cadran du temps, dénotant le commencement de nouveaux mouvements ; l'aiguille est le changement actuel de niveau mutuel entre la terre et la mer. » Selon la théorie de l'iceberg de l'époque glacière, — qui, bien que très peu satisfaisante, peut être invoquée pour expliquer, additionnellement à la théorie glacière, quelques-uns des phénomènes sur les confins des continents, et notamment en Scandinavie, — cette péninsule s'est enfoncée lentement sous la glace arctique, les surfaces du dessous entaillées et déchirées par les *bergs* submergés et écrasés, puis le sol s'éleva lentement de nouveau à son niveau actuel. Conséquemment, la mesure du présent soulèvement est d'une moyenne de 2 pieds et demi en un siècle, ou de 600 pieds en 24,000 années ; les déchirements se découvrant à une hauteur de 6,000 pieds, le temps voulu serait de 240,000 années ; et, comme la théorie demande un double mouvement, — un d'enfoncement et un de soulèvement, de 6,000 pieds chacun, — nous arrivons à 480,000 années exigées, et ceci, dans la supposition que le mouvement a été égal sans interruption. Mais tel n'a pas été le cas ; des preuves innombrables existent en Norvège qu'il y a eu des mouvements relativement prompts, alternant avec des repos relativement longs ; en d'autres termes, des mouvements inégaux et intermittents. Le fait que l'amas ne contient point de fossiles marins, la direction uniforme des entailles et leur nombre immense ; le fait encore qu'une dépression aurait amené un climat plus chaud et non plus froid, tout est en faveur d'une théorie glacière et contre la théorie de l'iceberg. Les plus anciens bancs de coquillages contenant des fossiles d'un caractère plus arctique qu'aujourd'hui, sont tous élevés, environ 500 pieds au-dessus de la mer ; il en est de plus récents avec des fossiles comme ceux vivant actuellement, entre 100 et 150 pieds au-dessus de la mer ; on ne les trouve pas à tous les niveaux, mais seulement à de certains. En réalité, nous voyons « traces de mouvements et temps de repos relatif, pendant lesquels ces puissantes masses de coquilles ont été entassées sur la côte à un niveau déterminé, et un tressaillement de mouvement peut avoir suivi. »

Quant aux terrasses dans les vallées, on n'en voit point ouvertement à plus de 600 pieds au-dessus du niveau de la mer, avec des matières charriées par les rivières. Si le mouvement avait été constamment égal, il se serait formé une surface continuellement déclinante au lieu de terrasses ; ces dernières « sont des témoins d'un degré, ou d'un élan dans le mouvement ; après quoi suit le repos relatif. » — Elles ne s'étendent qu'à une hauteur de 600 pieds, au-dessus desquels les entailles sont faites par les glaciers et non pas les icebergs, en sorte qu'il n'est pas besoin de double mouvement ni de période de 480,000 ans, mais seulement de 24,000 années, correspondant à un soulèvement de 600 pieds. « Si nous soustrayons, dit le savant professeur, la hauteur des degrés mêmes, qui exprime le changement proportionnellement rapide du niveau, et si nous retenons seulement les surfaces lentement déclinantes, et en apparence presque horizontales qui marquent les époques intermittentes d'élévation graduelle probable, il ne reste qu'une fraction, une très petite fraction de ce temps. » Les lignes de plages, les signes creusés sur les côtés des montagnes, ne dépendent que de la surface stationnaire de la mer, de la somme de matières transportées par les eaux dans leur course ; quant à des changements plus rapides, ils sont distincts l'un de l'autre. M. Kjérulf pense que la durée géologique de la période glacière ne peut avoir été de plus de 24,000 années, puisque le niveau le plus élevé appartient à la mer Arctique. « Ce mouvement s'est fait par degrés jusqu'à l'époque actuelle, peut-être par tressaillements de plus en plus faibles. »

Dans l'île de Torgö s'élève le fameux Torghatten à une hauteur de 760 pieds, avec un tunnel naturel de 350 à 400 pieds au-dessus du niveau de la mer ; sa hauteur varie de 64 à 299 pieds et sa largeur de 36 à 88 pieds. La mer seule a eu la puissance de remuer une telle masse de pierres. On voit de semblables tunnels sur le Moskenaesö, le Grytö et le Senjen.

Les changements de climat sont pas moins étonnants. Tout en haut de la Scandinavie, — même dans la partie au delà du cercle Arctique et du cap Nord — les fossiles prouvent incontestablement qu'à la fin de la période tertiaire, les régions polaires jouissaient d'un climat tempéré, aussi chaud que celui de l'Angleterre et de la France ; les fougères, les conifères, le chêne, le châtaignier et autres arbres forestiers fleurissaient autrefois au Spitzberg, dans l'île de Beeren, etc.; ces pays, aujourd'hui gelés, présentaient des traits de sol et de température qui les rendaient propres à nourrir des mammifères terrestres et l'homme, si toutefois il vécut alors dans cette partie du monde.

Après la période tertiaire, l'élévation du sol amena l'ère de glace, durant laquelle les forêts disparurent graduellement et les animaux se dirigèrent au sud ; le climat devint de plus en plus froid, la végétation cessa, et n'ayant plus de moyens de subsistance, la vie animale disparut ne laissant que le renne, le bœuf musqué, et un petit nombre d'autres espèces arctiques, qui peuvent avoir été témoins de la période glacière. Ceux-ci mêmes, si les glaciers s'étendaient vers le sud, seraient forcés de passer dans des régions plus douces, ou de périr.

CHAPITRE XVIII

LES GLACIERS DE LA SCANDINAVIE

Immenses champs de neiges perpétuelles. — Sources des glaciers. — Comment on les appelle. — Glaciers au nord du cercle Arctique. — Glaciers au sud du cercle Arctique. — Étude sur la naissance et l'accroissement d'un glacier. — Causes de sa formation.

La Norvège est sans rivale en Europe pour le nombre et la taille de ses glaciers et ses champs immenses de neiges perpétuelles. Les Norvégiens appellent ces derniers *snebrae*, *snefonn* (pluriel *snebraeer*, *snefonner*), et les Français *névé*, c'est-à-dire, le réservoir, la source des glaciers.

Les principaux champs de neiges perpétuelles que l'on trouve en dedans du cercle Arctique sont :

Iedki, sur l'île de Seiland, entre 70° — 71° latitude, dont les glaciers courent presque jusqu'à la mer.

Iökel, sur le fiord Kvaenanger, environ 79° latitude avec des glaciers allant jusque dans la mer.

Alkavare, sur la chaîne Kŏlen, près du 68° latitude.

Almajolos, à l'est du fiord Folden sud, latitude 67° — 68°.

Sulitelma, à l'est du fiord Salten, au nord du 67° latitude, situé à la frontière norvégienne et suédoise.

Svartisen, entre les fiords Ranen et Salten, dont la plus grande partie est au nord du cercle Arctique, passe en grandeur pour le second *snefonn* de la Scandinavie ; il a une longueur de plus de quarante-deux milles, et couvre un espace d'environ soixante deux milles carrés.

Entre les fiords Lyngen et Sallen, le long de la côte, apparaissent de nombreux snefonner, entre 67° — 70° latitude qui ne sont pas dénommés dans les livres ni sur les cartes.

Au sud du cercle Arctique sont :

Oxtinder, juste au-dessous du cercle Arctique, au sud du fiord Ranen.

Les snefonner Börge, 65° latitude à peu près, couvrent un espace de vingt mille anglais carrés.

Sibmek, au sud des Börgefields.

Sur le groupe des montagnes de Dovre, s'élève le Snehaetten, 7,400 pieds de haut ; un peu au sud du précédent, Skredshö, 7,300 pieds. Au nord-est de ceux-ci, on voit les Nunsfields, Stenskolla et Skrimkolla, s'élevant à une hauteur de 6,000 pieds, et tous couverts de vastes champs de neige.

La chaîne de Surendals, à l'est de Christiansund, et au nord de Dovre, a de grands snefonner.

De même la chaîne de Sundal, à l'est du fiord de même nom.

Les Romsdalsfields, dont la plus haute montagne est Storhogda, 6,500 pieds, possèdent des snefonner en grand nombre.

Les Horningfields ont de vastes snefonner qui s'étendent jusqu'à Stryn.

Le Justedalsbraeen[1], le plus grand de tous les snefonner de la Scandinavie, est situé entre le fiord nord et le grand fiord Sogne, et couvre un espace de quatre-vingt deux milles anglais carrés.

La chaîne de Lom, à l'est de Justedal, a plusieurs snefonner.

Les Langfields renferment des chaînes de montagnes avec des snefonner.

Sur le Jotun, le groupe le plus sauvage et le plus élevé des monts scandinaves, on trouve en grand nombre de vastes champs de neiges perpétuelles.

---

1. L'Islande a, sur son côté sud-est, un glacier encore plus grand, le *Vatnajokul*, qui couvre un espace d'environ deux cent quarante milles carrés.

La chaîne Hardanger a une rangée de grands snefonner.

Les groupes Röldal et Hallingdal ont plusieurs snefonner.

Le Folgefonn, sur le Sörfiord, branche de l'Hardanger, est le snefonn le plus méridional, et couvre quinze milles carrés anglais.

On trouve les glaciers aussi loin au sud que le 61° 20' de latitude. La configuration du pays et le climat de la Norvège sont particulièrement propres à la formation de champs de neiges et de glaciers. Presque tous, sinon tous ces derniers, sont en dedans de la chaîne occidentale de la péninsule, pas au delà de l'influence de la mer. Les montagnes sont les grands condensateurs de l'humidité apportée par les vents de l'Océan sous forme de pluie et de neige, selon leur hauteur et la saison de l'année. Les vastes champs de neiges perpétuelles en Norvège forment d'immenses plateaux, dans lesquels un pic ou une crête se montrent parfois.

L'étude de la naissance et de la croissance d'un glacier impressionne quand on pense à l'énorme quantité de temps qu'il a fallu pour son origine et ses progrès. Après une certaine hauteur, sur quelques montagnes, la neige qui tombe durant l'année ne fond jamais entièrement ; la somme restante, à laquelle de nouvelles couches s'ajoutent d'année en année, forme dans le cours du temps une accumulation d'une profondeur immense ; c'est la source du glacier. Si le temps était toujours froid et la neige toujours friable, la formation d'un glacier serait impossible, car la chute de la neige, avec le temps, atteindrait une hauteur fabuleuse. Régulièrement, les grandes chutes de neige arrivent par une température un peu au-dessus du point de gelée. La chaleur est indispensable pour la formation d'un glacier.

Ces champs de neige de la Scandinavie, pendant les mois d'été, sont sous l'influence d'un soleil puissant et presque continuel, en raison de ce qu'ils sont si loin au nord ; à cette époque, le dégel de la glace et de la neige est très grand. Au printemps et au commencement de l'automne, d'immenses déserts sont produits par les pluies ; l'eau provenant de la fonte des neiges filtre à travers les couches, et, en se congelant, cimente les particules ; par la pression, les couches inférieures sont converties en glace solide. Si le désert de glace qui fond chaque année excède le remplissage annuel par la neige, le glacier doit naturellement devenir plus petit et se retirera au lieu d'avancer ; si la fonte produit un désert moins grand que le remplacement, le glacier avancera. Aujourd'hui, on trouve en Norvège des glaciers qui s'avancent et d'autres qui se retirent, tandis que, depuis un grand nombre d'années, ceux de la Suisse se retirent. En Scandinavie, les glaciers sont plus nombreux et plus grands au sud du cercle Artique.

CHAPITRE XIX

LE FIORD DU SOGNE

Le Sogne. — Entrée du fiord. — Profondeur du fiord. — Les branches latérales et leur profondeur. — Bónder à bord des steamers. — Passagers de troisième classe. — Vallée des fiords. — Le fiord Fjaerland. — Glaciers. — Je quitte le Fjaerland. — Le fiord Sogndal. — La vallée Sogndal. — Vue superbe du fiord. — Un beau cône. — Le fiord Lyster.

De tous les fiords de la Norvège, aucun ne peut rivaliser en dimensions, en grandeur, en hardis contours, en paysage sombre et fatal, avec le magnifique Sogne. Pas un touriste ne manquerait de naviguer sur ses eaux. Son entrée, qui est formée à l'ouest par les îles Sulen et autres, et à l'est par la terre ferme, est à environ 61°, et son cours principal se dirige à l'intérieur presque directement à l'est. La profondeur de la mer est remarquable. Au sud de Yttre-Sulen, elle a environ 600 pieds de profondeur; plus loin dans l'intérieur, entre Big-Store Hilleŏ et Stesvundsŏ, 1,584 pieds; un peu plus haut, elle diminue à 1,200 et 900 pieds, et immédiatement au sud de l'église de Bŏ, elle atteint l'énorme profondeur de 3,980 pieds; au nord de l'église d'Arnefjord, 3,222 pieds; à l'entrée de l'Aurland, 3,766 pieds, et juste au sud de Kaupanger, 2,964 pieds. Les branches du fiord sont beaucoup plus étroites, mais la profondeur de leurs eaux est également très grande. La Sogndal, à son entrée qui est étroite, est profonde de 132 pieds;

mais, à mi-chemin, elle est de 1,194 pieds, et, près de son extrémité, de 216 pieds. A son entrée, la Lyster a 2,170 pieds de profondeur; à mi-chemin, 1,176 pieds; vers son extrémité, 276 pieds. Mais, dans l'Aardal et la Laerdal, qui forment l'extrémité supérieure du Sogne, la mer a, dans le premier, 840 pieds, et dans le dernier, 780 pieds. La largeur moyenne du Sogne varie de quatre à deux milles, et sa longueur en ligne directe est à plus de trois degrés de longitude, ou une distance d'environ quatre-vingt quatre milles, avec ses détours.

Plusieurs branches latérales s'étendent au nord et au sud, outre des baies et des anses profondes. Sur le bord septentrional, on rencontre le Vadeim et le Fjaerlands, ce dernier ayant quatorze milles de long; le Sogndal dix milles, et le Lyster vingt-quatre milles. Sur le bord méridional sont le Brekke, l'Arne et l'Aurland; ce dernier a seize milles de long, avec sa branche, le Naerö, qui a environ six milles. Nulle description ne peut donner au lecteur une idée satisfaisante de la magnificence de la scène qu'offrent ces étroits fiords latéraux du Sogne.

Par un beau jour du commencement de juillet, je me trouvais pour la seconde fois dans la charmante ville de Bergen, attendant le sifflet du steamer qui devait me transporter au Sogne, mon but étant de m'arrêter en chemin à quelque point convenable et de me diriger de là vers le lieu où ma fantaisie me conduirait. Le voyage, pour aller de Bergen au fiord et en revenir, demande quatre jours, et les steamers partent deux fois par semaine. La foule ne tarda pas à se rassembler, et des bateaux chargés de monde quittèrent le rivage l'un après l'autre. Après la confusion qui règne habituellement sur un steamer à son départ, nour démarrâmes.

En quittant Bergen, le bateau à vapeur porte vers le nord pendant environ soixante milles, au milieu d'une scène sauvage. La proue du navire était encombrée de passagers, la plupart fermiers et pêcheurs retournant chez eux avec des coffres, des paniers et des mannes. Les femmes et les enfants surtout étaient gais, car beaucoup avaient été à Bergen pour la première fois, et revenaient enchantés de la ville, qui leur avait paru si grande. Jamais encore ils n'avaient vu de si beaux magasins et tant de jolis objets; aussi avaient-ils acheté un grand nombre d'articles.

Une chose qu'un *bonder* ne fera jamais, quelque riche qu'il puisse être, c'est de prendre un billet *de première classe;* pour lui l'argent dépensé de cette manière est entièrement gaspillé, et il le regretterait et le pleurerait bien longtemps; non qu'il soit avare, loin de là; mais il préfère dépenser son argent contre une valeur reçue, par exemple, traiter ses amis pendant la traversée. Il n'a pas la moindre inclination à se mêler avec les gens de la ville, dont beaucoup, ici comme ailleurs, regardent de haut ces cultivateurs du sol, se moquent de leurs habits et de leurs manières, et refusent de se joindre à eux, même sur le pont, dans la crainte que leur situation dans la société n'en puisse être diminuée. De plus, si un fermier était disposé à prendre un billet de première classe, il se garderait de le faire, dans la crainte d'être tourné en ridicule par ses amis, qui penseraient qu'il veut se donner de grands airs et qu'il tient à paraître un *herre* (gentleman). Par le beau temps, la troisième classe ou le pont sont assez bons pour lui et sa famille; en cas de tempête ou de froid, il pousse un soupir quand il est forcé de prendre la seconde cabine où il trouve un abri confortable, mais point d'ameublement; car il n'y a que des bancs et des tables en bois nu, et c'est sur ces tables, sur ces bancs et sur le plancher qu'il repose du mieux qu'il peut. Mais la majorité reste éveillée toute la nuit. La seconde cabine est habituellement remplie de fumée de tabac, à travers laquelle on distingue une foule joyeuse; avec celle qui est sur le pont, elle a certainement le meilleur temps à bord; ils rient et plaisantent, jouent aux cartes, mangent et semblent tenus de se donner du plaisir avant de rentrer à la ferme et de reprendre les durs travaux. Beaucoup retournent chez eux heureux de leurs ventes ou de leurs achats. La question invariable en Norvège, c'est : « Combien cela coûte-t-il? » car le peuple tient à savoir le prix de chaque chose.

J'ai toujours eu grand plaisir à me mêler à ces *bonder*, à bord des steamers, et à jeter un coup d'œil sur leur caractère, à faire ce qu'ils faisaient, à être comme l'un d'eux; j'ai ainsi passé bien des heures agréables et je me suis fait des amis.

La route qui mène au fiord du Sogne passe au milieu de tant d'îles, que l'on croit voguer sur une rivière; la scène parfois est extrêmement belle. La plus grande partie du pays est inhabitée; de temps en temps, la mer paraît si complètement fermée par la terre, que l'on suppose le voyage fini; mais soudain une ouverture se présente, et on aperçoit au loin une vaste étendue d'eau ; le canal est quelquefois si étroit et si tortueux, que le navire touche presque les rochers des deux bords.

Rarement les steamers abordent à un quai ; ils stoppent simplement. Un grand bateau part du rivage et apporte de la cargaison ou en prend. Une quantité de petites embarcations arrivent avec des passagers et emmènent ceux qui vont à terre ; souvent a lieu une indescriptible confusion ; les bateaux cahotent les uns contre les autres ; les gens se disputent et crient ; marchandises, chevaux, moutons, passagers vont et viennent, et, en même temps, on transporte les caisses par l'étroit passage. Ici, des individus sautent de bateau en bateau jusqu'à ce qu'ils soient arrivés à celui qu'il leur faut ; un homme retourne en hâte au steamer pour chercher quelque chose qu'il a oublié ; une femme appelle son mari, qui est encore sur le pont, dans la crainte qu'on le laisse en arrière. Un autre atteint le navire dans une transpiration effrayante, provoquée par l'appréhension qu'il a de manquer le vapeur ; dans son ahurissement, il vient rouler dans le giron d'une femme qui, au lieu de se fâcher, rit de tout son cœur. Des hommes en bateau crient en vain au capitaine d'arrêter. Ce que j'admirais surtout, c'était l'urbanité de tous les officiers. Dans le tumulte, quelque ennui qu'on leur fasse éprouver, pas un mot inconvenant ne sort de leur bouche et ne blesse l'oreille.

A six heures de Bergen à peu près, on atteint l'entrée du Sogne, qui a six ou sept milles de large. En côtoyant le bord méridional, on passe devant une masse énorme de rochers. Le Sognefest (château du Sogne) est très hardi dans ses contours, et semble former deux côtés d'un carré. La scène qui se déploie devant le voyageur est superbe : c'est un panorama toujours changeant dans ses tableaux de montagnes couvertes de neige ; au nord, les glaciers de Justedal, dominant les montagnes de l'est, et, au sud, les champs de neige de Fresvik. La végétation augmente à mesure que l'on pénètre d ns l'intérieur ; les bases des montagnes et des collines sont couvertes de bois. Sur le côté septentrional il y a un fiord étroit sur les bords duquel, et à son extrémité supérieure, se trouve le hameau de Vadeim avec ses maisons peintes en blanc et deux ou trois fermes. Le steamer s'arrête ici à un quai pour débarquer les passagers et s'alléger de sa cargaison. En cet endroit, une grande route conduit vers le nord au fiord de Forde et au Julster-Vand.

Les vallées auprès des fiords sont souvent très fertiles et bien cultivées, contrastant singulièrement avec les montagnes stériles qui les entourent. Depuis la mer, elles semblent former un bassin ovale avec un ravin à l'extrémité; les versants des montagnes descendent doucement vers ce bassin, creusé évidemment par l'action de la glace et de l'eau. Quelquefois deux ravins entrent dans la vallée comme deux branches rayonnantes. A la base des montagnes, les terrasses s'élèvent l'une sur l'autre au nombre de trois ou quatre.

A environ soixante milles de son entrée, le Sogne semble finir tout à coup à la base des hautes montagnes; il tourne brusquement au nord et dépasse l'île de Kvamsö; à quelques milles plus loin, le fiord principal court encore une fois à l'est, tandis qu'au nord apparaît l'entrée du Fiaerland, la première grande branche du Sogne.

Le steamer stoppe au charmant hameau de Balholmen, en face duquel est situé Vangsnaes, lieu de la scène de la « saga » de Frithiof. Sombre est le Fiaerland avec ses montagnes, ses glaciers et son aspect sauvage. Des cours d'eau, alimentés par la neige et la glace fondues, descendent de chaque versant. Sur les montagnes dominantes sont les Langedals et les glaciers Biörne, s'élevant à 4,500 et 4,780 pieds au-dessus de la mer. Un peu plus au nord, sur le côté occidental, sont les fiords Sraere et Vetle, entre des montagnes, dont la plus haute, l'Oatneskri, atteint jusqu'à 5,000 pieds. Au bout du fiord Vetle, se trouve une route de quelques milles, conduisant au grand banc de glace de Justedalfonn. Si l'on navigue plus loin dans l'intérieur, des montagnes encore plus hautes se mirent des deux côtés du fiord, la Melsnipa, 5,620 pieds, et les glaciers Gunvords et Stendals, 5,200 pieds. L'eau est d'un vert opaque tout particulier, qu'elle doit à l'effet des nombreux cours d'eau produits par les glaces. Trois vallées divergent des terres basses au bout de ce fiord; les deux plus intéressantes sont la Suphelle et la Boyum. La première est un long et étroit ravin, enfermé entre des montagnes rugueuses; son glacier, à environ quatre milles de la mer, est alimenté par les éboulements d'un autre glacier avec lequel il n'a point de communication directe, les masses de glace tombant d'une hauteur de 2 à 3,000 pieds. La Boyum est à l'ouest de la Suphelle. Les montagnes sont escarpées; elles portent des bouleaux à une grande élévation surmontée par le glacier.

En 1868, un grand nombre d'avalanches roulèrent sur différentes parties du pays et occasionnèrent des morts d'hommes et des destructions de propriétés. Sur le Fiaerland, du côté occidental, il en descendit une de telle taille, qu'elle forma un pont sur le fiord qui, à cet endroit, est large de 5,000 pieds et que l'on put le traverser à sec. Si la chose ne m'avait été affirmée par plusieurs personnes dignes de foi, je ne l'aurais pas crue, tant ce fait paraît incroyable.

En quittant le Fiaerland et en remontant de nouveau le fiord Sogne, la scène devient plus gaie ; les bois, les champs et les prairies, les hameaux et les fermes deviennent plus nombreux ; à la base des montagnes, les collines les plus basses sont couronnées de bois. Ici se voit le hameau de Fejos, pendant que le champ de glace Fresvik, haut de 5,000 pieds, domine le tout. Le Kanger, le plus grand assemblage de fermes que j'aie vu sur le fiord, se trouve sur le bord septentrional, presque en face. Deux courants du Grindsdal et de l'Henjumdal,—deux vallées séparées de quelques milles — formés par le glacier Gunvord, 5,000 pieds au-dessus de la mer, se jettent ici dans le fiord, et fournissent de la force motrice à de nombreux moulins à blé.

A quelques milles plus haut, sur le bord septentrional, le fiord Sogndal apparaît, avec son aspect fatal, ses régions fertiles et ses vallées transversales, sur lesquelles sont disséminées des fermes. Ici aussi, la mer est décolorée par les cours d'eau venant des glaciers. Dans les montagnes, on trouve de nombreux *saeters*. Le village de Sogndal possède beaucoup de maisons, bâties tout près l'une de l'autre, et le steamer stoppe à un quai. La population se compose d'environ cinq cents âmes. Le district est célèbre par ses vergers de pommiers et aussi par son *gammelost* (vieux fromage), qui, lorsqu'il est assez vieux, est le plus fort des fromages connus. Quand on y est accoutumé, c'est un excellent apéritif.

Depuis la Sogndal, l'aspect du Sogne est superbe. Sur le bord septentrional surgit Storehog, 3,830 pieds ; en face Blejen, 5,400 pieds ; le fiord passe entre eux, avec deux milles de largeur et 2,900 pieds de profondeur. La plupart des montagnes s'élevant du fiord sont déchirées ; en divers endroits, on aperçoit, à une grande hauteur, des bouleaux, des sapins, des pins ; l'œil rencontre aussi une ferme solitaire et un moulin à blé. A quinze milles au-dessus du fiord Sogndal, sur le bord septentrional, se trouvent les petits hameaux d'Amble supérieur et inférieur, et l'église de Kaupanger. Ils sont situés sur les bords d'une jolie baie, de forme ovale. Les collines les plus basses descendent doucement vers la mer et sont garnies de bois jusqu'à leurs sommets, et çà et là des bosquets d'aunes, de tilleuls, de bouleaux et d'autres arbres. Deux beaux cours d'eau tombent dans la mer, et, sur leurs rives, on a établi de petits moulins à blé. Des prairies, des champs jaunissants et des plants de pommes de terre, sont épars autour des fermes. Par un clair soleil, l'endroit est d'une exquise beauté. Que de lieux pittoresques on trouve sur ces fiords! ils frappent les regards au moment où l'on s'y attend le moins. Un peu plus loin, en entrant dans le fiord Lyster, on aperçoit un immense et magnifique panorama de montagnes et d'eau. La neige et les glaciers appellent les regards vers les hautes régions, pendant qu'une ferme, un hameau ou une église, prouvent que des hommes vivent près de la mer, au milieu de cette grande et stupéfiante nature.

A quelques dix ou douze milles dans l'intérieur, sur un promontoire du bord oriental, est située Urnaes, d'où une vue admirable du fiord se présente d'elle-même, avec sa chaine de collines et d'éperons descendant vers la mer. Sur le bord occidental, en face d'Urnaes, est Solvorn, pittoresquement placée dans le creux des montagnes.

CHAPITRE XX

LES SNEBRAEER JUSTEDAL

Les glaciers Justedal. — Vastes champs de neige. — La vallée et l'église de Justedal. — Le glacier Nygaard. — Faaberg. — Maisons de ferme malpropres. — Peu engageant. — Draps de lit. — Un saeter. — Aspect du glacier Lodal. — Une superbe caverne de glace. — Marche du glacier. — Un glacier, rivière de glace. — Mouvement d'un glacier. — Moraines. — Le glacier Stegeholt.

Ce champ de neige, le plus considérable de la Scandinavie, couvre un espace continu de plus de 82 milles carrés (anglais), et sa profondeur, en bien des endroits, atteint 1,000 pieds. Il comprend la surface bornée au nord par le fiord Nord, au sud par le Sogne, à l'est par la vallée de Justedal, et à l'ouest par le fiord Sönd. Sa partie inférieure est entièrement bordée par des glaciers qui s'écoulent dans toutes les directions. Dans le fiord Fiaerland, les glaciers sont à trois milles dans l'intérieur des terres ; l'extrémité du Boyum est d'environ 400 pieds, et celle du Suphelle de 160 pieds au-dessus du niveau de la mer. L'épine dorsale, ou crête rocheuse de cette masse de neige, a une hauteur moyenne de 5,000 pieds : le point le plus élevé se trouve entre Stryn et la vallée de Justedal (le pic Lodalskaupos), et atteint une hauteur de 6,410 pieds dans la partie orientale, et de 6,110 dans la partie méridionale.

LE GLACIER BERSET

La vallée de Justedal, laquelle tire son nom du grand glacier qui surmonte ses montagnes, est à la pointe du fiord Gaupne sur la Lyster. A son entrée, est placé le hameau de Rŏneid, avec une auberge confortable, où l'on peut se procurer des chevaux. Une route étroite, bonne à parcourir à cheval et passable pour une carriole, conduit à la fin de la vallée distante de 6 ou 7 milles; à 14 milles environ de Rŏneid, se dresse l'église paroissiale de la vallée, entourée d'un mur en pierres brutes, et l'humble cimetière, où l'on ne voit que quelques croix de bois. Le presbytère adjacent a un petit jardin et de petites pièces d'orge et

Le glacier Nygaard, ou Berset, vu du pont.

de pommes de terre; on peut dire que c'est le seul endroit propre et convenable dans tout le voisinage.

A quelques milles plus loin, on arrive au glacier Berset, le premier de la vallée, et auprès duquel est situé le pauvre hameau de Nygaard. De la caverne bleu foncé à la base du glacier, un courant boueux s'élance avec une force extrême dans la vallée, et tout à côté du bord glacé, se trouve une ligne parallèle de blocs erratiques, de pierres et de sable, laissée derrière elle par la masse en se retirant. Au delà, se montrent quelques autres crêtes transversales, formées par des dépôts similaires, prouvant que le glacier recule. Deux ou trois petits courants ont creusé des canaux dans les glaces, et l'eau découle le long des versants.

Après une course à cheval de 28 milles, j'arrivai à Faaberg, le dernier hameau de la vallée, qui contient plusieurs fermes bien approvisionnées, et est entouré par des champs verdoyants et des prairies. Les collines sont garnies de bouleaux jusqu'à une hauteur considérable, tandis que la partie supérieure du plateau est couronnée de neige et frangée de glace. Le bien-être n'y était pas grand; les maisons se distinguaient par leur malpropreté, et la nourriture aurait paru déplorable à ceux qui n'y sont pas accoutumés. Par exemple, les puces foisonnaient, de même que dans la plupart des districts de la Norvège; mais, ici, ce fut comme un véritable fléau. La plus grande partie des femmes étaient au « saeter », de sorte qu'à la ferme où je m'arrêtai, ce fut la fille d'un voisin qui vint préparer mon dîner, consistant chaque jour en pain, beurre, fromage, œufs et lait. On me fit l'honneur de me donner une nappe en coton, dont on s'était déjà servi, car une large tache d'œuf, grande comme la main, s'y étalait d'une façon déplaisante. J'étais certain que, la nuit, cette nappe servait de drap pour mon lit, attendu que la tache n'y manquait pas; ainsi, pendant le jour, ce drap remplit l'office de nappe, et, le soir, la nappe fit l'office de drap de lit, alternativement jusqu'à mon départ. Ce hameau est un des peu nombreux endroits où je trouvai les prix exorbitants jusqu'à l'extorsion. Pour ces gens-là, chaque touriste de naissance étrangère est une mine d'or à exploiter.

Depuis Faaberg, le sentier devient extrêmement âpre. Le bruit incessant de la rivière qui se précipite et qui est formée principalement par les glaciers de Biŏrnesteg, Lodal et Stegeholt, était parfois si étourdissant, qu'il étouffait la voix.

Au-dessus du glacier Biŏrnesteg, se trouve un « saeter », avec bon nombre de petites maisons, où s'abritent les femmes et les enfants qui gardent les moutons et les chèvres. Tout ce monde avait bon cœur et insista pour que je prisse une tasse de lait avant de partir. Faisant route pendant un certain temps à travers des prés et des bois, nous vîmes dans l'éloignement, au bout de la vallée, les glaciers de Stegeholt et de Lodal; le sommet du pic est à 6,410 pieds au-dessus de la mer.

A l'extrémité de cette vallée sauvage, nous vîmes la moraine habituelle avec des pierres rondes, des galets et du sable, que les glaciers ont laissés, en se retirant. Leurs cours d'eau se divisent et se rencontrent de nouveau ; le courant est très fort et l'eau si boueuse, que nos chevaux eurent presque peur de le traverser. Celui qui ne connaît pas les lois qui gouvernent le mouvement d'un glacier, croira naturellement qu'un cours d'eau créé par la fonte de la glace ne doit donner qu'une eau claire ; c'est tout le contraire qui arrive ; la nature même d'un glacier empêche toute autre sorte de courant, comme nous l'avons déjà démontré. En juin, et même au commencement de juillet, le passage à gué de ces courants est impossible. Le glacier Lodal était couvert de boue, de pierres et de débris roulés du haut de la montagne. Sa caverne est de beaucoup la plus belle et la plus grande que j'aie vue ; elle a 25 pieds de large ; du fond de cette caverne sort une rivière bourbeuse qui se précipite au dehors avec violence. Il n'est pas possible de décrire exactement la beauté de cette caverne, la couleur bleue de la glace devient graduellement plus foncée, et se fond enfin dans un bleu noirâtre intense. Grâce à la forte pression, chaque bulle d'air avait été expulsée et toute la masse était claire et transparente ; la caverne apparaissait comme un tunnel percé dans une montagne de saphir. Malheureusement, je ne pus l'explorer à cause de la grande profondeur et de la vélocité de l'eau, qui courait entre deux crêtes de pierre fendues par la glace. Le glacier, en se retirant, a mis à nu une partie d'un éperon ou colline de gneiss, qui a obstrué sa marche et a été fendu en plusieurs morceaux énormes, encore en contact mutuel. Un nombre incalculable de blocs sont restés sur la masse gelée, les uns soutenus par des piliers de glace que l'ombre projetée par les pierres a empêchés de fondre. Par places, le glacier était blanc, non de neige, mais par suite des craquements de sa surface et des nombreuses cellules aériennes. Il était facile de voir que le Lodal a d'abord été plus bas dans la vallée et que les glaciers transversaux que nous avons rencontrés sur le chemin, furent autrefois ses branches latérales, le tout formant une vaste rivière gelée, touchant à la mer, se retirant, s'avançant, et se retirant de nouveau.

Un glacier n'est pas une masse immobile étroitement attachée aux montagnes : c'est un corps poussé lentement en avant par l'irrésistible pression des portions supérieures. Dans sa marche, la masse descend, broyant son lit rocheux, en approfondissant et en élargissant ainsi son canal jour par jour; sa silencieuse puissance, renversant tous les obstacles, emporte avec elle tout ce qui a été enseveli dans le courant glacé, comme des pierres tombées des déclivitées montagneuses, de la terre et du sable qui se combinent pour rendre l'eau bourbeuse et former les moraines. Il a le caractère d'un courant; c'est une rivière de glace mouvante, alimentée par les snebraeer, ou neiges perpétuelles du dessus, modifiant ou créant son canal, rongeant les vallées, couvrant souvent de vastes espaces, — agent destructeur d'une puissance terrible.

La marche d'un glacier, due en grande partie aux conséquences de sa fonte, est plus lente la nuit que le jour, et l'hiver que l'été; le mouvement est plus grand au milieu que sur les bords, où il est tenu en échec par le frottement; il est aussi plus paresseux au fond qu'au sommet. Un glacier se prête de lui-même aux sinuosités et aux inégalités de son lit; il se répand ou se contracte comme les eaux d'un fleuve, et se précipite au-dessus d'un récif en faisant une cascade de glace; c'est ce que j'ai vu dans presque tous les glaciers de la Norvège. Souvent la glace se brise transversalement, les moraines s'engouffrent dans les crevasses et se perdent. Le courant glacial principal s'élance avec une moraine de chaque côté; de longs rubans sombres qui s'élèvent au-dessus de la glace sont formés par des pierres et de la terre tombées de la montagne, de la même manière que les monceaux pierreux et les débris que nous trouvons à la base des montagnes, dans beaucoup de ravins et dans les vallées. Ces moraines latérales ou marginales varient en hauteur, selon la somme des dépôts massés ensemble à l'époque de leur formation; elles comportent jusqu'à 20 pieds de haut, mais jamais davantage, car elles n'ont pas le temps de s'accumuler; les matières se rassemblent quand la glace se meut pour descendre et la marche du glacier norvégien peut être de quelques centaines de pieds par année. Ces moraines s'élèvent en crêtes régulières et sont portées lentement et sûrement au bout du glacier; par les matières, on peut remonter à leur origine et à de grandes distances. Quand la rivière glacée se meut plus avant, d'autres la rejoignent et s'unissent avec elle en masse solide; les moraines se réunissent côte à côte et demeurent distinctes en descendant. Le nombre de ces moraines indique combien de branches se sont unies au tronc principal. Quelquefois un glacier est forcé de passer par un étroit défilé; alors la masse de glace se contracte, devient plus profonde, et, par un effort déchirant, prend place sur les côtés et à la base; maintes vallées avec des murs perpendiculaires ont été formées de cette manière.

Non loin de Lodal se trouve le très intéressant glacier de Stegehold, que l'on atteint en retraversant à gué la rivière Lodal. L'extrémité de ce glacier est étroite et la glace vient par une gorge resserrée, obstruée par d'énormes pierres qui m'ont empêché de voir la caverne terminale. On pourrait facilement construire un pont sur le courant; mais, dans ces districts, il n'y a personne pour entreprendre une telle œuvre, et personne pour vous guider sur la glace.

Sur la rive gauche, à une certaine hauteur, les bouleaux sont abondants; une herbe épaisse et des joncs poussent à quelques yards de la glace. Ici aussi j'ai vu avec certitude que la glace avait beaucoup diminué cette année. De nombreux blocs erratiques, formant des moraines longitudinales, étaient épars sur le versant. Les crevasses indiquaient un effort violent; à travers les fentes qui traversaient toute la largeur du glacier, on pouvait voir la couleur bleu foncé, devenant de plus en plus sombre avec la profondeur.

Nous avons donné une description des glaciers qui reculent. Nous parlerons plus loin de ceux qui avancent avec une irrésistible puissance.

CHAPITRE XXI

Deux agréables connaissances. — Une invitation à visiter Krokengaard. — Arrivée à la ferme. — Un hôte vénérable. — Une réunion de famille. — Une dame de Hollande. — Un jeu de croquet. — Fruits délicieux. — Foyer d'un gentleman. — Vie auprès du fiord. — Familles industrieuses. — Hospitalité scandinave. — Dîner d'adieu. — Adieu à Krokengaard.

Par une chaude journée de juillet, je traversai le fiord Lyster, faisant route vers Krokengaard, sur le bord oriental, presqu'en face du fiord Gaupne, à la pointe duquel arrive la vallée de Justedal. Pas un atome d'air ne ridait la surface de la mer; les rayons du soleil tombaient d'aplomb sur le bateau et mes deux bateliers étaient ruisselants de sueur. Krokengaard est situé auprès d'une haute colline, et ses bâtiments se dressaient au milieu de beaux arbres, de champs dorés d'une orge à peu près mûre; les sapins et les bouleaux croissaient sur les montagnes, dont les cimes se perdaient dans des nuages moutonneux. La situation de cette ancienne résidence avait été bien choisie, car elle était abritée contre le danger d'avalanches de neige ou de rochers.

Mon invitation à visiter cet endroit fut caractéristique de l'hospitalité de ce pays. Quelques jours auparavant, à bord du steamer, j'avais fait la connaissance de deux dames, deux sœurs; les femmes peuvent toujours voyager sûrement ici, elles sont certaines de ne rencontrer qu'une respectueuse considération. Elles m'avaient invité à faire une visite à leur oncle, qui, assuraient-elles, me recevrait avec grand plaisir; elles semblaient chagrines pour moi, en pensant que je devais me trouver bien seul, voyageant dans un pays étranger, parcourant des districts presque inhabités, vivant avec les plus pauvres gens, mangeant une nourriture grossière, et endurant une foule de privations! L'aînée était la femme d'un docteur, habitant près de Bergen; avec sa sœur, elle allait à Krokengaard, demeure de leur oncle, lui faire une visite d'été. Lorsqu'elles quittèrent le steamer pour descendre dans le bateau, leurs derniers mots avaient été : « Ne manquez pas de venir à Krokengaard, à votre retour ! » Ceci fut dit avec cet accent norvégien particulier et cette douce voix qui rendaient leur anglais fort agréable à entendre.

Lorsque nous approchâmes du rivage, le bruit de nos rames attira l'attention des gens qui travaillaient dans les champs. Nous prîmes terre et nous entrâmes dans un large sentier qui nous mena, à travers des champs et des prairies, à un mur en pierres bas, entourant un jardin. J'ouvris la porte et je me trouvai dans un verger de pommiers et de cerisiers chargés de fruits magnifiques; il y avait aussi des prunes et des groseilles. Les allées étaient bordées d'arbustes en pleine fleur, et fourmillaient d'oiseaux attirés par les fruits.

Quand j'eus frappé à la porte d'une blanche ferme à la mode ancienne, une jeune dame se présenta; je lui demandai si le capitaine Gerhard Münthe était chez lui. Elle m'introduisit dans une chambre où un beau vieillard, un gentleman aux cheveux blancs, était occupé à lire; dès qu'il me vit, il vint à ma rencontre et m'accueillit avec cette courtoisie norvégienne qui vous met tout de suite à l'aise; sa jeune femme, avec un sourire agréable, me reçut aussi très cordialement. De la bibliothèque, on me conduisit dans le parloir, où des dames, tenant en main des ouvrages à l'aiguille, causaient entre elles. Je fus présenté à deux filles d'un premier mariage, jolies jeunes dames; et je reconnus parmi les autres mes deux compagnes de voyage, qui, ainsi que je pus m'en apercevoir par la chaude réception que l'on me faisait, avaient parlé de ma venue; à leurs aimables sourires, je constatai qu'elles ne m'avaient pas oublié. Après une présentation générale, on offrit du vin et des gâteaux et le vénérable capitaine dit en me regardant : « Soyez le bienvenu à Krokengaard! » puis nous nous saluâmes. Il y avait quelque chose de si bon, de si franc, et de si aimable dans les manières de chacun, que le sentiment de gêne que l'on ressent d'ordinaire quand on entre pour la première fois dans une maison étrangère, eut bientôt disparu.

« Nous allons tous dîner chez mon frère et ma sœur, me dit mon hôte, et vous viendrez avec nous. Là, aussi, vous serez le bienvenu. » Le frère, un célibataire, m'accueillit en français, et la sœur en norvégien. Ils avaient invité tous les membres de la famille pour ce jour-là. Le capitaine prit mon bras pour entrer dans la salle à manger. Les Norvégiens n'ayant point de smörgas, le dîner commença sur-le-champ. Le capitaine, comme l'aîné de la famille, s'assit au haut de la table ; je pris place à sa droite, et une nièce par mariage, une dame de la Hollande, se mit à sa gauche ; son mari, un neveu artiste demeurant à Düsseldorf, était venu ici faire son voyage de noce et revoir en même temps la vieille demeure familiale ; le frère s'assit au bas de la table et la sœur au centre. Le dîner fut bon et substantiel ; on avait tué un mouton pour cette occasion ; on servit du vin de Bordeaux, et le premier toast de bienvenue fut porté en mon honneur par le propriétaire de Krokengaard. A table nous parlions sept langues — le hollandais, que quelques dames avaient appris afin de converser avec leur cousine — le français, l'anglais, l'allemand, le suédois et le latin. Ceci donnera une idée de l'éducation des gens bien élevés en Norvège. Chaque personne présente, à l'exception de deux, parlaient plus ou moins bien au moins trois langues en sus de la sienne ; quelques-unes comprenaient toutes les sept et même encore d'autres ; nous rîmes beaucoup, car telle était la confusion, qu'il nous semblait venir de la tour de Babel. Les sujets de conversation furent très variés et prouvaient que la société avait de l'observation et de la culture d'esprit.

Je m'amusai fort de la dame Hollandaise qui paraissait craindre que je ne reconnusse pas sa nationalité ; plusieurs fois, elle prit la peine de m'expliquer qu'elle était de la Hollande et que les Hollandais ne ressemblaient en rien aux Allemands. A cette époque, le sentiment de la masse du peuple en Norvège et en Suède était ardemment français ; leur sympathie pour la France éclatait à tout propos, et on aurait dit que la guerre avait été en partie supportée par eux ; ce sentiment se manifesta partout où je voyageai, et sans doute la guerre prusso-danoise l'avait encore accru.

Après le café et une exhilarante partie de croquet, nous entrâmes dans un petit verger où nous cueillîmes des cerises, des groseilles, des framboises et des mûres ; ce fut un charme pour moi, car, l'année précédente, je n'avais pas goûté un seul de ces fruits, et, dans la plupart des districts, les fermiers ne les cultivent pas. Je ne m'étonnai plus que Krokengaard fût célèbre pour ses fruits. Les premiers étaient tellement chargés, que leurs branches ployaient.

De ma chambre, j'avais une vue superbe du fiord, des montagnes couronnées de neiges et des glaciers ; le matin, je fus réveillé par le chant des oiseaux, qui ne sont jamais troublés ici par des coups de fusil, bien que leurs déprédations soient considérables.

Le calme de ces fermes norvégiennes le long de la mer, solitaires, livrées à elles-mêmes, est très remarquable. Elles n'occupent souvent que d'étroits espaces de terre couvrant les rochers, avec de hautes montagnes par derrière, et l'eau du fiord en face ; des sapins, des bouleaux et autres arbres poussant sur les déclivités ou les sommets de collines pour fournir le combustible ; entourées par quelques champs et prairies ; la mer pour unique grand chemin.

A une assez faible distance de la maison, un beau courant d'eau clair descendait de roc en roc par une étroite gorge transversale, tombait perpendiculairement d'une hauteur d'environ trente pieds, et coulait sur un lit de graviers ; l'eau était si limpide, que l'on aurait pu compter les cailloux du fond. Sur ses rives étaient dispersés de superbes bouleaux aux troncs blancs ; à côté, l'œil s'arrêtait sur la sombre maison du fermier de Krokengaard. Sur le bord de la rivière, et plus haut, un petit moulin à blé qui fournissait la farine du domaine faisait entendre son tic tac. Ce coin retiré, entre le cours d'eau et la chute, avec ses prairies, ses bois et ses rochers, était l'endroit le plus charmant de la ferme. On trouve le long des fiords de la Norvège plus d'un tableau comme celui de Krokengaard.

Le capitaine Gerhard Münthe, propriétaire de ce bien, jouissait parmi ses concitoyens d'une renommée littéraire, car, dans ses jeunes années, il avait écrit une bonne histoire de Norvège. Souvent deux ou trois fermes comme celle-ci, non loin l'une de l'autre, et appartenant aux membres de la même famille, se réunissent. Là, vous trouvez tous les conforts et les raffinements que donne l'éducation. Les chambres sont bien meublées, chaque partie de la maison est tenue avec une excessive propreté ; le garde-manger est bien pourvu et il y a toujours à la cave une petite provision de vin pour recevoir les amis qui viennent en visite ; les domestiques sont bien stylés ; outre le jardin potager parfaitement entretenu, on cultive des fleurs en abondance ; le verger est bien soigné ; les bâtiments de la ferme sont en bon état ; le bétail est beau ; les champs sont bien labourés ; on aime les arbres et les rochers, et tous les avantages que peut procurer un lieu pittoresque sont mis à profit.

Parmi les compléments habituels, il faut citer : une maisonnette d'été près de la ferme ; un banc sous un arbre d'où l'on a une belle vue ; une maison de bois construite près de la mer ou d'un ruisseau venant de la montagne ; un bateau bien peint et solide, dans lequel on peut ramer et pêcher, et un bon « saeter » dans la montagne. Dans la maison, on trouve généralement un piano et quelquefois une harpe, une guitare ou un violon, car on cultive la musique. Il y a aussi une petite bibliothèque, une bible et autres ouvrages religieux, ainsi qu'une variété de livres utiles. Sur la table du parloir se prélassent généralement quelques-unes des dernières publications, une revue illustrée pour les enfants, et les journaux des grandes villes qu'apportent une ou deux fois par semaine les bateaux-poste, donnant les dernières nouvelles, non seulement de la Norvège, mais du monde entier. Les steamers qui sont chargés du courrier stoppent à maintes places le long des fiords et s'avancent jusqu'à leurs extrémités, car il y a des stations de poste partout ; les heures de leur arrivée sont fixées ; le peuple les attend avec impatience, et, aussitôt que le steamer s'est arrêté, un bateau se détache du rivage pour chercher la malle, ou bien un jeune garçon va la recevoir par le sentier de la montagne. Les lettres surtout sont attendues impatiemment par les familles ; la femme espère apprendre des nouvelles de son père, de sa mère ou d'une amie ; le mari brûle de lire sa correspondance d'affaires ; la fille aspire après un billet de ses chères amies de la ville, ou de quelques camarades de classe, ou de son amoureux, ou de son frère, qui a quitté la maison paternelle pour chercher fortune dans le vaste monde. On attend toujours quelque chose, et le désappointement est grand quand le messager revient les mains vides. Il ne faut pas parler d'équitation dans ces endroits, car on ne se sert des chevaux que pour les besoins de la ferme. L'éducation des enfants n'est pas négligée; on leur enseigne les vérités de la Bible, mais pas de cette manière austère, qui souvent est cause que la jeunesse se dégoûte de la religion. Tout ce qui tend à produire le développement intellectuel attire l'attention de la famille dans la mesure de ses moyens; on fait de grands sacrifices pour donner une bonne éducation aux enfants, et même pour les envoyer dans les villes poursuivre l'étude des hautes branches du savoir. On apprend aux filles à être bonnes ménagères, habiles dans les ouvrages à l'aiguille, dans la broderie, et la couture; elles tissent et font elles-mêmes leurs toilettes; une machine à coudre se rencontre toujours dans la chambre où l'on se tient, en sorte que, quand elles se marient, elles sont capables de prendre soin d'elles-mêmes et de leur famille. Cette vie est essentiellement intérieure, riche en conforts domestiques; on recherche une culture d'esprit solide plutôt qu'un mérite superficiel, car la femme est souvent la seule compagne qui égaye les longues heures de l'hiver. Le peuple est accoutumé à la littérature courante de son pays et aux progrès scientifiques du monde; dans les humbles demeures, on trouve souvent les ouvrages des pays étrangers. Les enfants apprennent la musique, et, à l'occasion, lorsque les voisins viennent en visite, les vieillards et les jeunes gens se livrent au plaisir de la danse. L'église est parfois très éloignée et la mer seule y conduit; c'est ce qui fait que, dans le cours d'une année, des familles n'assistent que rarement au service public, lors de la confirmation des enfants, de la communion, ou quand le temps est très beau. Cependant, cette rare assistance à l'église ne semble pas amoindrir la foi du peuple; au contraire, il m'a semblé que plus il est solitaire plus il devient religieux.

Dans ces ménages norvégiens, la femme est industrieuse et la mère consacre sa vie à embellir son foyer. Elle est dévouée à son mari et à ses enfants; généralement elle instruit les plus jeunes. Le mari prépare souvent ses garçons pour les écoles supérieures; de plus, il surveille les travaux de la ferme, il les conduit avec prudence et économie; il calcule combien les récoltes rendront, combien on pourra vendre de beurre après avoir mis de côté la provision de l'année; comment il faudra faire pour ménager et économiser le bois, — car les arbres ne poussent pas vite et deviennent plus rares tous les ans. A l'occasion, on brûle aussi de la tourbe. Il doit voir encore si les arbres qui ont la taille voulue ont été abattus. De temps en temps, on coupe quelque grand sapin, soit pour un but de construction, soit pour le vendre, afin d'augmenter les fonds du ménage quand les récoltes ne sont pas rémunératrices, ou pour venir en aide à un pauvre voisin, ou pour payer les dépenses causées par la réception d'une société plus nombreuse que l'on ne s'y attendait, ou encore par une visite prolongée à la ville. Généralement parlant, l'argent n'abonde pas, et l'économie est nécessaire. Aucun peuple n'est plus généreux, plus hospitalier ni plus cordial; la bassesse et la ladrerie sont étrangères au caractère norvégien ou suédois, et, en considérant leurs ressources, en aucune autre contrée l'étranger n'est si bien reçu ni traité avec tant d'hospitalité. J'ai vécu dans les montagnes avec des gens qui occupaient de pauvres cabanes en bois, et dont la seule nourriture était des pommes de terre; eh bien, ils m'offraient de bon cœur le peu qu'ils avaient, et c'est avec grand'peine que je parvenais à leur faire accepter de l'argent. Il leur semblait indigne de vendre de la nourriture à un homme affamé, ou de recevoir de l'argent pour l'abri qu'ils lui donnaient. La bonté de cœur des habitants des districts montagneux et retirés, loin des routes que suivent les touristes et des voies de trafic, a grandement ajouté à l'amour et à l'admiration que je professe pour le caractère norvégien.

Ce fut vraiment à regret que je quittai Krokengaard, ce charmant foyer, où tous s'efforcèrent de me rendre la vie agréable. Le jour de mon départ, on avait hissé le pavillon en haut du mât, comme signal pour le steamer de stopper. A la fin du dîner, lorsque nous étions tous assis autour de la table, mon vénérable hôte devint particulièrement grave. Il proposa de boire à ma santé, me souhaita le succès dans mes entreprises, puis exprima l'espoir que j'avais trouvé la Norvège un bon pays, et les Norvégiens de bonnes gens. « Notre pays est pauvre, dit-il, mais nous ne pouvons changer ce que Dieu a fait. Nous vous souhaitons succès et santé dans vos futurs voyages. Quand vous reviendrez au fiord Sogne, venez à Krokengaard, vous y serez toujours bien accueilli. Mais ne tardez pas trop, ajouta-t-il d'un air rêveur, car quelqu'un pourrait bien ne plus s'y trouver. » Les visages de la société devinrent tristes à mesure qu'il parlait, et je vis des larmes dans bien des yeux. « Oui, reprit-il, si vous désirez me revoir, n'attendez pas trop longtemps, car je suis un vieillard et ma vie approche de sa fin. Pour vous, mon ami, un bon et heureux voyage, et revenez à Krokengaard ! »

La séparation me toucha profondément, et je ne l'ai jamais oubliée ; mes pensées errent souvent au delà des mers, et je me demande si le vieux capitaine, à la taille droite et élevée, avec ses longs cheveux blancs, se promène encore auprès du fiord de Krokengaard.

CHAPITRE XXII

LE FIORD AARDAL

Le fiord Aardal. — Sa splendide entrée. — Vallées sauvages des fiords. — Bateaux sur le lac. — Retour des «saeters». — Un lac lugubre. — La ferme Moen. — La Hjaelledal-foss et la Hagadal-foss. — La ferme de Hofdal. — La ferme de Vetti. — Le Mark ou Vetti-foss. — Le fiord Aurland. — Le fiord Naero. — Grandeur de la scène. — Gudvangen. — La Naerodal. — La brèche de Stalheim. — Un beau paysage. — Vossevangen. — Le fiord Graven.

Du Lyster, en revenant au fiord principal, on entre dans l'Aardal, continuation du Sogne et son extrémité la plus orientale. A son entrée, s'élève la Bodlenakken, 2,990 pieds, et, du côté opposé, la Boermolnaase, 3,860 pieds, avec des montagnes encore plus hautes derrière elles.

Les jours d'automne étaient venus, et je naviguais à la voile sur le fiord, lorsque mon bateau demeura quelque temps stationnaire par manque de vent, et à mi-chemin entre ces montagnes; la scène qui s'offrait à mes yeux était d'une grandeur qui n'est surpassée nulle part, et rarement égalée, même en Scandinavie.

Parmi les vallées sauvages, en haut des montagnes, il faut citer Oferdal (Aarferdal); près du rivage on voyait quelques pauvres fermes; des filets séchaient sur des perches auprès des hangars et des groupes de blonds enfants jouaient ensemble; ces endroits d'un aspect si pauvre regorgent d'enfants. De petits tas de cailloux prouvaient que l'on avait essayé de déblayer la terre pour la mettre en culture. Aardalstangen est le dernier hameau à l'extrémité supérieure du fiord.

Dans ces hameaux, les maisons sont petites, peu commodes et pas très propres. La meilleure appartient habituellement au marchand de l'endroit, lequel,—natif de quelque ville ou de quelque grand hameau,— dans son humble boutique, fournit aux habitants les articles dont ils ont besoin pour leur nourriture ou leurs vêtements; parfois il se livre à de petites spéculations sur le beurre, le fromage et même le bétail, qu'il envoie par le steamer dans les grandes villes; ses profits ne sont pas forts, et il se montre satisfait si, dans le cours d'une année, il a pu mettre de côté cent ou deux cents dollars. La maison du marchand sert d'auberge, et l'étranger y trouvera propreté et bonne nourriture. Le marchand d'ici, Jens Klingenberg, n'était pas chez lui; mais son excellente femme et son fils me reçurent avec beaucoup de bonté, d'autant plus que je leur apportai une lettre de recommandation d'un de leurs amis.

Ces vallées des fiords sont extrêmement sauvages et âpres; les fermes ne communiquent entre elles que par un sentier praticable à cheval. Elles doivent offrir des charmes particuliers à l'amant de la nature, surtout ici que l'une d'elles contient la plus belle chute d'eau de la Norvège, la Vetti, appelée aussi Mörk-foss. Le trajet pour y aller et en revenir demande moins d'un jour.

Dans cette abrupte vallée, qui est la continuation du fiord, à une faible distance dans l'intérieur, se trouve un lac pittoresque dont les eaux sont d'un beau vert foncé. Plusieurs grands bateaux plats, qui servent à transporter le bétail jusqu'aux sentiers conduisant aux « saeters », étaient échoués sur la plage. La montagne Stigebjerg s'élève perpendiculairement au lac, et une chute d'eau déchaînée tombe en blanche écume d'une hauteur voisine.

Tout était vie sur le lac; les bateaux plats chargés de bétail, de moutons et de porcs, allaient dans toutes les directions. L'été était passé. Les jeunes filles rentraient dans leurs foyers, enchantées de quitter leurs retraites montagneuses, et les villageois les transportaient avec le fromage et le beurre qu'elles avaient faits. Vers le milieu du lac, on jouit d'une vue superbement sauvage. D'une part, la masse gigantesque des rochers tombe à pic dans l'eau, et, un peu plus loin, une grande cascade, la Hellegaard-foss, se précipite en blanche écume et paraît plus blanche encore par la sombre nature des rochers. Plusieurs « saeters » sont perchés tout au haut, l'un d'eux s'appelle Kvenli. Peu après apparaît derrière une autre masse blanche de vagues écumeuses, le Stige-foss, qui est d'abord caché à la vue.

Si l'on regarde en arrière vers le fiord, un spectacle farouche frappe les yeux, et l'on ne peut croire que ce soit le même pays par où l'on vient de passer ; des monts sourcilleux et d'affreux ravins se font voir dans toutes les directions, et les feuilles jaunissantes des bouleaux et de l'herbe semblent belles. Près de l'extrémité supérieure, sur son rivage septentrional, se dessine la vallée de Nondal, avec des fermes juchées à 2,000 pieds au-dessus de l'eau. A la pointe du lac, la vallée de l'Aardal prend le nom de Utladal, et conduit à la Vetti-foss. Elle court presque parallèlement au fiord Lyster, dont elle est séparée par des masses de montagnes de vingt-cinq milles de large, terminées par le Horunger, à 7,620 pieds de hauteur, et entouré de glaciers. Du côté de l'est, les montagnes s'élèvent à 6,500 pieds, et les lacs et les torrents offrent à l'artiste des sources de délices. Un sentier qui part de la Modal, conduit à File field et à Nystuen, sur la route postale de la pointe du fiord Laerdal à Christiania.

Il y a là une jolie ferme, appelée Moen, où l'on trouve des logements confortables. A quelque distance de la maison, un éperon de la montagne couvert de sapins, semble barrer le chemin ; mais, au delà, on arrive dans un superbe vallon, avec des fermes, qui fait l'effet d'une émeraude. Cet endroit charmant peut avoir un mille anglais de longueur. Ensuite la vallée se rétrécit et devient presque un ravin jonché de fragments arrachés des montagnes et bordé de terrasses occasionnelles. On passe devant la ferme de Svalheim et l'on atteint l'Hjelledal-foss, superbe cascade tombant en nappe d'écume d'une hauteur de sept à huit cents pieds, et ensuite l'Hagadal-foss, à peu près aussi haute. Au-dessus, la rivière est traversée par un pont étroit et frêle, formé de deux ou trois troncs de sapins ; de l'autre côté, on voit quelques champs d'orge et des pièces de pommes de terre. En haut, sur la montagne, se trouve la ferme Hofdal, dont on approche par un dangereux sentier, qui oblige à franchir des crevasses sur un tronc

La Vetti, ou Mork-foss.

d'arbre, ou le long des rochers glabres, auxquels on a attaché des arbres pour empêcher les piétons de glisser sur la glace en hiver. Même en ce lieu solitaire, où hurlent les vents et où les tempêtes se déchaînent, on aperçoit des traces de végétation : — assez de foin pour nourrir quelques vaches pendant l'hiver, et assez de bouleaux pour fournir du chauffage. L'Utladal devient ensuite très étroite et presque obstruée par d'énormes quartiers de rochers, qui tombent chaque année des montagnes et contre lesquels se brise le torrent qui remplit la vallée de son rugissement. Soudain elle s'élargit de nouveau, et sur la colline on entrevoit la ferme de Vetti, où le touriste peut s'arrêter une nuit.

De la maison, un sentier en zigzag conduit aux hauteurs et à l'abîme, du bord duquel, en se couchant à plat ventre, on peut s'aventurer à regarder dans les profondeurs et suivre la chute du regard. Un autre sentier mène dans la vallée et au pied de la Vetti-foss, ou Mörk-foss. Cette superbe chute d'eau est formée par un courant qui vient de deux lacs à la base du plateau de Koldedal, haut de 5,510 pieds. Du haut d'un mur perpendiculaire, formant presque un demi-cercle, le courant se précipite d'une hauteur de plus de 1,000 pieds. Vers la fin de l'été son volume d'eau est si faible, qu'il tombe tout doucement en transparente colonne d'embrun, paraissant plus blanche encore par son contact avec les murs sombres qui forment l'arrière. Je m'étonnai que ce nuage d'embrun pût produire un tel volume d'eau, s'élançant si violemment parmi les rochers, que je ne pus traverser que difficilement de l'autre côté, d'où l'on obtient une meilleure vue de la chute. Le sol et les rochers sont couverts d'une sombre fongosité et tout contribue à rendre l'embrun plus blanc. Je ne pus voir de terre au delà; seulement quelques bouleaux sur le sommet. La chûte était verticale, une petite partie d'eau seulement frappe les murs rocheux. Pendant que je regardais, la colonne liquide commença à se mouvoir ; la brise qui se levait la faisait balayer les murs et se balancer comme un pendule sur un espace de 250 pieds; un saut de vent plus fort s'étant fait sentir, toute la masse se répandit en une transparente nappe d'embrun du sommet jusqu'en bas; le vent cessa et elle se recontracta en une blanche colonne. Je demeurai longtemps à regarder ce fascinant spectacle, auquel j'eus de la peine à m'arracher. Cette chute d'eau ressemble à celle de Staubach, dans la vallée de Lauterbrunnen, en Suisse, et encore, selon les descriptions et les photographies, à la portion supérieure de la chute d'Yosemite, cette fameuse vallée de Californie. Cette dernière tombe verticalement d'environ 1,000 pieds dans un précipice de granit et varie en apparence selon son volume d'eau en différentes saisons; de même aussi sa colonne liquide est le jouet des vents. Mais la Mörk-foss a plus d'eau. Ces chutes d'eau, pareilles à des voiles de mariées, se comptent par centaines en Norvège.

L'AURLAND

Sur le bord méridional du Sogne, à quelques dix milles à l'ouest de Laerdalsören, on arrive au grand fiord de l'Aurland. La profondeur de la mer à son entrée dépasse 3,000 pieds et sa largeur n'atteint pas un demi-mille; les approches en sont superbes. Les montagnes qui s'élèvent de la mer, les ravins, les rochers, les précipices et les forêts se combinent pour offrir un spectacle rarement égalé. Sur le bord occidental se présente le glacier de Fresvik, de la base duquel plusieurs vallées pittoresques s'embranchent dans diverses directions.

Quand on a navigué pendant huit milles, l'Aurland se bifurque : un côté s'appelle le fiord Naerö, mais nous suivrons d'abord le premier. Une ferme que l'on nomme Stege, est perchée tellement haut que l'on se demande comment font les gens pour y arriver depuis le fiord; sur le bord opposé, c'est Nedberge, et, sur le Kappadal, on distingue deux fermes; les bâtiments sont si éloignés qu'on les aperçoit à peine avec leurs toits en terre, ils se confondent avec les rochers. La vallée d'Underdal est d'un côté, près de Flenje-Eggen; de l'autre, c'est Steganaase. A l'est de la vallée de Skjœrdal, le Blaaskavl s'élève de 5,650 pieds au-dessus de la mer.

Le hameau d'Aurland a quelques maisons peintes et une bonne auberge. A quatre ou cinq milles plus loin, on touche à l'extrémité du fiord, qui finit en une étroite vallée renfermant des fermes.

Une masse rocheuse d'environ six milles sépare l'Aurland du fiord Naerö, point culminant de Steganaase, à 5,500 pieds de hauteur. La vue, à l'ouverture de ces deux fiords, est magnifique, et ici la mer a 1,490 pieds de profondeur. Quand on perd la vue du fiord Aurland et que l'on entre dans le Naerö, à chaque courbe du terrain, une nouvelle perspective charme la vue; tout est également grand et beau. L'eau est

La Nærodal.

si transparente et si tranquille, qu'elle ressemble à un miroir et réfléchit tous les objets qui l'environnent : pics neigeux, nuages argentés et sombres forêts. D'immenses masses de granit gris, de gabro et de labradorite s'élèvent de la mer jusqu'aux pics les plus inaccessibles, et dans le Naerö-fiord, le labradorite repose en partie sur des couches de gneiss visibles le long du bord. A droite, la Haegde se jette de 1,000 pieds dans la vallée, en une série de cascades toutes blanches d'écume ; c'est la seule grande chute que j'aie vue dans le fiord Sogne. La première fois que j'entrai dans le Naerö-fiord, je ne pus retenir un cri d'admiration ; je demeurai stupéfait devant ce prodigieux panorama ; la sublimité du spectacle me remplit d'un sentiment de terreur et de surprise ; à peine pouvais-je croire que l'eau sur laquelle nous voguions était la mer.

Quand on arrive en travers de Dyrdal, — qui est découpé dans le roc, — la scène devient grandiose ; de petites fermes, dont les cabanes en rondins de sapins ont résisté aux ouragans séculaires, en adoucissent l'aspect lugubre. Après que l'on a dépassé Gjejteggen et la ferme de Styve, le fiord se contracte soudain, et la profondeur de l'eau n'est plus que de 190 pieds. A quelques milles de là, la navigation cesse tout à coup, et le Naerödal s'élève presque imperceptiblement de la mer, continuant son chemin au milieu de ce paysage grandiose, comme le fiord lui-même.

J'ai navigué sur ce fiord dans toutes les saisons, — par un beau soleil, et aussi lorsque d'épais nuages étaient balayés par l'ouragan, — mais j'ai toujours trouvé la scène plus belle et plus sublime vers la fin d'un jour d'été, avant que le crépuscule ait disparu. Il donne une grandeur tellement austère à ces murs gigantesques ; leurs contours paraissent tellement fantastiques, que je doute que l'on trouve ailleurs une vue de la mer plus sombre et plus fatale que celle du Naerö-fiord.

L'entrée de la vallée de Naerödal est la digne continuation du fiord. Le hameau de Gudvangen est situé au milieu de blocs gigantesques qui ont été arrachés aux versants de la montagne ; il semble qu'un jour ou l'autre une avalanche doit écraser et recouvrir les maisons de ses habitants sans défiance. De l'autre côté, tombe de 2,000 pieds la chute de Kils-foss ; à certains moments de l'année elle est formée de trois portions distinctes ; à d'autres de deux, et quelquefois d'une ; le courant fait un bond de 1,000 pieds sans toucher le roc, sous lequel les portions se rejoignent.

La scène est si sombre à Gudvangen par un jour de brume, que l'esprit le plus léger en serait frappé, et, même par un soleil éclatant, on désire s'éloigner de ce spectacle attristant. Près de là, une petite chapelle, à laquelle on arrive par un étroit sentier, domine la mer ; en plusieurs places, le rocher a été écaillé, et une barrière en fer empêche le piéton de glisser sur la glace et de tomber dans la mer pendant l'hiver.

Marthinus Hansen, le maître de la station, était un parfait honnête

Vinge.

homme, au caractère tranquille ; sa femme, avec sa bonne figure et son bonnet blanc, ressemblait à une madone de l'ancien temps. Une fille nubile, leur seule enfant, qu'ils avaient envoyée à l'école à Bergen, les aidait dans les devoirs du ménage ; bien qu'elle sût parler anglais, je ne pus parvenir à lui faire dire un mot en cette langue. Il y avait aussi deux servantes, car les voyageurs étaient nombreux pendant cette saison. La petite auberge constituait toute la fortune de la famille, et était des plus confortables ; à la vérité, les chambres à coucher étaient petites, mais Hansen disait que, dès qu'il aurait mis de côté assez d'argent, il

Le Jordalsnut

ajouterait à sa maison un autre étage. « Et, alors, s'écriait-il avec enthousiasme, les voyageurs auront des chambres grandes et commodes! » — Puis il reprenait tristement : « C'est si difficile de mettre de l'argent de côté! » Son honnêteté l'empêchait de tromper ou de rançonner les voyageurs. Je me suis arrêté plusieurs fois chez le bon vieux Hansen, et plus je l'ai connu, plus je l'ai aimé. — De temps en temps, nous nous écrivons, et, dans sa dernière lettre, il m'apprenait que beaucoup de voyageurs s'étaient arrêtés à Gudvangen ; je suis sûr qu'ils ont été traités amicalement et honnêtement.

A partir du fiord Naerö, l'un des grands chemins les plus pittoresques et les meilleurs de la Norvège traverse Eide, à la pointe du fiord Graven, sur l'Hardanger, à une distance d'environ 48 milles. Aucune autre vallée de Norvège, où passe une grande route, ne peut être comparée en tristesse à la Naerödal ; elle semble finir subitement, et on croit ne pouvoir aller plus loin ; une brèche infranchissable en apparence barre le chemin ; mais on voit au loin les faibles contours d'une route en zigzag permettant le passage : c'est la brèche de Stalheim. Cette œuvre est l'un des exemples les plus remarquables du talent déployé par les ingénieurs de la Norvège ; la montée est fatigante, et en hiver, quand la glace couvre le sol, elle est dangereuse, et j'en ai fait l'épreuve. Deux charmantes chutes d'eau descendent d'une hauteur de plusieurs centaines de pieds ; elles jaillissent en embrun sur les rochers, et forment ensuite la rivière Naerö.

De la brèche de Stalheim, la vue de la Naerödal produit une vive impression. Le Jordalsnut (*nut* — cône), immense masse de granit, surgit comme un dôme gigantesque qui regarde avec dédain l'étroite vallée. De Stalheim vers le sud, le paysage est riant et beau ; on est heureux de laisser derrière soi la lugubre Naerödal. Forêts, lacs charmants et cours d'eau, vieilles fermes et montagnes couronnées de neige, tout cela, à distance, constitue un magnifique panorama.

La dernière fois que je me rendis au sommet de la brèche, une chose me manqua : la figure d'un vieux mendiant de profession, le seul que j'aie jamais rencontré en Norvège. La première fois que je le vis guettant les étrangers, je refusai de lui donner quelque chose ; sans se troubler, il se mit à parler du temps, du bel été, et enfin me dit qu'il était très pauvre et me redemanda de l'argent. Sur mon refus, il devint furieux, et tirant de sa poche un sac rempli de petite monnaie, il le fit sonner en disant : « Tout le monde n'est pas aussi ladre que vous; voyez que d'argent on m'a donné ! Regardez! regardez ! » — Je partis d'un éclat de rire et ceci parut vexer encore davantage le vieux misérable. Quand je m'informai de lui auprès du facteur, il me dit que le vieux drôle était mort.

Près du hameau de Vinge est la vieille et bizarre église bâtie en rondins de sapins, il y a deux siècles; le toit est en forme de dôme et parsemé d'étoiles; les murs sont fastueusement peints; deux croix, l'une en fer et l'autre en bois, étaient les seuls monuments du cimetière; depuis longtemps on ne célèbre plus le service divin dans cet édifice.

Je connais peu de districts en Norvège, près d'une grande route, où les gens soient aussi malpropres qu'ici; la plupart des maisons sont très sales; en voyageant dans l'hiver, lorsque j'entrai dans une maison, il m'est arrivé de voir des enfants de dix à douze ans complètement nus; à la vue d'un étranger, ils allaient se cacher derrière le poêle ou se sauvaient.

Les stations entre Gudvangen et Vossevangen sont misérables, et l'on ne peut s'y procurer de la nourriture mangeable pour un habitant des villes; cependant, on y a de bon café, et quelquefois du lard et du poisson.

Sur la route, auprès de la vieille ferme de Trinde, pauvre station postale, on voit la Trinde-foss, qui se précipite sur un récif médiocrement boisé, de 400 pieds de haut; ses cascades, si elles ne sont pas grandioses, appartiennent du moins aux plus séduisantes de la Norvège. Environ six milles plus loin, en passant par une contrée pittoresque, on atteint le hameau de Vossevangen, sur les bords d'un petit lac; ici, la route se ramifie vers Evanger et Bolstadören, à la pointe du fiord courbe de ce nom. Les habitants de la paroisse de Vosse sont très intéressants, et un séjour d'un dimanche en cet endroit compensera grandement le retard. Le service à l'hôtel Fleischer est très bon; l'hôte parlait anglais et l'endroit m'a paru confortable; c'est le seul où les voyageurs puissent passer une nuit dans leur route vers Hardanger, fiord qu'il n'est permis à aucun des visiteurs du pays de ne pas aller voir.

Pas très loin de Vossevangen, au milieu des collines entre les lacs

La Trinde-foss.

Rundal et Lione, ou les dominant, se trouvent des fermes auxquelles, depuis la vallée, on arrive par une montée rapide. Là, l'étranger peut étudier le caractère primitif de l'excellent et intelligent peuple de Vosse. Leurs femmes tissent des couvre-pieds en laine épaisse appelés *aaklaeder*, qui, depuis des siècles, jouissent d'une grande réputation chez les fermiers, lesquels aiment les couleurs éclatantes de leurs dessins.

Les vieilles gens du pays de Graue et de Norheim me traitèrent royalement ; car leurs enfants, qui vivent dans l'ouest de l'Amérique, sont mes bons amis, et l'un des petits-enfants du bon fermier de Norheim a reçu mon nom, par égard pour moi. Les meilleures choses du garde-manger furent pour Paul, il n'y eut point cesse de « skal » pour Paul. Dans chacune de leurs fermes, les filles et les autres membres de la famille, comme c'est la coutume en Norvège, — ont d'énormes coffres à l'étage supérieur, où elles enferment leurs toilettes et autres objets précieux. — Là, chacun avait sa bouteille de vin soigneusement réservée et que l'on n'ouvrait que dans les occasions spéciales, lorsque, par exemple, ils désirent fêter de bons amis. Chacun insista pour me recevoir. Les frères me firent venir chez eux et il me fallut participer à leur bonne chère.

De Vossevangen, la grande route jusqu'au fiord Graven, distant d'environ vingt milles, passe par un pays pittoresque où abondent les sapins ; on rencontre quelques anciennes scieries, mais la population est faible. Après une course de dix à douze milles, la vallée supérieure se termine brusquement et une vue magnifique frappe les yeux ; la vallée inférieure, plus basse de quelques centaines de pieds, est enfermée dans de hautes montagnes ; une route magnifique contourne le récif et passe à la base d'un immense mur de rochers qui surplombe. A gauche, un précipice forme le centre de ce demi-cercle, et une charmante chute d'eau — la Skafledal — tombe en face du récif ; elle court de là sur le roc nu, et va de nouveau se perdre à une profondeur encore plus grande. Après avoir traversé le pont jeté sur le courant, où la route est gardée par des blocs de pierre, nous continuâmes notre chemin en longeant le lac Graven et la rivière, jusqu'à ce que nous ayons atteint le fiord.

CHAPITRE XXIII

LE RIANT HARDANGER

Le fiord Hardanger. — Ses beaux paysages. — Melderskin. — Rosendal. — Tempêtes d'automne. — Un dimanche sur le fiord. — Toilette de la fiancée. — Fiancés en route pour l'église. — Ulvik. — Cour de justice. — La ferme Lione. — Accueil amical de Lars. — L'Eidfiord. — Une bourrasque. — Eau merveilleusement phosphorescente — Vik. — Voyage à la Voring-foss. Une vue superbe. — Le Sor-fiord. — Les plus charmants fiords de la Norvège. — La Tyssedal-foss. — Le lac Ringedal. — Eau bleu foncé. — La Skjaeggedal ou Rengedal-foss. — Norvège. — Belle chute d'eau.

Le fiord Hardanger fait un contraste frappant avec la grandeur lugubre du Sogne, avec ses chutes d'eau et ses cascades qui se jettent sur les versants des montagnes; au pied des glaciers qu'ils surmontent, les collines sont couvertes de bois et de vergers présentant une richesse de feuillage que l'on voit rarement dans les autres parties du pays. Le gai paysage semble avoir imprimé ses traits sur les habitants des fermes et des hameaux situés sur ses bords.

Ce fiord est séparé du Sogne par des chaines de montagnes avec de petits fiords entre elles. Des steamers de Stavanger au sud, de Bergen au nord, en font le tour deux fois par semaine, la durée du voyage étant de trois jours.

La côte norvégienne, un peu au-dessous du 59° vers le nord, est littéralement déchiquetée de fiords, et bordée d'un véritable labyrinthe

Une scène de montagne en Hardanger.

d'îles. Le fiord extérieur est connu sous le nom de Bömmel, et formé par la terre ferme d'un côté et une série d'îles de l'autre, lesquelles, par leur position et leur nombre, le font paraître complètement fermé par la terre pendant une distance de 60 milles. Au sud de l'île Bömmel, à l'entrée du fiord, la mer a 720 pieds de profondeur, mais cette profondeur augmente rapidement ; ainsi à quelques milles plus haut, elle varie de 1,260 à 1,120 pieds ; puis, diminuant à 408 pieds aux îles de Huglen et de Klosternaes, elle revient graduellement à 1,614 pieds à la partie méridionale de l'île de Tysnaes ; à l'entrée du fiord intérieur connu sous le nom de Hardanger, elle est de 1,470 pieds ; sa plus grande profondeur entre le bord oriental de l'île de Varals et la terre ferme, est de 2,140 pieds.

De Bergen, la route du steamer entre l'île de Tysnaes et la terre ferme passe par un canal étroit et courbe, qui me rappela l'Hudson, près West-Point. Pendant que le steamer continue sa course au nord-est, en traversant de l'autre côté, le panorama de la partie supérieure est magnifique ; ce ne sont que montagnes dans toutes les directions, avec leurs cimes neigeuses reluisant au soleil ; les champs de neige et les glaciers du Folgefonn regardent du haut d'un vaste plateau, et les fiords semblent ramper à sa base.

Après sept heures de navigation depuis Bergen, on arrive à Rosendal, charmant endroit, avec le Melderskin, qui s'élève à 4,550 pieds et un vaste espace de terre cultivé, à sa base ; en face, sur le bord oriental, le fiord Mauranger s'étend presque jusqu'au pied du Folgefonn. Les feuilles jaunies révélaient la présence de l'automne ; les feuilles rouges du tremble et du frêne de montagne rivalisaient de beauté avec le feuillage américain à cette époque de l'année, et contrastaient élégamment avec les sombres couleurs des arbres toujours verts. En cette saison le temps est très incertain, et des coups de vent soudains descendent avec une violence inouïe des gorges de la montagne, au grand danger des mariniers. En passant devant le Melderskin, une de ces rafales vint frapper notre steamer. La vue était superbe, car le vent soufflait avec une telle force, qu'en fendant les flots avec nos roues, l'embrun s'élevait si haut, que parfois tout le fiord était enveloppé d'une brume épaisse.

De Rosendal, la navigation est belle. Ostensö est un des endroits les plus pittoresques ; les maisons sont construites sur les bords d'une baie qui a presque la forme d'un fer à cheval ; près d'Ostensö se trouve Samleköllen, entouré par des collines bien boisées et de riches prairies. En passant à gauche de Björberg-foss, avec la haute montagne d'Oxen au loin, la scène est remarquablement belle ; le fiord fait alors un détour subit au sud-est, et reçoit le nom de Utne.

Je quittai le steamer pour prendre un bateau, et, tandis qu'un vent léger me faisait avancer lentement, j'aurais pu m'imaginer que j'étais dans un pays enchanté, tant l'air était embaumé, le ciel bleu, les nuages argentés et le paysage ravissant, avec les montagnes couvertes de neige et de glace. J'entendis la cloche d'une église juchée sur une colline et regardant la mer ; je vis venir de toutes les directions des bateaux chargés de monde ; de jolies filles dans leurs pittoresques costumes, le livre de prières en main ; des jeunes gens aux visages virils, fiers de ramer pour elles ; des mères dans leurs immenses bonnets blancs portés seulement par les femmes mariées ; des vieillards et des femmes courbés sous les années, la vue affaiblie par l'âge, accompagnés de leurs petits-enfants et arrière petits-enfants. En passant près de moi, ils s'écrièrent : « Américain, j'ai un fils, j'ai une fille en Amérique. Les connaissez-vous ? Les avez-vous vus ? » Un autre disait : « Mon fils habite en Minnesota ! Ma fille est à Jowa, » reprenait un autre ; et un troisième : « J'ai trois enfants dans le Visconsin ! » Ils se rapprochèrent, et me saisirent les mains qu'ils serrèrent avec une force dénotant l'intensité de leurs sentiments. Je fus forcé de leur dire que je ne les connaissais pas, ou que je ne les avais jamais vus ; mais le lien d'amour était là ; ils m'aimaient parce que leurs enfants leur avaient écrit qu'ils étaient heureux dans mon pays, et eux-mêmes se montraient ravis de voir quelqu'un qui vivait sur le même sol. Lorsque nous nous dîmes adieu, ils s'écrièrent : « Américain, venez à notre ferme, vous serez bien accueilli ; nous vous montrerons les portraits que nos enfants nous ont envoyés, et peut-être, à votre retour, pourrez-vous les aller voir et leur dire que vous avez vu les vieux chez eux ; que nous pensons à eux chaque jour, qu'ils nous manquent et que nous prions Dieu de les bénir. » Et tous, en partant, me lancèrent un affectueux regard.

Je continuai ma route et, dans l'après-midi, je rencontrai une noce qui traversait de l'autre côté pour se rendre à l'église ; la fiancée, avec sa couronne d'argent qui la faisait ressembler à une reine, et ses vête-

Toilette de la mariée.

ments aux couleurs vives, était assise à côté de son fiancé; de nombreux bateaux remplis de gens qui allaient assister au mariage, suivaient le leur. Deux hommes jouaient du violon, et, dans les intervalles de la musique, on buvait à la ronde un coup de la célèbre bière d'Hardanger; puis les bateaux reprirent leur course et la musique s'éteignit peu à peu dans l'éloignement.

Rien ne peut mieux illustrer les différentes phases de la vie norvégienne que les peintures de Tidemand, qui sont d'une scrupuleuse vérité, et je ne saurais mieux faire que de donner la réprésentation faite par l'artiste de la toilette de la mariée (p. 297); la mère donne les dernières touches à la toilette, pendant que la grand'mère la regarde et que la jeune sœur tient le miroir. Mais, après la noce, les longs cheveux flottants ou tressés seront coupés; elle quittera sa gracieuse coiffure pour prendre un bonnet blanc comme celui de sa mère, et que, seules, les femmes mariées portent. Je suis heureux de dire que souvent de jeunes femmes se récrient contre cette coutume, qui, j'espère, sera bientôt reléguée parmi les choses du passé. Une autre scène représente les mariés sous le porche de l'église, prêts à partir, soit dans le bateau qui les attend pour les transporter dans la vieille demeure de famille, ou dans la voiture qui doit les y conduire.

Le dimanche suivant, je vis une autre procession traverser le fiord, mais celle-là demeurait silencieuse et solennelle; car c'était un cortège funèbre portant un mort au cimetière. Telle est la vie : hier un mariage, aujourd'hui un enterrement; dans une maison, douleur et larmes; dans une autre, espoir joyeux et avenir brillant.

Parfois encore (page 300), ce sont trois jeunes filles arrivant dans un bateau; elles ont pris terre et tiré l'embarcation sur le sable; elles vont faire une visite dans une ferme, et ont apporté avec elles leur petit bagage; mais, avant d'aller plus loin, elles donnent un dernier coup à leur toilette, car les demoiselles d'Hardanger sont coquettes; l'une noue tranquillement son tablier; une autre arrange les cheveux de sa compagne d'une manière plus convenable. Elles portent leur meilleure robe; les manches blanches de leur chemise font opposition à leurs toilettes foncées. Leurs jupes courtes permettent de voir les couleurs éclatantes de leurs bas.

J'entrai dans la vallée de Gravedal et ensuite je traversai les montagnes à Ulvik, pour voir la région sise entre les deux fiords, au commencement d'octobre, quand les feuilles tombent en masse. Je passai devant plusieurs fermes et j'atteignis le plateau; les sommets des plus hautes collines se cachaient sous la neige, et la glace apparaissait le long des bords des cours d'eau et du lac Vatne; le thermomètre se tenait à 34°. Trouvant les « saeters » déserts, je descendis à Ulvik. Sur le chemin, les femmes rassemblaient les feuilles tombées des frênes

Finissant leur toilette.

pour les donner au bétail pendant l'hiver, car la récolte du foin avait été médiocre par suite de la sécheresse. Ulvik regorgeait d'étrangers venus pour assister à la session de la cour qui avait lieu alors en cette ville. Le tribunal était situé près de l'auberge, sur le fiord; c'était une simple maison en bois, contenant une table, quelques chaises et des bancs. Dans la plupart des cas il s'agissait de dettes, ou d'intérêts impayés sur des hypothèques.

Après l'ajournement de la cour, le juge, les avocats, le lensmand et les étrangers se rendirent à l'auberge pour dîner. Pendant que j'errais alentour, je rencontrai une troupe de trois jeunes filles étrangères, qui

Mariés sortant de l'église.

demeuraient sur un autre côté du fiord Hardanger. A peine les eus-je quittées, que je vis venir un bonde conduisant un char. Je le saluai en norvégien. « Bonjour étranger, me répondit-il ; d'où êtes-vous ? De l'Amérique ? — Oh ! reprit-il, j'ai un frère en Amérique, j'y ai des parents. » La conversation s'engagea. Quel âge avez-vous ? me demanda mon curieux ami. Êtes-vous marié ? Combien avez-vous de sœurs et de frères ? Votre père et votre mère vivent-ils ? Quel genre d'affaires faites-vous ? Avez-vous une ferme ? Combien coûte un cheval en Amérique ? Quel est le prix d'une bonne vache laitière, d'un mouton, d'une chèvre, d'une livre de beurre ? Combien de sortes de fromages faites-vous ? Avez-vous du vieux fromage (*gammel ost*) ? Que venez-vous faire en Norvège ? N'êtes-vous pas fils d'un Norvégien ? Comment se fait-il que vous compreniez et parliez le norvégien ? » — Pendant le temps que j'avais répondu à toutes ses questions, nous étions arrivés à la partie de la route où nous devions nous séparer ; alors mon questionneur me dit : « Ne voulez-vous pas venir à ma ferme ? Vous y serez bien reçu. — J'y consens répondis-je. — Comment vous appelez-vous ? — Paul Du Chaillu. Paul est un nom norvégien, vous devez être le fils d'un norvégien et vous aurez un peu oublié votre langue maternelle. » Je le suivis. La route étant très montueuse, il voulut me faire asseoir dans son char, mais je refusai. La pluie venant à tomber, il insista pour que je misse sa cotte sur mes épaules. Nous continuâmes de monter en passant devant plusieurs fermes et en longeant un courant écumeux. Les arbres, bien qu'assez rares, étaient dispersés dans la prairie, ou poussaient sur les côtés de la route ; on les avait émondés de leurs branches qui doivent servir de chauffage. La ferme de mon ami était parmi les plus élevées. Quand nous atteignîmes le sommet de la colline, mon excellent compagnon s'arrêta, et, me désignant un groupe de bâtiments, dit : « Voici Lione. » et bientôt nous fûmes devant sa maison. J'étais à peine assis que Lars ouvrit une armoire, y prit une bouteille et insista pour que je busse un verre avec lui ; puis il alla chercher sa femme, qui me souhaita la bienvenue ; après quoi, elle nous servit un repas substantiel composé de lait, de crème, de fromage, de beurre, de mouton séché et de saucisses. Pendant que nous mangions, un de ses frères entra, mais ne voulut pas s'asseoir à table avec moi ; l'étiquette ne l'admettait pas, attendu que le repas avait été préparé spécialement pour l'étranger. On appela deux fants; l'aînée, Anne-Maria, âgée de treize ans, avait des cheveux blonds superbes, et un teint rosé qu'aurait envié la plus belle personne de son sexe; Ingeborg, la plus jeune, âgée de sept ans, avait les cheveux presque blancs. « Quand vous viendrez me voir l'hiver prochain, vous aurez une belle chambre, me dit Lars, qui voulait ajouter un étage à la maison; vous reviendrez me voir, n'est-ce pas? » Je répondis que je viendrais et que je passerais un jour avec lui. « Cinq jours, reprit-il; tant que vous voudrez, vous serez le bienvenu. » Ensuite nous allâmes voir ses vaches, qui étaient revenues depuis peu du « saeter ». Lars était un

Jeunes filles de Hardanger.

fermier aisé pour cette région; il possédait huit vaches, un cheval et trente moutons. Son frère était propriétaire de sept vaches, vingt-cinq moutons et un cheval. Nous fîmes de courtes visites aux voisins, parmi lesquels mon arrivée avait produit quelque sensation. Le jour avançait, il me fallut dire adieu à Lars. « Eh quoi! s'écria-t-il d'un air étonné, ne coucherez-vous pas ici? — Non, répondis-je; je le voudrais mais c'est impossible. » Quoique la pluie tombât, il me fallut consentir à ce qu'il m'accompagnât pendant une partie du chemin, et j'eus beaucoup de difficultés à l'empêcher de me mettre sa cotte sur les épaules; je préférais être mouillé qu'étouffer. La femme, les enfants et les voisins se rassemblèrent pour me voir et me demander de

La Vöring-foss.

revenir. Lars Danielson était le parfait spécimen du bonde norvégien.

Le lendemain, le temps, qui avait été beau toute la matinée, devint menaçant dans l'après-midi ; de lourds nuages noirs planaient sur les montagnes. Mais mon bateau était prêt, et les deux bateliers m'attendaient ; en dépit du ciel, qui devenait bas, et malgré l'avis du juge, je partis, afin de revenir à temps pour le steamer ; car je tenais à voir la Vöring-foss, l'une des plus belles chutes d'eau de la Norvège. Au crépuscule, les montagnes qui s'élevaient au-dessus de l'Osse-fiord paraissaient grandioses et fantastiques ; leurs cimes étaient alors couvertes de neige. La fin de ce petit fiord avait un aspect particulièrement lugubre, car l'obscurité, qui ne tarda pas à nous envelopper, jetait ses ombres sur les pics, les ravines et les rochers. Le vent, qui augmentait de moment en moment, présageait une tempête ; quelques gouttes d'eau tombèrent d'abord et furent suivies d'une pluie battante, accompagnée d'un vent violent ; la mer, courte et coupante, secouait notre bateau comme une coquille de noix. J'eus, assez à faire de vider l'eau qui nous prenait par le travers ; nous étions évidemment au milieu d'une grande bourrasque. De temps en temps, nous poussions vers un endroit abrité ; mais rafale après rafale venait nous secouer, et nous avions besoin d'employer toutes nos forces pour y résister. Quand nous entrâmes dans le fiord Eid, le vent soufflait avec tant de furie que nous pouvions à peine lui tenir tête ; les vagues, en se brisant, répandaient des milliers d'étincelles, car l'eau était extrêmement phosphorescente ; la pluie me parut très froide, et je ne m'en étonnai pas, attendu qu'il neigeait à mille pieds au-dessus de nous. La nuit devint excessivement obscure. Rien n'est plus décevant que la distance des montagnes pendant la nuit ; mes hommes eux-mêmes, avec toute leur connaissance du fiord, avancèrent deux ou trois fois tout près des rochers, et ne s'aperçurent de leur méprise que par le choc des rames sur le bord. Nous pouvions entendre, mais non voir les chutes d'eau, excepté là où elles tombaient des falaises dans la mer ; alors elles apportaient à la surface une grande étendue de cette même lueur phosphorescente. Vers minuit, le temps changea, le vent tomba et la tempête cessa. Nous fîmes force de rames, et soudain un spectacle merveilleux apparut devant nous : l'eau du fiord semblait flamboyer ; je n'avais jamais vu sous les tropiques ni sur les navires pendant les veilles un éclat aussi brillant ; on aurait dit que la Voie lactée était descendue sur la mer ; nous semblions flotter au milieu d'innombrables étoiles vacillantes. Ce magnifique spectacle était causé par le contact des eaux de la rivière Erdal avec celles du fiord.

Quand nous approchâmes de l'extrémité du fiord, je remarquai des lumières sur le rivage; l'une disparut d'abord, puis l'autre; bientôt après une fenêtre, éclairée s'éteignit ; ceci me prouva qu'en cet endroit chacun était allé se livrer au repos. Nous abordâmes à Vik, et, peu d'instants après, nous étions admis dans l'auberge. Il n'y avait là que quelques fermes, dont les plus importantes sont celles de Nesheim, Legereid et Hereid ; les terrasses me firent l'effet d'être fort hautes, mais les fermiers n'avaient pas l'air d'être prospères, ni d'avoir de maisons proprement tenues. A un mille environ de Vik, on arrive au lac Eid-fiord, nappe d'eau d'un vert foncé de trois milles de long, aux extrémités de laquelle sont situées deux fermes. Un sentier de montagne conduit à la Vöring-foss, et, après que l'on a traversé un pont, le sentier passe sur la rive droite du courant. Nous ne rencontrâmes sur notre chemin que deux pauvres fermes, Thveit et Haabo ; quelques morceaux de terre entre les rochers fournissent une maigre récolte de pommes de terre et d'orge. Tout le monde était affairé, car on avait tué pas mal de moutons, et l'on s'occupait à en sécher la viande afin de la conserver pour la manger pendant l'hiver. A une courte distance, nous vîmes les restes d'un sentier rapide en zigzag, conduisant au sommet du plateau, d'où l'on a la vue de la Vöring-foss, de la ferme de Maurset et des « saeters ». Après avoir franchi deux ponts, nous montâmes par une nouvelle route construite sur les débris tombés des montagnes, aux frais de la Société des touristes *(Turist-föreming);* les membres de cette association ont ouvert des routes et des sentiers sur des points jusque-là inaccessibles, et bâti des abris pour les voyageurs ; ils publient tous les ans un journal très estimé. Sur le chemin, on voit la lettre T, avec la date de 1870, creusée dans le roc, faisant connaître l'époque où la route a été terminée par la Société. Ce sentier a environ six pieds de largeur; il va jusqu'au bout de la vallée, et au pied de la Vöring-foss. De là, on obtient maintenant une belle vue de la chute d'eau, qu'autrefois on ne pouvait apercevoir que des hauteurs du dessus. Partout on rencontre des traces de l'action silencieuse des glaciers. La première chute se jette par-dessus

La Skjaeggedal ou Ringedal.

le mur sur la rive droite du courant, voltigeant çà et là, comme la pousse le vent, et pareille à un gigantesque voile de mariée.

Le bruit retentissant de la grande chute devenait de plus en plus fort à mesure que nous avancions, et, quand nous eûmes traversé un pont, nous nous trouvâmes au pied de la Vöring-foss. Sa masse d'eau principale tombe perpendiculairement d'une hauteur de 700 pieds, en une colonne compacte ; après avoir passé par trois canaux rocheux avec une force effrayante, trois colonnes d'eau bondissent, sans toucher le rocher, avec une inégale rapidité. Le grand courant d'air occasionné par la chute, force l'embrun à se soulever en courbes, et, selon sa violence, à remonter jusqu'à une hauteur de 2,000 pieds. La masse d'eau de la Vöring-foss est plus considérable que celle de la Rjukand, de la Mörk-foss, ou de la Skjaeggedal-foss. De l'autre côté de la Vöring, une cascade beaucoup plus haute, la Fosseli, descend dans la vallée, d'une hauteur de 2000 pieds.

LE FIORD SÖR

Cette nappe d'eau, d'environ 25 milles de long et variant en largeur de mille à quelques cents yards, est incontestablement le fiord le plus charmant de la Norvège ; car je doute qu'aucun autre l'égale en beauté. Il court à peu près du nord au sud, séparé par une chaîne de montagnes couronnée par les champs de neige et les glaciers du Folgefonn, et du sommet la chute d'eau plonge en bas de 2,000 à 3,000 pieds.

J'avais changé de bateau et d'équipage à Utne, riche hameau sur le fiord, et, comme le vent était léger, j'eus amplement le temps de jouir de la magnificence du panorama, en contenant le zèle de mes bateliers, paresseusement couchés sur leurs bancs, et peu pressés de reprendre leurs rames pour nous éloigner lestement.

Huit rives étaient en vue : celles du fiord Eid, le fiord Sör, le Kinservik, un fiord profond comme une baie, et l'Utne. Après que l'on est entré dans le fiord Sör, les promontoires se succèdent en foule. Je comptai huit éperons d'un côté, et quatre de l'autre ; en même temps, leurs contours changeaient sans cesse à mesure que nous avancions. Le grand glacier du Folgefonn dominait ce paysage automnal et semblait souvent arriver jusqu'au bord de la montagne et près de tomber en pièces dans le précipice. La montagne descend brusquement dans la mer de toute sa hauteur de 5,000 pieds. Une suite de cônes *(nuts)* élevés : Solnut, 4,650 pieds; Torsnut, 5,060 pieds; Venanut; Langgrönut, et le reste de la chaîne, forment le mur qui soutient le plateau vers l'est. A l'orient du fiord, la plus récente couche de quartz bleu et de schiste argileux repose sur le granit primitif du gneiss. De grand matin, tout se réfléchissait dans les eaux tranquilles du fiord, de la manière la plus parfaite; glaciers, montagnes, ruisseaux, taches de neige, arbres, fermes, et même les plus petits rochers; en regardant l'eau, nous étions portés à croire que nous voyagions sur terre.

Au delà d'Ullensvang, on voit le glacier plus distinctement, et souvent les déclivités de la montagne de glace deviennent plus abruptes et approchent davantage de l'eau. A la ferme de Hofland, les champs s'étendent jusqu'à l'extrémité du promontoire, et une belle cascade descend de roc en roc. A Fresvik, les montagnes forment un demi-cercle, avec plusieurs chutes d'eau sur le bord occidental, et donnent une belle vue du glacier. En approchant de Tyssedal, la montagne qui supporte le glacier présentait des falaises presque perpendiculaires, de couleur noire et grise; les unes étaient unies et comme polies, les autres rugueuses et déchirées. La rivière de Tyssedal se jette dans le fiord, qui bientôt se rétrécit de plus en plus; les montagnes paraissent lugubres et les terrasses deviennent très distinctes. Le hameau de Odde est à l'extrémité du fiord; mais, sur le bord oriental, à quatre milles environ de Odde, près la rive droite de la rivière, un sentier difficile conduit au lac Ringedal, sur le bord duquel tombe la plus belle chute d'eau de la Norvège, la Skjaeggedal-foss.

La route passe d'abord par une forêt de sapins; la Tyssedal précipitait sa course, en se brisant violemment contre les blocs qui obstruent son lit. En un endroit, le courant tournait autour d'un îlot rocheux et le couvrait si faiblement, que l'effet produit ressemblait à celui de myriades de particules de glace étincelant au soleil; de chaque côté, l'eau coulait furieuse, et ses nuages d'embrun flottaient au souffle de l'air. Dans les places où il n'y avait point d'ombre la chaleur était intense, car nous étions en juillet, et les rochers nus reflétaient les rayons du soleil.

A mesure que nous avancions, le sentier devenait plus difficile; nous avions à traverser des masses de rochers, des blocs erratiques et quelquefois des dômes de gneiss unis et arrondis, tellement en talus, que le chemin en devenait dangereux; heureusement la partie la plus rude et la plus dure du rocher avait résisté à la décomposition, et sa surface rugueuse nous empêchait de glisser; en deux ou trois places on avait abattu des arbres que l'on avait solidifiés aux endroits où l'inclinaison était le plus rapide; car, si le voyageur perdait son point d'appui, il roulerait inévitablement dans l'abîme, où il trouverait une mort certaine.

Plus nous montions, plus la vue devenait belle de l'autre côté du fiord; la couleur de la mer, d'un vert opaque, contrastait avec la rivière écumante; parfois nous avions une éclaircie sur l'immense plateau de neige et de glace du Folgefonn. Jamais, pendant mes voyages en Norvège, je ne vis groupés ensemble des effets aquatiques aussi superbes. Ici, la rivière coulait en masse solide, unie, profonde, et claire comme un cristal; plus bas, elle frappait contre un rocher, ou se précipitait par une étroite ouverture et tombait dans un étang comme une masse blanche, écumeuse, furieuse; parfois, à travers l'écume, l'eau apparaissait sous la couleur verdâtre de la tourmaline; là où elle était profonde, elle se montrait d'un bleu foncé; lorsqu'elle avait peu de fond, on aurait dit que ses cailloux étaient d'argent. Sans doute elle devait en grande partie cette beauté à la longue période de sécheresse de cette année, à son lit rocheux, et à l'extrême pureté de l'eau du lac Ringedal.

Quand nous eûmes atteint le plus haut point, nous descendîmes par une suite régulière de degrés, le sentier bordant un précipice de plusieurs centaines de pieds; au bout de deux heures et demie, nous arrivâmes à la Tyssedal. La petite vallée était pittoresque sous les rayons du soleil de juillet; mais elle doit être fort triste en hiver, quand les vents qui viennent des montagnes rugissent sur le lac et les fermes. Nous passâmes devant une magnifique cascade, qui, à un angle d'environ 35° tombe d'une hauteur de plusieurs centaines de pieds, puis nous traversâmes deux petits ponts sur le déversoir du Ringedals-vand.

Comme j'approchais du bord, je fus frappé par l'apparence particulière de l'eau, qui était d'une couleur bleu acier tout près du bord, et bleu foncé, quelques pieds plus avant. Parmi les centaines de lacs de la Norvège, je n'en avais jamais vu approchant d'un tel bleu, presque noir; la plus bleue des mers tropicales ne peut se comparer avec la couleur de ce lac, pas plus que les lacs des Alpes suisses. Dans un bassin de granit il demeure à 1,310 pieds au-dessus de la mer, mais je n'ai pas eu les moyens de constater de combien de pieds il est au-dessus.

Pendant que nous voguions, la Tyssedal-foss se présenta inopinément à notre vue; ses deux branches formant un triangle s'unissaient en bas en une masse d'écume, après une chute de 1,600 pieds, donnant naissance à des nuages d'embrun; l'eau échappait ensuite au regard, car elle passait par un canal courbe dans un précipice pour former une seconde chute haute de 500 pieds; à ce point, le granit s'élève jusqu'à 2,300 pieds, et sur lui s'appuie une couche de schiste argileux épaisse de 720 pieds, sur laquelle l'eau se jette.

J'avais à peine cessé de m'étonner de ce spectacle et nous avancions toujours, lorsque j'entendis le rugissement d'un torrent, et, au même instant le Skjaeggedal, appelé aussi Ringedal (nom que nous adopterons à cause de sa prononciation plus facile), s'offrit à nous, plongeant dans l'abîme au-dessous en faisant un saut de 800 pieds. Immédiatement après, il frappe contre une saillie de rochers, et rebondit en milliers de fragments d'écume d'une blancheur éblouissante. La masse furieuse, dans sa course vers l'abîme, se jette contre un autre récif, et forme un nuage d'écume et d'embrun encore plus épais. L'eau se précipite avec tant de vélocité, qu'elle crée un puissant courant d'air qui fait que l'embrun prend des centaines de formes plus fantastiques les unes que les autres. A un moment, elle est entortillée dans une colonne en spirale, — trombe d'eau, — se pliant et se repliant sur elle-même, bondissant en avant, reculant, montant, puis descendant, redescendant encore, se brisant, prenant de nouvelles formes et des transformations indescriptibles; puis soudain, elle est poussée en bas avec une grande force; elle donne contre un troisième récif et disparait dans une brume compacte et impénétrable, qui cache la partie inférieure de la chute. Cet immense nuage blanc, constamment renouvelé des hauteurs, descend en écumant par une gorge étroite dans le superbe cours d'eau cristallin, qui, après avoir coulé pendant deux cents yards, forme une seconde chute d'environ 50 pieds, d'où l'embrun, montant jusqu'au sommet des collines, apparaît comme une mince vapeur flottant dans l'air.

J'avais vu des centaines de grandes et des milliers de petites chutes en Norvège ; beaucoup étaient plus hautes, mais aucune ne m'a impressionné par sa beauté comme la Ringedal; je l'ai regardée pendant des heures entières, et toujours de nouvelles combinaisons et des formes étonnantes se produisaient d'elles-mêmes.

Quand je revins à la ferme, on me présenta le livre des voyageurs. Quelques anglais y avaient inscrit leurs noms. Deux gentlemen de Boston étaient venus ici, ainsi que trois dames américaines, les seules femmes étrangères qui, à cette époque, eussent visité cet endroit, savoir : miss Williams, miss Cutler, miss Z. J. Cutler, Maine, U. S., 6 juillet 1872. Elles saluaient du pays des Pins. Je voulus les féliciter, et, dans un accès d'enthousiasme que le lecteur, je l'espère, voudra bien me pardonner, car je suis un admirateur des femmes courageuses, je m'écriai : « Hurrah! pour les filles du Maine! ». Une heure après, nous étions sur le fiord Odde, d'où le touriste ne manquera pas d'aller visiter le Buer-Braeen, un des glaciers du Folgefonn.

A une courte distance de Odde se trouve le Sandven-vand, lac que l'on dit être sans poisson, à cause de la froideur de ses eaux, qui descendent des glaciers. Non loin de son extrémité inférieure est la vallée de Jordal ; c'est à sa partie supérieure que repose le Buer-Braeen. Un sentier conduisant au bout de cet étroit vallon est d'une ascension facile, graduelle, et distant de deux milles du glacier. Quatre ans avant ma première visite dans la vallée, un énorme monceau de pierres était tombé en produisant un bruit terrifiant, qui, dans l'éloignement, résonna comme le tonnerre et répercuta ses échos de colline en colline. A chaque pas, il y avait quelque chose à remarquer, soit en regardant les montagnes, soit en suivant de l'œil le courant lorsqu'il arrive à la chute. A une place, les champs de neige du Folgefonn reposent sur un plateau formant péninsule; bordé, à l'est, par le fiord Sör, le lac Sandven et la vallée qui suit ; à l'ouest et au nord, par l'Hardanger, et, au sud, en partie par le lac Aakre. Du côté oriental, comme nous l'avons vu, les montagnes tombent à pic. Au nord et au nord-ouest, les versants sont plus bas, moins abrupts et moins nus. Au sud, vers le fiord Aakre, ils sont encore plus bas, mais en certains endroits très rapides et chauves. Le Folgefonn est bordé de nombreux glaciers. Parmi les plus importants au nord-ouest, il faut citer le Bondhus-Braeen, qui est beaucoup plus grand que celui que nous venons de décrire.

Les limites des neiges perpétuelles varient, en latitude 60° 3', vers l'est, trois mille quatre cent quarante pieds ; à Blaadalsholmene, 59° 55', latitude vers le sud-ouest, trois mille neuf cent quarante pieds ; à Gjerdesdal, 61° 8', latitude vers le nord-ouest, deux mille quatre cent quatre-vingt pieds. Le plus haut point de la crête neigeuse est de cinq mille deux cent soixante-dix pieds. On trouve de nombreux petits lacs près des glaciers. Une crête de montagne traverse le Folgefonn dans une direction nord-ouest et sud-ouest, et forme la Swartdal (vallée noire) et la Blaadal (vallée bleue) ; une autre crête forme la Kvitnaadal. Des blocs de pierres mêlés au sable prouvent leur origine incontestable. Le glacier avait atteint ce point il y a de longues années, et s'était retiré ; mais il s'avance de nouveau ; plus haut, notre sentier continuait par un bois dans lequel on pouvait voir des quantités de pierres couvertes de mousse, démontrant que le glacier n'avait pas atteint cette altitude pendant un très long temps.

La vue de cet étroit glacier était imposante ; elle faisait concevoir l'immense pouvoir destructeur de ce vaste corps de glace mouvante. Dans l'étude que nous avons faite d'autres glaciers qui se sont retirés, nous avons vu comment les blocs erratiques et des pierres plus petites ont été déposés dans les champs aux époques anciennes, et, par les marques de la glace sur les rochers, nous avons pu suivre leur cours ; mais maintenant, devant le Buer-Braeen, nous pouvons comprendre comment les vallées ont été creusées dans le roc solide par cette forme d'eau la plus destructive, le glacier. Cette masse immense, irrésistible, avance lentement et avance depuis longtemps. Mon guide me dit que, depuis l'année dernière, il a marché et s'est avancé de plus de 50 pieds, en entraînant tout avec lui. Tout le long de la base de la glace, il y avait une crête transversale de terre, dans laquelle de la verdure fraîche et des pierres étaient mêlées ensemble ; le glacier les avait poussées en avant en glissant sur les rochers. Sur la droite, une masse énorme de roc avait été déchirée et comme tordue par la pression de la glace qui s'avance. Le poids qui a renversé cet obstacle doit avoir été prodigieux, car l'évidence de cette force terrifiante était là, devant mes yeux. Même les solides murs de montagnes, composés des plus durs rochers, ne pourraient arrêter la marche en avant du terrible glacier. Ce bloc de granit, arraché au côté de la montagne, avait environ 20 pieds de

Le Buer-Braeen

long sur 15 de large. Il a été brisé inégalement, et était encore couvert de mousse. Une de ses parties était recouverte de glace ; la couche supérieure du glacier, ayant un courant plus fort que l'inférieure, le couvrira finalement et le cachera à la vue à mesure que continuera la marche en avant. Si le glacier se retirait de nouveau, le bloc serait déposé en un nouveau lieu. Le glacier est descendu par une gorge rapide, sautant trois couches distinctes de rocher et a été resserré entre des murs solides n'ayant pas plus de 250 à 300 yards de largeur vers l'extrémité. Les moraines que l'on voit plus haut, de chaque côté, étaient englouties plus bas dans de profondes crevasses formées par la pression de la glace et des récifs. A gauche, les montagnes dominent ; c'est le mont Reina, à 5,210 pieds au dessus de la mer, et le second point le plus élevé du Folgefonn. La glace était d'un bleu magnifique ; la caverne me parut petite, mais extrêmement belle ; son cours d'eau était loin d'être aussi bourbeux que ceux des glaciers du Justedal. Plus bas, dans la vallée, pas bien loin du glacier, il y avait la ferme Buer, et du versant de la montagne descendait une cascade d'une hauteur de 700 à 800 pieds. Le propriétaire de la petite ferme était en grande tribulation : il voyait avec anxiété l'approche incessante de la glace, qui avait déjà détruit une partie de ses pâturages à la pointe de la vallée, et qui, dans quelques années, balayerait probablement le petit bois où nous avions passé ; alors le fermier serait forcé de chercher un refuge ailleurs et se verrait peut-être ruiné. Il avait essayé de vendre sa ferme ; mais personne n'avait voulu l'acheter, dans la crainte que ce ne fût de l'argent perdu. Il ne serait pas étrange, en effet, que, dans 40 ou 50 ans, le glacier atteignît le bord du lac Sandven ; alors il ne pourrait aller plus loin, car la glace fondrait dans l'eau ; mais les glaciers sont capricieux dans leurs mouvements en avant ou en arrière ; il se peut que, dans quelques années, le Buer-Braeen recule au lieu d'avancer.

CHAPITRE XXIV

LES SAETERS

Les saeters. — Époque du départ pour les montagnes. — Préparatifs avant de se rendre aux saeters. — Hameaux déserts. — Départ de Stavanger. — Samson. — La vallée Suledal. — Réception au presbytère. — Ferme de Samson. — Le lac Suledal. — Sur les montagnes à Rôldal. — Le Valdal. — Le saeter Valdal. — Une famille de Hardanger. — Vie du saeter. — Dimanche. — Départ du père pour la ferme. — Hautes montagnes. — Neige rouge. — Le saeter Bjôrn-Vand. — Ambjôr et Marthe. — Adieu au saeter Bjôrn-Vand.

Les « saeters » se trouvent au milieu des montagnes, loin des fermes, sur les bords de lacs solitaires et de rivières, ou sur les versants de mamelons, au delà des limites où croît le grain. Ce sont des huttes, construites en rondins ou en pierres brutes, où, pendant les mois d'été, les gens d'une ferme conduisent leur bétail au pâturage ; car, dans ces déserts de rochers, beaucoup de places sont couvertes d'herbes aromatiques qui donnent au lait une riche saveur. Bien des saeters sont d'un accès difficile ; hommes et bêtes ont à traverser de hautes chaînes de montagnes et des flaques de neige, sans compter les rivières qu'il faut passer à gué. Solitaire est la vie qu'on passe dans ces montagnes ; une fois ou deux seulement, durant l'été, le fermier y monte pour voir comment vont ceux qu'il y a laissés, apprendre des nouvelles de ses troupeaux et savoir si la saison a été bonne. Quand l'été est froid ou humide, on

Départ pour le saeter.

obtient moins de lait ; il faut se rappeler que, pour maint fermier, une abondance de beurre et de fromage est nécessaire, afin de pouvoir, avec le montant de leur vente, acheter les fournitures indispensables pour la maison. Lors de ces visites, ils apportent des provisions et remportent le produit de la laiterie. La vie du saeter est aussi très dure ; les pâturages sont fort loin des huttes, et, toute la journée, les filles doivent suivre le troupeau, qu'il pleuve ou qu'il fasse beau, et ne rentrer que le soir, ayant froid, ayant faim, et souvent trempées jusqu'aux os.

Dans certaines montagnes, les pâturages sont très abondants et les saeters nombreux ; dans d'autres, ils sont médiocres et éloignés. Presque tous les fermiers en possèdent un ; mais ceux qui ont plus de terrain dans la montagne qu'il ne leur en faut, en louent une partie aux moins fortunés. Quoique la famille qui possède un saeter soit quelquefois très pauvre et n'ait que trois ou quatre vaches, ses membres montrent la même impulsion généreuse qui caractérise la nation, et ces braves gens m'ont toujours aussi bien accueilli que leurs riches voisins.

Dans beaucoup de districts, on part pour le saeter vers le milieu de juin ; l'époque varie parfois : mais, généralement, elle ne dépasse pas la Saint-Jean, selon la distance et la hauteur des montagnes à traverser. On revient entre le milieu et la fin de septembre, et, si l'on a beaucoup de hauteurs à franchir, dans la première semaine de septembre.

Des jeunes filles, orgueil de leur famille ou du voisinage, resteront toutes seules dans les montagnes, où elles se sentiront aussi en sûreté que dans la maison de leur père ; elles ne craignent pas d'être molestées, car elles se fient à l'honneur et à la loyauté du sang bonde. Rien ne m'a plus impressionné en Norvège que cette foi simple et candide.

Le jeune amoureux vient une ou deux fois égayer les heures de sa bien-aimée, mais seulement pour un jour ; s'ils sont engagés, il est encore mieux accueilli, car, en automne, quand les travaux de la moisson seront terminés, la noce aura probablement lieu. Bien des amours ont commencé et se sont nouées en ces endroits où le cœur de la jeune fille est rendu plus sensible par la solitude.

Quelques jours avant le départ pour le saeter, une grande animation règne dans la ferme; on emballe les seaux à lait, les barattes, les vaisseaux en bois, le grand pot de fer, le moule au fromage, deux ou trois assiettes, une ou deux tasses, une poêle à frire, et surtout la bouillotte à café. On n'oublie pas le sel pour le bétail, la farine à mêler au lait écrémé pour les veaux, le pain et une bande de lard pour le dimanche, le café, le sucre, et les couvertures pour les lits. Les filles prennent leurs habits du dimanche, ainsi que leurs livres de prières; en semaine, elles mettent leurs vieux vêtements; elles emportent aussi une bonne provision de laine filée pour faire des bas, des mitaines, ou des gants pendant leurs heures de loisir, et des morceaux de toile sur lesquels elles peuvent broder. Le vieux cheval qui porte la charge est laissé en liberté dans les montagnes pour y paître pendant quelques semaines; car le labourage est fini, et l'herbe ou le foin de l'année précédente est mis soigneusement de côté.

Le matin du départ, les vaches, moutons, chèvres et porcs sont confiés aux enfants qui les empêchent de s'éloigner. Si la ferme est petite, si les gens sont pauvres, toute la famille va au saeter jusqu'au moment de la récolte. On voit souvent une mère portant son dernier baby sur le dos. Avant de partir, la fermière prépare un bon repas pour les ouvriers de la ferme, ou la partie de la famille qui doit accompagner les filles au saeter, — les domestiques louées pour la saison. Ceux qui marchent en tête soufflent dans de grandes cornes dont les sons perçants appellent les animaux, auxquels on donne de temps en temps du sel pour les amadouer; les enfants les tiennent en ligne.

Pendant l'été, les fermes et les hameaux sont déserts; on ne peut se procurer de lait doux, si ce n'est aux stations de relai; la vie domestique fait défaut. En cette saison, j'évitais les grandes routes encombrées de touristes, et j'allais dans les montagnes explorer chaque année un groupe différent; je vivais toujours dans les saeters, où je vais maintenant conduire le lecteur.

Au commencement de juillet, je quittai la vieille ville de Stavanger. La navigation sur le fiord fut très intéressante à cause des marques de mer gravées sur les côtés rocheux de Stensö, à une hauteur de 150 à 175 pieds. On voyait aussi dans l'étroite vallée de l'Aardal quatre terrasses distinctes, les unes au-dessus des autres. Après un trajet de douze heures, nous arrivâmes à l'extrémité du fiord Sands, branche du Stavanger; j'y débarquai avec mon guide, Samson Fiskekjŏn, qui m'avait été recommandé comme fidèle et familier avec les montagnes. Samson était un célibataire de quarante-cinq ans, honnête quoique peu brillant, et dont j'ai conservé le meilleur souvenir; bavard et amusant, il connaissait bien les manières des gens de la ville à la suite de fréquentes visites à Stavanger. Samson devait hériter d'une ferme bien fournie à la mort de son père, âgé pour lors de quatre-vingts ans; il la dirigeait et agissait déjà comme propriétaire; sa mère avait à peu près le même âge que son mari.

Avant d'arriver chez lui, il crut devoir s'excuser sur la simplicité de sa maison, qui, disait-il, ne serait pas agréable à un Américain. Il se les imaginait tous millionnaires et vivant dans le luxe. Ayant entendu parler de la Californie et de l'Amérique comme du pays de l'or, naturellement, chacun était amplement fourni de ce précieux métal. Il commença par dire que les vieux seuls étaient à la maison, et que l'on ne trouverait point de lait, puisque le bétail paissait au saeter; la nourriture serait trop simple pour moi, sa mère ne saurait comment la faire cuire et il craignait qu'il n'y eût trop de puces; finalement, il me suggéra l'idée d'aller au presbytère. Je lui dis que je ferais mieux de descendre d'abord chez lui, et ensuite au presbytère, après avoir reçu l'invitation du pasteur. Une course de deux heures dans la pittoresque vallée de Suledal, le long d'une claire rivière, nous fit atteindre sa ferme, où je vis son père fendre du bois avec une force qui lui promettait encore vingt années d'existence au moins. Le vieux couple me reçut fort bien.

Un bon nombre de fermes étaient disséminées près de là, et non loin de l'église. Je me dirigeai vers le presbytère, où le pasteur, célibataire de vingt-cinq ans, me reçut très froidement et non pas comme un Norvégien, bien qu'il n'y eût rien d'impoli dans son maintien. Je fus passablement surpris de cette réception peu habituelle. Tous mes efforts pour faire sa connaissance demeurèrent infructueux; je lui donnai ma carte : mais cela ne me servit de rien, car il n'avait jamais entendu mon nom, ni vu un de mes ouvrages traduits. A ma question s'il lisait le *Skilling Magazine* (qui de temps en temps avait donné des récits de mon voyage en Afrique), il répondit d'une voix sonore : « Je ne lis jamais le *Skilling Magazine!* » Je perdis donc tout espoir d'une invitation au presbytère et je pensai avec effroi aux millions de puces qui viendraient m'assaillir pendant la nuit; j'avais passé par cette épreuve peu de jours auparavant et je ne me souciais pas de recommencer si tôt l'expérience; je savais que, si Samson s'en plaignait, c'est que le nombre en devait être prodigieux; car ces gens n'y font pas attention quand il n'y en a que cinquante ou soixante dans le lit.

J'allais me retirer, lorsqu'un autre vénérable ecclésiastique, venant du nord avec sa femme, entra dans le parloir. J'entamai une conversation avec lui; mais, quand je lui eus dit que, dans un été, j'avais traversé le pays, de la Baltique au cap Nord, et de Bodö à Lulea, il me contredit nettement, en disant que cela ne se pouvait pas; en un mot, le révérend gentleman me traitait de menteur. J'en conclus que ces deux dignes messieurs me prenaient pour quelque chenapan, ou pour un agent d'émigration d'Amérique. Si tel fut le cas, je ne m'étonne pas qu'ils m'aient mal reçu, car de tels individus ne sont pas populaires. Il faut qu'il y ait eu quelque raison de ce genre, car, pendant tous mes voyages, c'est le seul exemple où je n'aie pas reçu le chaud accueil norvégien. Lorsqu'à mon retour chez Samson je lui contai cette histoire, il en rit de bon cœur. Je m'écriai alors d'un ton triomphant : « Ne vous avais-je pas dit qu'il valait mieux aller au presbytère sans bagages? » Pendant mon absence, une métamorphose complète s'était opérée dans la ferme, où tout était luisant et propre; du pain, du beurre, du fromage et du lait caillé couvraient la table, et les bonnes gens s'excusèrent de ne point avoir de lait doux, parce que les vaches se trouvaient dans les montagnes. Je dormis ma porte ouverte, car la nuit fut très chaude; je ne crois pas qu'ils aient dormi du tout, attendu qu'à quatre heures du matin, ils m'offrirent le café en me pressant de manger, parce que j'avais une longue route devant moi.

Je partis avec deux bateliers et une femme tenant son enfant dans ses bras. Il n'y avait que peu de temps que nous naviguions, lorsque nous arrivâmes devant une belle maison blanche, résidence d'un Storthingsmand, où nous descendimes. L'hôte n'était pas chez lui; mais son aimable femme, qui avait été prévenue de ma visite, m'attendait et parut désappointée quand je lui eus dit que j'avais passé la nuit dans la ferme de Samson. Bien que je lui affirmasse que j'avais déjeuné, elle insista pour que je prisse un autre repas.

La vallée du Suledal, près de l'extrémité basse du lac, est très intéressante pour l'antiquaire en raison des nombreux tumuli ou tombes des époques païennes, dont quelques-unes sont creuses, de forme circulaire, et entourées de pierres; d'autres sont carrées. En remontant le lac, nous pûmes voir les sentiers conduisant aux saeters, et des plaques de neige sur les montagnes. Après avoir ramé pendant quatorze milles, nous prîmes terre à Naes, sur la rive droite, près de l'extrêmité supérieure du lac, d'où un sentier conduit aux nombreux saeters placés entre les lacs Suledal et Rŏldal.

La route qui passe sur les montagnes jusqu'à Rŏldal côtoie d'abord un torrent que l'on franchit sur un pont; on laisse derrière soi de nombreux saeters où l'on nous offrit du lait. Vers la fin du jour, le soleil disparut, dorant de ses derniers rayons les collines et les montagnes couronnées de neige. La nuit nous surprit dans de sombres ravins, pendant que nous descendions à Botten, où nous ne trouvâmes à la maison que la fille, son père et sa mère étant partis pour le saeter.

De Rŏldal, un sentier conduit par un pays sauvage à la vallée de Valdal. Mon intention était de passer l'été, ou du moins jusqu'à l'apparition de la neige, de saeter en saeter, sur les plateaux des montagnes de Hardanger. Le meilleur moment pour gravir les montagnes est le commencement d'août; la plus grande partie de la neige a disparu, les eaux des courants sont basses, on peut les passer à gué sans danger et l'on traverse assez facilement les marais. Je me procurai un bon guide, qui dut prendre son cheval, non pour le monter, mais pour porter nos provisions. Un cheval n'est point un embarras dans la région du Rŏldal; en général, on peut gravir les collines plus vite que le poney; mais, dans les endroits difficiles, un cheval de montagne, habitué à se rendre aux saeters, a le pied très sûr et ne glisse pas sur les pierres; si on le monte, on n'a pas besoin de le guider, et on peut laisser flotter les rênes sur son col. Les chevaux trouvent leur nourriture tout en marchant; ils peuvent endurer de grandes privations, la faim et le froid. J'avais un fusil avec moi, non pour me défendre, mais pour me pourvoir de gibier, si possible.

Le sentier, en quittant Rŏldal, monte graduellement le long de la rivière Valdal, et, sur la rive gauche, on voit la blanche colonne de la Risp foss; en descendant de nouveau et en traversant le courant sur un pont, nous vîmes, sur le bord opposé, le sentier conduisant au lac Staa et à Thelemarken supérieure.

Sur la rive droite de la Valdal, on rencontre beaucoup de saeters et de sentiers qui s'embranchent dans toutes les directions. La rivière coule pendant quelque temps à travers un pays plat, constellé de beaux pâturages et de petites fermes. Un autre cours d'eau se jette dans la Valdal et forme une magnifique cascade de 1,000 pieds, au-dessous de laquelle le courant est si rapide, que notre cheval eut de la peine à se tenir sur ses pieds pour passer le gué. A 12 milles de Röldal, nous arrivâmes en vue du lac Valdal; les montagnes descendent en pentes douces jusqu'au bord, près duquel se trouvent plusieurs saeters. Des troupeaux de bétail venus des montagnes pour se faire traire, paissaient sur les bords verdoyants, et, plus haut, à notre gauche, était le saeter Bakken. A la pointe du lac, la fumée s'élevait en spirales du saeter Valdal, et nous entendions les cris des filles appelant le bétail qui revenait lentement, en broutant le long du chemin. Nous suivîmes le bord du lac jusqu'à son extrémité supérieure; de tous les saeters, on nous regardait, et l'on se demandait qui nous pouvions être, car on n'attendait personne des fermes.

A notre arrivée, on nous pria d'entrer dans la maison, qui était aussi confortable qu'une ferme, et les salutations d'usage suivirent; on nous fit passer du lait, et, après y avoir goûté, nous rendîmes le vase avec des remerciements. Quand ils apprirent que j'arrivais d'Amérique, ils me regardèrent avec surprise et s'écrièrent : « Fra Amérika! fra Amérika! » Je fus alors d'autant mieux accueilli que Nels, le fermier, avait une fille mariée aux États-Unis. Il était arrivé de la ferme la veille pour rapporter chez lui le beurre et le fromage qui avaient été faits; il demeurait très loin, sur le fiord Sör, une des branches de l'Hardanger. Sa famille était nombreuse, et il représentait le type du Norseman (homme du Nord, norse), hospitalier, mais peu démonstratif, avec sa bonne et large figure.

Trois de ses filles passaient l'été au saeter, — Synvor, Marthe et Anne, — pleines de santé et blondes comme des descendantes des Vikings aux cheveux cendrés. Synvor, l'aînée, d'une stature un peu courte, avait dix-neuf ans; Anne en avait dix-sept; elle était grande, musculeuse, aux yeux bleus perçants, et très capable de se suffire à elle-même; elle aurait parfaitement posé pour modèle de Valkyrie; Marthe, avec ses seize ans, ses cheveux d'or, et ses doux yeux bleus, était de complexion délicate. Toutes trois passaient pour les plus belles filles de l'Hardanger et de jeunes fermiers avaient déjà essayé de gagner leur cœur. J'admirai ces filles du Nord, élevées en plein air, nourries simplement, habituées au travail et dégagées des entraves de la toilette à la mode.

Je ne connais pas de climat plus sain que celui des saeters en juillet et en août, surtout lorsqu'ils sont à 3 ou 4,000 pieds au-dessus du niveau de la mer. A cette élévation, l'air est plus bienfaisant et plus fortifiant, même pour les Norvégiens qui vivent sur les bords des fiords ou dans les vallées basses. L'air qui souffle sur le vaste plateau montagneux et stérile est particulièrement sec et exhilarant. Les effets se font promptement sentir: l'appétit augmente et souvent un malade en est revenu chez lui en pleine santé.

La vie de la montagne est active, et les filles sont occupées depuis le lever du soleil jusqu'au crépuscule. Les pâturages appartenant à ce saeter s'étendent dans les montagnes voisines et suffisent à 52 vaches laitières, à huit autres, et à quatre chevaux. Le bétail appartenait à trois fermes différentes, y compris celle de Nels ; quelques bestiaux venaient du fiord Sör, distant de 50 milles ; deux des filles de Nels avaient la surveillance de ceux qui ne lui appartenaient pas, et on les payait pour cela. Le lait de chaque troupeau était mis dans les vaisseaux de la ferme d'où venaient les vaches et on faisait de même pour le beurre et le fromage. Le peuple est si honnête, que pas un fermier ne craint que les filles favorisent l'un au préjudice de l'autre, ou qu'elles mettent du beurre ou du fromage dans des vaisseaux autres que ceux de leurs propriétaires légitimes.

Un grand enclos, entouré d'un mur de pierres, contenait une belle prairie, dont on coupait et séchait l'herbe afin de l'emporter sur des traîneaux pour l'hiver. Plus de 20 vaches laitières paissaient dans les saeters de Valdal, outre un grand nombre de génisses, de veaux et de chevaux. On gardait les veaux à la maison ; matin et soir, on les nourrissait avec une mixture de lait écrémé, de farine et de sel ; si le lait manquait, on le remplaçait par de l'eau chaude, dans laquelle on faisait infuser des branches de genévrier.

A quatre heures du matin, nous fûmes réveillés par le tintement des cloches que certaines vaches portaient au cou ; elles venaient d'elles-mêmes des montagnes pour se faire traire et les filles se levaient. Aussitôt elles se mettaient à l'œuvre, après avoir bouclé autour de leur taille une ceinture à laquelle pendait une corne remplie de sel que l'on donne aux vaches, aux chevaux et aux moutons, le matin et le soir, quand ils vont aux montagnes ou qu'ils en reviennent.

Après avoir fini de traire les vaches, les filles les dirigent par un autre sentier vers de nouveaux pâturages, où elles vont et d'où elles reviennent d'elles-mêmes, quand elle connaissent le chemin. A leur retour les filles vont dans la chambre au lait, dont elles ont soin de fermer la porte; elles enlèvent la crème qui s'est formée, la mettent dans la baratte et en font du beurre. D'autres emportent les vaisseaux vides à la rivière, où elles les frottent en dedans et en dehors avec le sable fin du bord, puis avec des branches de genièvre, et enfin les rincent dans le courant. Généralement, les seaux sont en blanc pin, on les tient propres et sans une tache. Le jour du fromage est aussi une grande occupation, et l'ouvrage se fait de la même manière. La chambre où l'on conserve le lait était merveilleusement propre; sur les planches, on voyait plus de 150 seaux pleins de lait, chacun d'environ 20 pouces de diamètre et 5 de profondeur, en bois de pin blanc et cerclés; les seaux pour traire étaient sur le plancher, prêts à servir au moment voulu. Plusieurs barils pour le lait écrémé et le lait de beurre, d'autres pour le beurre, étaient rangés dans un ordre parfait.

Le dimanche, quand elles ont fini de traire les vaches, les filles procèdent à leur toilette comme si elles allaient se rendre à l'église; elles mettent du linge blanc, leurs robes et leurs souliers des jours de fête. Celles-ci portaient, comme leur mère, des jupons en étoffe de laine d'un bleu foncé, avec des corsages de même couleur. Les jupons étaient bordés tout autour d'un ruban vert; le corsage ouvert laissait voir un mouchoir brodé avec de l'or. Chacune avait pour coiffure un petit bonnet blanc qui semblait n'être posé sur la tête que pour tenir les nœuds de leur luxuriante et épaisse chevelure. On ne procédait à aucun ouvrage, sauf celui absolument nécessaire: un membre de la famille lisait la Bible et chantait des hymnes de louange. Après le dîner, on allait se visiter de saeter en saeter et l'on passait l'après-midi de la manière coutumière au pays.

Je traversai le cours d'eau pour aller voir des amis de Röldal, qui avaient leurs saeters de l'autre côté : seulement une petite hutte en pierres. Le gué fut difficile, car le courant était fort et l'eau profonde. Je dus monter à cheval, et prendre devant moi Anne, que je tenais fortement embrassée par la taille, car nous n'avions point de selle. L'animal, qui avait évidemment traversé le gué bien des fois, suivit son chemin avec beaucoup d'adresse.

Le soir, après que l'on eut trait les vaches, nous eûmes du beau temps. L'une des filles voulut s'amuser à courir avec moi ; pendant le jeu, je perdis un petit médaillon de ma chaîne de montre, et, quoique nous l'eussions cherché partout, nous ne pûmes le retrouver ; c'était un cadeau de Noël, et j'y tenais beaucoup. On fureta de tous côtés le lendemain matin, ce fut en vain. L'année suivante, on le retrouva ; on l'envoya à Samson, qui le remit au consul Rosenkilde, à Stavanger ; celui-ci l'expédia à Christiania, d'où on le fit parvenir à mon ami, Herr Christian Bőrs, le très estimé consul de Suède et de Norvège, à New York, avec prière de me trouver et de me remettre l'objet.

Le lundi matin de bonne heure, chacun était debout ; on prépara les chevaux pour le retour de Nels à la ferme, et on eut soin de garnir leurs croupes d'épaisses couvertures de laine pour placer les bâts ; le beurre, le fromage et le lait pour les ouvriers de la ferme ne furent pas oubliés ; le père, d'un air placide et sans embrasser personne, dit adieu à sa famille et bientôt nous le perdîmes de vue dans les détours du sentier.

La famille ne voulut pas me laisser partir avant que j'eusse pris un déjeuner substantiel, qui aurait pu suffire pour presque tout le voyage ; l'expérience m'a appris que ce qu'un voyageur peut faire de mieux, spécialement dans les montagnes, c'est de ne point bourrer son estomac de victuailles. J'étais prêt à dire adieu, lorsque Synvor disparut tout à coup et revint avec un superbe fromage qu'elle me mit dans les bras. « Prenez cela, dit-elle, et mangez-le dans votre voyage, car vous aurez faim ; il n'y a pas beaucoup d'endroits dans les montagnes où vous rencontrerez un saeter. »

Quoique je n'eusse point de cheval et que le fromage fût lourd, je l'acceptai pourtant, par politesse. Je serrai les mains à toute la famille ; dans celle de Synvor, je mis quelque monnaie et un petit dollar en or. « Non ! non ! s'écria-t-elle. — Si ! si ! » répartis-je ; tous me dirent alors : « Quand vous reviendrez à Odde, venez nous voir ;

ne nous oubliez pas, ne manquez pas de venir. — Je viendrai, » répondis-je. Et je m'éloignai en hâte.

Du lac Valdal, le sentier qui se dirige au nord sur les montagnes est sauvage et triste; au commencement il faut même traverser de grands amas de neige.

Après avoir quitté le lac, nous montâmes par une contrée abrupte au-dessus de la région du bouleau, où le genièvre et les baies arctiques abondaient. Une heure de marche nous conduisit sur les bords du petit lac Visadal-Vand, non loin duquel se trouvait un saeter à l'aspect misérable, isolé et construit en pierres sèches. L'intérieur était loin d'être propre; d'un côté, on avait placé les lits sur la terre nue; de l'autre, la cheminée; dans un coin, un tas de branches de genévrier, cinq ou six seaux, un chaudron de cuivre pour faire le fromage et bouillir le lait, un pot à café, et une baratte. L'homme qui occupait le saeter et sa femme nous firent bon accueil; l'homme paraissait avoir plus de 80 ans, mais il était bien portant et vigoureux; il avait fait plus de 80 milles pour venir passer l'été ici et fournissait un bel exemple de l'audace de ces montagnards. Ce saeter avait 120 vaches sèches, appartenant à plusieurs fermiers qui les envoyaient au pâturage. Une femme et trois hommes étaient chargés de soigner ce bétail, et avaient aussi cinq vaches laitières pour leur usage personnel, outre leur nourriture. Nous longeâmes le côté montagneux du Visadal, sur des rochers nus et des plaques de neige, passant devant maintes cascades et chutes d'eau.

En continuant notre ascension, — le cheval suivait un chemin et nous un autre, — nous gravîmes une colline rugueuse, en traversant de larges plaques de neige pénétrées par des courants. Presque directement au nord, on voyait Haarteigen, à 5,390 pieds de haut, constellée de neige, qui étincelait sous les rayons du soleil; Nups-Eggen était à notre gauche. — Ici, le mica repose sur les roches primitives. Il n'y avait pas d'autre apparence de sentiers que les lits desséchés des cours d'eau, remplis au printemps. Nous passâmes le Steige, Vand, petit lac sombre et solitaire, au sommet de la montagne; là le bouleau nain même avait cessé de pousser. Quoique le soleil brillât de tout son éclat, le vent était froid, le thermomètre marquait 48°. De larges taches de neige descendaient jusqu'au bord du lac, surplombant souvent le rivage; le lichen gris réapparaissait. Nous montâmes encore et nous arrivâmes à plus de 4,000 pieds au-dessus de la mer. Les champs de neige augmentaient de proportion, et nous dûmes en traverser un long d'un mille et demi : de loin en loin apparaissaient des traces de renne sauvage. Tout à coup nous trouvâmes une étendue de neige rouge au milieu de la blanche, la première que j'eusse encore vue. Je m'imaginai qu'on y avait tué un renne et que la neige était teinte de son sang. « C'est de la *gammel snö* (de la vieille neige), » dit mon guide. A mesure que nous avancions, les taches colorées de rose devenaient plus nombreuses; quelques-unes avaient 15 pieds de long; l'effet en était surprenant. On trouve toujours cette neige rouge dans les grandes flaques fondantes, et cette couleur est principalement due à la présence de minuscules organismes végétaux contenant un liquide rouge huileux, l'algue, connue comme *haematococcus (protococcus) nivalis*. Selon Ehrenberg, ce seraient aussi des animalcules qu'il appelle *philodina roseola*. Puis nous passâmes sur la limite de Vasdals-Eggen, où les montagnes, largement couvertes de neige, vont dans la direction du nord-nord-ouest. Quand nous eûmes parcouru ce plateau pendant environ trois heures, nous vîmes qu'il descendait vers l'est, et un piétinement fatigant dans la neige rouge nous amena en vue du lac Björne; du bétail broutait sur ses bords, et, non loin de là, j'aperçus des spirales de fumée sortant d'un *pige saeter* (saeter tenu par une fille) dans ces montagnes, demeure du renne sauvage.

Chaque année, vers la fin de juin, un fermier du fiord Hardanger ou de Röldal, accompagné de deux filles, avec un troupeau de vaches laitières, traverse ces montagnes. Pendant l'été, on laisse les filles pour prendre soin du bétail et s'occuper de la laiterie.

Il était tard quand nous arrivâmes en cet endroit solitaire; les filles sortirent pour voir quels pouvaient être les étrangers, et disparurent soudain à notre approche, afin de mettre leurs plus beaux vêtements pour nous recevoir. Elles portaient le costume des filles de Röldal, avec leurs bonnets coquettement posés sur la tête; l'une avait des bas rouges, l'autre des bleus.

Les petites maisons, en pierres brutes, étaient situées l'une à côté de l'autre; les murs avaient environ 30 pouces d'épaisseur et l'arrière s'appuyait sur un monticule de terre; les toits étaient formés de grandes dalles soutenues par des planches mises en long, largement espacées, avec des madriers en travers; par-dessus, on avait étendu de la terre pour empêcher le vent de s'introduire, et, sur cette terre, l'herbe avait poussé; le plancher se composait de larges dalles de schiste. La cheminée, construite à l'extérieur, était couverte à son sommet d'une pierre plate, pour empêcher l'entrée de la pluie, et la porte consistait en bois lourd et grossier.

On nous pria d'entrer, et je fus frappé de l'extrême propreté et de l'ordre de la chambre, dont l'unique ornement était un petit miroir sur le mur; une seule fenêtre de 20 pouces sur 14, avec quatre petites vitres, permettait au jour d'entrer; auprès de la cheminée se trouvaient une poêle à frire et une bouillotte à café; un chaudron de cuivre, dont l'intérieur brillait comme de l'or et contenant de l'eau, pendait au-dessus du feu. D'un côté, il y avait des planches supportant des rangées de seaux pleins de lait et devant fournir la crème pour le beurre; au milieu de la chambre, sur le sol, une simple couche de foin que des morceaux de bois empêchaient de se répandre dans la chambre; des couvertures en laine et des peaux de mouton servaient de couvertures; sur une corde tendue en travers, pendaient les vêtements. Dans un coin, on avait entassé une provision de genévrier et de saule pour combustible, dont on usait avec beaucoup d'économie, le bois étant très rare.

Les filles ne reçoivent de visite de la ferme qu'une fois durant l'été, parce que la route sur les montagnes est fatigante et la distance de 90 milles. Auprès de la maison, il y en avait une seconde un peu plus petite, qui pouvait avoir servi à une autre famille; on y conservait les barils de lait aigre, le fromage et le beurre, et de grandes quantités de branches de genévrier; tout à côté, mais construite bien plus grossièrement, on avait élevé le troisième bâtiment du sæter. L'érection de ces maisons en un tel lieu ne doit pas avoir été chose facile; car le bois, les solives, les portes, les planches ont été apportées de longues distances et l'assemblement des pierres et la confection des murs ont été aussi des œuvres de patience.

Les filles se montrèrent charmées de notre visite, et, quoiqu'elles ne nous connussent pas, elles n'étaient pas effrayées le moins du monde. Ambiör, la plus jeune, avait dix-huit ans, et Marthe environ vingt-six; elles étaient filles de fermiers; — l'une habitait sur le fiord Hardanger, et l'autre sur les bords du lac Roldål. Immédiatement après notre arrivée, elles préparèrent un repas pour nous; un petit coffre fut converti en table sur laquelle une serviette blanche servit de nappe; elles firent frire des tranches de lard, et placèrent devant nous des pommes de terre (qu'elles me parurent bonnes!), restes de leur repas du dimanche, du fromage, du beurre et des galettes. De plus, elles mirent à notre portée un grand baquet de lait portant une belle crème épaisse, où nous pouvions puiser nous-mêmes. Quand tout fut prêt, elles nous dirent : « Soyez assez bons pour manger ce modeste repas; nous sommes au saeter et non à notre ferme, vous le savez, et nous ne pouvons rien vous offrir de meilleur. » Tout me plut mieux que les plats les plus fins d'un banquet, car j'avais grand'faim. Elles firent du café, qu'elles nous servirent après le repas.

A peine avions-nous fini de manger, que le tintement des clochettes des vaches avertit Ambiör et Marthe que l'heure de traire était venue. Elles ôtèrent leurs belles chemises, les remplacèrent par leur tenue de travail, remplirent leurs cornes de sel, et, prenant leurs seaux, furent bientôt occupées avec leurs vingt-deux vaches laitières, qui étaient revenues d'elles-mêmes du pâturage: les animaux reçurent du sel et se couchèrent pendant quelque temps autour des huttes. Samson, mon guide, alla loger mon cheval dans un saeter éloigné de trois milles, et tenu par un homme; il avait été décidé que Paul ne pouvait pas s'y arrêter, parce que ce saeter était malpropre, sans confort, et infesté de puces.

Quand vint le soir, on procéda aux préparatifs du coucher. Les filles enlevèrent les barrières en bois du lit et étalèrent l'herbe sèche, sur laquelle elles étendirent les couvertures de laine; nous nous couchâmes tous avec nos habits, mais nous ôtâmes nos souliers et nos bas. Il n'y avait qu'un lit pour tous. Samson ronflait si fort, qu'il ne nous fut pas possible de dormir; nous aurions voulu le voir dans l'autre saeter, mais il nous fit rire toute la nuit. A quatre heures, nous fûmes réveillés par les clochettes des vaches qui appelaient les filles pour venir les traire.

La contrée environnante était belle; de l'autre côté du lac, on apercevait Sauerflot, vaste plateau onduleux. L'aspect de la nature était sévère, car la verdure ne venait donner ni couleur ni variété au paysage ; les lacs gisaient cachés au-dessous, dans les profondeurs, et les vallées, à travers lesquelles serpentaient les courants tributaires ressemblaient de loin à des ravins tortueux et sombres sur ces immenses plateaux rocheux. Une vue grandiose était celle de l'ouest, où les chaînes du Vandal-Eggen, et des Nups-Eggen, s'élèvent à 5,530 pieds ; leurs pics et quelques-uns des plateaux étaient couverts de neige, et les ravins en paraissaient remplis.

Je demeurai plusieurs jours au saeter Diörn-Vand, parce que Samson était allé voir un de ses amis dans la montagne. Je passai le temps à

Le saeter Diorn-Vand.

chasser et à errer seul dans cet espace sauvage ; Marthe et Ambiör ne cessaient pas de s'étonner que j'eusse traversé le grand Océan. Elles prirent grand soin de moi, tout en n'étant pas satisfaites, car je ne buvais ni ne mangeais assez à leur gré ; quand je partais le matin, il s'élevait toujours une discussion au sujet des provisions dont elles voulaient me charger plus que de besoin. Quand j'étais prêt pour mon excursion de la journée, elles me disaient : « Ayez soin de revenir avant le soir, car vous auriez de grandes difficultés à trouver votre chemin dans l'obscurité ! » et les derniers mots que j'entendais étaient toujours : *Velkommen tilbage* (Vous serez le bienvenu à votre retour). Comme toutes les filles des saeters elles s'occupaient toute la journée. Quand je rentrais le soir, je les trouvais généralement réparant les filets, qu'elles allaient ensuite tendre à l'embouchure du petit cours d'eau qui se jetait dans le lac, afin d'y prendre des truites pour mon déjeuner du lendemain. Frites dans le beurre, ces truites me semblaient délicieuses.

Le soir du 8 août, le temps changea tout à coup, et le vent glacial du nord souffla dans les interstices de la hutte. Il faisait si froid sur les hautes montagnes que les vaches revinrent au saeter, qui était plus bas et où il faisait beaucoup plus doux ; les clochettes nous réveillèrent. Les filles sortirent pour voir ce que cela voulait dire et comptèrent les vaches afin de s'assurer qu'un ours n'était pas venu mettre le trouble dans le troupeau. Le matin, nous nous aperçûmes qu'une gelée blanche couvrait le sol.

Le jour de notre départ, ces demoiselles nous servirent un déjeuner substantiel avec deux tasses de café. Marthe, qui avait remarqué que je ne portais que des chaussettes en coton léger, insista pour me donner de gros bas de laine qu'elle me fit chausser en allant au lit. Ambiör y ajouta de gros gants et un fromage qu'il me fallut emporter. Elles tinrent à m'accompagner jusqu'au déversoir du lac, que je traversais à gué lors de mes excursions de chaque jour. Nous nous séparâmes en cet endroit, et, lorsque je mis le pied dans l'eau, je glissai dans leurs mains un peu d'argent, en les remerciant de leur amabilité, de leur hospitalité, et de leur confiance en moi. « N'oubliez pas de venir nous voir. Nos pères et mères, nos familles, seront heureux de vous recevoir. Bon voyage, Paul, et que Dieu soit avec vous ! » tels furent leurs derniers mots. Depuis, je suis allé dans leurs fermes et nous avons entretenu une correspondance ; seulement, depuis quelque temps, je n'ai plus de nouvelles de Marthe ; peut-être est-elle morte, ou suis-je oublié. — J'ai été plusieurs fois à la ferme d'Ambiör, car elle se trouvait plutôt sur mon chemin. La dernière lettre m'apprenait qu'elle était mariée. Qu'elle soit heureuse, c'est le souhait sincère de son ami Paul.

Je clos ce chapitre en donnant au lecteur la traduction d'une lettre que j'ai reçue d'elle, et d'une autre de mon guide dans les montagnes.

Herr Paul du Chaillu. — J'ai reçu hier ta bonne lettre du 24 décembre, avec le présent qu'elle contenait pour moi ; acceptes-en mes plus cordiaux remerciements. J'ai vu aussi par ta lettre que tu te portes bien, ce qui me fait grand plaisir ; je puis aussi t'assurer que, mes gens et moi, nous sommes tous dans notre santé habituelle. Comme il s'était écoulé beaucoup de temps sans nouvelles de toi, je craignais que tu ne m'eusses entièrement oubliée, jusqu'à ce que j'eusse reçu ta première lettre du 9 novembre, pour laquelle je te remercie également du fond du cœur, car ces lettres et le présent prouvent le contraire ; tu excuseras ma négligence à répondre à la première.

Je vois par tes lettres que tu as formé le projet de venir ici au printemps prochain ; je t'assure que j'attends ce moment avec impatience, et tu me permettras de te demander de m'informer de l'époque où je devrai t'attendre.

Reçois les affectueux souvenirs de ton amie.

Ambior Alsdotter.

Herr Paul du Chaillu. — Niels O. Overland, de Sonde, se souvient cordialement de toi ; c'est pourquoi je prends la plume pour t'informer de ma santé. Je n'oublierai jamais le plaisir que nous avons eu quand nous étions ensemble aux saeters de Haukelid, près Roldal. J'ai conservé comme souvenir de ce temps le petit pot d'étain que tu m'as donné. Maintenant je te dirai comme nouvelle que je me suis marié le 20 juin 1875, à la sœur d'Ambior, un peu plus âgée qu'elle et qui ne se trouvait pas à la maison lorsque tu y fus. Elle était servante chez mes parents de Sonde. Elle s'appelle Berthe O. Il y a huit jours, j'ai été avec mon beau-père à Ole-Vraalsey ; j'y ai vu le cadeau que tu as envoyé à Ambior, et j'ai lu ta lettre. Je vois que tu as l'intention de visiter Roldal l'été prochain, et que tu aurais voulu venir l'année passée mais que tu en as été empêché ; aussi nous espérons te voir l'été prochain, et j'irai alors à Roldal pour te parler. Dans le cas où tu penserais venir à Christiania et où tu aurais besoin d'un guide sur la route, j'irai t'y trouver et je t'accompagnerai à Roldal ; mais il faudra me dire à quelle époque tu viendras. La famille d'Ole-Vraalsey m'a chargé de te faire parvenir les compliments de tous, et enfin Ambior t'envoie une foule de remerciements pour ton présent qu'elle conservera comme un cher souvenir de toi. Ma *Kone* (femme) désire te voir et te parler, de ce que tu as été si bon *(snild)* pour sa sœur Ambior et toute la famille. Ambior regrette de ne pas être revenue d'Odde à Roldal, parce qu'elle aurait pu faire avec toi une excursion à Bergen. Je dois aussi te saluer de la part de Helge H. Rabbe, Niels H. Heggen, et du lensmand U. H. Juvet ; tous souhaitent de te voir quand tu viendras à Roldal. Maintenant il faut que je cesse en te saluant amicalement pour moi et pour ma femme. Écris-moi, cela me fera grand plaisir.

Ton ami. Niels O. Overland.

CHAPITRE XXV

Christiania. — Latitude de la ville. — Caractéristique de ses habitants. — Maisons. — Manière de vivre. — Peuple hospitalier et bon. — Foyers délicieux. — Société de Christiania. — Un repas royal. — Convives distingués. — Écrivains norvégiens. — Le palais royal. — L'Université. — Édifices publics. — Les environs de la ville. — Le fiord Christiania. — Oscar Hall. — Le Saeter Frogner. — Sarabräten. — Départ de la ville.

Christiania est située à l'extrémité interne du long et charmant fiord de ce nom, au pied de collines boisées. L'automne était avancé lorsque, pour la première fois, j'entrai dans la capitale de la Norvège, bien des mois après que j'avais mis le pied en Scandinavie. J'étais fatigué de mes excursions estivales. Dans les dernières semaines, le temps était devenu si pluvieux, que je brûlais de me refaire dans une ville pendant quelque temps. Je pris mes quartiers dans l'excellent hôtel Victoria, toujours plein de touristes en été, mais désert en cette saison.

La ville est à une latitude de 56° 55; 3° 58 nord d'Édimbourg, et 1° 15, plus au nord que Duncansby, le point le plus septentrional de l'Écosse; elle renferme une population de 116,000 âmes. C'est une cité prospère, dont l'importance augmente tous les jours et qui est le siège du gouvernement norvégien. Le roi de Suède et de Norvège est tenu, d'après la Constitution, d'y résider trois mois par an.

L'étranger qui erre dans ses larges rues est frappé du maintien ferme et méditatif des habitants ; c'est un reflet du caractère national, qui me rappela, sous ce rapport, Göteborg en Suède. La ville n'offre pas de traits particuliers ; les maisons sont généralement enduites de stuc, pas très hautes, couvertes en tuiles, et le peuple habite surtout aux étages supérieurs ; mais, depuis quelque temps, on a construit un grand nombre de villas, et, dans la partie neuve de la ville, on rencontre de beaux jardins entourant des maisons, et quelques charmantes résidences particulières. Tout offre un aspect de prospérité et de confort ; l'ordre et la bonne tenue règnent partout. Le long des quais, les navires chargent et déchargent continuellement leurs cargaisons, les steamers quittent la ville à toutes les heures de la journée pour se rendre aux villes commerciales, aux marchés qui se tiennent sur la côte, ou dans les ports lointains de l'Europe.

J'aime à me rappeler Christiania, ses habitants si bons et si hospitaliers, l'accueil franc et cordial que je reçus de mes amis norvégiens. Les personnes à l'aise ont des goûts simples, vivent très confortablement et aiment la vie de famille. On égaie les longs hivers par des réunions joyeuses ; le patinage, le canotage, le traînage, les dîners, la danse, la musique aident à passer agréablement la mauvaise saison.

La société est aimable. Les dames, comme leurs congénères suédoises, sont bien élevées, habiles dans l'usage des langues étrangères, très attrayantes, simples dans leur toilette, en un mot charmantes. Les gentlemen sont cordiaux, polis, obligeants ; il y a dans leur tenue une liberté et une virilité qui m'ont toujours plu. Ce n'est que quand on est admis chez eux, et non quand on ne les voit que de temps à autre ; ce n'est que quand ils vous traitent en ami, que l'on peut se faire une juste idée des nobles et belles qualités du caractère norvégien.

J'ai rencontré beaucoup d'hommes instruits, qui ont toujours été prêts à me servir et à me donner tous les renseignements dont j'avais besoin, sans se soucier de l'ennui ou de l'embarras que pouvait leur occasionner ma demande. L'un m'envoyait un ouvrage qu'il croyait pouvoir m'être utile, l'autre une carte, celui-ci des statistiques gouvernementales, me disant où je devais aller, soit dans des buts scientifiques, ou pour étudier la vie du peuple (*folk-liv*), ou pour voir quelque scène magnifique ; chaque fois que je partais, on m'apportait des lettres pour des amis ou des parents, afin que je fusse bien accueilli partout. Si une personne n'avait aucune relation dans un district où je devais aller, elle courait chez une de ses connaissances lui demander pour moi des lettres d'introduction. Le lendemain de mon arrivée, j'allai remettre celles que j'avais précieusement conservées. Elle m'ouvraient les portes de bien des maisons où je fus accueilli à bras ouverts et reçu avec beaucoup de bonté. J'eus bientôt fait des amis, et, pendant les quinze jours que je séjournai ici, j'appris à connaître ce qu'est l'hospitalité à Christiania.

Ma première visite fut pour le consul Tho. Jos. Heftge qui me combla d'obligeances, avant même que je ne l'eusse vu. Le consul est un habile financier, qui a écrit plusieurs ouvrages sur les finances; homme de vastes connaissances et de vues larges, malgré ses immenses affaires de banque, il trouve toujours le temps d'être serviable à un ami. C'est le président et l'un des cinq directeurs de la Turist Förening (Société des Touristes), qui a pour objet de donner au peuple le goût des explorations montagnardes. On compte parmi ses membres le roi et la famille royale. Le consul est un infatigable gravisseur et explorateur de montagnes; dans maints districts son nom est connu de tous; on l'aime à cause de sa géniale bonté, de ses manières simples et sans ostentation; et j'ai souvent entendu des bönder, dire en me montrant sa photographie : « Voilà un homme qui n'est pas fier. »

Personnellement, je lui dois une reconnaissance infinie pour ses bontés, son amitié et ses utiles renseignements. « Vous dînez avec moi demain, me dit-il, et nous causerons de ce que vous voulez faire; en même temps, je vous présenterai à des savants et autres gentlemen dont je désire que vous fassiez la connaissance. » Si j'avais eu l'idée que l'on ne faisait pas à Christiania de réception splendide, j'aurais été bientôt désabusé. La grande et belle maison du consul est entourée d'acres de terrains bien cultivés d'où l'on a une vue magnifique du fiord Christiania. Je montai un large escalier, au milieu d'une petite forêt de plantes tropicales, et de buissons en fleurs qui me rappelèrent les climats les plus chauds. Les effets de lumière étaient superbes. On m'introduisit dans un grand salon et mon hôte me présenta à sa charmante femme, puis à la nombreuse société d'hommes distingués qu'il avait invités : professeurs de l'Université, écrivains, journalistes, savants, officiers de l'armée et de la flotte, consuls étrangers, membres du Storthing, ecclésiastiques, etc. Plus de quarante convives prirent place à un somptueux banquet. C'était un repas royal. Après le potage, on remplit les verres, et l'hôte portant les yeux tout autour de la table, dit : *Velkommen til bordet* (Vous êtes les bienvenus à ma table), manière usuelle de saluer les invités. Telle fut ma première introduction dans la capitale. Ma seconde réception eut lieu chez un manufacturier distingué, Halvor Schou, homme aussi fort riche et très respecté de ses concitoyens.

Ceux qui m'accueillirent les premiers furent les savants amis que j'avais précédemment rencontrés dans le Nord; entre autres, Peter-Christian Asbiornsen, l'un des écrivains les plus distingués de la Norvège, dont le nom est familier dans le cottage du montagnard, dans la cabine des pêcheurs, aussi bien que dans la demeure du riche; car, quel Norvégien ne connaît son « Folke Eventyr », son « Huldre Eventyr », et beaucoup d'autres de ses contes, où sont si bien racontées les vieilles traditions du peuple? En outre, il a écrit sur l'éducation, sur l'art forestier, et sur bien d'autres sujets. Peu d'hommes de ce pays sont plus respectés que lui; mais aussi peu de personnes ont voyagé autant que lui en Norvège; son énergie est étonnante, en dépit de ses soixante-deux ans et de sa corpulence. Il a beaucoup parcouru l'Europe, et maintenant il fait tous les ans des milliers de milles dans son pays natal. Sa bonté l'engagea tout d'abord à chercher en quoi il pourrait m'être utile dans mes voyages en son pays, et ses lettres m'ont été fort précieuses. Il est, sous bien des rapports, le type parfait du Normand (Norvégien). Un autre de ses collègues voyageur en Laponie, le professeur J. A. Frŭs, a bien voulu me donner des photographies pour illustrer mon ouvrage.

Les édifices publics ne sont pas remarquables par leur beauté architecturale. Le palais, bâti sur trois côtés d'un carré, est pittoresquement situé au milieu de terrains agréables. Le bâtiment de l'Université, qui est massif, contient une belle bibliothèque, un musée zoologique et géologique. La collection d'antiquités septentrionales n'est pas vaste, mais elle renferme des spécimens très rares et très précieux, parmi lesquels se trouvent des ornements d'or et d'argent portés par les anciens habitants à l'époque païenne, et des monnaies remarquables. Dans les galeries de peinture nationale, on voit des paysages de toute beauté, œuvres d'artistes norvégiens, dont quelques-uns ont obtenu une célébrité universelle.

Le Storthing est un bel édifice, faisant face au square Charles-Jean, la plus belle place de Christiania. La promenade la plus agréable est au château d'Agerhuus, qui défend l'approche de Christiania; on a fait de ses remparts des allées délicieuses et admirablement ombragées. La ville renferme de très beaux magasins; ceux des orfèvres argentiers sont particulièrement tentants; l'étranger y trouve de superbes objets qu'il achète pour emporter chez lui. Les hôtels sont nombreux mais dispendieux. Les écoles publiques et autres institutions font honneur à la ville. Les environs sont étendus et fort beaux; le fiord est pointillé d'îles et ses bords contiennent des villas, des bois ravissants, et des campagnes riantes. Des routes carrossables conduisent à des endroits charmants, sauvages et retirés; les grandes routes qui mènent à la campagne passent par des paysages de toute beauté. Le fiord Christiania a environ 70 milles de long; mais l'étranger qui ne va pas plus loin que Christiania ne peut concevoir la grandeur des fiords norvégiens.

Oscar's Hall, résidence d'été du roi, est à une courte distance de la ville, sur le bord du fiord. Il s'y trouve des peintures de Tidemand, illustration de la vie du paysan en Norvège, qui sont remarquables.

Le saeter Frogner, à 1,700 pieds au-dessus de la mer, appartenant au consul Heftye, n'est qu'à quelques milles de la ville. De là, on jouit d'un superbe panorama du fiord, s'étendant jusqu'à la mer, et si l'on regarde dans la direction opposée, on obtient la même vue aussi étendue. On en approche en traversant une grande et sombre forêt par une route construite aux frais du propriétaire. Sarabräten, situé dans une région sauvage, dominant un lac pittoresque, est un lieu romantique, appartenant au même propriétaire, dont l'amour pour les scènes sauvages l'a engagé à bâtir dans ces endroits des maisons comme celles que l'on construisait aux temps anciens. Je puis dire avoir passé de belles journées au saeter Frogner et à Sarabräten. Une communication directe par chemin de fer existe avec Stockholm et Trondhjem. Les moyens de sortie de la ville sont divers. En été, les touristes préfèrent généralement voyager en carriole. De confortables steamers partent journellement pour les différentes parties du fiord et pour Frederiksstad, près de laquelle on voit la belle chute d'eau, la Sarps foss. Ceux qui désirent faire un plus long voyage, et voir les scènes de la côte, doivent prendre les vapeurs qui vont à Bergen ou au cap Nord.

Le Pasvig.

Rivière la plus septentrionale d'Europe.

CHAPITRE XXVI

L'île de Gotland. — Wisby. — Son ancienne importance commerciale. — Saga sur l'île. — Restes des anciens temps. — Pierres commémoratives. — Les anciens habitants wikings. — Fortifications et ruines de Wisby. — Son ancienne prospérité et sa chute. — Vieilles monnaies. — Marchands princiers. — Églises. — La crypte de Saint-Göran (Saint-Georges). — Saint-Lars. — Saint-Nicolas. — Ruines. — Excursions dans l'île. — Nombreuses églises. — Un pays fertile.

Un autre hiver était passé; le beau temps reparaissait, le soleil devenait plus chaud chaque jour, quoique l'air fût piquant; la végétation semblait plus avancée que l'année précédente. Les bords méridionaux de la Suède sur la Baltique étaient revêtus d'un manteau printanier; les oiseaux et les hirondelles revenaient, et l'on entendait déjà dans les bocages, près de la mer, le ramage du rossignol. Les jours grandissaient à vue d'œil, le soleil se levait vers trois heures et les longs crépuscules ajoutaient au charme du matin et du soir.

Le 22 mai, je naviguais de nouveau sur la Baltique; au loin, les contours adoucis d'une île s'élevaient au-dessus de la mer, — c'était Gotland. En approchant, la vue devint belle; la ligne étendue était marquée par de jaunes falaises calcaires, ponctuées de bois sombres, de fermes bien tenues et de moulins à vent; l'ancienne ville de Wisby, avec ses murs massifs ruinés, sur lesquels de vieilles tours se dressaient comme des sentinelles et semblaient veiller sur la place comme aux jours antiques, et regarder la mer avec défiance. La ville s'élève en forme d'amphithéâtre ; les blanches maisons aux formes bizarres, et les ruines des églises, en partie cachées par des bouquets d'arbres, faisaient paraître l'endroit plus vénérable encore au grand soleil.

Gotland, l'île la plus importante de la Baltique, est située entre le 56° 55', et le 58° de latitude, presque au milieu de la mer, en face de la province russe de Courlande et de la Smaland suédoise. Elle se rapproche davantage de la côte de Suède avec laquelle elle court parallèlement. Cette île fut autrefois le siège d'une grande puissance, l'entrepôt principal du commerce de l'Europe septentrionale, et elle n'avait point de rivale.

La date de son établissement se perd dans la nuit des temps, et le seul souvenir que nous ayons de son histoire se trouve dans le « Gotlands lagarne, » que l'on croit être un supplément aux lois du pays. On suppose que cette « saga » a été écrite vers l'an 1200, dans la vieille langue gotlandique. Gotland ou Gutland, signifie la terre de Gotarne ou Gutarne (des Goths), si l'on croit que ces colons appartinrent à la race qui vint de la mer Noire, déborda sur la Germanie et s'établit dans la partie méridionale de la Suède et en Norvège.

Aux temps anciens, dit la « saga », une belle île basse et obscure flottait sur la mer pendant la nuit et le peuple la voyait en naviguant çà et là ; mais, le matin, au lever du soleil, elle disparaissait sous les vagues pour reparaître avec le soir, flottant à la surface de l'Ostersjön (Baltique). Personne n'osait y aborder, bien que la croyance générale prétendit qu'elle se fixerait si on y allumait du feu. Enfin Thielvar ou Thialfer, y débarqua avec ses hommes, et y alluma du feu. L'île devint stationnaire, et aujourd'hui une baie s'appelle Thielvarvik, et l'on suppose qu'un monceau de pierres, qui en est proche, couvre la tombe de Thielvar ; mais la saga ne dit pas à quelle époque il y aborda ni d'où il venait.

Cette saga rapporte encore qu'ensuite la population s'accrut tellement, que le pays ne pouvait plus la nourrir ; on tira au sort et chaque troisième sortant fut obligé de partir. Ils refusèrent d'obéir et se fortifièrent dans un lieu nommé Thorsburg, d'où ils furent expulsés ; ils allèrent à Fårö, d'où on les chassa encore ; ils construisirent une ville à

Dagö ; mais il n'y demeurèrent pas longtemps avant d'en être expulsés de nouveau ; enfin ils se rendirent sur la rivière Dŭna, en Russie, et voyagèrent jusqu'à ce qu'ils fussent arrivés dans l'empire byzantin, sur la mer Noire !

Les premiers habitants de Gotland étaient païens et offraient des sacrifices humains dans des bocages sacrés, sur les hauteurs. Ils croyaient à Thor et à Odin, et bien des noms de fermes et de lieux rappellent encore aujourd'hui les dieux et déesses de la Walhalla. Le mot tonnerre, dans la langue de Gotland, veut certainement dire Thor (Dieu du Tonnerre), qui, lorsqu'il était en colère, frappait de terreur les géants qui habitaient le septentrion.

L'île est un des endroits du Nord les plus riches en restes des anciens temps, surtout la côte de l'est, où l'on voit de nombreux monticules funéraires, ou tumuli, débris en forme de vaisseau, appelés *slonkers*. Un nombre infini d'antiquités découvertes dans la terre, prouvent que la piraterie et le commerce étaient les occupations principales des habitants, qui s'enrichirent par le pillage. On n'a trouvé que peu de restes des âges de la pierre et du bronze ; la plupart de ceux que l'on a déterrés proviennent de l'âge du fer. Parmi les plus intéressants, sont les pierres commémoratives portant des marques grossières, représentant un bateau de Wikings, avec mâts et voiles et une proue élevée ; des hommes sur le pont semblent combattre ; au-dessous, on voit des figures d'hommes et d'animaux, mais si grossièrement faites, qu'il est difficile de les reconnaître.

L'un des délices de l'étranger qui voyage en cette île est de trouver partout ces témoignages du passé datant soit de l'époque païenne, soit des premiers temps du christianisme.

Les tumuli, ou tombes les plus antiques, comme celles que l'on voit en face, en Ostergotland, et dans la partie méridionale de la Scandinavie, sont très clairsemés en Gotland ; il n'y en a que deux. Ici, le plus grand nombre de tombes sont des amas de petits blocs, au milieu desquels une urne d'argile contient des cendres. A côté des urnes, on trouve souvent du charbon et des os brulés. On ne découvre que bien peu de squelettes noirs incinérés. Les tumuli de pierre sont parfois entourés d'une rangée simple ou double de pierres rondes. De petites tombes sont faites de quatre dalles, avec une urne renfermant des cendres. Il y a des tablettes, avec des caractères runiques; mais l'écriture est tellement effacée que l'on ne peut les lire. Ces pierres gravées sont en très grand nombre. On les trouve debout ou renversées; ce furent probablement des pierres commémoratives placées sur les tombes. On rencontre aussi des *croix* commémoratives, appartenant à la période chrétienne; elles datent du XIV° et du XV° siècle, et portent des caractères runiques. On voit aussi beaucoup d'anciennes

Les murs de Wisby.

fortifications, avec une muraille ronde en terre, ou entourées de pierres brutes.

Autrefois sans doute les habitants de l'île, comme ceux de la Norvège, du Danemark, de la Suède et de la côte orientale de la Baltique, consistaient principalement en Wikings, qui firent de longues et dangereuses expéditions; les souvenirs laissés par eux sur l'île indiquent que tous furent de la même race. Mais les Gotlandais, étant devenus riches, excitèrent l'envie des pirates ou des chefs voisins des rivages de la Baltique; aussi eurent-ils à soutenir des guerres continuelles.

On est toujours impressionné quand on visite de vieilles ruines. Il est rare que l'on soit tenté de rire quand on erre sous ces murs qui s'effritent, ou parmi les piliers écroulés qui ont lutté contre les siècles et qui finirent par succomber. Ils rendent sérieux, car ils font penser à la petitesse de l'homme; on sent que ceux qui les ont bâtis, morts depuis longtemps, étaient de même nature que nous; il ne nous est pas difficile d'imaginer les scènes de la vie dont ils furent autrefois les témoins: mais le silence sépulcral qui environne le spectateur imprime le respect et la tristesse. Selon toute apparence, les fortifications et les vieilles églises de Wisby ont été construites en pierres tirées des carrières creusées sous la ville, dont l'aspect, quand on erre dans ses rues, est étrange. Parmi les plus modernes bâtiments et cottages, apparaît çà et là une vieille maison hanséatique, ou un magasin de forme ancienne, aux murs croulants, couverts de lierre et dominés par des tilleuls, des noyers, des mûriers et des ormes. Des ruines pittoresques datant de plusieurs siècles et des cimetières silencieux se mêlent aux demeures des vivants, qui ne se font aucun scrupule de construire les porches de leurs maisons avec des pierres tumulaires portant des noms gravés, des inscriptions bizarres, ou des sculptures fantastiques.

La période de fondation de la ville, de même que l'établissement dans l'île, est incertaine; mais, quelle qu'ait pu être son histoire primitive, elle eut, aux xe, xie et xiie siècles, une grande importance commerciale, et entretint un trafic très étendu avec les commerçants d'Angleterre, de Hollande, de Russie, de France, de la Méditerranée et d'autres parties de l'Europe. En 1237, le roi d'Angleterre, Henry III, permit aux Gotlandais d'importer ou d'exporter des marchandises sans payer de droits. Les marchands devinrent énormément riches et eurent des rapports d'affaires avec l'Asie et différentes contrées d'Europe. Tous les négociants du monde étaient admis dans les murs de Wisby. A cette époque, le trafic de l'Inde, de la Perse, et des autres parties de l'Asie, se faisait par le Volga jusqu'à Novgorod, et le commerce s'accrut lors des guerres avec l'Orient. La richesse du peuple devint fabuleuse et la manie de bâtir des églises commença.

La ville eut une carrière féconde en événements: elle dut soutenir bien des sièges et fut mise à sac. Les murs existant aujourd'hui ont été édifiés en 1288; trente-six tours ont été élevées par les habitants de l'île, chaque *tiny* (comté ou paroisse) en construisit une. Les murs étaient percés de meurtrières, et deux tours gardaient chaque entrée. On voit encore les restes des gargouilles par lesquelles la garnison pouvait lancer de l'huile bouillante, de l'eau chaude, ou du plomb fondu sur l'ennemi. Outre ces murs et ces tours, trois fossés étaient creusés à l'extérieur. Il reste vingt-huit tours dont beaucoup ont de 60 à 70 pieds de haut, et de plus petites se dressent encore entre elles.

La ville comptait autrefois plus de douze mille bourgeois, et des quantités d'artisans habitaient hors des murs quand la place devint trop petite pour les contenir. La cité était alors indépendante; elle battait monnaie et levait ses propres forces militaires.

L'île est surtout riche en vieilles médailles. En 1870, à Sindarve, dans Hemsö, on en a trouvé, dans une seule place, au moins quinze cents, pesant plus de dix livres; c'étaient des monnaies impériales de la partie occidentale de l'empire romain, en argent, dont la plupart dataient du premier siècle du Christ. Petites et épaisses, elles portaient des images bien découpées d'empereurs et d'impératrices; on les appelait *denarii*. On trouve souvent d'autres coins, très usés, ce qui prouve le long usage que l'on en avait fait avant qu'ils fussent enterrés. En quelques endroits, on a découvert des pièces romaines en or, appelées *solidi*, mais jamais plus de 40 ou 50 ensemble, et généralement elles datent du IVe et du Ve siècle. On a aussi mis à jour une grande quantité de coins kufiques, venant de Kufa, Bagdag, Samarcande, Bokhara et d'autres villes de l'Asie; ils sont en général grands et ronds, sans effigies, et couverts des deux côtés d'inscriptions arabes; on en a déterré plus de dix mille dans l'île; les plus anciens sont du VIIe et les plus récents du Xe siècle. Des monnaies anglaises, avec des figure de rois mal exécutées, des IXe et Xe siècles, et un grand nombre de pièces allemandes, ainsi que d'autres représentant des évêques, des villes, etc. sont de la période ci-dessus.

J'ai acheté une pièce d'argent qu'un fermier venait de trouver en labourant; elle porte l'image de l'empereur Commode, fils de Marcus, qui monta sur le trône en 180 après J.-C. et mourut en 192. On a exhumé des ornements précieux, consistant en bagues unies et ouvragées; des anneaux pour le col et les bras, en argent et en or, et quelquefois décorés de perles; des bijoux de bronze; des boucles de chaussure; des ceintures avec figures; des épingles à cheveux; des lingots d'or et d'argent prêts à être transformés en monnaie, et servant probablement comme types de valeur; des colliers d'ambre, de verre et d'argile de toutes couleurs; des peignes d'ivoire et beaucoup d'autres objets.

On a conservé aussi des sceaux de corporations autrefois puissantes et portant le nom d'un saint patron.

La ville, au moment de sa plus haute prospérité, possédait dans ses murs non moins de quinze églises et deux couvents; hors des murs, une église et un monastère de religieuses; beaucoup ont été construites par des marchands étrangers résidant en ville. Pendant les xie et xiie siècles, plus de cent églises furent érigées dans l'île; presque toutes existent encore et l'on y célèbre le service divin; il en est dont l'architecture est fort belle.

Cette ville remarquable fut assiégée plusieurs fois, car sa richesse provoqua l'envie de puissants voisins. Malgré ses fortifications, Wisby fut prise d'assaut en 1361, par Waldemar III, de Danemark : depuis longtemps, l'ancien traité était devenu lettre morte, et la Suède ne put rien contre la puissance du Danemark. Le pillage fut énorme; les ornements d'or et d'argent des églises en formèrent une grande partie. Waldemar entra dans la ville par une brèche faite à la porte du Sud, près de laquelle on voit une croix, élevée en mémoire de ceux qui furent tués pendant ce siège, avec l'inscription latine encore lisible, dont voici la traduction :

« L'an 1361, après la Saint-Jean, les Gotlandais tombèrent devant les portes de Wisby, frappés par la main des Danois. Ils sont enterrés ici. Priez pour eux! »

Mais le butin qu'emporta le roi victorieux n'arriva pas en Danemark; les vaisseaux qui le portaient sombrèrent dans une tempête auprès de l'île de Carlsö.

Les ruines racontent l'histoire de la grandeur et de la décadence de la ville et rappellent l'instabilité des choses humaines. Il y eut un temps, sans doute, où les marchands princiers de Wisby crurent que la grandeur de leur cité durerait toujours et que ses richesses ne feraient que s'accroître; mais ces rêves sont évanouis depuis longtemps. Les peuples de ces jours sont oubliés; ils gisent inconnus depuis des siècles sous les pierres tumulaires ou sous le gazon des cimetières. Les souvenirs du passé n'ont point de récit qui raconte le trafic et les fêtes des anciens temps; mais les pages de l'histoire et les annales des ruines croulantes démontrent que Wisby fut une des villes commerçantes les plus fameuses du moyen âge en Europe.

Errons un peu maintenant au milieu de cette étrange ville, respirons les parfums des cerisiers, des pruniers et des pommiers en fleurs; promenons-nous dans ces habitations et ces magasins hanséatiques, autrefois résidences des gouverneurs danois, ou propriétés de riches marchands; quelques-unes sont encore en bon état; d'autres, délabrées, semblent gémir sur les bons moments du passé; entrons

Croix commémoratives.

dans ces maisons pavées d'anciennes dalles, autrefois pierres tumulaires, sur lesquelles sont gravées des armoiries, des monogrammes, des inscriptions avec dates et rôles; dans ces humbles cottages aux fenêtres envahies par des plantes grimpantes, des arbustes et des fleurs; dans ces jardins, au milieu de ces vieux murs branlants, couverts d'un lierre plusieurs fois séculaire, de glycines qui tombent en festons gracieux; passons sous les branches des tilleuls, des ormes, des noyers, des érables, des mûriers, et d'autres arbres. Au delà des murs et des tours apparaissent, avec la mer à l'arrière-plan, des bateaux de pêcheurs échoués sur la plage du petit port de Wisby. Des aigles de mer volent sur l'eau, guettant leur proie, et l'on entend les cris perçants des mouettes. Sur le front des falaises, les vagues ont creusé des grottes qui, pendant les chaudes journées de juillet, deviennent les rendez-vous favoris de ceux qui aiment la vue de la mer.

Saint-Laurent.

L'une des plus belles ruines de la ville est celle de Sainte-Catherine érigée par les moines franciscains vers 1233, rebâtie plus tard en couvent.

Le corps de l'église est un carré oblong avec douze piliers octogones sur deux rangs et un chœur pentagone. Originairement, l'édifice avait été construit dans le style roman; mais, depuis, on l'a transformé en style ogival. Le toit est enlevé et il ne reste que des arceaux qui semblent sur le point de s'écrouler. L'herbe pousse par terre, la plupart des dalles ayant été enlevées pour faire des seuils de porte; mais j'en ai remarqué une sur laquelle était ciselée la figure d'un prêtre qui tient en main un calice portant la date de 1380. Sous la partie méridionale de l'église, il y a une petite crypte.

Du sommet de l'église ruinée du Saint-Esprit, datant du xiiie siècle, on a une belle vue sur d'autres ruines et sur l'extérieur de l'église de Saint-George dont la partie basse a 84 pieds de long sur 47 de large, soutenue par quatre piliers d'environ 14 pieds de haut; les fenêtres et les portes sont en plein cintre. La partie supérieure repose sur quatre piliers ronds de 10 pieds de haut, et de là part un escalier qui conduit au toit; les murs sont percés de profondes crevasses causées, dit-on, par un tremblement de terre survenu en 1540. Derrière cette église est l'hôpital de la paroisse.

Non loin du Saint-Esprit, on voit les ruines de Saint-Laurent et de la Sainte-Trinité, éloignées l'une de l'autre de vingt à trente yards. Saint-Laurent a été construite sous la forme d'une croix grecque, et, comme ses voisines, appartient au milieu du xiie siècle. Une autre église, du même style architectural, se trouve encore en Gotland. Intérieurement elle a 106 pieds de long, sur 76 de large. Le long du mur extérieur règne une galerie qui s'étend sur trois côtés, et à laquelle on aboutit par deux escaliers séparés; les arceaux sont ronds. On dit que Saint-Laurent est d'un demi-siècle plus âgée que la Sainte-Trinité. Santa-Maria a été consacrée, à ce que l'on croit, en 1225; c'est la seule église de Wisby, où l'on célèbre un service public. Elle a 173 pieds de long sur 75 de large; elle est pavée d'anciennes dalles de différentes périodes, où sont inscrits des monogrammes, des caractères runiques, des inscriptions latines, datant du XIIe au XVe siècle, en vieux gotland, en allemand, en hollandais et en danois. C'est la dernière demeure de plusieurs importants personnages qui se rattachent à l'histoire du Gotland, et, parmi eux, de Philippe Axelson Thott, gouverneur danois de l'île à cette époque, mort en 1464. En face de l'autel, j'ai vu trois fort beaux spécimens

Église du Saint-Esprit.

de ces dalles ; il est regrettable de se dire que l'usure continuelle à laquelle elles sont exposées, finira par effacer graduellement leurs antiques dessins. Dans le cimetière, quelques tombes datent de 1300 à 1400 ; il en est qui ont servi plusieurs fois, ainsi que cela ressort de la succession des dates. Auprès de l'église, on aperçoit les restes d'une baleine, que, dans les premiers temps, on a crus être ceux d'une vierge géante qui aurait construit l'édifice. Je demandai au docteur — mon cicérone, quel était le mauvais plaisant qui avait osé suggérer que ces os étaient ceux d'une baleine : « Pas d'autre que Linnée, » me répondit-il. Dans les vieilles chroniques, on rapporte que, près de

Église Saint-Nicolas.

Wisby, on prit un poisson qui criait comme un homme ; que tous ceux qui l'entendirent et le virent en furent émerveillés, et qu'on le suspendit à l'église de Sainte-Marie.

De Sainte-Marie j'allai à Saint-Nicolas, construit vers 1240. C'est une belle ruine qui était la plus grande église de Wisby. Elle appartenait aux dominicains. C'est un mélange de style roman et ogival ; la largeur interne est de 65 pieds, et la largeur de 199 ; dix piliers carrés, dont deux endommagés, sont encore debout. Le bâtiment principal a 22 fenêtres ; du côté de l'ouest il y en a trois très gracieusement placées.

Parmi les églises dont il reste à peine un vestige, il faut citer Sainte-Gertrude, construite par les marchands de Hollande, située au sud-est de Saint-Nicolas ; sa longueur était d'environ 65 pieds, et sa largeur de 23.

Saint-Jean est une des plus anciennes et des plus grandes de Wisby. C'est l'église dans laquelle le premier pasteur protestant prêcha, vers 1525 ; à peine en reste-t-il quelque chose. Saint-Jacob et Saint-Michel ont été entièrement détruites.

J'errai de ruine en ruine jusqu'à ce que je les eusse toutes examinées, et, finalement, je me retrouvai auprès des gris et sombres murs, auprès des tours dont chacune a son histoire. Les *ringmuren* (fortifications et murs) qui entouraient toute la ville, déterminaient une surface de 135 *tunnland* (environ 170 acres).

Quittant Wisby par la vieille Norreport (porte du Nord) flanquée des deux tours élevées pour la défendre, je me dirigeai vers la campagne. Des routes se croisent dans toutes les directions, en sorte que l'on peut aller partout où l'on veut. Quelques fermes semblaient bien aménagées ; mais la population, en majorité, habite de petites maisons plâtrées. Le blé d'hiver (sarrazin) et le seigle venaient bien, et tout le monde était occupé dans les champs ; beaucoup de fermiers plantaient des pommes de terre. La contrée est belle dans beaucoup de districts. Les maisons étaient petites et blanches, avec des toits pointus et les fenêtres garnies de plantes. Les jardins et vergers, les champs et prairies, les plantations de houblon qui les entourent, prouvaient que les fermiers étaient en bonne position. Ici, le pays est très morcelé, et les propriétaires font rendre à leurs petits domaines tout ce qu'ils peuvent produire.

De temps à autre, nous arrivions à l'une de ces gracieuses églises dont l'île est si riche. Tout est si calme et si paisible autour d'elles, que l'on voudrait y reposer quand on aura fermé les yeux pour jamais.

Église de Garde, dans l'île de Gotland.

Les lilas en pleine floraison, les violettes au milieu de l'herbe, les champs verdoyants et les prairies, tout ajoutait au charme de la promenade; plusieurs chênes magnifiques poussaient au bord du chemin, et les pruniers, les cerisiers, les poiriers et les pommiers étalaient les couleurs délicates de leurs fleurs. Le printemps semble commencer ici à peu près à la même époque qu'à New-York, dans les années ordinaires. On trouve dans beaucoup de districts le bouleau, le chêne, l'orme, le frêne, le noisetier, le peuplier, le sorbier et le tremble; au sud, le noyer et le mûrier prospèrent.

Les fermiers étaient à la charrue, et les oiseaux les suivaient dans les sillons pour se régaler de vers. Presque toutes les maisons de ferme étaient propres mais petites. Chaque fermier a une marque particulière; les instruments aratoires et autres en sont estampillés. On appelle cette vieille coutume *Bo-marken*, et toutes les familles ont hérité de leurs ancêtres de cette marque distinctive. Les paroisses ont leur *Bo-marke*. Le long de la route, dans plusieurs endroits, la chaux affleure le sol. Nous traversâmes des forêts de sapins, de pins, de frênes, et de quelques chênes, et nous rencontrâmes, de temps à autre, des blocs erratiques et des marécages. Des femmes coupaient des pommes de terre qui devaient être plantées le lendemain. Les maisons d'habitation, construites en pierres calcaires, étaient couvertes de tuiles rouges; d'autres n'avaient pour toit que des planches et même du chaume. On avait attaché aux arbres de petites boîtes pour servir de nids aux oiseaux; partout nous entendions chanter les grives, et les alouettes remplissaient l'air de leurs notes stridentes.

Le pays près de la mer est charmant. Les falaises forment de hautes crêtes sur lesquelles on voit des bosquets de pins et d'autres arbres; les fraîches teintes vertes du printemps ajoutaient à la beauté du paysage. En se promenant le long de la baie, l'œil rencontre partout des preuves distinctes et irréfutables du lent soulèvement du pays; dans certains endroits, à une distance considérable du bord, la mer, dans son action incessante, a taillé dans les falaises de grands et hauts piliers de pierre calcaire qui sont là comme des marques de l'ancien rivage contre lequel venaient battre les vagues.

L'architecture de beaucoup d'églises est très gracieuse et celle de Garde donne une belle idée du style.

On a institué une milice spéciale pour la défense du pays, mais elle ne peut être appelée hors de l'île. Tout homme de dix-huit à cinquante ans est tenu d'assister aux manœuvres six jours consécutifs par année; il fait ensuite partie de la réserve jusqu'à soixante ans. Les chefs de famille, les tenanciers, les hommes qui exercent une profession et quelques autres, ne sont appelés qu'en cas de nécessité pressante. Les officiers commissionnés sont nommés par le roi ; les officiers non-commissionnés sont choisis par les hommes.

Le recensement de 1870 a donné une population de 53,946 habitants, dont 28,205 du sexe féminin. A cette date, l'île possédait 11,000 chevaux, 8,500 bœufs, 1,000 taureaux, 14,000 vaches, 4,800 génisses au-dessous de deux ans, 38,000 moutons, 700 chèvres, et 5,700 porcs. On exporte du bétail, des moutons et des grains.

Le climat est même plus doux que celui de la partie la plus méridionale de la Suède, grâce à l'influence de la mer. Sous ce point de vue, l'île est comme l'Angleterre, comparée aux contrées adjacentes. Les ormes sont très beaux ; les mûriers et les châtaigniers acquièrent une grande taille, et la vigne réussit en espaliers. La flore est très riche ; elle comprend plus de 960 variétés de plantes.

La géologie de l'île est aussi très intéressante. En bien des endroits, en remuant le sol à trente pieds, on arrive à la roche calcaire, qui a été polie et striée par les glaciers. La terre superposée a préservé la roche de l'action du temps, et elle est aussi lisse que du verre : elle ressemble à de l'émail. Quelquefois les entailles sont profondes d'un pied. La direction générale de ces entailles va du nord-est au sud-ouest ; les glaciers vinrent, sans doute, de Finlande.

De Högklint (hautes falaises), non loin de Wisby, à 150 pieds au-dessus de la mer, au point le plus élevé de l'île, nous eûmes une vue très développée du pays. On pouvait distinguer, à une longue distance au nord, les bords dentelés et les falaises. La Baltique était parfaitement calme, et ses eaux étaient si claires, que l'œil pouvait pénétrer jusqu'à une grande profondeur, même près du rivage. Entre les falaises se trouvaient d'anciennes baies et des plages n'ayant pas plus de 30, 40 ou 50 pieds au-dessus du niveau actuel de la mer, tandis que dans l'eau, à quelque distance du bord, on pouvait voir des traces incontestables d'une baie submergée, qui, si l'île continue à s'élever, reviendra à la surface. Il y a des endroits sur l'île où l'on peut compter 40 ou 50 différentes marques de marée, les unes au-dessus des autres, prouvant sans conteste que le pays s'est soulevé lentement dans le cours des âges. L'origine de la légende que j'ai citée plus haut ne viendrait-elle pas de là? La géologie a démontré qu'il y a eu des alternatives de soulèvement et d'abaissement du sol à différentes périodes, en cette région comme ailleurs : démonstration qui conduit l'homme attentif à réfléchir sur les grands progrès des différentes branches de la science, et pourtant les tentatives faites pour corriger les idées erronées des anciens temps ont été et sont encore blâmées et méprisées par ceux qui ont la folie de craindre que ces découvertes n'amènent la ruine de la religion. Mais, comme de nouveaux faits viennent au jour d'année en année, le monde nous semble plus beau, et la sagesse du Créateur apparaît plus merveilleuse à notre faible intelligence. Il est triste de penser que la seule récompense de laborieux investigateurs a été souvent le mépris pendant leur vie, et que le bon peuple, à la suite de fausses notions de ce qu'il croyait juste, a trop souvent accumulé les injures sur les hommes dévoués à la science. Heureusement pour la cause de la vérité, ceux-ci ne sont pas effrayés par les fréquents conflits dans lesquels ils peuvent être écrasés ; leurs constatations des faits étant irréfutables, le fanatisme irréfléchi est forcé à la fin de s'appuyer sur eux. Chacun sait que, sans la discussion, on ne peut faire de véritables progrès en investigation ; mais le blâme n'est pas un argument, et les dénégations sans démonstration des faits ne jettent aucune lumière sur un sujet controversé. Les vrais savants ne tendent qu'à élargir le champ des connaissances humaines. Ils travaillent péniblement et pensent plus péniblement encore ; ils passent souvent les nuits sans sommeil, emportés qu'ils sont par l'intensité de leur enthousiasme ; ils oublient les soins de leur santé, et trop souvent ils font naufrage en arrivant au port. Quel est leur but ? S'enrichir ? Non ; car il aurait mieux valu pour eux et pour leurs familles, qu'ils eussent un peu moins pensé à la science et un peu plus à leur intérêt. Acquérir des connaissances et propager ces connaissances, voilà quel a été leur but, et, de nos jours encore, c'est celui du savant véritable et convaincu.

CHAPITRE XXVII

Upsal. — L'Université. — Les Nations. — La Bibliothèque. — La Cathédrale. — La vieille Upsal. — Les Monticules du Roi. — Surexcitation en ville. — Les étudiants. — Chant en chœur. — Sérénades aux dames. — Cérémonie de la délivrance des grades. — Diplômes. — Le banquet. — Menu. — Le bal. — Jeunes femmes suédoises. — Le gouverneur de la province. — Sa descendance écossaise. — Le vieux château. — Un concert. — Dîner au château — Une charmante famille.

Upsal est une ville chère à la Suède, non seulement à cause de sa haute antiquité, mais encore parce qu'elle a été, pendant des siècles, son centre de savoir. Upsal est essentiellement une ville universitaire, avec sa population d'environ 16,000 âmes; la rivière Fyrisan la traverse et ses rues larges sont pavées de cailloux. L'Université date de 1249, et sa renaissance sous Gustave-Adolphe, de 1613. Pour y être admis, l'étudiant doit passer un examen dans une des *élémentarskolor* (écoles supérieures.) Autrefois, on passait cet examen à Upsal. Le cours de médecine dure de cinq à sept ans; celui de philosophie et de droit, de quatre à cinq ans. Nul, en Suède, ne peut être ecclésiastique, avocat, ou docteur, s'il n'a été gradué à Upsal ou à Lund, les deux universités de la Suède. Le recteur de l'Université, que l'on change tous les ans, est choisi parmi les professeurs. Les étudiants sont divisés en nations, selon les provinces ou *läns* auxquelles ils appartiennent; chaque nation a un bâtiment, ou suite de chambres à elle, servant de lieu de réunion pour ses membres, et une bibliothèque; les jeunes gens logent dans les différentes parties de la ville. Ils mènent la vie joyeuse des étudiants allemands; mais la coutume du duel leur est inconnue.

Le visiteur qui erre parmi les tombes et le long des allées ombreuses et fleuries du cimetière, admirablement tenu, voit une énorme structure en granit, un peu grossière, mais massive et imposante, qui appartient aux nations de l'Université; c'est la dernière demeure d'étudiants qui sont morts à Upsal.

Les monticules du roi, près de la vieille Upsal.

Les grands hommes sortis d'Upsal témoignent de la célébrité bien méritée de cette institution, et maints de ses professeurs ont conquis une renommée universelle. Au nombre des bâtiments intéressants, on compte la Carolina-Rediviva. La bibliothèque de l'Université contient 200,000 volumes, et environ 8,000 manuscrits, dont quelques-uns sont extrêmement précieux. Ceux qui s'occupent d'études bibliques trouveront dans cette collection une Bible avec des notes marginales par Luther et Mélanchton, le « Codex argenteus », une copie des quatre Évangiles écrite en lettres d'argent, et bien d'autres livres anciens et de grand prix. La cathédrale est digne qu'on la visite quand ce ne serait que pour saluer la tombe de Gustave Vasa, qui y est enterré à côté de ses deux épouses. Bien des héros suédois et des grands hommes y sont inhumés.

A une courte distance de la ville se trouve la *vieille* Upsal. Non loin de son église sont trois monticules appelés *Kungshögar* (hauteurs du roi). Il y en a un autre portant le nom de *Tingshög* (hauteur de Ting) d'où, à l'époque païenne, les rois haranguaient la multitude. La vieille église n'en est pas éloignée, et c'était là que le grand temple pour l'adoration de Thor, d'Odin et de Freya, avait été établi en Scandinavie. Un bois sacré couvrait le pays et on y faisait aux dieux des sacrifices humains. Deux des tumuli ont été examinés et dans l'un on a trouvé une urne contenant les ossements d'une femme et d'un petit chien. Des tumuli en grand nombre sont disséminés autour de cette place vénérable du culte païen. L'église de la vieille Upsal est une des plus anciennes de la Suède. Elle est construite en pierres et possède un bizarre reliquaire, dans lequel les gens pieux, à l'époque du catholicisme, déposaient leurs offrandes.

A mon arrivée, la ville universitaire présentait une animation peu ordinaire ; les habitants avaient revêtu leurs habits de fête. Ce mouvement inaccoutumé était produit par la cérémonie de la distribution des grades aux étudiants qui avaient passé un examen satisfaisant. Des centaines de gradués encombraient les rues ; on les reconnaissait à leurs casquettes blanches avec un ruban de velours noir décoré d'une rosette bleue et jaune au centre, symbole du drapeau suédois. Des jeunes dames, qui étaient venues pour cette occasion, parcouraient les trottoirs ; et certainement bien des personnes ont pu difficilement trouver à se loger. J'ai appris que ce serait probablement la dernière des exhibitions triennales, car les autorités objectent qu'elles deviennent trop coûteuses aux étudiants.

Dans l'après-midi, les étudiants se rassemblèrent pour aller saluer le chancelier de l'Université, qui venait d'arriver de Stockholm ; ils chantèrent un chœur avec des voix si magnifiques, que je ne m'étonne pas que ceux qui ont été envoyés à l'Exposition de Paris y aient remporté le premier prix. Une foule immense, composée de toutes les classes de la société, les suivit chez le chancelier, où ils chantèrent en chœur une superbe chanson d'étudiant avec une étonnante perfection et un ensemble parfait. Ils sont fiers de leur chant et se donnent toutes les peines possibles pendant les répétitions. Quand ils eurent fini, le chancelier apparut et leur tint une allocution, après laquelle les étudiants, au lieu de se disperser, continuèrent de chanter en parcourant les rues, jusqu'à la résidence d'un de leurs professeurs favoris, lequel, à ce que je crois, était cette année-là, recteur de l'Université et gradué depuis cinquante ans. La même foule les suivit. Ils entonnèrent un autre chœur, parcourant encore les rues, et enfin se dispersèrent.

Cette nuit et les deux suivantes je pus à peine dormir. Dans mon hôtel — heureusement ou malheureusement — étaient descendues les sœurs, cousines ou bien-aimées des étudiants, et, avant trois heures du matin, il me fut impossible de fermer l'œil. Des groupes d'étudiants vinrent successivement chanter leurs mélodies sous les fenêtres de leurs belles. A peine une bande avait-elle fini, qu'une autre arrivait, et les plus magnifiques voix résonnaient dans le silence de la nuit. Les beautés suédoises n'eurent pas un moment de tranquillité; car chacune dut mettre une lumière à sa fenêtre pour prouver qu'elle était éveillée et qu'elle entendait la sérénade donnée en son honneur. Cette ancienne coutume semblait faire la joie des étudiants, et les jeunes filles ne la dédaignaient évidemment pas.

Voici deux spécimens de ces chants :

SÉRÉNADE EN DUO

LE CRÉPUSCULE

Écoutez comme le vent souffle doucement ;
Le ruisseau murmure,
Le chant de la grive nous ravit !
Voyez, un ciel d'argent
Reflète entre les montagnes,
La couleur du soleil
Qui va disparaître.
La pureté rayonne dans l'azur,
L'amour respire dans la nature.
Le chant et l'amour
Descendent du ciel sur la terre.

CHANT EN SÉRÉNADE

LA ROSE DANS LA FORÊT SEPTENTRIONALE

Seule dans la forêt sauvage
Demeure une jolie petite fleur ;
Dans un sourire amical,
Elle murmure l'amour et la foi.
Au loin dans la forêt,
Petite fleur, tu m'es chère.
Viens à moi, toi qui as pris mon cœur ;
Viens à moi, belle rose de la forêt du Nord.

Ne reste pas dans ces forêts sauvages,
Et viens à ton ami fidèle ;
Dis-moi que mon espoir ne sera pas déçu,
Dis-moi que tu m'aimes encore.
Au loin dans la forêt,
Petite fleur, tu m'es chère.
Viens à moi, toi qui as pris mon cœur ;
Viens à moi, belle rose de la forêt du Nord.

Reliquaire dans l'église de la vieille Upsal.

Le lendemain de mon arrivée, j'assistai à la cérémonie de la graduation. A neuf heures trente du matin, les anciens gradués de l'Université se réunirent et se rendirent en procession à la cathédrale. Ils étaient venus de tous les coins du pays pour faire honneur à leur *alma mater;* on voyait parmi eux des gouverneurs de province, des nobles, des officiers en uniforme, des juges, des avocats, des marchands, des fermiers, et des vieillards ployant sous le poids des années. Ceux qui ne portaient point l'uniforme s'étaient mis en grande toilette et en chapeau de soie, — car le Suédois est scrupuleux et même formaliste dans les occasions de gala. Par déférence pour la coutume, j'avais endossé l'habit noir, mais naturellement je n'avais point de chapeau à haute forme et je portais un panama. Lorsque je me joignis à la procession, je me sentis mal à l'aise, mais je n'y pouvais remédier; nous marchâmes deux par deux jusqu'à la cathédrale, à travers la foule épaisse qui remplissait les rues et qui, par la voix ou par le geste, montrait qu'elle reconnaissait les grands hommes du pays mêlés dans les rangs. Les étudiants, en grande tenue, suivaient la procession de leurs anciens, et tous entrèrent dans le vieux bâtiment en briques qui constitue la cathédrale d'Upsal.

Le colossal édifice était comble jusqu'à la suffocation ; il y avait là une immense quantité de dames vêtues avec goût, mais simplement, selon la mode suédoise; les couleurs nuancées de leurs accoutrements ajoutaient à l'intérêt de la scène. Le vaisseau de l'église avait été réservé aux étudiants, qui portaient tous leur casquette blanche. L'un des commissaires, ayant pour insigne une écharpe rouge, eut la bonté de se charger de moi et me donna une bonne place. En face de l'autel se tenait un corps nombreux de collégiens en toilette de soirée, qui étaient les musiciens en cette occasion. Auprès d'eux se faisait distinguer un groupe brillant de jeunes dames, dont l'une, soliste de talent, était norvégienne. Le chancelier et la faculté de l'Université occupaient une plate-forme d'où ils allaient conférer les grades, et en face d'eux avaient pris place des hommes vénérables gradués depuis un demi-siècle. Toutes les classes se confondaient dans la foule; la *flicka,* avec son mouchoir sur la tête, coudoyait la grande dame.

La cérémonie commença par un chœur chanté par de jeunes dames, renforcées de quelques voix mâles; il dura une demi-heure. Puis, après une courte pause, le recteur prononça un discours latin auquel on prêta peu d'attention et qui prit vingt-cinq minutes; c'est une partie du programme exigée par la coutume. En terminant, il posa sur sa tête une couronne en feuilles de chêne. Ce fut le signal d'une décharge de quatre canons dont les échos se répercutèrent sous les arceaux de la vieille cathédrale. Puis retentit de nouveau un grand chœur composé par des étudiants. Lorsqu'on appelait un gradué et qu'on lui mettait sur la tête une couronne de laurier, on tirait un coup de canon; il recevait alors son diplôme. Après la cérémonie, on chanta encore, et deux des gradués, le *Primus* et le *Secundus,* montèrent sur la plateforme, et prononcèrent en latin le discours d'adieu.

En regardant la foule autour de moi, je reconnaissais, à leur face rayonnante, les pères, mères, sœurs et amoureuses des étudiants qui venaient de passer l'épreuve. Quelques jeunes gens étaient mariés et d'autres sur le point de l'être. Des années d'étude avaient été récompensées en ce jour, et les gradués, héros de la fête, se promenèrent dans les rues avec leur couronne sur la tête. Leur vie joyeuse d'étudiant était finie, le moment du départ venu ; mais ils ne devaient jamais oublier leur chère Upsal, et leur *alma mater.* Les A*lumni* étaient accourus de tous les points de la Suède, et leurs casquettes blanches allaient retourner au nord lointain, dans les montagnes de la Laponie, dans la Finlande suédoise, et dans chaque province du royaume.

Le même jour, à trois heures précises, j'étais dans la salle Linnée, en compagnie de trois cent quatre autres convives, mangeant le smörgas, afin d'ouvrir l'appétit pour le dîner. Quand on ouvrit les portes de la salle du banquet, les arbustes et les plantes dont on l'avait garnie lui donnaient l'apparence d'un jardin ; l'effet en était ravissant. Le chancelier présidait la fête, dont voici le menu :

Gron soppa (soupe verte), sorte de julienne.
Cabarrus Saint-Julien, etc.
Sherry pale.
Mayonnaise palax (mayonnaise de saumon).
Haut sauterne.
Spackad ox filet (filet de bœuf piqué).
Frikasserad tunga (langue fricassée).
Porter.
Farsk sparris (asperges fraîches).
Hochheimer et eau de Seltz [1]
Kyckling med salad (poulets de grain et salade).

1. Les Suédois aiment à boire de l'eau de Seltz après les asperges.

Cabinet cremant (vin de Champagne).
Glace och krokan (crème glacée et gâteau pyramidal).
Vin de Porto (vieux supérieur),
Sherry pale,
Dessert et moet-chandon.

Les plats étaient bien préparés et le service excellent, ce qui me surprit, en raison du grand nombre de convives. Plus le dîner s'avança, plus la compagnie devint gaie ; car il y eut des toasts continuels entre amis au dessert; on porta la santé du roi, mais sans faire de discours, et l'on proposa encore d'autres toasts. Puis le mouvement devint général, le vin ayant égayé les cœurs. Au delà du porche, nous apercevions le jardin botanique, où plusieurs milliers de personnes s'étaient rassemblées dans la belle avenue qui fait face au bâtiment. On y voyait des dames, des enfants, et toutes les classes du peuple. On demanda que l'on chantât, et les étudiants entonnèrent en grand chœur :

LE CHANT DE L'ÉTUDIANT
(Suédois.)

Chantons les jours heureux de l'étudiant,
Jouissons du printemps de la jeunesse ;
Notre cœur bat encore de saines palpitations,
Et l'avenir qui point est à nous.
Les tempêtes n'ont pas pris encore
Domicile en nos esprits ;
L'espérance est notre amie,
Nous avons foi en ses promesses,
Nous contractons une alliance
Dans les bosquets parfumés,
Où croissent les glorieux lauriers. — Hourra !

On servit le café, et l'on versa du punch suédois, *ad libitum*. L'archevêque d'Upsal, le chancelier et le recteur de l'Université furent placés de force dans des chaises et portés à travers la foule sur les épaules des étudiants, au milieu d'acclamations générales. Les vieux redevenaient jeunes ; aucune distinction de rangs ; professeurs et étudiants se promenaient bras dessus, bras dessous. Je perdis mes amis dans la foule et je demeurai tout étonné de cette joie tumultueuse ; évidemment le punch faisait son effet. Au milieu de la multitude et tout près de moi, je vis un gentleman en grand uniforme, qui me demanda de la manière la plus aimable, et en excellent anglais, si je ne m'appelais pas Du Chaillu. Sur ma réponse affirmative, il se présenta lui-même comme le comte Hamilton, gouverneur de la län d'Upsal. Il m'invita à venir le voir le jour suivant à sa résidence dans le *Slott,* ou ancien palais.

Les fêtes du jour finirent par un grand bal *(promotions balen)* dans une des salles de la Carolina-Rediviva, qui renferme la magnifique bibliothèque de l'Université. Je fus surpris de ce choix, et il me sembla que l'on commettait une grosse imprudence en exposant ainsi cette belle collection à un risque d'incendie. Plus de deux mille bougies

Vieux château d'Upsal.

brûlaient et la salle était disposée très élégamment ; de petites fontaines, à chaque extrémité, lançaient des jets d'eau et rafraîchissaient l'atmosphère ; la salle était comble. Les jeunes dames étaient accourues en masse de tous les coins du pays ; on voyait là des beautés suédoises en aussi grand nombre que les violettes dans l'herbe. J'admirai la simplicité de leurs atours ; les robes en mousseline blanche garnies de rubans de diverses couleurs dominaient, et la coiffure, malgré sa simplicité, dénotait beaucoup de goût. La salle se trouva si pleine de monde, que ceux qui voulurent danser eurent à peine de la place. On avait dû refuser bien des demandes d'invitation, faute d'espace. Je rencontrai un Américain, auquel je n'étais pas étranger; il avait été étudiant à l'université du Michigan, à Ann-Arbor, lorsque j'y fis des lectures. Il avait entrepris un voyage en Suède, afin d'étudier l'histoire du pays.

Le lendemain, j'allai au vieux château où je fus reçu avec une amabilité exquise par le gouverneur, la comtesse et les membres de leur famille. J'y trouvai toute une compagnie d'hommes distingués qui étaient venus assister à la cérémonie de la graduation. Chacun parlait anglais; le gouverneur, la comtesse et leur fille aînée s'exprimaient extrêmement bien en cette langue; en fait, presque tous ceux qui étaient présents avaient de l'aptitude à parler anglais, français et allemand. Au bout de peu de temps, je me sentis aussi à l'aise que chez moi; il en est toujours ainsi lorsque le tact, la culture et les belles manières prêtent leurs charmes à la réception. Quand vint le moment de partir, je quittai à regret ceux qui m'avaient si amicalement accueilli.

La branche suédoise de la maison Hamilton, représentée par le gouverneur d'Upsal, descend de Claudius, baron de Paisley, un des fils de James, quatrième duc de Chatelherault. Les fils de Malcolm, archevêque de Cassel, entrèrent dans l'armée suédoise de Gustave-Adolphe, en 1624, et se distinguèrent tellement, que le souverain, en reconnaissance de leurs services, leur permit de prendre le titre baronnial de leurs ancêtres en Écosse. Ils sont hautement honorés et respectés en Suède. La comtesse de Hamilton est la fille de l'illustre historien suédois Geijer.

Le gouverneur n'occupe qu'une partie du vieux château, qui a un aspect imposant et domine une immense étendue de pays. Certains murs de cette énorme structure en brique ont douze pieds d'épaisseur. Les scènes des siècles passés revivent pour l'historien lorsqu'il visite cet édifice. Le meurtre de Nils Sture et d'autres, par l'idiot et sanguinaire Erik, qui marque une ère d'effusion de sang et d'assassinats en Suède, est un de ces souvenirs historiques.

Le concert des étudiants fut donné le jour suivant. En peu d'heures, la salle de bal avait été transformée en salle de concert, et les mêmes étudiants qui remplissaient les fonctions de commissaires du bal se chargèrent de nouveau de cet office. Ils firent tout ce qu'ils purent pour bien recevoir ceux qui vinrent à Upsal. De même que pour le bal, la salle fut trop petite pour pouvoir admettre ceux qui désiraient assister au concert. L'assistance était presque entièrement composée de dames, les hommes leur ayant cédé leurs places. Le premier morceau du programme fut le chant, « Hör oss, Svea » (Entends-nous, Suède), suivi du « Solvirkning » (Les effets du soleil) par Kjerulf, et « The Brudefaerdi Hardanger » (le voyage nuptial à Hardanger,) deux chants norvégiens. Les auditeurs semblaient froids en apparence, mais ils accueillirent ce dernier morceau par des applaudissements enthousiastes.

MARCHE DES ÉTUDIANTS
(Suédois.)

Entends-nous, Svea [1], ô notre mère ;
Nous sommes prêts à combattre et à mourir pour toi !

Jamais, non jamais nous ne t'abandonnerons.
Accepte notre serment, le même dans tous nos destins !
Nous te defendrons avec notre sang et notre vie,
    O pays libre, qui es le nôtre.
    Chaque partie de l'héritage
Tu nous l'as donnée en saga et en chant.

    Si la trahison et la perfidie
Te menaçaient de discorde et de violence,
Nous croirions encore au nom du Seigneur,
Comme nos ancêtres y crurent autrefois :
    « Notre Dieu est une puissante forteresse,
    Il est notre armure éprouvée ;

« En lui, dans nos douleurs et nos besoins
    Nous mettrons notre espérance. »
    Certes il est glorieux
    De vaincre dans la bataille ;
    Mais il est plus glorieux encore
    De mourir pour toi, ô notre mère !

1. Svea, Suède.

LES EFFETS DU SOLEIL (SOLVIRKNING)
(Norvégien.)

Au loin dans les montagnes, sur les versants couverts de pins,
 Une noble vue s'ouvre devant nous ;
C'est là que passe le sentier du saeter,
C'est là que l'écume des torrents tombe en cascades !
 L'air fortifiant est d'un bleu clair,
C'est le soleil de la Saint-Jean, c'est le milieu du jour.

 Les rayons étincelants se jouent
 Sur la rivière, et sur ses sombres bords ;
 L'embrun du brouillard se lève tranquillement,
 Quand le *foss* se jette dans les profondeurs.
 Là, la rivière poursuit son chemin caché,
 Elle ne connait pas le brûlant soleil de la Saint-Jean ;

 Mais le versant de la montagne
 Est enveloppé d'un flot de lumière dorée !
 Voyez les sapins au sommet du mont,
 Avec son cône brillant et sa base ombragée :
 Sur le sentier tremble avec des rayons d'argent
 La bruyère florissante, le précipice bordé de mousse.

VOYAGE NUPTIAL A HARDANGER

 Un étincelant jour d'été luit
 Et chauffe les eaux du fiord Hardanger ;
 A quelle hauteur vertigineuse et dans quelle teinte bleue
 S'élève la puissante chaîne de montagnes !
 Elle reluit depuis le glacier, elle est verte sur les collines
 La nature s'est revêtue de ses habits de fête.
 Voyez ! sur les vagues claires et vertes
 Glisse un cortège nuptial.

 Aussi fière que la fille d'un roi d'autrefois,
 Avec un collier d'or, et de l'écarlate,
 Sur l'avant est assise la splendide fiancée,
 Aussi belle que le fiord et que le jour.

Heureux, le fiancé agite son chapeau :
Il emmène chez lui son cher trésor ;
Il voit dans ses doux yeux,
Sa vie comme une fête nuptiale.

Tout murmure les cadences enchanteresses
Des airs et des mélodies sur les vagues ;
De montagne en montagne roule le bruit du fusil,
Et des éclats de joie répondent de la forêt.
On plaisante avec les filles d'honneur de la mariée
Et le chef-cuisinier n'a pas oublié
De remplir sans cesse la cruche,
En honneur de la maison nuptiale.

Ils vont ainsi, jouant des airs joyeux,
Sur la surface éclatante des eaux ;
Les bateaux, l'un après l'autre, viennent les rejoindre,
Avec leurs invités poussant des cris de joie.
La lumière est bleue sur les falaises, elle descend du glacier ;
Le parfum des pommiers en fleur embaume l'air :
L'église en cet endroit apparaît vénérable,
Et les bénit au son du carillon de ses cloches.

Nous allâmes ensuite sur la terrasse d'où nous eûmes une vue magnifique sur la plaine qui s'étendait à nos pieds, fraîche et verte avec ses teintes printanières et ses fleurs sauvages qui s'épanouissaient. Les immortelles abondaient ; les deux demoiselles de la maison en firent une couronne qu'elles posèrent sur ma tête en présence de toute la société ; — compliment inattendu et peu mérité. La plus jeune fille, charmante et modeste enfant de treize ans, aux yeux bleus, à la taille délicate, me donna un petit bouquet de « ne m'oubliez pas » et d'immortelles, que je mis aussitôt à ma boutonnière, au ravissement de cette aimable enfant. J'ai conservé la couronne et les fleurs comme un souvenir de cette délicieuse visite, et je me demande quelquefois si cette hospitalière famille se souvient encore de moi.

CHAPITRE XXVIII

Les âges de la pierre, du bronze, et du fer en Scandinavie. — Climat du premier âge de la pierre. — Extinction des grands mammifères après le premier âge de la pierre. — Kjökkenmöddinger, ou amas de coquilles. — Les constructeurs des tombes de l'âge de la pierre. — Ustensiles grossiers. — Poteries. — Quatre différents groupes de tombes. — Tombes en monceaux de pierres. — Tombes à passage. — Cercueils de pierre. — L'âge du bronze. — Étrange rocher gravé. — Tombes avec des ossements brûlés et non brûlés. — Ustensiles et ornements de bronze et d'or. — Poteries de l'âge du bronze. — Rocher gravé avec chevaux et bétail. — Fin de l'âge du bronze.

Pour faire mieux comprendre le contenu de ce chapitre sur les races préhistoriques de la Scandinavie, il sera bon de donner d'abord la classification usuellement acceptée des « âges » de l'homme primitif. Aucun de ces âges préhistoriques n'a été nettement défini; ils arrivent par degrés les uns dans les autres. Cette classification ne spécifie pas des divisions de temps, mais des degrés de développement indiqués par les matériaux employés par l'homme pour ses ustensiles domestiques et guerriers avant la période historique. Il y en a trois : l'âge de la *pierre*, l'âge du *bronze*, et l'âge du *fer;* le premier est le plus ancien et le dernier se fond dans la période historique.

1. Pendant le *premier âge de la pierre,* le climat était plus froid que maintenant; alors l'homme co-existait en Europe avec le mammouth, le rhinocéros, l'hippopotame, le bœuf musqué et autres grands

et petits mammifères. Les ustensiles employés étaient de pierre *brute;* on ne connaissait ni la poterie ni les métaux. Le peuple demeurait dans des cavernes, vivant principalement de la chair du renne qui se trouvait alors dans l'Europe centrale et méridionale ; de là, on a nommé les hommes « hommes des cavernes », et l'époque « la période du renne ».

Dans le *dernier âge de la pierre*, les grands mammifères ont disparu. Les métaux étaient encore inconnus, mais on se servait de poteries faites à la main. A cet âge appartiennent les monceaux de débris scandinaves *(kjökkenmöddinger)*, quelques demeures des lacs de la Suisse (lacustres) et la plupart des monticules funéraires décrits dans ce chapitre. On continua de se servir de grossiers ustensiles de pierre, comme, en fait, on agit dans les âges subséquents ; mais presque tous étaient polis.

2. L'*âge du bronze* est caractérisé par l'emploi de ce métal et de l'or, de l'ambre et du verre pour ornement. La poterie était mieux faite et portait des marques géométriques. On continua de se servir de la pierre pour pointes de flèches, de lances et pour couteaux. Les caractères des *tumuli* et de leur contenu sont décrits plus loin.

3. Quant à l'*âge du fer*, il suffira de dire ici que l'on connaissait l'usage des métaux ordinaires, et que la civilisation s'était avancée de l'état sauvage et nomade à celui de communautés agricoles, avec des habitations fixes, des lois, un gouvernement, et que l'on entrait dans l'âge historique, mais encore à demi barbare, si nous en jugeons par les types modernes.

Les deux races plus essentiellement hétérogènes qui habitent maintenant la péninsule scandinave, appartiennent à la division aux mâchoires droites; mais les Lapons sont brachycéphales, tandis que les autres sont dolichocéphales. Le plus grand nombre de crânes trouvés dans les tombes de l'âge de la pierre sont dolichocéphales, mais beaucoup sont brachycéphales, ou semblables à ceux des Lapons, démontrant ainsi que deux races différentes doivent avoir habité le pays durant cette période. Généralement, les crânes dolichocéphales sont plus allongés que ceux du peuple actuel. On ne peut que conjecturer auquel de ces types appartenaient ceux du premier âge de la pierre en Scandinavie ; car, jusqu'à présent, on ne connaît point de tombes de cette période dans le pays. Il est, par conséquent, fort douteux qu'il ait eu des habitants pendant cet âge éloigné ; en tout cas, cela n'a pas été prouvé avec certitude.

Après la séparation géologique de la Scandinavie de l'Allemagne du Nord par l'intervention de l'Océan, il n'y eut point de rennes en Suède ; les kjökkenmöddinger ne contiennent pas leurs os, bien que l'on en trouve dans les tourbières du Danemark et de la Suède, car la migration du Sud n'était plus possible. L'auroch y vivait alors et même dans l'âge suivant.

Les constructeurs des tombes de l'âge de la pierre furent un peuple fort, vigoureux, habitué à l'usage du feu, ayant du bétail domestique et, jusqu'à un certain point, agriculteur.

Parmi les plus anciennes traces de l'homme en Scandinavie, il faut, comme nous l'avons déjà dit, compter les kjökkenmöddinger, ou amas de débris de cuisine. — comme les monceaux d'ordures modernes, contenant toute sorte d'immondices de ménage, — d'après lesquels on peut se former une idée des habitudes de la vie chez ces peuples. Ces monceaux consistent en coquilles d'huîtres et de moules, en arêtes de poissons, en os d'oiseaux et de mammifères, tels que le daim, le porc, le castor, le phoque, l'auroch, l'ours, le renard, le loup, le lynx, la martre, etc.; avec des débris de vases d'argile. Cependant, certaines parties de la Suède étaient habitées à l'époque des amas de coquilles danois ; cela est prouvé par le fait que l'on a trouvé en Skane (Scanie) des ustensiles en silex de la même forme que ceux des kjökkenmöddinger.

Ces monceaux affirment que les habitants du Nord, aux temps préhistoriques, et peut-être seulement il y a 3,000 ans, vivaient dans l'état le plus primitif. Au milieu et près de ces amas, on a trouvé un grand nombre d'ustensiles et d'outils en silex, en os, en corne, et des fragments brisés de silex ; on a trouvé aussi des cheminées faites avec quelques pierres grossièrement assemblées, — l'un des exemples les plus anciens de l'industrie humaine, — démontrant qu'à cette époque, les hommes étaient exclusivement chasseurs et pêcheurs. On voit une quantité de ces ustensiles de pierre dans les musées de la Suède et de la Norvège. Les amas de débris dans la péninsule scandinave, quoique très anciens, sont d'une date plus récente que ceux qui ont été trouvés en Danemark.

On n'a besoin que de comparer les grossiers ustensiles en silex de la première période de l'âge de la pierre en Scanie avec les beaux spécimens d'une période plus récente, pour voir les progrès accomplis par l'homme avant la découverte de l'emploi des métaux. En fait d'ustensiles, on n'a trouvé que les vases d'argile mentionnés ci-dessus, dont l'un a été tiré d'une tombe en Scanie ; l'autre vient d'un monticule funéraire à Herrljunga, en Vestergötland. Les outils trouvés dans les amas de débris sont des plus grossiers, et le progrès pour arriver à les mieux finir a été naturellement lent.

Dans la dernière partie de l'âge de la pierre, les animaux domestiques sont introduits, comme le démontrent les os de bétail, chevaux, moutons, pourceaux, et chiens trouvés dans les tombes. Peu importe qu'un peuple soit inférieur : il veut des ornements d'une certaine sorte, et c'est pourquoi, dans l'âge de la pierre, on portait des chapelets d'os et d'ambre, comme on en a trouvé dans des tombes en Vestergötland.

On n'a point découvert de tombes du premier âge de la pierre dans la péninsule scandinave, mais il en existe une grande quantité appartenant à la dernière période de cette époque. Ces tombes peuvent être classées en quatre groupes : tombes en monceaux de pierres (*stendösar*) ; tombes à passage ou galerie (*ganggrifter*) ; cercueils de pierre isolés (*hallkistor*), et cercueils de pierre recouverts par un monticule de terre ou de pierres, démontrant une avance considérable pendant la dernière partie de l'âge de la pierre. Les tombes stendös sont les plus anciennes, et les cercueils recouverts de monticules les derniers ; ils prouvent la transition à l'âge du bronze.

L'étude de ces tombes est d'un immense intérêt, et je n'ai jamais pu demeurer devant elles sans éprouver un vif sentiment de respect, car elles personnifient la vanité de la vie humaine : l'homme vient, s'en va, et est oublié ; la tombe révérée aujourd'hui par tout un peuple, est profanée demain par ceux qui le suivent dans la marche du temps.

Les stendösar, cromlechs ou dolmens qui ont été découverts, consistent en trois ou quatre pierres élevées en forme de cercle, avec un large bloc au sommet. Ils étaient destinés à ne contenir qu'un seul corps enterré dans une position assise, accompagné d'ustensiles et d'armes en silex; les murs de la chambre sont formés par de grandes pierres épaisses mises debout, allant du sol au faîte, lisses à l'intérieur, mais brutes extérieurement ; le sol est de sable ou de gravier; le faîte est formé par un et quelquefois par plusieurs gros blocs de pierre également lisses intérieurement, mais autrement irréguliers. La forme de la chambre est ou carrée, ou ovale, ou pentagone, ou à peu près ronde; sa longueur varie de 8 à 15 pieds; sa largeur de 5 à 7 pieds; et sa hauteur de 3 pieds à 5 pieds 1/2.

La plupart des blocs gisent à l'intérieur, ou sur le sommet d'un mon-

Vase d'argile de l'âge de la pierre trouvé dans une tombe en Scanie.
Trois huitièmes de sa grandeur réelle.

Vase d'argile grossière trouvé dans un cercueil de pierre en Vestergötland.
Trois huitièmes de sa grandeur.

ticule qui, presque toujours, part du faîte; mais, en bien des cas, ces chambres sont découvertes. Le monticule, qui est généralement rond, quelquefois oblong en Suède, est entouré à sa base par de grandes pierres. Quand le monticule est oblong, la tombe de pierre se trouve plus près d'une extrémité que de l'autre; parfois on rencontre deux tombes de forme oblongue.

La tombe de pierre reproduite plus loin se trouve près de Haga, en Bohuslan; sa longueur sur le sol est de 7 pieds, sa largeur et sa hauteur d'environ 6 1/2; la plus grande longueur de la pierre servant de faîte est de dix pieds. Quand elle est fortement pressée dans un endroit par sa bordure, la grosse pierre reçoit un mouvement de bascule qui produit un son sourd et étouffé. On a observé cette position dans différentes tombes de pierre au nord et dans d'autres contrées.

Les tombes à galerie (ganggrifter) décrites et figurées ici (elles ont toutes été construites par des races dolichocéphales), furent probablement destinées aux familles des chefs et comme devant durer pendant des générations; elles n'appartiennent donc pas à la période sauvage, quoique étant de l'âge de la pierre. On n'a pas découvert de traces d'habitations de cette période, qui probablement furent plus ou moins souterraines, construites en petites pierres tombées à l'intérieur, ou en terre qui a disparu avec le temps. Ces tombes consistent en une chambre, et en une galerie étroite y conduisant; le tout est recouvert d'un monticule dont la base est généralement entourée d'un cercle de pierres plus grandes ou plus petites.

La chambre d'une tombe à passage est ou oblongue, ou carrée, ou ovale, ou presque ronde; les murs ressemblent à ceux des cromlechs et sont formés d'énormes blocs posés debout, pas tout à fait lisses, quoique unis à l'intérieur; généralement, les interstices sont remplis par des fragments de pierre, du gravier, ou du sable; quelquefois on a fourré de l'écorce de bouleau entre ces blocs. Le faîte est formé d'immenses dalles ou blocs plats, lisses en dessous, mais bruts en dessus; les interstices sont bouchés de la même façon que ceux des murs. Parfois, le sol est couvert de petites pierres plates, mais habituellement de terre.

Sur le côté le plus long de la chambre, à l'est ou au sud, une ouverture donne accès à un passage construit de la même manière que la chambre, mais plus long et plus étroit. Ce passage, au moins dans la partie interne, est recouvert de blocs ressemblant à ceux du faîte de la chambre, mais plus petits. Près de l'ouverture intérieure du passage et de l'extrémité extérieure de sa partie couverte, on trouve fort souvent une espèce d'emboîtement de porte, consistant en un seuil de pierre et deux étroits chambranles.

Une tombe à passage sise auprès de l'église de Karleby et de Falköping, a été ouverte en 1872; tout à fait en dedans du seuil, on a trouvé une dalle plate et presque rectangulaire en pierre calcaire, de la même largeur que l'ouverture extérieure, qui servit très probablement de porte, quoiqu'elle soit tombée. Les tombes à passage suédoises varient beaucoup en dimensions. La longueur de la chambre est de 11 1/2 à 23 pieds, sa largeur de 5 à 10, et sa hauteur de 3 1/2 à 4 1/2. Le passage est souvent aussi long que la chambre, fréquemment plus long; sa largeur va de 2 à 4 pieds; sa hauteur, de 3 à 5. Quelques-unes, dans le voisinage de Falkoping, où ont été trouvées, en majeure partie, les tombes de l'âge de la pierre, sont plus grandes; les chambres ont de 30 à 40 pieds de longueur. La plus grande tombe à passage, en Suède, est située près de l'église de Karleby. La chambre, qui est recouverte de neuf gros blocs de granit, a 52 pieds 1/2 de longueur, 7 de largeur; la longueur du passage est de 40 pieds.

Les *cercueils de pierre* isolés sont formés de dalles plates mises debout, et ont quatre côtés; mais les deux plus longues ne sont pas parallèles, ce qui rend le cercueil plus étroit à une extrémité qu'à l'autre. La plupart ont probablement été couverts d'une ou de plusieurs pierres, bien qu'en beaucoup d'endroits elles aient été détruites ou enlevées depuis longtemps; on en trouve encore quelquefois à leur place. La direction de ces cercueils de pierre va presque toujours du nord au sud, et, en général, ils sont entourés d'une colline en terre mélangée de pierres. Cette forme de tombe est probablement venue de la suppression du passage. Il y a aussi plusieurs formes intermédiaires, prouvant que le passage a diminué graduellement; souvent on ne le suit que dans l'étroite ouverture à l'extrémité méridionale du cercueil. On reconnaît cette forme intermédiaire dans une tombe à Vamb-Nedregården, près Sköfde, Vestergötland; du côté oriental s'étend un petit passage, qui, bien que n'étant pas semblable à ceux des tombes à passage régulier, forme la continuation de la tombe, court dans la même direction, et est à peu près aussi large que la tombe elle-même. La communication entre le passage et la tombe n'est pas formée par une ouverture entre la dalle de la porte et les pierres de côté du passage, mais par un trou presque circulaire d'un demi pied de diamètre, dans le bloc final. La longueur du cercueil, en exceptant le passage, est de 13 pieds 1/2. En 1859, on a trouvé dans cette tombe plusieurs squelettes, cinq poignards et fers de lance en silex, deux pointes de flèche en silex, deux pierres à aiguiser en schiste, et une aiguille en os.

La longueur du cercueil de pierre est généralement de 8 à 13 pieds 1/2, sa largeur de 35 à 60 pouces, et sa hauteur ou profondeur de 2 1/2 à 5 pieds. Quelques-uns, spécialement en Vestergötland, ont de 19 1/2 à 31 pieds de longueur. La plus longue tombe connue de ce genre en Suède est celle de Stora-Lindskulle, en Vestergötland. Sa longueur est de 34 pieds, et sa largeur de 8. La planche suivante représente une spacieuse tombe de cette forme, qui, comme beaucoup d'autres avec des cercueils de pierre, était appelée par le peuple « la maison du géant »; elle gît au loin dans les bois de Skattened, en Vestergötland, près Venersborg. Ce sépulcre va du nord-est au sud-ouest; il a 21 pieds 1/4 de longueur du côté de l'est, qui est un peu courbe, et 20 pieds 1/2 de longueur du côté ouest, qui est presque droit. La largeur est de 7 pieds 1/2 à l'extrémité nord-est, où a été placée une pierre plate, et de 5 pieds à celle du sud-ouest, qui est ouverte et en face de laquelle le cercueil devient plus étroit. La hauteur des pierres est de 5 à 6 pieds; toutes sont jointes ensemble et habilement disposées, de telle sorte que chacune, sans troubler l'égalité, dépasse un peu la précédente qu'elle supporte. Des couvercles en pierre, probablement composés de cinq ou six dalles, il ne reste que deux dalles avec un morceau de la troisième; toutes les autres sont écroulées dans la tombe. A l'extrémité sud-ouest est couchée une pierre qui appartenait au faîte ou qui servait de porte. Le fond du cercueil semble s'être enfoncé d'environ deux pieds dans la terre, et, de trois côtés, il est entouré d'un monceau de pierres sur lequel le mur s'élève seulement de quelques pouces.

Presque tous les autres cercueils de pierre, comme les tombes à galerie, n'ont point de pierre à l'extrémité méridionale. Ceci ne peut être accidentel; c'est un point de quelque importance, car cette ouverture peut être considérée comme une continuation de l'entrée des tombes à passage, qui, elles aussi, étaient tournées vers le sud. Un autre fait vient appuyer l'opinion que les cercueils de pierre étaient ouverts à leur extrémité méridionale; c'est que beaucoup sont plus bas et plus étroits vers cette extrémité. Une remarque à faire encore sur l'entrée des tombes à passage, c'est l'ouverture qu'on voit quelquefois vers la moitié de la longueur orientale du cercueil de pierre. En 1875, un cercueil a été examiné à Herrljunga, en Vestergötland.

Vue de profil d'une tombe à passage, près de Karleby.

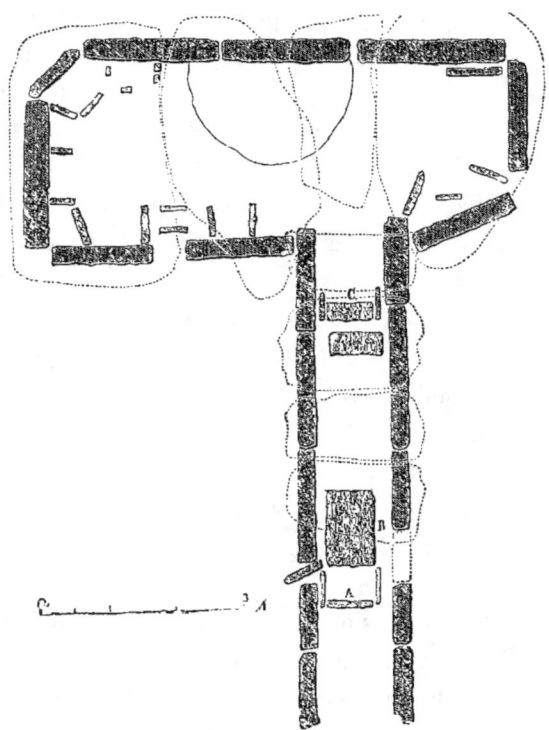

Plan d'une tombe à passage.
Les lignes irrégulières désignent la position des dalles qui couvrent la tombe.

et on y a trouvé cette ouverture de 8 pieds de largeur; la longueur de la tombe n'avait pas moins de 30 pieds.

Quelquefois les cercueils de pierre isolés ne sont pas entièrement ouverts à l'extrémité méridionale, et n'ont qu'une ouverture (arrondie en dessous) de 2 1/2 pieds en hauteur et de 16 pouces en largeur. Outre les cercueils de pierre ci-dessus décrits, on en a trouvé plusieurs entièrement couverts de terre ou de pierres qui, évidemment, appartiennent à l'âge de la pierre. Ils sont généralement formés de pierres plates mises debout et couvertes d'autres, de la même manière que les cercueils de pierre ci-dessus décrits; mais ils sont habituellement plus petits; ils ont de 6 à 10 pieds de long, et sont fermés sur les quatre côtés. Cependant, on trouve parfois à l'extrémité méridionale une ouverture comme celle que j'ai déjà mentionnée. Une des plus remarquables de ce genre est située auprès des tombes à passage de Karleby ; elle a été explorée 1874. Sous un monticule de pierres, grand mais pas très profond, on a ouvert une tombe faite de dalles en calcaire divisée en plusieurs chambres, une grande et deux plus petites; le faîte était aussi en pierres semblables et de niveau avec le terrain environnant. Dans la pierre servant de cloison entre la tombe proprement dite et la chambre interne, existe une ouverture ronde de 2 pieds de largeur ; l'extérieur de cette ouverture était fermé par une espèce de porte consistant en une dalle plate plus petite, tenue en place par des pierres rondes. Dans la séparation entre les antichambres intérieures et extérieures, il y avait aussi une ouverture de 2 1/2 pieds de large, laquelle, cependant, était faite dans l'extrémité supérieure et fermée par une large pierre. La largeur de la plus grande chambre au centre comportait 13 pieds, sa largeur 6 3/4, et sa hauteur 6 pieds. On y a trouvé plus de 60 squelettes, et, à côté d'eux, un grand nombre de poignards, de fers de lance et de flèches, et autres ouvrages en silex, prouvant que cette tombe appartient à une période où les ustensiles de pierre étaient encore en usage. On doit, par conséquent, attacher beaucoup d'importance à ce que l'on a trouvé parmi les squelettes, dans la partie basse de la tombe, une couple de chapelets de bronze et de fers de lance de même métal, prouvant que l'âge du bronze avait commencé en Vestergötland à l'époque où l'on utilisa cette tombe. Ce n'est pas le seul cas où des ustensiles de pierre et de bronze appartenant au premier âge du bronze, ont été trouvés dans ces tombes.

Certaines marques sur la pierre du sommet semblent indiquer que

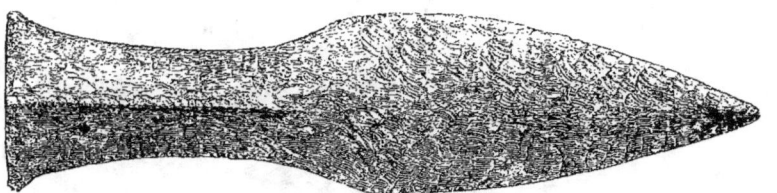

Poignard en silex (Smaland). Moitié de sa taille réelle.

la coutume d'offrir des sacrifices au mort prédominait ; on voit sur les sommets de quelques cromlec'hs et tombes à passage, des trous d'environ deux pouces de largeur. Il est probable que les sacrifices, sous une forme ou sous une autre, furent communs pendant l'âge de la

Cromlec'h, près de Haga (Bohuslän).

pierre. Une semblable tombe avec des trous concaves sur la pierre servant de faîte a été ouverte près de Fasmorup, en Scanie. Une autre tombe de même sorte est située près de l'église de Tanum, en Bohuslän.

On a souvent ramené au jour des ustensiles de pierre, qui, sans aucun doute, furent soigneusement enterrés dans un but quelconque. Nous en donnerons quelques exemples : près Ryssvik, dans le Smaland méridional, on a découvert en 1821, quinze grandes haches bien polies, placées en demi-cercle; en 1863, une semblable trouvaille, mais moindre, a été faite près Bro, en Nerike, où l'on a mis la main sur cinq grandes haches bien polies, placées en ligne, sur le bord du lac à moitié desséché de Mosjön; près Knem, dans la paroisse de

Tombe à passage Karleby (Vestergötland).

Tanum, en Bohuslän, on a exhumé, en 1843, sept scies, un fer de lance, et un râcloir, tous en silex; sur chacun de ces objet était posée une pierre plate; près de Skarstad, en Bohuslän, on a trouvé, en 1843, sous une dalle polie, dix scies en silex de la même forme; dans la paroisse de

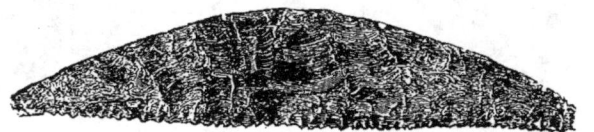

Scie en silex. Bohuslän. Trois huitièmes de sa taille.

Skee, en Bohuslän, il y a quelques années, dix scies semblables, enveloppées dans de l'écorce de bouleau, furent déterrées. On a fait de pareilles trouvailles dans des tourbières. Ainsi, en 1863, on a retiré d'un marais, près de Halmstad, vingt scies en silex, déposées tout près l'une de l'autre.

La province de Vestergötland est la plus riche en restes de l'âge de

la pierre. Celles qui s'en rapprochent en richesses de ce genre sont : la Scanie, Blekinge, Halland, Bohuslän, Dalsland et la partie sud-ouest du Vermland. Dans la plaine qui entoure Falköping, bien que la terre soit labourée par la charrue depuis des siècles, on a trouvé encore, en plus grand nombre que partout ailleurs, des tombes de l'âge de la pierre ; certaines parties du Smaland sont de même riches en souvenirs de cet âge, surtout les districts de l'ouest et les alentours des grands lacs et des cours d'eau qui, par les rivières de Blekinge et de Halland, sont reliés à la mer.

Ce qui semble plus remarquable, c'est qu'on n'a pas trouvé une seule tombe de l'âge de la pierre sur la côte de l'est, et que les restes éparpillés de cette période, si nombreux dans les districts de la côte occidentale, sont très rares sur la côte orientale au nord de Kalmarsund ; il est remarquable aussi que les tombes et les antiquités de cet âge sont très rares en Gotland et en Oland, si riches cependant en restes des périodes plus récentes des temps païens. Il vaut la peine de mentionner que les différentes antiquités et formes de tombe ne sont pas uniformément distribuées dans la partie de la Suède qui était habitée pendant l'âge de la pierre. Les ustensiles typiques du plus ancien âge de la pierre jusqu'ici connus en Suède, ont été, à peu près tous, obtenus en Scanie ; on a aussi trouvé dans cette province un nombre comparativement grand de haches en silex appartenant au plus récent âge de la pierre, qui sont rares au nord de la Scanie.

Tout cela semble démontrer que la Scanie ne fut pas seulement la plus peuplée, mais aussi la partie la plus tôt habitée de la péninsule. Plus remarquable encore est la distribution des différentes formes de tombe. Celles déjà mentionnées sont : 1° les stendösar ou cromlec'hs ; 2° les tombes à passage ; 3° les cercueils en pierre isolés, et 4° les cercueils en pierre couverts de monticules de pierres ou de terre qui appartiennent à la fin de l'âge de la pierre et furent aussi en usage pendant la première période de l'âge du bronze. Maintenant, il arrive que l'on ne trouve de cromlec'hs qu'en Scanie, Halland et Bohuslän et dans l'île d'Oland, où, cependant, on n'en a découvert que quatre tout près l'un de l'autre. A l'exception de ce groupe solitaire, on ne voit le cromlec'h — la plus ancienne forme de tombe aujourd'hui connue — qu'en Scanie et sur la côte occidentale ; le plus septentrional en Suède est situé près de Masselberg, en Bohuslän ; on n'en connait qu'un en Norvège, non loin de la limite du Bohuslän.

Les tombes qui se rapprochent des cromlec'hs comme âge, les tombes à passage, sont très nombreuses en Scanie, mais surtout en Skaraborgslän du Vestergötland ; on en trouve aussi quelques-unes en Bohuslän. Dans les 140 tombes à passage actuellement connues en Suède, plus de 110 sont dans le Skaraborgslän, et la plupart près de Falköping. La partie du Vestergötland appartenant à l'Elfsborgslän, n'offre que deux tombes à passage planes, et encore elles diffèrent considérablement des tombes à passage proprement dit. Les tombes de pierre qui paraissent être les dernières de l'âge de la pierre ont une distribution beaucoup plus large que les formes plus anciennes. Les tombes isolées de ces dernières (*hällkistor*) sont abondantes en Vestergötland, spécialement en Elfsborgslän, en Bohuslän, Dan, et le Vermland du sud-ouest. On a trouvé des sépulcres couverts de monticules appartenant à l'âge de la pierre dans presque toutes les provinces où se présentent les tombes de formes plus anciennes. Ainsi, en Blekinge, Smaland, Ostergötland du sud-ouest, et dans l'île de Gotland ; — en d'autres termes, dans les environs où l'on n'a pas découvert les autres formes. Les cromlec'hs (*stendősar*) — il faut le remarquer — sont toujours près de la mer, rarement à plus de sept milles de la côte. Ainsi que nous l'avons mentionné plus haut, on trouve souvent les autres tombes de l'âge de la pierre au loin dans l'intérieur ; mais presque toujours elles sont près d'un lac ou d'une rivière se rendant à la mer, et qui sont encore, ou ont été importants.

Tout ceci prouve décidément que la Scanie et la côte occidentale furent d'abord occupées par les premiers habitants ; que la population se répandit ensuite graduellement vers le nord et le nord-est et entra dans l'intérieur en suivant les rivières et les bords des grands lacs, ou la côte de la Baltique, et que les parties orientales du pays, — Smaland et Ostergötland, — de même que Gotland, furent les premières qui, vers la fin de l'âge de la pierre, eurent une population digne d'être mentionnée. Le peu d'importance de la population des provinces orientales, comparée à celle des provinces occidentales, est bien prouvé en Södermanland, où les restes de l'âge de la pierre sont beaucoup plus rares dans la partie située près de la Baltique, que dans celle du sud-ouest, dans le voisinage de Wingaker. On peut en trouver l'explication dans le fait qu'une branche de la population se rendit des importants établissements de la partie septentrionale du Vestergötland, par Nerike, dans le Södermanland occidental. Il est évident aussi, d'après ce qui précède, que le peuple qui a laissé après lui ces antiquités, doit être venu du sud, ou plutôt du sud-ouest c'est-à-dire du Danemark. Cette migration du sud-ouest est d'autant plus remarquable, que celle du sud-est et des régions à l'est, pendant les périodes suivantes et jusqu'aux siècles plus récents, a été d'une extrême

Cercueil de pierre, près Skattened, Vestergötland.

importance pour le pays. Quand on se rappelle quels rôles importants ont joué Oland et Gotland pendant l'âge du fer, on peut s'étonner que les restes de l'âge de la pierre soient si rares dans ces îles.

Outre les antiquités déjà mentionnées de l'âge de la pierre, que l'on n'a trouvées que dans les parties du sud et du milieu de la Suède, on voit, dans les parties septentrionales, plusieurs antiquités de pierre polie — généralement du schiste — qui, elles-mêmes, prouvent qu'elles n'appartiennent pas à l'âge de la pierre du sud de la Scandinavie, ni au peuple qui a construit les cromlec'hs et les tombes à passage. Ces antiquités, appelées « arctiques », ont été trouvées principalement en Norrland et en Laponie, où les objets de pierre du type scandinave sont très rares. Les dernières nommées appartenaient à un peuple différent; c'est ce que prouve le fait que les deux genres n'ont jamais été trouvés ensemble; que les antiquités arctiques offrent une grande similitude avec celles qui ont été découvertes en Finlande, et que les Lapons, les Finnois et les peuples de la même race habitaient les contrées septentrionales, où les ustensiles de pierre de mêmes formes et de mêmes matières que ceux de la Scandinavie du Sud sont presque inconnus.

Profil d'un monticule tombal près Dommerstorp.

Il n'existe que peu de cas où les pointes de lance et couteaux de schiste particuliers à l'âge arctique de la pierre aient été trouvés en Svealand[1], au sud de Dalarne, et en Götland, et il est aujourd'hui difficile d'expliquer ce fait, à moins de supposer que les Lapons ont habité autrefois, bien qu'en petit nombre, au sud de Dalelfven, ou que les ustensiles de schiste furent en usage chez le peuple du sud scandinave à l'âge de la pierre, et qu'il les reçut de ses voisins du Nord. Comme il semble probable que, dans la péninsule, on a trouvé des restes de deux peuples différents qui y demeurèrent dans l'âge de la pierre, il serait important de savoir en quelle relation d'époque l'âge arctique de la pierre se tient avec la Scandinavie du Sud. Le premier a-t-il commencé plus tôt ou plus tard que le dernier[2]?

1. En Svealand, au-dessous de Dalarne, plus de 2,300 ustensiles de pierre scandinaves ont été trouvés, mais seulement 12 fers de lance et couteaux de schiste; tandis que, dans la partie méridionale, où l'on a récolté plus de 44 000 antiquités de pierre, on ne connaît que cinq fers de lance en schiste.

2. Il n'est pas douteux qu'en Scandinavie l'âge de la pierre n'ait embrassé une longue période de temps; ceci est prouvé par le grand nombre de tombes, ustensiles, outils, etc., que l'on y a trouvés, et qui indiquent aussi le perfec-

Durant la dernière partie de l'âge de la pierre en Scandinavie, on fit des progrès considérables [en agriculture et en élevage du bétail, quoique la chasse et la pêche demeurassent encore des occupations très importantes.

La connaissance de la fabrication du bronze arriva sans doute aux peuples de la péninsule, du sud et du sud-est.

La planche précédente offre la section d'une grande tombe, près de Dömmerstorp, en Halland méridional, appartenant à l'âge du bronze, laquelle a été examinée avec beaucoup de soin, il y a quelques années. Au milieu du fond du monticule, en *a*, était construit un grand cercueil de pierre ayant 6 3/4 pieds de longueur, contenant des restes humains qui n'avaient pas été brûlés. A trois autres places, plus haut dans le même monticule et près du bord, on a trouvé trois plus petits cercueils de pierre, n'ayant que 1 à 2 pieds de longueur, remplis d'os brûlés. Près du sommet du monticule, était disposé un pot d'argile avec des os brûlés et un cerceuil; en *b*, il y avait une pierre plate, couvrant un trou, où se trouvaient aussi des os brûlés. Le grand cercueil, placé au sommet du monticule, et l'un des deux autres plus petits, renfermaient, outre les ossements, des antiquités de l'âge du bronze; indubitablement les trois autres appartiennent aussi à la même période. Il est évident que le grand cercueil avec des ossements non brûlés, au fond du monticule, doit être plus ancien que les autres puisqu'il n'aurait pu être construit sans que l'on dérangeât les plus petits.

Presque tous les monticules de l'âge du bronze dans lesquels on a trouvé une tombe avec des os non brûlés, contenaient aussi des tombes avec des ossements incinérés; mais la première était toujours plus près du fond que les dernières. Il s'ensuit donc que les tombes de l'âge du bronze, avec des restes non brûlés, doivent être considérées comme plus anciennes que celles où les ossements sont brûlés. On peut ajouter, comme confirmation de ceci, que plusieurs tombes avec ossements non brûlés, considérées comme appartenant à la première période de l'âge du bronze, sont très semblables à celles de la précédente période de l'âge de la pierre, et que les tombes de la fin de

---

tionnement graduel du peuple. Cependant, cet âge s'est imperceptiblement fondu dans l'âge du bronze; car, même après que l'on eut acquis la connaissance de ce métal, on se servit encore d'ustensiles de pierre pendant une période considérable.

l'âge du bronze se sont développées d'après celles de son commencement. On peut donc dire que la forme des tombes suédoises suit une chaîne ininterrompue de développements, dont le commencement est la grande chambre tombale de l'âge de la pierre, et la fin les insignifiants *tumuli* couvrant des poignées d'os brûlés. Les plus anciennes tombes connues de l'âge du bronze, en Scandinavie, sont les cercueils de pierre renfermant plusieurs squelettes ; ces cercueils, finalement, décroissent en taille jusqu'à ce qu'ils ne deviennent pas plus longs que 6 3/4 pieds, ou juste assez larges pour contenir un corps. Ces cercueils de pierre, de la largeur d'un homme de taille moyenne, sont intéressants comme indiquant la transition avec les plus petits qui contiennent des os brûlés ; quelques uns de ceux-ci, d'une taille calculée pour un corps non brûlé, n'ont contenu que de petits tas d'os incinérés, et appartenaient évidemment à la période pendant laquelle la crémation des cadavres prévalut.

Beaucoup de ces petits cercueils de pierre sont à peine assez grands pour renfermer un pot d'argile, dans lequel on rassemblait les ossements.

Quelquefois on ne trouve pas de cercueils, mais seulement des pots d'argile avec des cendres, un petit couteau de bronze, un morceau de scie en bronze, ou quelque chose d'approchant. Enfin, dans quelques cas, les os étaient simplement mis dans un trou percé dans le monticule, et on recouvrait le tout d'une dalle en pierre. D'après les traces trouvées dans les tombes de cet âge, il est probable qu'en Scandinavie, les serfs furent quelquefois brûlés avec leurs maîtres défunts. En fait de mobilier et d'ustensiles, rien n'a été conservé à l'exception de vases d'argile, de bronze et d'or, et, çà et là, quelques-uns de bois, mais naturellement très communs, et qui ont rarement résisté aux ravages du temps. Les vases d'argile sont diversement façonnés, mais souvent inférieurs à ceux de l'âge de la pierre en ornementation et en pureté de la matière employée.

Dans deux tombes qui appartiennent certainement à la période en question, on a trouvé des boîtes rondes en bois mince, avec couvercles, à peu près comme celles qui sont encore en usage. La plupart des vases de bronze ont la forme ci-dessus décrite, et on en découvre assez fréquemment avec une sorte de couvercle de bronze, soit pourvus de deux poignées, soit avec des boutons en forme de roue, auxquels sont attachés les liens qui joignent le vase et le couvercle. Ce dernier est toujours d'autant plus petit, qu'apparemment on ne le

Bol en or (Blekinge).

mettait pas immédiatement sur le vase, mais qu'on l'attachait un peu au-dessus. L'usage auquel servaient ces vases est encore inconnu.

L'une des quatre dalles du cercueil, près Kivik, en Scanie.

Selon toute probabilité, les vaisseaux ou vases d'or trouvés en Blekinge servaient de coupe à boire ; ils sont très minces, ornés de figures en repoussé, et appartiennent probablement à la dernière période de l'âge du bronze.

Couvercle du vase.

Vase de bronze suspendu, trouvé en Vestergötland.

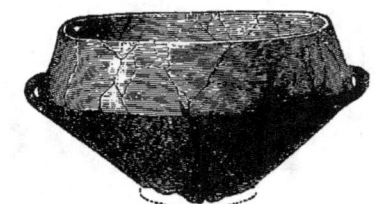

Vase d'argile (Halland).

Hache en silex, non polie; ancienne forme.

Près Kivik, en Scanie, est situé un grand monticule de pierre au centre duquel on a trouvé un vaste cercueil de pierre. Ce cercueil a 14 pieds de long, 3 de large, et 4 de haut. L'intérieur des pierres est gravé, comme le montre la gravure de la page 396 ; leur signification est encore en discussion, et la tombe appartenait probablement à la première partie de l'âge du bronze.

Sur les dessins des rochers, en bien des places, on voit des chevaux et des bœufs, et, dans les tombes, on a mis la main sur des restes de peaux, des morceaux de vêtements en laine, des fourreaux d'épées et de poignards en cuir, des ouvrages en corne, etc. On voit, sur les dessins du rocher près Tegneby, Bohuslän, qu'on se servait du cheval comme monture. On faisait aussi usage de chariots ; les dalles du cercueil près de Kivik en fournissent la preuve.

Sur un dessin de rocher à Tegneby, en Bohuslän, on a représenté un homme cultivant la terre. La charrue, de l'espèce la plus primitive, est tirée par deux animaux, probablement des bœufs ou des taureaux. Ce rocher gravé est extrêmement intéressant, comme l'une des plus anciennes indications d'agriculture trouvées dans la péninsule scandinave. D'autres souvenirs sont les simples faux de bronze découvertes en Ostergötland. Le grain était probablement écrasé dans des moulins à bras.

On voit souvent dans les dessins des rochers des figures humaines, quelquefois de grandeur naturelle ; mais aucun d'eux ne donne une idée des vêtements que l'on portait pendant l'âge du bronze. On a ouvert récemment quelques tombes qui nous ont fait connaître d'une manière inattendue comment le peuple s'habillait durant l'âge du bronze ; la plus remarquable de ces tombes est un grand monticule à Dömmerstorp, en Halland, qui contenait un cercueil entièrement exempt de sable ou de terre, en sorte que l'on put facilement examiner son contenu. Au fond, gisaient quelques morceaux d'os brûlés sur lesquels était étendu une sorte de châle en laine qui occupait tout le cercueil, et dans ses plis était placé un poignard de bronze enfermé dans une gaîne en cuir bien faite et parfaitement conservée, avec des agrafes de bronze. Le châle avait environ 5 pieds de long sur 2 de large ; la couleur en est devenue brune ; mais, à chaque bout, il y avait une bordure jaune d'à peu près quatre pouces de large. Malheureusement, l'étoffe était si délabrée, que l'on ne put en conserver que des morceaux qui sont déposés au musée national de Stockholm.

D'après les monticules danois, nous savons que la toilette des femmes, pendant l'âge du bronze, consistait dans les mêmes deux parties principales encore en usage aujourd'hui parmi les paysans ; mais, si l'on peut regarder les vêtements d'homme qui y ont été trouvés comme exemples de leur tenue ordinaire, ils offrent une grande différence même avec ceux des premiers temps historiques. Spécialement l'absence de hauts de chausses que portaient communément toutes les nations germaniques, mais non les tribus celtiques et les peuples de l'Europe méridionale.

Bracelet de bronze (Scanie).

Beaucoup d'outils à coudre de l'âge du bronze, aiguilles, alènes, petites pinces et couteaux, presque tous en bronze, ont été trouvés dans les tombes. On y a découvert, cependant, une paire de pinces et un poinçon d'or. Naturellement, les poinçons et alènes s'introduisaient dans des manches, et on en a conservé quelques-uns de bronze, d'or

Bracelet de bronze en spirale (Scanie).

et d'ambre ; les ciseaux étaient aussi en usage. Les aiguilles ressemblent à celles de l'âge de la pierre, et on les fabriquait en bronze ou en os ; elles sont, pourtant, moins nombreuses que les poinçons, probablement parce qu'on employait ces derniers pour coudre le cuir et les peaux, tandis que les aiguilles, servant à coudre les étoffes de laine, étaient moins usitées et coûtaient plus cher.

Les couteaux trouvés vers la fin de l'âge du bronze servaient sans doute pour faire les habillements de peau, et pour couper le cuir et les cordons de peau, utilisés comme fil à coudre ; avec le poinçon, on perçait les trous, et, avec les pinces, on tirait le fil. Très probablement on s'en servait aussi pour d'autres objets.

Les simples ornements de l'âge de la pierre furent remplacés dans

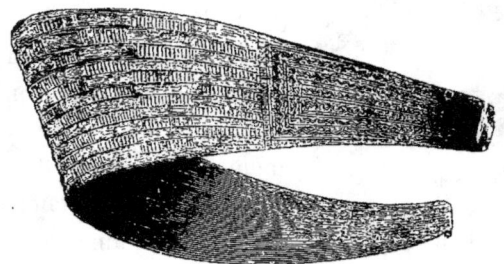

Diadème de bronze (Scanie).

l'âge du bronze par d'autres beaucoup plus beaux et plus variés, principalement en or et en bronze. On faisait les peignes en bronze ou en corne. En thèse générale, les ustensiles de la première période de l'âge

Collier de bronze (Södermanland).

du bronze sont remarquables par leurs beaux dessins, tandis que ceux de la dernière leur sont bien inférieurs. La même chose est vraie de la première période de l'âge du fer comparée avec la dernière.

Les armes, en grande partie, furent les mêmes pendant l'âge du bronze que pendant l'âge de la pierre, c'est-à-dire des poignards, des haches, des épieux ou lances, des arcs et des flèches, et probablement aussi des massues et des frondes. L'arme de défense essentielle fut le bouclier ; on peut y ajouter les épées et, dans quelques cas, les heaumes. Il faut encore mentionner les magnifiques cors de guerre en bronze, trouvés en plusieurs endroits. On fabriquait généralement les boucliers en bois ou en cuir, et ils semblent avoir été ornés d'une plaque ronde en bronze avec une pointe dans le milieu ; quelquefois ils étaient entièrement de bronze. Plus de 500 épées et poignards ont été trouvés en Suède.

On a exhumé de belles haches de bronze près d'Eskilstuna, non massives, mais consistant seulement en une mince coquille de bronze moulée sur de l'argile qui est encore dans l'intérieur ; elles ne peuvent donc pas avoir été employées pour la guerre, mais simplement comme ornements.

La même difficulté pour distinguer, entre les haches de bataille et celles qui pouvaient être utilisées comme outils, se présente pendant les âges de la pierre et du bronze.

L'une des planches suivantes représente des navires, d'après un rocher gravé, en Bohuslän. Un rocher semblable à Tegneby, dans la même province, est de très grande taille : vingt-six pieds en hauteur et seize en largeur. On croit qu'ils ont appartenu à l'âge du bronze à cause de 1° la différence entre eux et les pierres runiques de l'âge du fer ; 2° la profondeur de la gravure, car les pierres runiques n'en donnent que les contours ; 3° les diverses sortes d'épées ; 4° les différentes formes de navires ; — ceux de l'âge du bronze ont les extrémités dissemblables l'une de l'autre, tandis que, dans ceux de l'âge du fer, elles sont semblables ; 5° l'absence de runes (on sait que les runes furent usitées pendant les premières périodes de l'âge du fer, mais nulle part on n'en a trouvé sur les rochers gravés) : 6° la dissemblance des signes symboliques religieux : « la roue » et la « croix angulaire ». Sans doute ces deux symboles ont été employés comme tels, quoique à différentes périodes. Pendant l'âge du bronze, on ne se servait que de la roue, et la croix n'apparaît que durant l'âge du fer. Tout cela indique que les gravures des rochers doivent avoir été exécutées avant l'âge du fer ; il n'est, par conséquent, nécessaire que de constater s'ils appartiennent à l'âge du bronze ou à la période précédente.

La présence fréquente d'épées dans les gravures sur les rochers prouve qu'elles n'ont pas existé pendant l'âge de la pierre, où l'épée était ignorée. La plupart des gravures aujourd'hui connues en Suède se présentent dans le Bohuslän septentrional, l'Ostergötland, dans le sud-est de la Scanie et, plus rarement, en Blekinge, Dal, Vermland, et Upland; on en connaît encore deux en Angermanland et en Jemtland dont une peut-être appartient à la même période que celles des provinces plus méridionales. On a trouvé récemment, en Norvège, bon nombre de rochers gravés principalement dans la partie du pays qui touche au Bohuslän; — de grandes différences existent cependant entre ces gravures dans différentes parties de la péninsule scandinave. Celles du Bohuslän, par exemple, représentent souvent des hommes et des animaux; ce qui est rarement le cas pour celles d'autres provinces. En Ostergötland, des épées et des boucliers, non portés par des hommes, sont assez fréquemment représentés, et c'est à peine si l'on en voit sur les rochers du Bohuslän. On reconnaît des navires sur la plupart des gravures; mais leurs formes ne sont pas les mêmes dans diverses provinces; dans presque toutes, cependant, se présentent les symboles en forme de roue, les petits enfoncements semblables à des bols, des sandales et autres figures. Les gravures sont toujours taillées sur des rochers polis par les glaces de la période glaciaire.

Pendant les dernières périodes de l'âge du bronze, la coutume de brûler les morts fut introduite en Scandinavie; mais, durant la première, on enterrait les corps sans les brûler.

Les tombes de l'âge du bronze sont généralement couvertes d'un monticule de sable et de terre, ou de pierres, contenant souvent plusieurs sépulcres. Bien des monticules de pierres n'appartiennent pas à l'âge du bronze, mais à des périodes plus récentes des temps païens, en sorte qu'il est souvent impossible, sans une connaissance du contenu, de déterminer à quelle période appartient un monticule.

En général, les tombes sont situées sur une haute colline d'où l'on a une vue complète de la mer ou d'une grande nappe d'eau. Les monticules de pierres, surtout ceux de cet âge, sont situés sur de hauts points rocheux.

A en juger par les trouvailles connues d'antiquités, c'est à peine si, pendant l'âge de la pierre, les parties du pays autres que le Götaland et le Svealand du Sud étaient habitées ; mais, avant la fin de l'âge du bronze, la contrée au nord du Mălar, et peut-être aussi au

Boucle de bronze (Vestergotland).

nord de Dalalfen, avait été occupée. Bien que l'établissement dans le Nordland d'un autre peuple que les Lapons ne soit probablement pas arrivé avant l'âge du fer, on a fait, en Medelpad, deux trouvailles qui appartiennent évidemment à l'âge du bronze : l'une

Peigne de bronze. 3/4 de sa taille.

Bouton de bronze.

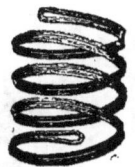

Bague en spirale d'un double fil d'or.

est une épée admirablement bien conservée de Njurunda, et l'autre un ciseau de Timar. En Finlande, où les antiquités de l'âge du bronze sont très rares, on a trouvé une épée près de Storkyro, non loin de Wasa ; et, sur la côte norvégienne, des armes de bronze apparaissent encore plus loin au nord, même dans Nordre-Trondhjem et à Tromsö-amt.

Il faut aussi regarder comme des antiquités de cet âge les

Vase d'argile (Halland).

Vase d'argile (Scanie).

Cromlech avec trous concaves sur la pierre.

Cavaliers gravés sur un rocher près Egnehy (Bohuslan).

quelques ustensiles de pierre des types scandinaves du Sud, rencontrés au nord du Mälar, quelquefois aussi loin au nord que Skelleftea. Outre ces traces d'une population, dans ces parties septentrionales, rapportées au peuple de l'âge du bronze de la Scandinavie méridionale, on a trouvé récemment, en Laponie, un reste remarquable d'un autre peuple de cet âge ; savoir un ciseau creux ; il diffère entièrement de ceux découverts jusqu'ici en Scandinavie, quoique correspondant exactement à ceux trouvés en Russie et en Sibérie.

Avant de clore nos remarques sur les époques de la pierre et du bronze, il faut noter que les antiquités de l'âge de la pierre se ressemblent dans les trois royaumes scandinaves, et aussi dans la partie septentrionale de l'Allemagne ; elles viennent, à n'en pas douter, d'un peuple de même origine. Plusieurs trouvailles de cet âge ont été faites jusqu'au fiord Salten, à 67° latitude, et même dans l'île de Senjen, à 69° 20 latitude ; mais elles sont très rares au nord de la Suède et de la Norvège ; on ne les rencontre généralement que seules, et aucune tombe appartenant à cet âge n'a été trouvée dans ces régions.

C'est spécialement dans la partie méridionale de la péninsule scandinave et en Danemark qu'elles ont été découvertes en grand nombre. En Norvège, elles sont plus communes près des fiords Christiania et Trondhjem, dans les districts de Lister et de Jaederen. Quelques-unes ont été examinées dans l'intérieur des terres ; celles de schiste n'ont été découvertes qu'au nord.

Sans nul doute, l'âge de la pierre a été d'une plus grande durée dans les contrées scandinaves que dans le reste de l'Europe, et le peuple y atteignit un haut degré de civilisation, ainsi que le prouvent ses ustensiles, qui dénotent des modèles plus beaux et un travail beaucoup mieux fini.

Les ustensiles appartenant à l'âge du bronze contiennent généralement 90 pour cent de cuivre et 10 pour cent d'étain. Ils sont coulés pour la plupart, leurs ornements ont été en partie gravés, en partie martelés après la fonte. Les trouvailles de cet âge ont été faites en petit nombre jusqu'ici en Norvège, aussi loin que le 66° N. ; elles sont plus communes dans les districts de Jaederen et de Stavanger, et plus encore près de la mer que dans l'intérieur. De même que les antiquités de l'âge de la pierre, elles sont plus nombreuses de beau-

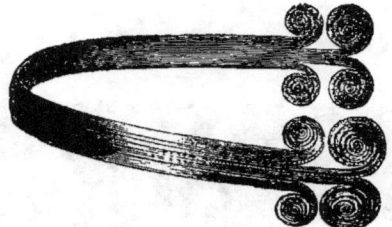

Ornement d'or pour la tête (Scanie).

coup dans la partie méridionale de la péninsule, et en Danemark.

Navires gravés sur un rocher en Bohuslän.

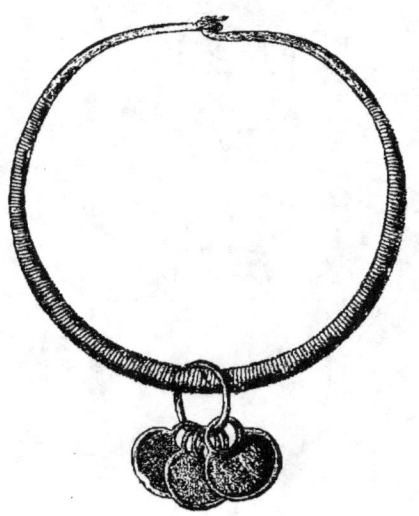

Collier de bronze avec trois petits ornements (Scanie).

On n'a pas encore trouvé en Norvège, dans le même monticule, des corps brulés et non brulés.

Ce n'est que depuis les deux dernières périodes de l'âge du fer

Rocher gravé, à Tegneby.

mentionnées dans le chapitre suivant, que la Norvège offre une population approximative de celle des deux autres royaumes scandinaves. Les trouvailles du premier âge du fer se présentent en Norvège dans les tombes, tandis que celles des deux dernières périodes doivent avoir été enterrées comme trésors, car elles consistent souvent en objets d'or.

On a fait des essais plus ou moins développés pour déchiffrer les rochers gravés de la Scandinavie, mais sans résultats précis. Certains archéologues scandinaves ont prétendu que telles ou telles figures ont une signification symbolique ; c'est probablement vrai. Par exemple, les trous concaves représentent une boisson ou un liquide ; une ligne courbe une vague, etc. ; un groupe composé d'un vaisseau, d'une abeille et d'une ligne courbe, a été considéré comme devant exprimer la *corne à hydromel*, au sens figuratif, « le vaisseau du *beccare* » (boisson de miel) ; une petite coupe ayant auprès d'elle un fer de lance a été expliquée comme signifiant du sang, ou « la boisson de la lance ».

Mais, quoique nous ne puissions espérer arriver à l'interprétation correcte de ces gravures, elles ne sont cependant pas incompréhensibles pour l'observateur intelligent. Elles racontent en grande partie des occupations paisibles et des faits de guerre sur mer et sur terre, dont autrement on ne saurait rien ; elles parlent d'agriculture et d'élevage du bétail ; de l'usage du cheval pour le char et l'équitation ; de navires et de navigation dans des buts commerciaux et guerriers ; elles prouvent que, même à cette période lointaine, ce peuple entreprit des voyages dans les pays étrangers à l'époque des Vikings, renommés pour leurs expéditions.

CHAPITRE XXIX

PREMIER, DEUXIÈME ET DERNIER AGE.

Les premier, moyen et dernier âges du fer en Suède et en Norvège. — Leur durée. — Trouvailles de coins étrangers. — Rapports commerciaux avec les Romains. — Tombes nombreuses de l'âge du fer. — Intéressantes trouvailles de l'âge du fer. — Beaux objets ou ornements de bronze, argent et or. — Accoutrement d'un chef norse. — Valeur des objets de verre. — *Bautastenar* (tombes). — Les runes. — Alphabet runique. — Runes anciennes et récentes.

L'âge du fer renferme la période préhistorique pendant laquelle les habitants de la Suède et de la Norvège apprirent à connaître le fer, l'argent, le plomb, le verre, l'ivoire, la frappe des monnaies, l'art de souder et de dorer les métaux, etc., et le plus important de tous, l'art d'écrire en caractères ou lettres connues sous le nom de *runes*.

En s'aidant du grand nombre de monnaies étrangères trouvées parmi les antiquités scandinaves de l'âge du fer et en les comparant aux tombes et autres restes de cette période, il est possible de distinguer au moins ce qui appartient au commencement, au milieu et à la fin de cet âge, c'est-à-dire : 1° le commencement de l'âge du fer, ou ce que l'on a appelé le premier âge du fer, qui embrasse l'époque allant du commencement de l'ère chrétienne jusque vers l'année 450, en Scandinavie ; 2° le milieu de l'âge du fer, de 450 à 700 environ ; 3° la fin de l'âge du fer, ou ce que l'on appelle le dernier âge du fer, de l'an 700 à la dernière moitié du xii° siècle.

Une grande quantité de monnaies, de vases en bronze et en verre, d'armes, etc., etc., et même d'œuvres d'art d'origine romaine, prouvent que, pendant le dernier âge du fer, les Suédois eurent des rapports commerciaux passablement étendus, soit directement avec les Romains, soit avec un peuple qui commerçait avec eux. Une des plus remarquables trouvailles d'ouvrages romains a été faite en 1818, à Ficklinge, près Vestvras ; là, on a retiré d'un monticule tombal un grand vase de bronze contenant des os brûlés et quelques morceaux de verre fondu. Le vase porte une inscription disant qu'il a été consacré à Apollon Grannus par Ammilius Constans, surintendant du temple de ce dieu. Ce magnifique vase a environ dix-huit pouces de haut ; les ornements autour du bord supérieur sont incrustés d'argent. Des vases romains, en bronze, sans inscription, ont été découverts en Gotland.

On a trouvé en Norvège beaucoup d'anciennes tombes (monticules) appartenant à l'âge du fer. On y a découvert en très grand nombre des objets intéressants, entre autres une pièce d'orfèvrerie en or, travaillée en filigrane, d'un dessin si plein de goût et si finement exécuté, que c'est sans doute le plus beau morceau trouvé dans les monticules de la Scandinavie. En outre, l'or est à peu près pur (23 carats). Dans l'annexe (paroisse) de Hovin, près de la station du chemin de fer à Trögstad, Smaalenenes-Amt, est situé le Raknehaug (monticule de Rakne) probablement le plus grand monticule des royaumes scandinaves ; il mesure 60 pieds en hauteur et 300 pieds en diamètre à sa base.

A l'aide des trouvailles de l'ancien âge du fer faites au nord, nous pouvons obtenir une idée assez exacte de la vie et de la civilisation en Scandinavie durant les siècles où le paganisme et le christianisme combattirent l'un contre l'autre pour l'ascendant sur le monde romain, et où les attaques contre les frontières de l'empire par les nations germaniques, devenues plus fréquentes et plus violentes, finirent par la victoire des « barbares », la ruine de Rome, et la destruction apparente de l'ancienne civilisation.

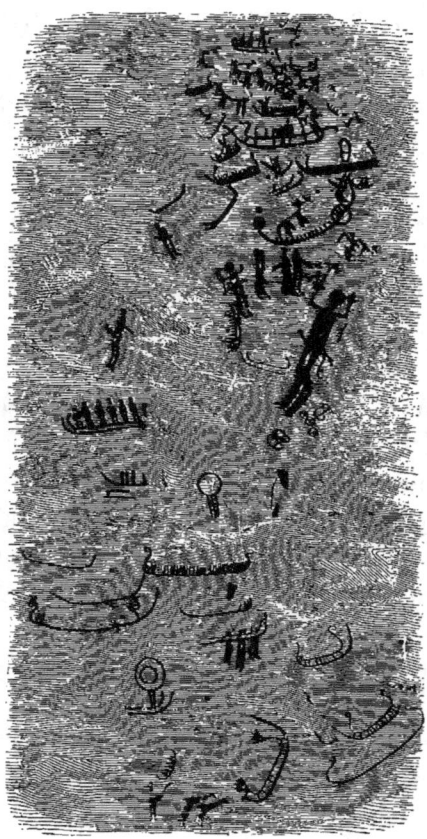

Rocher gravé, près Backa, en Bohuslän.

Monticule de pierres, sur la côte de Bohuslän.

La planche de la page 417 donne une idée de la manière dont se vêtait un chef norse il y a quinze cents ans. La représentation n'est pas imaginaire et peut à bon droit être considérée comme historiquement vraie. Les vêtements, armes et ornements sont les dessins exacts de ceux trouvés dans les tourbières danoises à Thorsbjerg et à Nydam, et dans le Jutland méridional. La tourbe a conservé d'une manière étonnante les choses les plus délicates et le plus facilement périssables, en sorte que nous sommes à même d'avoir, dans un parfait état, l'habillement, l'armement, etc., du premier âge du fer. Les vêtements sont en laine; le tissu paraît plus beau que celui de l'âge du bronze. Les parties principales de l'habillement sont : une longue jaquette avec manches jusqu'au poignet, et des hauts de chausses retenus autour de la taille par une courroie de cuir et rattachés sur les pieds à de longues chaussettes. La chaussure se compose de sandales de cuir, avec ornements bien travaillés. Sur les épaules est jeté un manteau bordé d'une frange. Un manteau retiré de ces tourbières a conservé sa couleur, qui est verte, avec bordures jaune et vert foncé.

Au commencement de l'âge du fer, apparaît une autre nouveauté : les ciseaux, très semblables à ceux actuellement en usage. Pendant cet âge, les vêtements étaient généralement retenus par des épingles ou des boucles que l'on a trouvées en grand nombre dans les tombes de cette période. On voit rarement des boutons ou des agrafes. D'après les trouvailles tombales, — la seule source de connaissance pour l'usage de ces boucles et autres ornements, — on a pu affirmer que l'on portait plusieurs boucles à la fois. Ainsi, dans une tombe contenant un squelette, on n'en a pas exhumé moins de quatre. On en mettait une au col, une sur chaque épaule, et une au milieu de la poitrine. Les armes étaient à peu de chose près les mêmes que celles de l'âge du bronze, quoique de formes un peu différentes. L'épée à double tranchant était commune.

Durant cette période, les cornes servaient de coupes à boire; on employait aussi les vases de verre, de bronze, d'argent, et aussi de bois et d'argile. Ces derniers, qui, probablement, furent presque entièrement de fabrication domestique, sont beaucoup plus beaux, plus minces et mieux cuits que ceux de l'âge du bronze. La forme aussi dénote plus de goût. Les vases d'argile du premier âge du fer, aussi bien que ceux des deux âges précédents, ne sont pas vernis.

Le verre fut très apprécié pendant cette période ; on peut l'inférer de ce que, dans plusieurs tombes, on a trouvé des vases d'argile dans lesquels on avait inséré des morceaux de verre cassé comme ornements. Outre les vases à boire, on a parfois déterré des dés et des échiquiers. Sur une pierre découverte en Upland, et conservée

Vase romain en bronze, trouvé près de Vesteras (Westmanland).

aujourd'hui au Musée national de Stockholm, on voit un bateau de l'âge du fer, très semblable à ceux encore en usage sur la côte de Norvège, spécialement en Nordland.

Généralement, les tombes de l'âge du fer sont couvertes d'un monticule rond ou oblong, en terre ou en pierres. Souvent ils sont surmontés de *bautastenar* (pierres tumulaires), grandes et posées debout, quelquefois de hauteur considérable. Un des plus vastes de ces champs funéraires, en Scandinavie, est situé à Greby, près

Chef norse dans son costume (du plus ancien âge du fer).

Pierres tombales (Bautastenar), à Greby, en Bohuslän.

Grebbestad, sur la côte de Bohuslän. Il y a encore plus de cent cinquante monticules, en partie ronds, en partie oblongs, tout près l'un de l'autre, et au sommet de chacun, ou entre eux, s'élèvent de massifs bautastenar dont le plus haut mesure au moins quatorze pieds au-dessus du sol. Les bautastenar de cette période sont maintenant à peu près illisibles, parce que le souvenir de ceux en l'honneur desquels on les a érigés est éteint depuis bien des siècles. Parfois l'un deux porte une courte inscription donnant généralement le nom de la personne décédée. A Björketorp, en Blekinge, non loin de Ronneby, on voit trois magnifiques pierres, dont l'une porte une inscription contenant une malédiction sur celui qui détruirait ce monument. Il y a d'anciennes runes qui ne ressemblent pas à celles des pierres d'une période plus récente. On a trouvé cinq de ces pierres avec d'anciennes runes en Blekinge, deux en Bohuslän, une en Vermland, une en Vestergötland, une en Ostergötland, deux en Södermanland et deux en Upland.

Jusqu'au commencement du XVIe siècle, l'usage des caractères runiques régnait encore chez les Scandinaves des endroits écartés. On a trouvé des écrits datant des premières périodes du christianisme en Norvège et en Suède, en lettres runiques et latines, ce qui permet de lire avec une facilité relative les écrits runiques. Ces runes, de même que la majorité des inscriptions trouvées en Scandinavie, sont cependant tout à fait différentes des plus anciennes découvertes dans le pays, les dernières appartenant à une période beaucoup plus éloignée. Pendant longtemps, les anciennes runes ont défié toutes les tentatives faites pour les déchiffrer; mais, dans les dernières décades de ce siècle, on a trouvé la solution de ce problème compliqué, et, de plus, on a prouvé, presque avec certitude, l'âge des plus anciennes inscriptions runiques. On n'en a pas découvert de plus anciennes que l'an 300 après Jésus-Christ, — leur date correspondant ainsi avec l'époque du premier âge du fer dans la péninsule.

PREMIÈRES RUNES.

f u th a r k g w.   h n i (jeu(?) p) r s.   t b e m l ng o d.

DERNIÈRES RUNES.

ᚠ ᚢ ᚦ ᚨ ᚱ ᚴ : ᚼ ᚾ ᛁ ᛅ ᛋ : ᛏ ᛒ ᛘ ᛦ
f u th o r k   h n i a s   t b l m r.

On a cru d'abord que les runes furent inventées par la nation germanique, sans aucun rapport avec les alphabets des autres peuples du sud de l'Europe. Des recherches ultérieures ont prouvé d'une manière concluante que tel n'est pas le cas. Les plus anciennes runes consistaient en 24 caractères ayant les significations rapportées ci-dessus. Les signes runiques pour *th* et *w* ont probablement exprimé les mêmes sons que ces lettres dans l'alphabet anglais. Le signe pour *r* n'apparait à cette époque qu'à la fin des mots, et il représentait d'abord l's, mais ensuite, la langue ayant changé, sa signification devint celle du *z*.

En observant les plus anciens symboles de leur signification, on remarquera immédiatement qu'une grande similitude existe entre eux et les alphabets des anciens peuples de l'Europe méridionale. Ainsi personne ne supposera que c'est par un simple accident que les signes runiques pour *r, k, h, i, s,* et *be* ressemblent très exactement à ceux de l'alphabet latin, et en partie aussi à ceux des caractères grecs de même signification. Malgré cela, dans l'adaptation des alphabets étrangers, le peuple germanique a fait preuve d'une remarquable indépendance, en donnant aux lettres des noms nouveaux différant de ceux des originaux, et aussi dans leur arrangement. Tous les alphabets de l'Europe méridionale commencent par *a,b,c,* etc; mais l'arrangement des runes commence par *f, u, th*. Une autre innovation fut la division de l'alphabet en trois groupes, contenant chacun huit caractères. Les anciens écrits runiques différaient aussi de la plupart des autres langues par leur écriture qu'on lisait de droite à gauche. Toutefois, dans les inscriptions dernières, l'écriture est tracée dans la manière à présent en usage, c'est-à-dire de gauche à droite.

Les runes récentes diffèrent considérablement des anciennes usitées pendant le premier âge du fer; mais une analyse soigneuse a démontré que cette différence ne provient que des changements graduels dans la forme, et quelquefois aussi dans la signification. De plus, il en est qui sont devenues hors d'usage, et qui sont réduit à seize le nombre de celles qui étaient usitées durant les derniers siècles des temps païens en Norvège et en Suède, généralement dénommés *les dernières runes*.

A Skaang, en Sodermanland, une pierre runique est remarquable en ce que, plusieurs centaines d'années après la taille de l'inscription originale, on s'est de nouveau servi de la dalle pour y

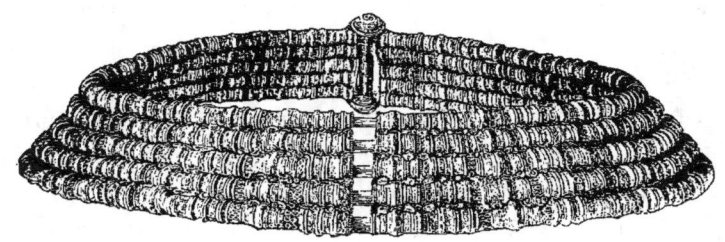

Collier d'or.

insérer une nouvelle inscription. La plus ancienne (dans une ligne le long du milieu de la pierre) porte : « Haringa Hleugar, » tandis que la plus récente (dans le trait autour du bord de la pierre) dit : « Skanmals et Olauf (noms de femmes) ont consacré ce souvenir à Sven, leur père. Dieu ait son âme! »

Dans les ustensiles de la première période de l'âge du fer, on ne voit point de traces de la civilisation romaine, qui, à cette époque, ne s'était pas encore avancée aussi loin au nord; dans la seconde période, on aperçoit cette influence, car les objets trouvés ont une étroite ressemblance avec ceux des Romains; on n'a pas autant ressenti cette influence en Norvège, où les trouvailles des Romains sont moins nombreuses. Dans cette contrée, les antiquités du premier âge du fer sont rares, et, comme celle des âges de la pierre et du bronze, elles sont moins connues que dans les deux autres royaumes scandinaves; on en a rencontré en Norvège au 69° Nord.

Il est hors de doute que la crémation des cadavres prédomina dans la première période du premier âge du fer; dans la plupart des tombes, des os carbonisés se présentent répandus sur un lit de charbon, ou enterrés dans un trou, ou rassemblés sous un tumulus; dans le dernier cas, on les a sans doute mis dans un vase en bois;

souvent on les trouve dans des urnes en terre ou en bronze qui sont fréquemment entourées de pierres arrangées en carré.

Il faut qu'au milieu de l'âge du fer, il y ait eu en Suède une abondance d'or ; cela est prouvé par le grand nombre d'ornements trouvés en différents endroits et conservés aujourd'hui dans les musées nationaux de Stockholm et de Christiania. On a découvert, en Oland, des monnaies byzantines en or de cet âge. Le plus grand et le plus précieux trésor dont on ait entendu parler en Suède, et peut-être en Europe, est celui qui a été déterré, en 1774, près de Trosa ; il pesait vingt-huit livres et consistait en plusieurs anneaux d'or, grands et petits, en un grand collier de la taille d'un doigt dans sa partie la plus épaisse, outre plusieurs ornements — probablement pour épées — dont le métal était remarquablement pur ; car il contenait 98 pour 100 d'or. De cette magnifique trouvaille, on n'a sauvé qu'une petite partie pour l'État, le reste ayant été fondu avant que les autorités eussent entendu parler de la découverte. Très souvent, on a trouvé des anneaux en spirale dans d'autres endroits, et on croit qu'ils ont servi comme signes de valeur, ou de monnaie.

Les plus belles de toutes les trouvailles d'or de l'ère païenne sont trois grands et larges colliers — conservés maintenant au Musée historique de Stockholm — pesant de une livre et demie à deux livres chacun. Ils consistent en plusieurs tubes (3, 5, ou 7) posés les uns sur les autres, couverte d'un filigrane exquis et d'autres ornements ; il y a par derrière une jointure, et, de face, le collier est assemblé par les extrémités des tubes entrant l'un dans l'autre. L'un d'eux a été trouvé sur le versant du mont Alleberg, près Falköping ; un autre, près de l'église de Möre, à environ dix-sept milles du précédent endroit ; et le troisième (représenté par la planche ci-contre) a été trouvé en 1860, à Torslunda, près Färjestaden, en Oland.

CHAPITRE XXX

LE DERNIER AGE DU FER OU DES VIKINGS.

Le dernier âge du fer ou des vikings. — Apparition subite des Vikings dans l'Europe occidentale et méridionale. — Armes dont se servaient les Vikings. — Expéditions pacifiques et guerrières. — Inscriptions intéressantes sur des pierres runiques. — L'ancien pont de Täby. — Ponts avec pierres runiques. — Coutumes et habitudes des Scandinaves dans la dernière partie de la période païenne. — Manière de bâtir. — Point de cheminées. — Forts de pierre. — Restes à Ismanstorp. — Ustensiles de ménage. — Manière d'enterrer pendant l'époque viking. — Une pierre runique remarquable. — Construction de vaisseaux chez les Norses. — Grandes flottes. — Pierre runique expliquant les formes des vaisseaux. — Navire viking trouvé dans la Norvège méridionale. — Comment on enterrait les Vikings.

A partir de 700 après Jésus-Christ environ, jusqu'en 1060, apparut, sur les rivages de l'Europe occidentale et méridionale, un peuple qui fut la terreur de leurs habitants, car il ne venait que pour piller. Les flottes de ces hommes du Nord *(Northmen)* dominaient sur la mer, et leur puissance, quelque part qu'ils allassent, semblait presque irrésistible. Après un certain temps, ils s'établirent sur plusieurs points de la côte qu'ils avaient conquise, et y fondèrent des royaumes. A cette époque, la société, plongée dans le chaos, ne s'était pas relevée de l'obscurité dans laquelle l'avait jetée la chute de Rome.

Les chroniques françaises et anglaises de cette période ne donnent qu'une idée imparfaite et même erronée du caractère des Vikings. Il nous faut rappeler que ces récits ont été écrits par leurs ennemis jurés, hommes qui ne professaient pas la même religion et qui regardaient les victorieux Northmen comme l'incarnation de la cruauté et de tout ce qui est vicieux. Mais les Vikings n'étaient ni sans culture, ni sans nobles qualités. Ils furent braves et téméraires, et, si nous pesons impartialement les faits qui sont venus jusqu'à nous, nous apprendrons que beaucoup de ces puissants guerriers firent preuve de grande habileté, qu'ils gouvernèrent bien les pays conquis par eux, et que, après la

Plaques de bronze, avec figures en relief, trouvées en Oland.

bataille, ils se montraient — comme en général tous les braves — généreux envers leurs ennemis vaincus. Les hommes, sans qu'ils s'en doutent, falsifient souvent l'histoire lorsqu'ils sont aveuglés par la haine, le préjugé ou la bigoterie; quelquefois aussi pour satisfaire leur intérêt.

Les nombreuses trouvailles faites et les sagas nous donnent d'excellentes informations sur les armes qui rendirent autrefois les Vikings si redoutables. Par elles, on voit que ce furent en grande partie les mêmes que pendant le premier âge du fer, et la planche ci-dessus offre des plaques de bronze avec figures repoussées, représentant différentes formes de casques en usage pendant cette période. Les armes usitées étaient l'épée, l'épieu, la lance, la massue, l'arc et les flèches, et la très redoutée hache viking. Les fers de lance, aussi bien que les haches, étaient souvent incrustés d'or et d'argent. On se servait généralement d'arcs et de flèches pour la chasse; mais, dans les batailles navales, ces dernières armes jouaient aussi un rôle important.

Les plus formidables étaient les épées à double tranchant, très estimées par les Norses anciens. Les Skaldes, dans leurs chants, ont vanté leurs qualités, et les vieilles sagas nous disent comment ces armes passèrent par héritage du père au fils, pendant des générations ; on a même fait remonter la possession de quelques-unes jusqu'aux Asagods. Beaucoup étaient ornées de dessins en or, argent et bronze finement exécutés. Il y a peu d'années, on en a trouvé une bien conservée, en Scanie méridionale ; on peut la voir aujourd'hui dans le musée de l'État.

Un grand nombre de pierres runiques répandues dans différentes parties du pays, témoignent des nombreux voyages entrepris vers l'est

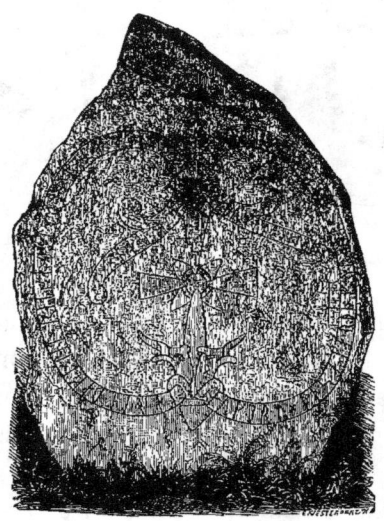

Pierre runique à l'extrémité nord du pont de Taby, en Upland.

par les Vikings, dans des buts pacifiques ou guerriers. Sur une pierre runique, en Södermanland, il est écrit qu'elle a été érigée par Sirid en mémoire de son mari Sven, qui navigua souvent, avec des vaisseaux de prix, vers Semgallen, près de Tumisnis. Semgallen est la partie orientale de la Courlande, sur la rivière Düna, et Tumisnis est Domesness, le point le plus septentrional de la Courlande. Sur une autre, maintenant dans une tour du château de Gripsholm, les caractères runiques disent : « Tula a élevé cette pierre à son fils Havalt, frère d'Ingvar. Il s'en alla bravement à Kul, et mourut plus loin à l'est, à Kafa, au sud de Sărkland (pays sarrasin). En réalité, ces pierres runiques semblent appartenir à la première moitié du XIᵉ siècle.

Il en est d'autres qui nous parlent de voyages en Grèce. Dans la paroisse d'Eds, Upland, il y en a une dont les runes ont été taillées par un certain Ragnvald, qui fut en Grèce chef de l'armée. A Finkeby, non loin d'Upsal, une autre a été consacrée par un père à la mémoire de son fils, dont l'un fut chef des Vikings (*Văringarne*), et qui alla en Grèce, mais qui mourut chez lui. On trouve des pierres parlant d'expéditions en Grèce, non seulement dans les provinces de la côte d'Upland, Södermanland et Ostergötland, mais encore dans les districts lointains du pays. Sur l'une de celles qui ont été découvertes en Upland, on lit une inscription qui parle d'un homme mort en Langbardœland (Lombardie), dans l'Italie septentrionale.

A Tăby, au nord de Stockholm, la route, encore à présent, conduit à un vieux pont ayant sur ses côtés plusieurs grandes pierres posées à distances égales et quelques-unes plus petites, formant une chaîne d'un bout à l'autre. La grande pierre, à l'extrémité nord du pont, porte l'inscription suivante : « Iarlabanke a érigé ces pierres pour lui-même pendant qu'il était encore vivant. Il a construit ce pont pour le salut de son âme, et il était propriétaire de tout Tăby. Que Dieu sauve son âme ! »

La forme de ces runes, aussi bien que celle de quelques autres trouvées dans le même voisinage, et qui portent également le nom de Iarlabanke, nous prouve qu'il vécut au XIᵉ siècle, et plutôt dans la première moitié que dans la seconde. Il y a par conséquent environ huit siècles que le pont de Tăby est en usage.

Dans d'autres endroits de la Suède, on peut encore voir des ponts dont les pierres runiques remontent aux premiers temps du christianisme. Lorsqu'on reconstruisit, vers 1850, le pont qui passe sur un cours d'eau près de l'église de Kullerstad, en Ostergötland, on trouva une pierre tombée et oubliée que l'on releva. Son inscription commence ainsi : « Hakun a fait ce pont, mais on l'appellera pont de Gunnar. » — « Une pierre à Sundby, près d'Upsal, nous dit que Ture avait fait des *sálohus* (des quartiers) après la mort de sa femme. De semblables quartiers furent bâtis sur le bord des chemins solitaires, où le voyageur fatigué ne pouvait trouver un toit pour abriter sa tête.

La grande masse, peut-être la plus grande, de la population de la Scandinavie, pendant la dernière partie de l'époque païenne, vivait dans des villages qui, en majeure partie, peuvent avoir porté alors les mêmes noms et eu la même situation qu'à présent, ou au moins jusqu'au moment où la nouvelle division du pays les fit disparaître. On peut le voir par cette circonstance, qu'à côté de chaque village, surtout dans les provinces autour du lac Mälar, il existe encore des champs funéraires où reposent les populations païennes de ces villages. Comme l'art de brûler la chaux et les briques ne fut probablement introduit dans le Nord qu'au temps du christianisme, les maisons de cette époque furent évidemment de la même sorte que celles dont on a découvert les ruines à Biörkön, ou lac Mälar. Ces ruines, les plus anciennes de la Suède, consistent en morceaux d'argile durcie qui ont retenu parfaitement leurs formes. C'est par eux que nous pouvons distinguer entre deux sortes de bâtiments, les huttes de terre et les maisons de bois dans lesquelles les jointures entre les solives sont fermées par de l'argile. Les ruines de bâtiments de la première sorte nous offrent des morceaux d'argile de formes irrégulières, habituellement lisses sur un côté, mais sur l'autre — tourné à l'intérieur — offrant des impressions de brindilles ayant souvent plus d'un demi-pouce d'épaisseur.

La partie interne de ces maisons consistait généralement en une chambre carrée, oblongue, dont les côtés les plus longs étaient bas, souvent moins élevés qu'une hauteur d'homme, et manquant de fenêtres ainsi que de portes. L'entrée se trouvait à une extrémité, et un porche la protégeait. Lorsqu'on y adaptait une fenêtre, on la plaçait sur le toit, qui allait en pointe et reposait sur des traverses portant d'un mur à l'autre. Ils n'avaient point de cheminée, seulement une ouverture dans le toit par où sortait la fumée qui s'élevait de l'âtre, situé au milieu de la chambre. Le toit était couvert en paille, en gazon, ou avec des bardeaux. Le mobilier, dans les maisons des païens, n'était ni abondant ni précieux. Des bancs et des couchettes attachés aux murs, de grandes tables en face de ces bancs, et une armoire ou deux pour conserver les trésors de la famille, tels étaient les articles principaux du mobilier, sinon tout le mobilier. On a parlé quelquefois de chaises, mais pas souvent. Odin s'exprime ainsi d'après le chant de Havamal :

> Sur la chaise d'or,
> Gunlod m'a donné
> A boire le coûteux hydromel.

Et, dans une saga irlandaise, on nous dit comment un homme fouilla dans un monticule tombal de Norvège, en 1011, et y trouva

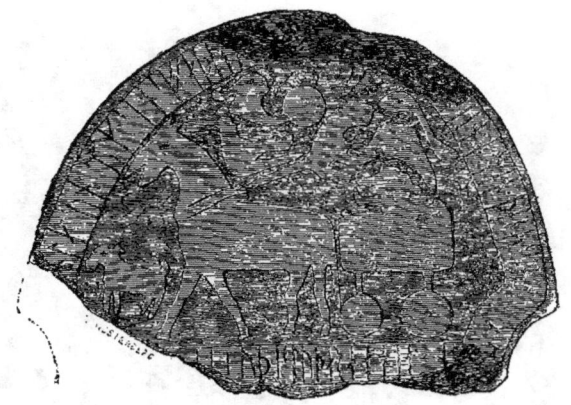

Pierre runique avec figures, près Levede, en Gotland.

Högbon (habitant du monticule) assis sur une chaise, ayant sous ses pieds une cassette remplie d'or et d'argent. On a également trouvé, et d'une façon assez inattendue, des restes de coussins de l'époque des Vikings. Il y a quelques années, on a fait une semblable découverte dans un monticule tombal dans la partie sud-est de la Norvège.

Il est extrêmement probable que la majeure partie des forts en pierre que l'on voit sur les hauteurs, dans diverses provinces, ont été construits comme refuges et comme protection contre les attaques et les incursions des ennemis. Ils sont en grand nombre autour du Mälar et dans les îles de ce lac. La planche suivante représente un de ces forts à Ismanstorp, en Oland. Le mur, en blocs de granit et en calcaire, est très solide, bien que l'on n'y voie aucune trace de mortier ; sa hauteur comporte environ quinze pieds, et sa largeur neuf au sommet, où il n'est pas endommagé. Plusieurs ouvertures conduisent à ce fort dont le diamètre n'a pas moins de 400 pieds. On aperçoit encore à l'intérieur les murs de fondation de nombreuses maisons.

Pour faire du feu, on se servait de silex et de briquets en acier, dont beaucoup ont été trouvés dans les tombes de cet âge. On peut se former une idée assez exacte des ustensiles employés durant cette période, d'après ceux trouvés dans les tombes. Une quantité de vases

Fort à Ismanstorp, en Oland.

surtout ont été conservés. Les ustensiles de cuisine étaient de bronze, d'argile, de pierre ou de fer; les vases à boire, d'or, d'argent, de verre, d'argile et plus généralement de corne. On se servait de couteaux, et on avait aussi des cuillers de bois et de corne. On a trouvé des vêtements en fourrure, en peaux, en laine et en fil, et quelquefois en soie; les ornements de bronze, d'argent et d'or étaient aussi en usage. Des dés et des échiquiers ont été découverts et aussi des traces de pièces d'échecs, qui prouvent que ce jeu doit avoir été connu pendant le IXe siècle, sinon avant.

Le mode d'inhumation durant l'époque Viking est démontré par le grand nombre de tombes de cette période; on les trouve en Norvège jusqu'à Lofoden ou sur la terre ferme. On voit par ces tombes que tantôt on brûlait les corps et que tantôt on les enterrait sans les brûler. Les tombes sont marquées soit par des monticules ou des pierres en carré, par une figure à trois pointes, ou par les contours d'un navire. Ce dernier indice était probablement sur des tombes de Vikings. Au sommet des monticules, on voit souvent des pierres rondes, agrémentées de cercles ou d'autres figures.

Près de Biörkön, appelé aussi Birka, on a trouvé beaucoup de monticules funéraires, probablement plus qu'en tout autre lieu de la Scandinavie; le nombre de ceux encore visibles dépasse douze cents; mais on en a énormément détruit pendant les siècles passés. Dans ces dernières années, on a examiné avec soin plus de cinq cents de ces tombes ; tout ce qu'on y a découvert prouve qu'elles ont appartenu à la dernière partie de l'ère païenne.

Une remarquable pierre runique a été trouvée dans l'église de Roks, en Ostergotland. C'est la plus longue inscription runique sur laquelle on ait encore mis la main. La voici traduite :

> Ces runes sont faites en mémoire de Vamod ;
> Varen, son père, les a taillées
> Après la mort de son fils.

Je parle de mon fils, qui prit douze fois un double butin sur des hommes différents. Je dis ceci comme l'autre, comment il fut entouré par neuf troupes d'ennemis venus de Redgots, et trouva ainsi la mort dans la bataille.

> Autrefois, le roi,
> Capitaine des courageux Vikings,
> Régnait sur les bords de Rejdsea.
> Ce roi généreux
> Est armé sur son coursier,
> Et sur son épaule
> Pend son bouclier.
> Je dis ceci comme le douzième,
> Comment le cheval de Valkyria (le loup)
> Trouve du fourrage en quantité sur les prairies
> Où sont tombés vingt rois.
> Je dis ceci comme le treizième,
> Que vingt rois sont assis en Zealand
> Dans quatre hivers, avec quatre noms,
> Fils de quatre frères : cinq du nom

> De Valke, fils de Radulf ; cinq Rejdulfar,
> Fils de Rugulf ; cinq Hagislar,
> Fils de Hurvad ; cinq Gammundur,
> Fils de Orn... Je parle de mon fils, descendant
> De héros : c'est Vilen. Il peut toujours
> Traverser les vagues : c'est Vilen.
> Les Vikings fuient.

L'art de construire les vaisseaux était très avancé dans le Nord et les Norsemen possédaient des navires en grand nombre. Snorre Sturlasson dit : « Dans une guerre avec le Danemark, le roi Anund Jacob eut une flotte de plus de 400 vaisseaux. » A une autre époque, on parle d'un nombre plus élevé encore. La saga sur saint Olaf dit : « Dans son attaque contre la Norvège, Knut le Grand (Canut) arma une flotte de quatorze cent quarante navires. Ils étaient mus en partie par les voiles, en partie par les rames. Chaque vaisseau n'avait pas plus d'un mât et d'une voile. Ces voiles étaient habituellement en grossière étoffe de laine, et quelquefois de soie, avec des raies bleues, rouges et vertes. Le nombre des rames était souvent très grand et on connaissait la taille d'un navire par la quantité de sièges des rameurs. Le vaisseau d'Olaf Tryggvesson, *Ormen Lange* (le grand serpent), le plus fort de la Norvège à cette époque, avait 34 paires de rames, et un équipage d'à peu près 1000 hommes. Canut le Grand possédait un *Dragon* (un vaisseau avec une tête de dragon à la poupe) qui avait plus de 60 paires de rames.

D'après les gravures que portent les pierres tumulaires et les rochers en Scandinavie, et d'après les trouvailles, on peut se faire une idée de la forme des vaisseaux dont on se servait aux temps anciens. Dans la paroisse d'Alskog, à Tiängvide, dans la partie méridionale de l'île de Gotland, se trouvait une pierre runique d'environ cinq pieds de haut ; elle est maintenant au Musée de Stockholm. A la base, on voit un vaisseau-dragon avec un seul mât et une seule voile. Sur le pont se tient une rangée d'hommes armés, et, au-dessus du tout, un cheval à huit pieds, — représentation de Sleipner, le cheval d'Odin, — devant lequel des hommes déposent des offrandes.

L'inhumation dans des navires se faisait assez fréquemment au Nord, durant l'âge viking ; cela est attesté par les sagas, et par plusieurs trouvailles récentes. En Suède, Norvège et Danemark, on a découvert des monticules renfermant des navires dans lesquels les guerriers ont été ensevelis avec leurs armes et leurs chevaux.

Dans la saga de Hakon le Grand, Snorre Sturlasson donne le récit

Pierre runique à Tjangvide.

d'une bataille que ce roi livra, en 944, aux fils d'Erix Bloodaxe et à leur mère Gunhild; ces derniers furent défaits. A côté de Hakon tomba, avec beaucoup d'autres, Eigil Ullsärk. Après avoir remporté la victoire, le roi Hakon s'empara des vaisseaux des fils d'Erik, qui avaient été tirés sur la plage; il fit déposer dans un de ces vaisseaux Eigil Ullsärk et tous ceux qui avaient succombé à côté de lui, et l'enterra sous un monticule de terre et de pierres ; il ensevelit ensuite ses ennemis dans d'autres navires. On oit encore ces monticules au sud de Frejderbjerg à l'entrée du fiord nord. De hauts bautastenar indiquent la tombe, d'Eigil Ullsărk.

Près de Borre, dans le voisinage de Horten, non loin du fiord Christiania, on a trouvé, en 1852, dans un grand monticule, les restes d'un vaisseau qui avait eu de 50 à 55 pieds de long, et, dans ce vaisseau, des ossements humains brûlés, les squelettes de trois chevaux et d'un chien, outre plusieurs antiquités précieuses. Une tradition prétend

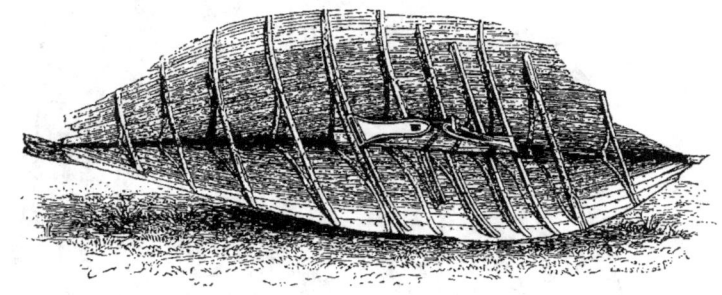

Navire vikind trouvé dans un monticule funéraire à Tune.

que ce monticule renfermait les tombes des rois de Vestfold, Osten et Halfdan, qui florissaient à la fin du VIIIe siècle.

Dans un autre monticule, à Ultuna, au sud d'Upsal, on a ramené au jour, en 1855, les restes pourris, mais parfaitement visibles encore, d'un vaisseau dans lequel avait été enterré un homme avec ses armes et ses chevaux. Les chevilles qui assemblaient les planches se trouvaient encore à leurs places. Le bâtiment semble avoir eu la taille d'un petit sloop. A côté du corps gisait une épée avec une magnifique poignée en bronze, superbement ornée, ainsi que les restes d'un fourreau en bois et ses montures dorées. En sus de ces objets, on ramena un casque avec cimier d'argent, incrusté de bronze, — le seul casque des temps païens découvert en Suède ; — la boucle de fer d'un bouclier incrusté de bronze, la poignée de ce bouclier, un paquet de pointes de flèches, deux mors de bride, trente-six pièces d'échecs, trois dés et des débris de deux squelettes de chevaux. A l'arrière du vaisseau, on avait déposé un gril en fer, un pot fabriqué avec des plaques rivées et un manche à demeure, et des os de porc et d'oies, — restes de la fête funèbre, ou du festin préparé en l'honneur du défunt pour son voyage vers la Valhalla. On fabriquait ces articles en fer, excepté quand cela était autrement spécifié.

A Nydam, sur la côte méridionale du Jutland, on a retiré d'un marais, en 1863, un grand et beau bateau en chêne, qui était mis en mouvement par quatorze avirons de chaque côté. Il avait 80 pieds de long, et 11 pieds de large dans sa partie la plus développée ; haut et pointu à chaque extrémité ; au centre, il plongeait de 5 pieds dans l'eau, et ressemblait assez au clipper de nos jours. On l'avait construit avec onze lourdes planches, cinq de chaque côté, et la dernière placée au fond en forme de quille. Les madriers se recouvraient l'un l'autre et étaient rivés ensemble par des chevilles en fer dont les têtes rondes apparaissaient extérieurement ; les espaces avaient été calfatés avec de la laine trempée dans de la poix. Ces madriers étaient ajustés d'une curieuse manière aux membrures du bateau ; à chaque place où ils les touchaient, on avait ajouté une bande longitudinale de chaque côté ; un trou était percé à travers la membrure et à travers ce trou passait une corde, faite avec la partie ligneuse de l'écorce du tilleul. On donnait de la sorte au bateau un éminent degré de souplesse, très avantageux dans le ressac et dans les mers houleuses. A chaque extrémité, une poutre, s'élevant de beaucoup au-dessus du bateau, retenait les madriers. A travers la partie supérieure de chacune de ces poutres, on avait percé un grand trou, dans lequel, à en juger par la manière dont ils sont usés, on passait probablement des cordes quand le bateau devait être tiré sur le rivage. Même à l'époque des Vikings, les plus grands navires étaient amenés à terre pendant l'hiver. Les deux extrémités du bateau se ressemblent tellement, qu'il est difficile de décider quel est l'avant ou l'arrière. Cette forme rappelle d'une façon frappante la description des navires des Suiones donnée par Tacite, quelques générations seulement avant la construction du bateau de Nydam, qui, selon les monnaies romaines que l'on y a trouvées, doit avoir été effectuée environ trois cents ans après l'ère chrétienne. Tacite dit que les navires des Suiones ne ressemblaient pas à ceux des Romains, car, dans quelque direction que l'on ramât, ils avaient toujours un avant pour aborder à terre ; ils ne portaient point de voiles. Le bateau de Nydam ne pouvait avancer qu'au moyen des rames, et l'on n'a pas trouvé de traces d'un mât ; les avirons, de même forme que ceux maintenant en usage, avaient une longueur de douze pieds. Sur un côté du bateau, on a trouvé le gouvernail, qui est étroit et ressemble plus à une rame qu'à ceux de nos jours. — Les gouvernails de la plus ancienne période, et jusqu'à l'époque médiévale, étaient attachés à droite de l'arrière, et non au milieu, comme maintenant. C'est le côté que nous appelons tribord.

En 1867, on a extrait d'un monticule à Tune, en Smaalenene, Norvège, un vaisseau viking, aujourd'hui au musée de Christiania. Ce navire, qui n'avait point de pont, est en chêne ; les planches étaient attachées à la charpente par des chevilles en bois. Le boisage est supérieurement fait ; la quille, formée d'une seule pièce, a été entièrement préservée. Le bateau a environ quarante-deux pieds de long, sur douze de large ; sa hauteur ne doit pas avoir excédé quatre pieds trois pouces ; l'avant et l'arrière sont très pointus et exactement semblables. Le plat-bord étant complètement détruit, les trous des rames manquent, et le nombre d'avirons employés est incertain ; mais le vaisseau portait aussi des voiles, et la partie inférieure du mât, qui était en sapin, est encore en place. Le gouvernail, ressemblant à une rame, se trouvait un peu en arrière du mât ; cependant, l'apparence de la barre du gouvernail prouve qu'on l'attachait sur le côté du vaisseau. Ce navire contenait le cadavre non brûlé d'un chef, plus trois chevaux, des épées, des épieux, des boucliers, etc.

Sur les bords du fiord Sande, à l'entrée du fiord Christiania, une trouvaille plus remarquable encore a été faite en 1880. Dans la ferme de Gökstad, est situé le célèbre Kong's Hang (monticule du roi). En creusant à cet endroit, on a ramené au jour un navire bien conservé de l'époque viking. Sa coque a 76 pieds de long et environ 14 pieds de large par le travers ; sa hauteur perpendiculaire ne peut pas avoir dépassé 5 pieds ; contrairement au bateau de Tune ci-dessus mentionné, qu'il dépasse de beaucoup en taille, il est très long, étroit et bas. Au milieu est ajustée une poutre, dont les deux extrémités sont taillées en queue de poisson ; elles servent à supporter le mât, dont un morceau existe encore, mais la partie supérieure, qui a été coupée, gît au fond du navire. Dans ce vaisseau, et à côté de lui, on a découvert des portions de deux ou trois bateaux plus petits, et aussi des morceaux de voiles, de gréement, de rames, le gouvernail, qui était attaché sur le côté du vaisseau, etc. Les plats-bords étaient couverts de boucliers dont les montures en fer, aussi bien que les pièces peintes de diverses couleurs, ont été conservées. Hors du vaisseau étaient les ossements de trois chevaux et d'un chien. Quand les Vikings arrêtaient leurs vaisseaux, notamment pendant la nuit, ils avaient cou-

Restes du navire trouvé à Gokstad.

tume d'élever des tentes au-dessus d'eux pour les protéger. Sur ce vaisseau, — comme le repos du chef devait durer jusqu'à Ragnarök (la fin des temps), — au lieu d'une tente, on avait construit une chambre funéraire en bois. Elle était située un peu en arrière du mât et formait comme le toit d'une demeure. Malheureusement, la pression de la masse de terre qui le couvrait a brisé les espars qui soutenaient la structure ; il est évident aussi qu'à une époque antérieure, cette chambre a été visitée ; celui qui a remué la terre a crevé le fond du bateau, et sans doute dérobé une grande partie du contenu de la tombe; c'est pourquoi on n'y a trouvé que peu de chose; mais ce peu de chose est néanmoins d'un grand intérêt : débris d'ossements non brûlés, restes de vêtements magnifiques, d'étoffe brochée de soie et d'or, de brides et de harnais, montés de belles plaques en bronze doré, parmi lesquelles on compte des pièces admirablement travaillées et d'une excessive rareté. Ces trouvailles sont d'une haute valeur, car elles illustrent les récits des vieilles sagas, sur la coutume d'ensevelir dans son vaisseau le champion décédé. Ce fut sans doute sur des navires comme ceux-ci que les Vikings exécutèrent leurs téméraires prouesses.

CHAPITRE XXXI

Foires en Scandinavie. — Foire à Laerdalsoren. — Arrivée à la foire par bateaux. — Une place encombrée. — Costumes du district de Laerdal. — Articles de vente. — Comment le peuple est logé aux foires. — Marchandises populaires. — Bons moments. — Paroxysme de la foire. — Une foule joyeuse. — Manière de faire la cour. — Arrangements. — Scènes d'adieu.

Dans toute la Scandinavie, il se tient des foires, une ou deux fois l'an, aux endroits les mieux disposés pour de grandes agglomérations de gens ; les négociants envoient des marchandises pour ces occasions et souvent on bâtit des maisons spécialement pour les loger. Il y a aussi des foires aux chevaux et aux bestiaux, et d'autres où l'on ne vend que des marchandises et des produits manufacturés.

Nous étions en septembre. De nombreux bateaux voguaient vers le bord pour se rendre à la foire qui allait se tenir à Laerdalsoren, localité située à la pointe du fiord Sogne. Hommes et femmes ramaient ; mais, en approchant du rivage, les bateaux s'arrêtèrent pour donner aux rameurs le temps de procéder à leur toilette avant d'aborder. — Les femmes mirent leurs jupes et leurs corsages sur leurs cotillons, peignèrent leurs cheveux, ajustèrent leurs bonnets neufs ou donnèrent la dernière touche à leur toilette ; car, s'il est une chose à laquelle tienne particulièrement la femme d'un bonde, c'est d'être propre et bien arrangée quand elle se montre en public.

Après avoir débarqué, je trouvai les rues étroites de Laerdalsoren remplies de monde, et surtout d'un grand nombre de femmes ; elles étaient vêtues de leur mieux. — Les hommes, vestes en drap bleu foncé avec des boutons d'argent, et quelques vieillards en culottes ; les femmes, en robes montantes de laine bleu foncé ou noire, les corsages fermés par des boutons d'argent. Les matrones portaient les coiffures caractéristiques des différents districts, et les demoiselles des mouchoirs ou de petits bonnets.

En atteignant la rue principale, je me vis tout à coup entouré d'amis qui me souhaitèrent la bienvenue à Laerdal. La foire devait durer trois jours, et chacun était venu pour acheter ou vendre, les fermiers ayant principalement besoin de morue séchée, de harengs, de sel pour le bétail, de farine, de thé, de café, de sucre, etc., pour la saison d'hiver ; les femmes désirant des vêtements pour elles et leurs familles.

Plusieurs magasins demeurent ouverts toute l'année et sont remplis de marchandises envoyées en consignation par les marchands de Bergen. La saison s'ouvrait au moment de ma visite. Les nouveautés pour l'année — ce qu'on appelait la dernière mode — s'étalaient à profusion, et, parmi les articles exposés pour tenter l'acheteur, brillaient au premier rang les châles, les mouchoirs en soie, en laine ou en coton ; puis venaient les marchandises en coton de tout genre, et un grand déploiement de parapluies, car chaque femme semblait mettre son orgueil à en avoir un à elle. Quelques joailliers étaient venus de Bergen, et leurs bijoux attiraient les femmes, les filles et même les hommes.

Presque tous avaient apporté leurs provisions dans des boîtes ovales en bois, souvent fastueusement peintes. Ils logeaient dans des maisons des alentours ; chaque chambre à peu près comble. Ils payaient le logement et le café, quelques-uns aussi le repas. Mes amis me présentèrent aux personnes de districts où je n'avais pas encore mis le pied ; bientôt il me sembla que je connaissais tout le monde ; une société venait me trouver et faisait une promenade avec moi ; une autre s'emparait de moi et m'emmenait ; en sorte que, nous nous rencontrions et nous séparions plusieurs fois par jour.

La manie d'acheter semblait posséder ces bonnes gens; finalement elle me saisit aussi. J'achetai à droite et à gauche, ici un châle, là un parapluie ou un mouchoir en soie, en me promenant avec de bons amis et leurs filles ou leurs sœurs, jusqu'à ce que nous fussions arrivés aux joailliers. Le moment était venu de faire voir que je n'avais pas oublié les bontés que l'on avait eues pour moi. Mes compagnons se rassemblèrent autour des vitrines, où flamboyait tout un assorti-

Jeune fille de Bergen-Stift.

ment de cuillers d'argent, de chaînes, de broches propres à satisfaire le goût des gens de ce pays, et de grandes quantités de bagues d'argent dont beaucoup étaient ornées de petits cœurs en or, de mains entrelacées; mais l'attraction la plus forte était produite par les bagues d'or. L'ambition d'une jeune fille est de posséder un de ces trésors, une bague en or unie étant son principal ornement du dimanche et des jours de fête. Il y avait, en outre, des dés à coudre en argent, dont quelques-uns dorés à l'intérieur, et des boutons d'argent que portent beaucoup les hommes et les femmes de ce district; les femmes surtout en mettent sur leurs robes. Quelques-uns étaient sertis de pierres rouges. On vendait aussi des montres d'argent pour hommes, en quantités considérables. J'achetai d'abord une chose, puis une autre ; ceci pour Brita, et cela pour Ingeborg, Inger, Sigrid, Dorte, Anne, et enfin pour Ole, Lars, Mikkel. Un présent fait à la foire a bien plus de prix qu'en toute autre occasion. J'éprouvai un grand plaisir à faire ces modestes cadeaux et je voulus aussi me donner un joyeux moment en rendant mes amis heureux.

La foire sembla arriver à son pinacle vers cinq heures du soir, lorsque le monde eut dîné et se sentit en bonnes dispositions. — De tous côtés les invitations pleuvaient sur moi. Plus le jour avançait, plus nous devenions amis ; sept d'entre eux me jurèrent une éternelle amitié, et, en effet, jusqu'à ce jour, nous sommes demeurés bons amis.

Pendant que je me promenais avec deux demoiselles, un brave garçon, qui, évidemment avait ingurgité plus de boisson qu'il n'en pouvait supporter, voulut manifester son affection à l'une d'elles. Elle lui dit en riant : « Vous savez bien que je ne vous aime pas ! » Et elle lui recommanda « d'aller trouver Berit, car c'était elle qu'il aimait ». Puis elle me dit confidentiellement : « Paul, ce gaillard-là a fait la cour à Berit pendant plus d'un an, et maintenant il veut courtiser une autre fille ; mais je ne suis pas cette fille-là. » J'avais continuellement sous les yeux de ces innocentes intimités entre jeunes gens du même hameau. On voyait des garçons se promener en tenant par la taille des demoiselles auxquelles ils n'étaient point engagés, — la fille d'un voisin, ou la sœur d'un ami, — peut-être le commencement de ce qui finirait par un mariage. Parfois, cependant, une jeune fille repoussait un garçon d'une manière qui donnait une haute idée de la vigueur de son bras, aux grands éclats de rire de tous ceux qui étaient témoins de la déconfiture du pauvre hère. Ces filles de fermiers sont bien plus fortes que les jeunes femmes de la ville.

Vers la nuit, beaucoup d'hommes étaient fortement lancés, ayant bu un peu trop, mais pas une femme n'avait dépassé la mesure ; les fermiers n'auraient pas été satisfaits de leur séjour à la foire s'ils n'avaient fini la journée dans la joie. Il n'y eut pas de querelle, pas de langage grossier, pas de jurons, car les bönder norvégiens ne jurent pas.

Quand l'obscurité fut venue, on alluma les lampes dans les magasins et la foule continua d'acheter. A huit heures, elle avait déjà diminué et les femmes s'étaient presque entièrement éclipsées; chaque maison de l'endroit et toutes les fermes environnantes regorgeaient de monde. Les logements, quoique restreints, suffirent cependant à accommoder les étrangers; trois ou quatre filles dormirent ensemble dans un lit et beaucoup d'hommes sur le plancher. A neuf heures, chacun se retira et la foire fut virtuellement terminée.

La maison dans laquelle je dormis était occupée par une armée de paysans, tous mes amis, et ma chambre contenait trois lits qui servirent de couches à des dormeurs autant qu'ils purent en admettre. La plupart quittèrent la localité le lendemain matin, et je demeurai seul à regarder chacun s'en aller. Le même sentiment qui m'avait porté à la gaieté, m'engageait maintenant à partir, et rien n'aurait pu me retenir un jour de plus. Si j'avais accepté les invitations de mes amis, j'aurais été occupé pendant plusieurs mois.

Au moment où j'allais monter dans ma carriole, un beau garçon me donna une belle chaîne de montre en argent; une fille vint me remettre une bague de même métal avec deux mains entrelacées, comme signe d'amitié, tandis qu'une autre me présentait une petite boîte sculptée, en me disant : « J'ai deux frères et deux sœurs en Amérique, où l'on est bon pour eux. Prenez cette petite boîte : elle m'appartient par héritage et depuis des centaines d'années elle est dans ma famille. Prenez-la, Paul, comme un *minde* (témoignage de souvenir) de moi. » Et elle ajouta : « Quand vous irez en Amérique, tâchez de voir mes frères et mes sœurs, et dites-leur que Dieu a pris soin de nous tous; que notre père devient vieux, mais que notre mère est bien; dites-leur de ne jamais oublier Dieu, et de l'aimer comme ils l'aimaient en Norvège. »

CHAPITRE XXXII

Un superbe grand chemin. — Entrée de la Laerdal. — Le portail de Lysne. — Le défilé de Galderne. — Abondance de saumon. — La ferme de Husum. — Le vieux Roar Halversen. — Comment on hérite des noms de famille. — Indépendance du peuple. — Comment une ferme passe d'un père à son fils. — Une touchante scène de famille. — La nourriture des districts ruraux. — L'ancienne église de Borgund. — Adieu à Husum et à Laerdal.

A Laerdalsören (entrée de la Laerdal) commence la superbe grande route qui relie le fiord Sogne à la ville de Christiania et à d'autres parties du pays. Nulle autre route, en Norvége, traversant une aussi longue étendue, ne passe au milieu de scènes aussi splendides et aussi diverses. Une branche monte sur les Eilefields, puis descend en Valders, l'autre va dans l'Hallingdal.

Laerdalsören paraît être le rendez-vous des vauriens du voisinage, qui, en été, épient les touristes et pratiquent sur eux toute sorte d'extorsions. De plus, quelques boutiques ont la permission de vendre des spiritueux, qui attirent un nombre trop grand d'ivrognes. Laerdalsören et Gjövik, sur la Mjösen, sont peut-être les pires endroits de la Norvége; non qu'ils soient très mauvais, mais ils contrastent fort avec les autres hameaux si calmes.

De majestueuses montagnes flanquent la vallée de Laerdal à son entrée. Çà et là, on voit des fermes et des huttes de pierre au milieu d'un sol stérile. Au portail de Lysne, les terrasses atteignent une hauteur de 500 pieds.

Au delà de Lysne, la vallée se rétrécit et la scène devient plus sauvage. On passe devant des fermes éparses dont les bâtiments sombres avec leurs toits couverts de terre sont à l'unisson de ce triste paysage. Plus loin, la Laerdal semble fermée par les montagnes et l'on atteint l'étroit défilé de Galderne. Ici, l'ancienne route, de beaucoup la plus pittoresque, gravit une colline escarpée d'où l'on a une belle vue sur la partie basse de la gorge. La nouvelle route, taillée dans le roc, en bien des endroits, court à la base des collines à côté de la rivière. Sur la rive droite du cours d'eau, on aperçoit les restes d'un grand chemin encore plus ancien. Je sais par expérience combien il est difficile en hiver de descendre les collines par leurs étroits sentiers, quand la glace couvre les rochers, et barre la route en bien des places. Pour sa propre sûreté, il faut attacher à ses souliers des talons particuliers appelés *isbrodder*, avec des clous spéciaux qui mordent dans la glace.

Ici, la rivière écume dans son lit rocheux et une chute empêche le saumon de remonter plus haut. Dans l'étang profond qui est à la base de cette chute, j'ai compté vingt-trois saumons immobiles sur son fond de gravier et de sable.

Le saumon fait son apparition dans les rivières de la Norvège méridionale en mai, et, au nord, en juin. Il commence à frayer dans la dernière partie de septembre jusqu'en novembre, et demeure dans les cours d'eau jusqu'en décembre. Il dépose son frai dans le lit des étangs, et couve ses œufs de soixante à quatre-vingts jours. Quand il est âgé de quatre mois, le saumon a une longueur de quatre à cinq pouces; il n'atteint toute sa taille qu'à l'âge de six ans. Les plus grands ennemis de ce poisson, quand il est arrivé à sa pleine croissance, sont le phoque et la loutre; ceux des jeunes sont le canard, la mouette et, dans la Baltique, le brochet.

Au delà de cette passe, la vallée s'élargit et contient plusieurs fermes. Je mis pied à terre à l'une d'elles appelée Husum, et je fus bien accueilli par le vieux Roar Halvorsen et sa famille, qui consistait en Roar Roarsen, son fils aîné, Haagen, Iver, Halvor et Pehr, et deux filles : Sönneva, mariée au propriétaire d'une ferme voisine, et Sigrid, encore célibataire. La manière de conserver les noms de famille est toute particulière chez les bondes de Norvège et de Suède. Ainsi, le chef de la famille de Husum est Roar Halvorsen (Roar, fils de Halvor); le fils aîné, comme nous l'avons vu, s'appelle Roar Roarsen, et tous les autres enfants, quels que soient leurs premiers noms, y ajoutent celui de Roarsen, ou Roar'sdatter; puis le nom du grand'père revient à l'aîné des petits-fils, et de cette manière le nom de la famille se conserve pendant des générations. Le vieux Roar était un bien digne

Portail de Lysne.

homme et j'ai toujours trouvé chez lui un accueil chaleureux et un entretien agréable. Ma connaissance avec Husum commença d'une açon curieuse. En approchant de la ferme, je remarquai de nombreux véhicules dans la cour; les gens étaient occupés à emballer du couchage, de la faïence, et d'autres emportaient des chaises et des bancs. Une *begravelse* (sorte de veillée) venait d'avoir lieu, car la femme du propriétaire avait été enterrée trois jours auparavant. Je m'étais mépris en croyant à une fête nuptiale.

Husum est une ferme confortable et aussi une station postale, avec une maison blanche pour les convives et deux autres habitations pour la famille. C'est un bon endroit, mais le travail y est dispendieux.

car la majeure partie de l'herbe doit être récoltée sur les pentes abruptes et rugueuses des collines qui dominent la vallée. Pendant la moisson, les gens portent des souliers légers sans semelles, dans lesquels leurs pieds peuvent mieux s'adapter aux inégalités du terrain.

La population rurale est très indépendante. Si les filles acceptent des places, c'est parce que les fermes de leurs parents sont trop petites pour entretenir une nombreuse famille et qu'elles désirent amasser un peu d'argent; on les voit communément prendre du service pour une saison, puis retourner chez elles. — Une des raisons pour lesquelles on traite les servantes avec bonté, c'est que, généralement, elles appartiennent au même district ou paroisse où chacun se connaît, et où tous les enfants vont à l'école ensemble. Rien n'est mis sous clef, et toute marque de méfiance sur l'honnêteté des domestiques est vivement ressentie; une disgrâce indélébile s'attache à tout acte malhonnête.

Cette conscience des servantes m'a fait beaucoup d'impression durant mes voyages en cette contrée; elle est probablement due aux coutumes patriarcales sous lesquelles elles vivent. Souvent elles sont les amies ou les parentes de la famille qu'elles servent, et chaque membre du ménage accomplit une partie de l'ouvrage.

L'étonnement provoqué par le caractère indépendant et viril de la population rurale en Scandinavie cesse quand on considère le grand nombre de propriétaires du sol. La loi suédoise ne connaît pas de limite à la division de la terre, si ce n'est qu'une ferme ne peut exister si elle n'entretient au moins trois personnes.

Le nombre des fermes, en Suède, monte à 258,630.

Au-dessous de 5 acres . . . . 65,000.
Entre 5 et 50 acres 165,000,
Entre 50 et 250 acres . . . . 26,000.
Au-dessus de 250 acres . . . . 2,650.

Le nombre des animaux domestiques comporte : — en chevaux, 455,900; bétail, 2,181,400; moutons, 1,695,400; chèvres, 121,800; pourceaux, 421,800.

SCÈNE DE FAMILLE

On voit, par conséquent, qu'il y a une ferme pour dix-sept habitants ; une tête de bétail pour deux, et un cheval pour dix.

Le nombre des fermes, en Norvège, en 1865, était de 147,000 ; dont 131,800 étaient cultivées par leurs propriétaires, et le reste mis en location ; c'est donc une ferme par douze personnes. L'année précédente, les animaux domestiques comportaient : chevaux, 149,167 ; bétail, 953,036 ; moutons, 1,705,394 ; chèvres, 290,985 ; pourceaux, 96,166.

En Laerdal et Voss, et dans quelques parties de la Norvège, les jeunes gens préfèrent souvent dormir en hiver dans la vacherie, ou sur une plate-forme élevée de quelques pieds au-dessus du plancher, et accessible par une échelle, où l'on peut trouver un ou plusieurs lits. En général, la place est tenue avec une propreté scrupuleuse et ressemble presque à une chambre à coucher. Habituellement, il s'y trouve une fenêtre ou deux pour permettre la circulation de l'air pendant le jour et empêcher l'humidité. Je dois avouer que quelquefois j'aimais à passer une nuit dans une telle chambre, où la température est égale et non malsaine.

Lors de ma visite à Husum, il se passa un événement important, qui, d'après une coutume immémoriale, arrive lorsque la ferme doit être transmise au fils aîné. Quand le dîner fut prêt, tous les membres de la famille vinrent s'asseoir autour de la table, et, comme d'habitude, le père prit place au haut. Je remarquai un air peu habituel de gravité sur les visages de ceux qui étaient présents, quoique l'on soit généralement posé pendant les repas. Tout à coup, Roar, qui ne s'était pas assis, vint auprès de son père et lui dit : « Père, vous devenez vieux ; laissez-moi prendre votre place. — Oh ! non, mon fils, répondit le père, je ne suis pas trop vieux pour travailler, attends encore un peu. » Puis, avec un regard suppliant, Roar reprit : « O père ! tous vos enfants et moi sommes souvent peinés de vous voir si fatigué quand le travail de la journée est fini ; l'ouvrage de la ferme est trop dur pour vous ; il est temps que vous vous reposiez et ne fassiez plus rien. Reposez-vous dans votre vieillesse. Laissez-moi prendre votre place au haut de la table. »

Toutes les figures étaient devenues extrêmement sérieuses, et l'on voyait des larmes dans tous les yeux. « Pas encore, mon fils. — Oh ! si, mon père. » Alors toute la famille s'écria : « Le temps est venu de vous reposer. »

C'était dur pour le vieux bonde, qui avait été si longtemps le chef de la famille; mais il se leva, Roar prit sa place, et fut alors le maître. Son père, dorénavant, ne devait plus rien avoir à faire, qu'à vivre dans une maison confortable et recevoir annuellement un montant

Église de Borgund.

stipulé de grain ou de farine, de pommes de terre, lait, fromage, beurre, viande, etc.

Roar, le fils aîné, est un de mes bons amis; intelligent, abonné à plusieurs journaux, excellent cœur et parfait mari. Sigrid, sa femme, est industrieuse, toujours occupée à remplir ses nombreux devoirs de ménagère; en été, quand beaucoup de voyageurs s'arrêtent pour la nuit, ou pour manger, ces devoirs ne sont pas peu de chose.

Presque toutes les grandes fermes norvégiennes ou suédoises

Fabrication du Fladbröd.

ont un certain nombre de *plads,* ou *torp,* petits endroits avec maisons et un peu de bonne terre qui en dépend, lesquels sont loués à de certaines conditions. Les Norvégiens appellent ceux qui les détiennent *husmaend,* et les Suédois *torpare.* Ils doivent payer par an une somme convenue, ou, plus généralement, travailler un certain nombre de jours par année, comme payement pour le logement et la terre cultivée dont les produits leur appartiennent.

Le mois d'octobre est l'époque de la boucherie. La ménagère alors a beaucoup à faire pour préparer les saucisses et le lard qui doit durer jusqu'à l'automne suivant. La viande est salée, séchée ou fumée¹. La *mölja,* que l'on fait avec du sang mêlé à de la farine, se fabrique en grandes quantités, et on la conserve dans des vessies ou dans des gâteaux; quand on s'en sert on la fait bouillir ou frire.

Les Norvégiens ont plusieurs sortes de pains. Le *fladbröd* se fait d'une pâte non fermentée de farine d'orge et d'avoine, souvent mêlée de farine de pois. La pâte est roulée en grandes feuilles circulaires, d'un diamètre de deux à trois pieds et de l'épaisseur d'un papier fort ou d'un carton mince; puis on la fait cuire sur un feu doux ou sur un plateau en fer. La pâte est souvent pétrie avec des pommes de terre bouillies. Ce pain peut se garder au moins une année. Il est beaucoup plus mince que le pain suédois et plus cassant. On fait le *lefse* de la même manière que le fladbröd, mais on ne le cuit qu'à moitié et on le replie sur lui-même quatre fois. On conserve le fladbröd dans le garde-manger, en masses cylindriques, souvent pendant une demi-année; le lefse, dans sa forme convenable, est utilisé pour les voyages.

Le *gröd* (espèce de potage) est le plat journalier du paysan norvégien. On le fait quelquefois avec de la farine d'orge et même avec de la farine d'avoine ou de seigle. Quand le gröd a été retiré du feu et qu'il a cessé de bouillir, on y ajoute de la farine pour le rendre consistant; on l'appelle alors *naevergraut,* et on s'en sert en voyage, ou quand les paysans sont à l'ouvrage à quelque distance de la ferme. On mange généralement le gröd avec du lait écrémé, mais on préfère qu'il soit caillé. La pomme de terre est la nourriture principale; elle pousse parfaitement et

---

1. On fait le *spejekjöd* en salant et séchant faiblement la viande, généralement des gigots et des épaules de mouton.

est de bonne qualité ; le peuple sait bien comment la cuire. On fait grand usage de poisson ; le hareng salé se mange avec les pommes de terre, ainsi que la morue sèche, qu'on laisse tremper tout une nuit dans l'eau avant de la cuire. Sur la côte, on consomme beaucoup de poisson frais.

On se sert considérablement de beurre et de fromage comme aliments. Il y a trois sortes particulières de fromage : 1° le *mysost*, qui est fait avec le petit lait restant du fromage commun, bouilli jusqu'à ce que l'eau soit évaporée ; on le façonne alors en pains carrés pesant de deux à cinq livres ; sa couleur est d'un brun foncé. Il faut qu'il ait au moins un jour avant d'être bon à manger. On ne le fait que dans les saeters où le bois est abondant, car il exige une grande quantité de combustible. On le mange en tranches minces avec du pain et du beurre ; les femmes et les enfants en sont surtout friands. Le meilleur est celui qui est fait avec du lait de chèvre. On peut à peine le qualifier de fromage ; car il consiste principalement en sucre et en lait. 2° Le *gammelost*, que l'on confectionne avec du lait caillé, est un fromage rond fermenté, que l'on conserve pendant des mois dans la cave. 3° Le *pultost* est aussi un fromage fermenté, auquel on mêle de la graine de cumin ; on ne le forme pas en pains, mais on le conserve dans des tubes en bois.

A une courte distance au-dessus de Husum, on rencontre un autre beau défilé, Vindhellen. Ici, la nouvelle route suit aussi la rivière, et, en bien des endroits, elle est taillée dans le roc. Au delà de Vindhellen, la vallée s'élargit de nouveau et l'on arrive en vue de plusieurs fermes et de la vieille église de Borgund, l'une des plus intéressantes de la Norvège. Cette curieuse église et celle de Hitterdal appartiennent au plus ancien style de l'architecture ecclésiastique du pays ; celle de Borgund date probablement du temps de saint Olaf, ou de son fils Magnus. Sa couleur sombre et sa forme particulière attirent tout de suite l'attention de l'étranger. Son clocher est surmonté d'une flèche, et les toits en bardeaux sont ornés de têtes de dragons et de croix. Une galerie basse et ouverte sur le terrain protège une partie de l'édifice, dont les entrées sont couvertes par des porches. L'intérieur, avec ses curieuses découpures et ses arrangements, est presque aussi bizarre que l'extérieur. Un espace d'environ vingt-quatre pieds carrés forme l'enceinte principale et est entouré de dix piliers, derrière lesquels sont des bancs pour la congrégation. Les anciens fonts baptismaux sont le seul objet en pierre. La nouvelle église, construite pour la commodité des fidèles, — car la congrégation est devenue trop grande pour pouvoir célébrer le service divin dans l'ancienne, — est si près de l'autre, qu'elle en gâte l'effet.

Les jours passèrent agréablement à Laerdal avec ses bons habitants, parmi lesquels je compte beaucoup d'amis, heureux de me voir et avec lesquels je corresponds quelquefois. Avant de quitter Husum, la femme de Roar m'offrit des gilets de dessous tissés à la maison, en me disant : « Paul, le temps est froid en Norvège pendant l'hiver, et je les ai faits pour que vous les portiez. » En même temps, elle me remit une photographie la représentant avec son mari et ses enfants. Après un adieu cordial, et la promesse mutuelle de nous écrire, je quittai Husum pour continuer mon voyage.

CHAPITRE XXXIII

La ferme de Nystuen. — Une maison de refuge. — Vie à Nystuen. — Descente dans Valders. — Costume des habitants. — Hospitalité à Vang. — Étiquette parmi les Bönders. — Caractère du bonde norvégien. — Habileté des bönders. — Rites sacrés d'hospitalité. — Comment je vins à Vang. — Un Storthingsmand. — L'église de Vang. — Un ecclésiastique modèle. — Travaux du pasteur de la paroisse. — Ferme de Haugen. — Comment les invités sont traités. — Naissance d'un enfant à Haugen. — Ferme de Nertröst. — Un baptême. — Danse à Valders. — Amis célibataires.

A une distance de vingt-quatre milles de l'église de Borgund, après une excursion romantique, j'arrivai à la ferme montagneuse de Nystuen, située sur les bords solitaires de l'Utrovand, à 3,162 pieds au-dessus du niveau de la mer et près du point le plus élevé de la route. Cet endroit est le bienvenu en hiver lorsque, glacé et affamé, le voyageur atteint son toit hospitalier et obtient un cordial repas, un verre de vin, une excellente tasse de café et un bon lit. A ce moment de l'année, la foule des touristes a disparu, et, des fenêtres de la chambre chaude, on peut jouir de la vue du lac congelé et du paysage hivernal, avec son ciel sans nuages pendant le jour et ses étoiles scintillantes pendant la nuit; on peut aussi voir arriver une tempête de neige et se féliciter de ces agréables quartiers, ou écouter les sifflements du vent, qui, parfois, fait trembler les maisons et qui les renverserait, si elles n'étaient construites parallèlement à la vallée et selon le sens de la tempête.

Les étés sont très courts ici ; le grain n'arrive pas à maturité, quoique l'herbe soit abondante et qu'il y ait assez de pâturage et de foin pour nourrir en hiver beaucoup de vaches et de chevaux. Les longs et rigoureux hivers ne sont pas solitaires ; car, régulièrement, les gens, dans ces endroits écartés, ont de nombreuses familles, et leurs enfants et petits-enfants en font une colonie. Le vieux Knut Nystuen était le progéniteur d'une kyrielle de descendants. Il a transmis la station à son fils et occupe maintenant, avec sa digne épouse, une maison où se trouvent à l'étage supérieur des chambres pour les invités.

Ils ont leurs plaisirs et la paresse leur est inconnue. Les femmes tissent, filent et tricotent ; les hommes pêchent et chassent ; ils aident aux travaux de la ferme, et vont chercher du bois et du foin, quelquefois à de longues distances.

De Nystuen, la route vers l'est descend rapidement dans Valders, au milieu d'un paysage sombre, animé par la rivière, par des bois de bouleaux, et quelques fermes. A neuf milles environ, on atteint la pointe de Vangs Mjösen, à 1494 pieds au-dessus de la mer.

Il est peu de paroisses en Scandinavie dont je me souvienne avec autant de plaisir que de celle de Vang. Je n'oublierai jamais les fermes d'Opdal, de Tune, Nertx öst, Kvale, Haugen, Ellingsbö, Bö, Söyne Kattevold, Baggethun, Kvam, Lene, Sparstad, Nordland, et autres. Chaque ferme a son nom en Scandinavie ; quelquefois elles ont été partagées soit par héritage, soit par d'autres causes, et chaque propriétaire bâtit une maison sur la partie qui lui appartient, mais toutes portent le même titre. Là où le sol est bon, il y en a un certain nombre à de courtes distances l'une de l'autre, reliées par des routes grossières et étroites, où peuvent passer les chariots.

Valders est un des districts intérieurs les plus romantiques de la Norvège. Le panorama toujours changeant, qui au nord est lugubre, devient plus gai quand on descend dans Slidre et Aurdal ; dans ce dernier district quelques vues sont exquises, spécialement quand la route gravit la pente orientale de la Tonsaasen, par une montée graduelle de plus de sept milles. La partie septentrionale de Valders est pauvre ; car, de même que dans d'autres parties de la Norvège, les pierres y abondent, la bonne terre est rare, et les familles sont nombreuses ; mais les pâturages de montagne sont riches, et les habitants tirent un modeste revenu du produit de leurs laiteries. Chaque fois que j'allais à Vang, la seule chose qui m'ennuyât était de décider à quelle ferme je m'arrêterais d'abord, car je ne voulais pas causer de jalousie ; aussi, afin de leur faire sentir que je les aimais tous, je faisais une visite à chacun.

Nombreuses sont les semaines charmantes que j'ai passées dans ce séjour arcadien, où les gens semblaient rivaliser entre eux à qui rendrait leur ami Paul plus heureux ; rien n'était trop bon pour lui. Peu importait à quel moment il arrivait : jour ou nuit, toujours il était le bienvenu ; on plaçait devant lui les meilleurs plats possibles. Je ne pouvais faire de visite nulle part et obtenir la permission de me retirer, sans prendre un bol de lait, une tasse de café, une petite larme de brǎnvin, ou manger quelque chose. Impossible de refuser, et souvent je me suis trouvé mal à l'aise pour avoir trop bu et trop mangé.

Les culottes de cuir sont passées de mode, et le costume consiste aujourd'hui en une jaquette, un gilet à boutons d'argent, et des pantalons. Les parties fashionables de la toilette sont l'écharpe en laine et le chapeau de feutre rond, que l'on conserve sur la tête dans la maison ou à la danse, dans l'idée que c'est plus comme il faut. Les femmes portent les robes habituelles en vadmal ou autre tissu léger, ou un mouchoir de couleur sur la tête.

Une des particularités du fermier norvégien, c'est que l'étiquette demande qu'un ami qui vient le visiter ignore que l'on a fait des préparatifs pour lui. Le commensal n'est pas plus tôt assis, que le café est mis sur le feu et le manger préparé. Lorsqu'il voit que tout va être prêt, il se lève et dit : « Adieu ! » sur quoi on le prie de rester, et, après une faible résistance, on le conduit à l'étage supérieur, ou dans une chambre voisine. Les tasses de café sont toujours remplies de façon à déborder, car autrement cela semblerait mesquin.

Une autre coutume m'amusait beaucoup : c'est quand on offre le lait ou le brǎnvin ; le commensal refuse d'abord, en disant : « Ne le gaspillez pas pour moi ! » L'hôte insiste pour qu'il boive ; alors il le sirote, et rend le bol ou le verre, en disant : « C'est trop. » Une autre démonstration a lieu, et enfin, à la troisième fois, il avale le contenu du verre.

Le bonde norvégien est vigoureux, calme et brave. Sous son extérieur grossier, bat le plus noble cœur; froid extérieurement, mais facilement amené à l'autre extrême, bon pour la famille et compatissant pour ses bêtes; il faut le connaître pour l'apprécier. Il est véritablement et honnêtement pieux; ses sentiments religieux sont profonds et ont été cultivés dès sa plus tendre jeunesse. Il est rare que le fanatisme puisse aveugler son excellente nature et fasse de lui un bigot.

Dans le caractère des hommes et des femmes, il y a une veine de sérénité et de mélancolie, résultat dû, sans doute, à la nature austère qui les environne. Les parents sont bons et indulgents pour leurs enfants, et je ne me rappelle pas en avoir vu se servir envers eux d'un langage grossier, ou les frapper. Les membres d'une famille ont beaucoup d'affection l'un pour l'autre, bien qu'ils soient réservés. Les querelles sont très rares; même dans les fermes les plus communes, je n'ai jamais été témoin de scènes de violence entre mari et femme.

Les fermiers sont très adroits en tout genre de main-d'œuvre. Quand l'un d'eux veut bâtir une maison, ou faire une addition à sa ferme, il va dans la forêt, abat les arbres et se constitue son propre charpentier. Il sait aussi, à l'occasion, être tanneur, bourrelier, forgeron, cordonnier et meunier; le long de la côte, il construit des bateaux et des navires, et est en outre un pêcheur expérimenté; il est encore fabricant d'instruments de musique et de meubles, orfèvre et joaillier. Chasseur dans les montagnes, il poursuit l'ours, le renne sauvage et le ptarmigan.

Point de contrée en Europe où les rites de l'hospitalité soient considérés comme plus sacrés que chez les Scandinaves. Le voyageur est à la fois surpris et charmé de voir partout ce beau trait du caractère du peuple. Le pauvre même ne permet pas que l'on quitte sa demeure sans qu'il ait offert quelque chose à manger; refuser serait offenser sa fierté. Partout l'étranger se souvient de ces paroles de l'ancien Edda :

> Celui qui vient comme un hôte
> A besoin d'eau, de serviette et d'hospitalité ;
> Faites-lui éprouver une disposition amicale ;
> Qu'il puisse parler et répondre.

Voici de quelle manière je vins la première fois à Vang. Je voyageais sur l'un des steamers qui vont de Bergen au fiord Sogne. Comme d'habitude, je m'étais mêlé au peuple et je bavardais avec les bönder. Pendant que je dînais avec plusieurs d'entre eux, je remarquai un homme qui nous surveillait et sur le visage duquel passait de temps en temps un sourire de contentement. Ainsi que lui-même me l'apprit ensuite, il était charmé de voir un étranger si libre, et en apparence si heureux dans la société de gens qui, comme lui, étaient des bönder. Au dessert, il s'approcha et me demanda si je n'étais pas Paul Du Chaillu; et, sur ma réponse affirmative, il me dit qu'il s'appelait Nils Tune, de Vang, en Valders; il ajouta qu'il était membre du Storthing et que je serais le bien accueilli à sa ferme. Il comprit que j'étais venu pour étudier la vie domestique des Scandinaves; il me dit qu'il me présenterait à ses voisins et qu'il était sûr que j'aimerais les gens de Valders. J'acceptai son invitation, et, dès mon arrivée, je pus m'apercevoir qu'il avait favorablement parlé de moi. Partout où j'allai, je reçus, dès la première fois, un charmant accueil.

Nils Tune avait été élu au Storthing par la population de Valders. En Norvège, les constituants ruraux sont les libéraux, et ceux des villes les conservateurs. Il n'y a point de doute qu'un sentiment amer ne règne entre eux. C'est ce que j'ai recueilli dans une conversation avec les bönder, dont beaucoup croient qu'ils sont méprisés par les *herrer* (seigneurs). Quand ils me parlaient ainsi, j'essayais toujours de les détromper, mais c'était en vain. Un jour Nils, en causant de ce sujet, me dit, avec des yeux flamboyants de colère : « Oui, Paul, bien des gens dans les villes croient que nous ne valons pas mieux que du bétail. » Je ne manquai pas de lui faire des remontrances et de lui citer des gentlemen de Christiania, qui, il le savait, ne méprisaient par les bönder.

Entre la grand'route et Vangs-mjösen se trouve la vieille église en bois, et près d'elle le presbytère avec de grands et commodes bâtiments. C'était une âme noble que le pasteur Prest Konow. Il se montrait si généreux envers les pauvres de sa paroisse, que la ferme appartenant au bénéfice de l'église ne pouvait l'entretenir, lui et sa famille. Heureusement, son père, qui habitait Bergen, était riche et lui envoyait de l'argent; mais il ne l'avait pas plus tôt reçu, qu'il en consacrait une grande part à secourir la détresse du pauvre. Il donnait de la manière la plus silencieuse, suivant en cela le principe de la religion qu'il professait; mais, de temps à autre, un homme reconnaissant et chargé de famille, ou une pauvre veuve ne pouvait s'empêcher de raconter ce que le bon pasteur avait fait pour eux; mais ils se repentaient ensuite de leur faiblesse, sachant qu'ils seraient grondés pour avoir révélé la bonne action qu'il avait faite en secret. Ce n'est point une sinécure que la place de pasteur dans certains districts de la Norvège, soit à l'intérieur, soit près de la mer. Il est des paroisses qui sont très vastes et qui s'étendent même jusqu'à des contrées inhabitées; les hameaux étant éloignés les uns des autres ne peuvent naturellement pas entretenir un pasteur pour chaque église. C'est pourquoi des chapelles sont souvent bâties à une grande distance de l'église paroissiale et l'on ne peut y arriver que par des sentiers, ou d'étroits chemins montagneux. Un calendrier pour l'année désigne l'époque où aura lieu le service en chaque endroit; et, qu'il pleuve, qu'il neige, qu'il fasse beau ou affreux, il faut que l'ecclésiastique, à cheval ou dans sa carriole, arrive à l'église, mouillé, à moitié mort de chaleur, ou presque gelé. Il n'est pas rare qu'un pasteur soit chargé de trois ou quatre églises; le service ne peut donc y être fait qu'une fois en trois ou quatre semaines, et même seulement quatre fois par an. Quand les églises sont dans le voisinage d'un fiord, il doit y aller en bateau et souvent par des temps fort mauvais. Les ecclésiastiques norvégiens sont instruits; beaucoup parlent une ou deux langues étrangères, et habituellement l'anglais. Ils sont hospitaliers et bons; dans bien des pauvres districts, ils donnent seuls l'exemple d'une plus haute civilisation, le presbytère étant un endroit où l'on peut apprendre la propreté. Il n'est point de classe assurément dans laquelle ne se trouvent des brebis galeuses; mais, en règle générale, le clergé scandinave est aimé et respecté.

Le digne pasteur de Vang était un zélé conservateur et ne s'accordait pas très bien avec le radical storthingsman, Nils Tune, qui était plus avancé en politique et défendait le progrès en demandant l'abolition de lois qu'il croyait surannées, ou qu'il aurait voulu voir abrogées, entre autres quelques-unes touchant les privilèges de l'Église luthérienne.

Mes visites au presbytère étaient celles qui m'offraient le plus d'agrément, et le généreux pasteur aurait voulu que je demeurasse plus longtemps avec lui; il ne pouvait comprendre que j'aimasse à vivre avec les fermiers et partager leur nourriture. Parmi mes nombreux amis, je dois compter les gens de Haugen et de Nertröst. La maison d'habitation de Haugen avait un étage supérieur auquel on arrivait du porche par un escalier rapide comme une échelle, et qui consistait en une grande chambre et deux petites. Ainsi que cela est toujours le cas, cette partie du bâtiment était tenue scrupuleusement propre et réservée aux invités. L'étage inférieur avait été arrangé de la même manière, à l'exception que, d'une des petites chambres, on avait fait la cuisine avec une cheminée ouverte dans un coin. Les grandes chambres du bas et du haut étaient chauffées par des poêles dont on se sert beaucoup dans Vang, car les bouleaux sont rares. Thomas Thomasson et sa femme Guri ne pouvaient jamais assez faire pour moi, et leur bon vieux père, dont on lisait l'honnêteté et la débonnaireté sur la figure, pensait que rien n'était trop bon pour moi dans Vang. Trois enfants, une servante et un domestique, complétaient le ménage. Un petit jardin touchait à la maison, et l'on y avait planté des groseillers et un peu de navets.

La coutume veut que le convié mange seul. Dans la chambre à lui destinée, la table est mise avec une belle nappe blanche, des fourchettes et des cuillers d'argent; après que le repas est servi, la femme qui veille sur l'invité le laisse seul et ne vient qu'une fois ou deux pendant le repas pour l'engager à manger davantage. Pour quelqu'un qui avait l'intention de passer quelques années en Scandinavie, la perspective de cette manière solitaire de manger n'était pas fort gaie; aussi, en arrivant à une ferme, après avoir obéi pendant un jour ou deux à ces procédés cérémonieux, j'insistais invariablement pour rompre cette règle et pour manger sur la simple table en bois avec la famille et les gens de la ferme, au grand déplaisir de la maîtresse de la maison. Quand j'avais gagné ce point, il y en avait d'autres presque aussi difficiles à emporter : celui de faire remplacer pour moi la cuiller d'argent par une autre en bois, comme le reste de la famille. Les fermiers sont très fiers de ces cuillers brutes; chaque membre de la famille a la sienne avec ses initiales gravées sur le manche. Les autres points furent de me permettre de prendre un morceau de galette au lieu d'assiette, si l'on ne se servait pas généralement de cette dernière; de mettre ma cuiller dans le grand plat de gröt comme les autres, et de me servir moi-même du lait caillé. Quand ce lait était trop aigre, la femme insistait toujours pour que je prisse du lait doux, et cela, je ne le refusais pas.

Une nuit, à Haugen, pendant que je dormais à poings fermés, je fus réveillé en sursaut par une secousse assez rude, et, en ouvrant les yeux, je vis mon ami Thomas debout devant mon lit, tenant une chandelle d'une main, et de l'autre une bouteille et deux petits verres. « Paul, dit-il, vous avez sans doute entendu crier ma femme, il y a quelques moments; elle vient de mettre au monde un bel enfant. » Sans rien dire de plus, il posa la chandelle sur la table, et, remplissant les deux petits verres, il ajouta : « Célébrons l'événement en vidant nos verres. » Refuser aurait été une haute inconvenance et un grand manque d'amitié; je souhaitai donc longue vie au nouveau-né et promptes relevailles à l'accouchée.

Lors de la naissance d'un enfant, il est de coutume que les femmes des voisins fassent cuire un plat de *flödegröd* (c'est un potage cuit avec de la crème au lieu de lait, ou un pudding au riz) et l'apportent à la convalescente; il se produit, en ce cas, une bonne dose de rivalité entre les matrones, qui s'efforcent de se surpasser l'une l'autre dans la qualité et dans la quantité du plat.

Nertröst était une des meilleurs fermes de Vang. Il y avait deux maisons, l'une pour les invités et pour la garde des vêtements de la famille. John Nertröst était un excellent garçon, un beau spécimen d'homme de Valders, bon, loyal et actif. Sa femme, Sigrid, fille d'un bonde qui demeurait à quelques milles plus bas dans la vallée, aurait pu passer pour le modèle des ménagères, et, comme son mari, me portait beaucoup d'affection. Ils ne pouvaient jamais assez faire pour moi; les peaux de mouton de mon lit étaient propres, blanches, et douces comme du duvet; ce sont d'excellentes protectrices contre les rhumatismes, dont je n'eus jamais le plus léger symptôme. Peu importait que mes courses eussent été courtes ou longues, je devais avoir faim à mon retour. Le matin, de bonne heure, étant encore au lit, on m'apportait une tasse de café. Chaque fois que je demandais un cheval, il était prêt; si je voulais aller quelque part, le bon John tenait toujours à m'accompagner.

Un jour, il y eut un baptême à Nertröst, car la famille s'était accrue. Il fut suivi d'une fête, et quelques jours avant on me recommanda spécialement de ne pas aller faire de visites au loin, car on voulait m'avoir sous la main. En semblable occasion, le pasteur et sa femme sont toujours invités, ainsi que les membres des familles respectives et les amis. Ce fut un moment agréable; on sortit des armoires les plus belles porcelaines, ainsi que les cuillers et fourchettes d'argent; il y eut abondance de viandes, de gâteaux et de puddings.

Les gens de Valders sont de grands danseurs et experts dans le Halling, dont le grand exploit consiste à toucher de temps en temps, avec un pied, le plafond qui, régulièrement est à neuf pieds du plancher. Une des danses nationales les plus caractéristiques est celle du saut, dont une partie consiste pour la fille à tenir son danseur par le bout de ses doigts et de faire autour de lui une pirouette avec une telle rapidité, que sa jupe se gonfle comme un ballon et se lève quelquefois jusqu'au genou; mais par un adroit mouvement de la main, elle la repousse en bas. Quand on se rend à une partie semblable, il faut renoncer à respirer librement, même si l'on ne danse pas. La chambre du bas sert de salle de danse et toujours elle est comble jusqu'à la suffocation, car on fait des invitations générales. Tous les jeunes gens et même les vieux prennent part à la fête. Une lampe, mise à l'abri de tout danger, éclaire faiblement la salle; les chaises, tables et bancs ont été enlevés; le violoneux se tient dans un coin. Au bout de quelque temps, afin de l'engager à jouer avec plus d'entrain, la compagnie jette quelques pièces de monnaie dans son chapeau et une nouvelle danse recommence. La foule est ordinairement si grande, que c'est à peine s'il y a assez d'espace pour se mouvoir, et l'atmosphère devient tellement intolérable, que la chambre doit être en partie évacuée. Parfois les garçons cachent des bouteilles de brānvin, et invitent leurs amis à venir boire à la sourdine. La fête dure presque toujours jusqu'au matin.

Au nombre de mes meilleurs amis célibataires, je compte Ole, Laris et John. Quand j'étais en Vang, ces bons garçons auraient été malheureux si j'avais passé un jour sans les voir. Ils avaient décidé que Paul ne passerait pas une journée solitaire dans leur hameau, et ils ne cessaient de dresser des plans pour mon amusement : soit un dîner, soit un souper avec des demoiselles dans une de leurs fermes, ou chez un de leurs parents. Quelquefois nous allions ramer jusqu'à l'autre côté du lac, nous passions un jour ou deux chez leurs connaissances, qui avaient préparé une fête pour moi. Ces trois amis poussèrent si loin leur affection, que, pendant tout un hiver, ils allèrent tourmenter le pasteur, simplement parce qu'ils désiraient s'entretenir avec moi en anglais quand je reviendrais l'année suivante.

Le chagrin s'introduisit aussi dans le hameau de Vang, et ces braves gens durent prendre le deuil; car la mort avait posé sa froide main sur une vieille veuve très respectée de cet endroit.

C'est le dimanche qui est généralement affecté aux funérailles comme aux noces. La coutume veut que l'on garde le corps un certain nombre de jours avant l'enterrement. Le temps de l'accomplissement des derniers rites sacrés approchant, le fils aîné de la défunte fit dans sa ferme des préparatifs pour recevoir les pleureurs, et invita des amis à la *begravelse* qui devait durer trois jours, proportionnellement à la fortune de la famille.

La veille de l'enterrement arrivèrent les parents et ceux qui demeuraient au loin; le décorum le plus complet régnait et l'on mangeait en silence. Habituellement, les invités apportent ou envoient des provisions, et comme la porcelaine et les ustensiles de ménage ne sont pas suffisants en de telles occasions, les voisins prêtent les leurs. Le matin des funérailles, la maison était pleine de monde; chacun avait l'air solennel et l'on ne causait qu'à voix basse. Quand l'heure du départ sonna, tous jetèrent un dernier regard sur la défunte; alors le cercueil (de simples planches unies) fut cloué et mis sur un traîneau, quoiqu'il n'y eût point de neige par terre; on le recouvrit d'un drap de laine noire. De nombreux véhicules suivirent le corps; car les fermiers montent en voiture en semblable occasion, comme marque de déférence. Quand on arriva au cimetière, distant d'à peu près un demi-mille, le curé attendait; il lut le service des trépassés et jeta trois pelletées de terre sur le cercueil, qui fut ensuite descendu dans la fosse; tous ceux qui étaient présents jetèrent de la terre dessus, et le trou fut rempli au milieu du silence le plus profond.

Tous alors retournèrent à la maison mortuaire, qui, dans cet intervalle, avait subi une métamorphose complète; on avait installé de grandes tables avec des nappes blanches, et elles étaient chargées de victuailles. D'abord, la portion masculine de l'assemblée fut invitée à prendre un petit verre de bränvin; puis on prononça une bénédiction et les convives s'assirent à leurs places respectives; le dîner commença. Longtemps avant la brune, la majeure partie des convives était en pleine hilarité, car on avait bu beaucoup. On avait servi de tout avec autant d'abondance que dans une fête joyeuse et beaucoup ne dormirent pas. Le lendemain se passa à manger et à boire, et un étranger se serait cru à un banquet de noce et non à une *begravelse*.

Un bon fermier supposa qu'en Amérique nous devions faire bien autre chose en semblables occasions, le peuple y étant si riche! Quand je lui eus dit que nous ne mangions ni ne buvions rien et que nous rentrions directement chez nous après l'enterrement, il s'écria : « Sont-ils donc si ladres dans votre pays? » L'idée que l'on allait aux funérailles sans avoir rien à manger ou à boire, le frappa comme une vilenie, et il tourna le dos en signe de dégoût.

Le souvenir de ma dernière visite à Vang est encore vivant en moi, et surtout celui des deux jours qui précédèrent mon départ. J'avais à voir tous mes amis, même au delà du lac, et je dus manger partout où j'allai. Le dernier soir, j'étais absolument abruti; car j'avais dû prendre part à trente repas en deux jours, boire trente-quatre tasses de café et autant de *skal*. Pas moyen d'y échapper; j'avais mangé chez leurs voisins, pourquoi ne ferais-je pas de même chez eux? N'allais-je pas partir pour l'Amérique? ne seraient-ils pas longtemps sans me revoir?

Quand je pris congé, la mère et les filles me tendirent des bas de laine, des gants, des mitaines, ou des poignets et me dirent : « Paul, nous les avons faits pour vous, gardez-les en souvenir de nous. » Souvent mes initiales ou les leurs étaient brodées sur ces objets. Quelques-unes me donnèrent une bague en argent, une broche, ou autre témoignage d'amitié. De vieilles matrones se montrèrent plus pratiques : « Paul, dirent-elles, prenez ce fromage et ces saucisses. » Les remontrances eussent été vaines; on répondait toujours : « L'Amérique est bien loin, et vous pouvez avoir faim pendant la route. »

Je fus profondément touché des sentiments douloureux que causa mon départ. Je vis des larmes dans leurs yeux, et la tristesse de leurs visages était plus éloquente que leurs paroles. « Paul, me dirent-ils, ne nous oubliez pas; écrivez-nous d'Amérique. Vous serez toujours le bienvenu ici; Dieu soit avec vous sur le vaste Océan! » Et ils me serrèrent la main. Quand je quittai le hameau, John n'était pas chez lui; mais Ole et Lars m'accompagnèrent pendant une assez longue distance, dans une tristesse presque silencieuse.

Bien des mois se sont écoulés depuis que je n'ai plus rien appris de Vang. — Une chose ou l'autre m'a empêché d'écrire, mais je me rappelle souvent les bons amis que j'y ai laissés; leurs excellentes figures sont toujours devant moi et j'entends résonner à mes oreilles leurs exclamations de bienvenue. Je chérirai toujours le souvenir des jours heureux que j'ai passés au milieu d'eux. Bien des jeunes gens et de belles filles se sont mariés; de timides fillettes sont devenues d'avenantes demoiselles; le temps, dans sa course, a amené force changements, heureux et tristes. Le bon gouverneur Wangensten, de Kvam, est mort; bien touchante est la dernière lettre qu'il dicta pour moi à son fils, lorsqu'il avait à peine la force de signer son nom. Il parle sans récrimination ni plainte de ses souffrances et de sa fin prochaine et ajoute : « Quoiqu'il soit probable que je ne serais plus là quand vous reviendrez ici, ne manquez pas de vous arrêter à Kvam; vous y serez bien accueilli par ma famille. » Nils Tune aussi a quitté ce monde, et, sur sa tombe, la rancune politique a été oubliée et pardonnée; il fut honnête et incorruptible.

J'aime beaucoup à lire les lettres de mes amis de Vang. Maris, femmes, filles et fils m'écrivent affectueusement, et rien ne me charme plus que les missives des enfants. — Sigrid Neströst, la femme de John, me mande : « La petite Berit (leur fille) pleure parce qu'elle ne peut écrire à Paul! » La petite Anna Hangen m'a envoyé, dans une lettre de son père, un cœur et une bague en perles de verre. Ole, qui s'est marié depuis, m'écrit : « Pendant Christmas (Noël), nous avons eu beaucoup de réunions, dans lesquelles nous avons porté des toasts à notre ami Paul, et John a composé deux strophes que nous avons chantées! » Je les donne ici :

Maintenant, à la Noël, il y a de la joie,
Dans le Nord, comme dans le Sud,
A l'arbre de Noël et au dîner.
Ici le toast à Paul est vidé à fond,
Selon la coutume du Nord.

Un toast à Paul Du Chaillu :
Donnons-lui une aimable fille.
Qui pourra embellir sa vie;
Une heureuse nouvelle année,
Voilà ce que lui souhaitent
Lars, Ole, John, et tous, jeunes et vieux.

CHAPITRE XXXIV

Norvège méridionale. — Un longue grande route. — La population fermière. — Belles fermes. — Maisons confortables. — Villes de Norvège. — Comment on maintient la paix publique. — Pieux excursionnistes. — La demeure d'un juge. — Prestation de serment. — Saetersdal. — Un peuple de haute taille. — Costumes du Saetersdal. — Vieux Stabburs en Osse. — Caractère du peuple du Saetersdal. — Valle. — Paul Paulsen.

La Norvège, à son extrémité méridionale, forme un audacieux promontoire d'environ 200 milles de largeur dans sa partie la plus développée, et de 125 milles de longueur, se terminant à Lindesnaes, en latitude 57° 59'. — Ce vaste territoire est borné à l'ouest par la mer du Nord, et au sud, ainsi qu'à l'est, par le Skager Rack, dont l'extrémité intérieure est, pour ainsi dire, le fiord Christiania, qui court du nord au midi. Les fiords n'ont pas la grandeur de ceux plus du nord. Les seuls terrains plats de la côte de Norvège, Listerland, Dalaren et Jaederen, se trouvent ici. A Listerland, trois phares sont tout près l'un de l'autre, et ont été ainsi construits pour qu'on les voie séparément en cas de danger. Une grand'route borde la côte de Christiania au cap Tungnaes à quelques milles au nord de Stavanger, distante de 500 milles, où le fiord Bukne empêche d'aller plus loin. — C'est une continuation du grand chemin qui court le long des rivages de la Suède et de la Norvège, depuis Haparanda jusqu'à Christiania, distance d'environ

200 milles. On y voit de nombreuses rivières sur les eaux desquelles on fait flotter les bois en immenses quantités, car les grandes forêts y sont très communes.

Les vallées renferment les meilleurs districts a ratoires de Norvège, et leur population fermière est toute différente de celle que nous avons décrite dans les montagnes. Dans les fermes confortables, les maisons sont peintes en blanc et ont des toits en tuiles rouges, à la vieille mode hollandaise. Des pianos, des livres et des journaux prouvent la culture de ces gens dont les habitations sont entourées de vergers et de jardins. Tout le long de la route de Christiania à Drammen, on a des vues charmantes sur la mer et sur le pays, et, en longeant la côte, le trajet est des plus beaux. La planche suivante, qui représente Hof, donne l'idée des maisons d'une ferme importante.

Le dimanche, les fermiers vont à l'église, avec leurs familles, dans des voitures et des carrioles de fantaisie. Les hommes portent habituellement de hauts chapeaux de soie, ou des feutres avec de larges rubans gris ou noirs; en été, ils mettent des vestes de toile. Les femmes, en chapeau, bonnets, châles et jaquettes, sont vêtues comme les fermiers de l'Angleterre ou des États-Unis. Après l'église, ils tiennent des réunions hebdomadaires dans lesquelles les commérages vont leur train.

La Norvège est une contrée particulière, en ce que ses cités et ses grandes villes, à quelques exceptions près, sont situées sur la côte. On s'y adonne principalement aux pêcheries et au commerce des bois. Celles qui sont consacrées aux affaires de bois sont construites près de l'embouchure de rivières et de cours d'eau qui coulent à travers le pays où l'on trouve de vastes forêts, tandis que celles qui s'occupent des pêcheries sont localisées dans la position géographique la plus avantageuse. Plusieurs villes augmentent d'importance; d'autres demeurent sans changement, ou tombent en décadence, selon que le hareng quitte telle ou telle partie de la côte.

La plupart ont été construites pour se conformer aux irrégularités du bord rocheux ou des collines pierreuses qui les ceignent de tous côtés, et les maisons sont perchées sur chaque roc en saillie, ce qui produit un singulier effet. La propreté des rues est remarquable; les maisons sont en bois et bien peintes. Il n'y a point de centres manufacturiers, ni de grandes industries du fer en Norvège. Certaines villes, quoique petites, sont très riches; plusieurs marchands passent pour être millionnaires; ils possèdent de nombreux navires qu'ils envoient dans toutes les parties du monde ; les entreprises de transport sont extrêmement importantes en Norvège. La petite ville qui m'a produit le plus d'impression par son activité est Arendal. Il y a peu d'années, elle a été détruite par le feu; les maisons en bois ont été remplacées par d'autres en briques enduites de stuc, et les magasins ont des devantures en glaces importées de France.

La paix publique est maintenue par un petit corps de policiers; car le peuple respecte la loi ; et le brigandage ainsi que le vagabondage son

Ferme de Hof, à Aker.

inconnus. La configuration du pays interdit l'exécution de chemins de fer ; c'est-à-dire que, matériellement, on pourrait en établir; mais le coût en serait si considérable que jamais l'exploitation ne deviendrait rémunératrice. Les communications par bateaux à vapeur sont très développées.

J'ai souvent rencontré, pendant les mois d'été, sur les steamers, des troupes de personnes appelées läsare (piétistes), que le bon peuple regardait comme des espèces de religionnaires fanatiques et sentimentals. Dès qu'ils étaient montés à bord, ils chantaient leurs hymmes et continuaient ainsi pendant toute la traversée, jusqu'à leur campement.

Connaissant l'hospitalité de ce peuple, j'avais coutume, lorsqu'une maison attirait mon attention, d'arrêter mon cheval devant la porte et d'y entrer. Depuis une couple d'heures, j'avais quitté Holmestrand, village pittoresque au pied de falaises boisées, et je venais de passer le hameau de Sande, lorsque j'arrivai à une belle maison ; je mis pied à terre et j'entrai. A ma grande surprise, je fus accosté par deux jeunes femmes habillées à la dernière mode. Je vis sur-le-champ que ce n'étaient pas des filles de fermiers ; je m'excusai sur la manière peu cérémonieuse avec laquelle je m'étais approché et je fis mine de me retirer, mais elles me prièrent de rester.

La maison où je fus introduit était la résidence d'un juge qu'une de ces dames fit appeler et qui me salua en anglais. Il était déjà âgé, mince et maigre, avec le visage brûlé par le soleil. Il venait de quitter la charrue ; car, bien qu'homme de talent dans sa profession, il ne dédaignait pas les durs travaux de sa ferme.

Dans le cours de la conversation, nous parlâmes des lois du pays et j'écoutai avec beaucoup d'intérêt de quelle façon solennelle on administre le serment aux témoins en Norvège ; j'admirai l'exhortation émouvante et élaborée qui l'accompagne, conformément à l'article 8, chapitre XIII, du cinquième livre des Lois, prouvant le caractère religieux du peuple et quelle sainteté il accorde à la vérité.

Toute personne qui prononce un serment lève trois doigts : le pouce, l'index et le médium. Le pouce représente « Dieu le Père », l'index « Dieu le Fils », et le doigt majeur « Dieu le Saint-Esprit ». Les deux autres sont infléchis dans la main ; l'annulaire représente l'âme qui est cachée dans l'homme, et le petit doigt, le corps, précisément parce que le corps est de peu d'importance, comparé à l'âme. Toute la main symbolise le Dieu tout-puissant, éternel et créateur, qui a fait l'homme et toutes les choses du ciel et de la terre.

L'exhortation prononcée en cette occasion est calculée pour produire une profonde impression. Elle commence ainsi : « Toute personne qui est assez impie, assez corrompue, et assez hostile à elle-même pour prêter un faux serment, ou ne pas tenir le serment juré, pèche comme si elle disait : « Si je fais un faux serment, que Dieu le Père,
» Dieu le Fils et Dieu le Saint-Esprit me punissent ! que la bonté pater-
» nelle, la grâce et la miséricorde de Dieu, le Père céleste qui m'a créé
» et toute l'humanité à son image, ne me profitent pas, et que, moi, comme
» pécheur endurci et transgresseur obstiné, je sois puni éternellement

» en enfer! » Cette exhortation qui est très longue, conclut ainsi : « Quand une personne prête un faux serment, c'est comme si elle disait : « Si » mon serment est faux, que tout ce que je possède en ce monde soit » maudit! maudits soient mon champ, ma terre, ma prairie ! que je ne » puisse jamais jouir de leurs fruits! maudits soient mon bétail, mes » bêtes, mes moutons, et que, dès ce jour, ils ne me donnent plus aucun » bénéfice! que je sois maudit en tout ce que j'entreprendrai ! » O homme! réfléchis sérieusement et vois quelle sentence sévère, terrible, prononce sur lui-même celui qui profère un faux serment. Un chrétien pieux doit être alarmé et trembler sur les conséquences auxquelles entraîne un parjure ; celui qui le commet s'éloigne de Dieu, s'exclut de ses bénédictions temporelles et éternelles, se sépare de la communion chrétienne, enfin il est perdu et damné, corps et âme. C'est pourquoi, un chrétien se gardera de prêter un faux serment ou de jurer légèrement, si le bon état et le salut de son âme lui sont chers. Que le Dieu tout-puissant nous l'accorde par son cher Fils, notre Seigneur Jésus-Christ. *Amen.* »

En courant le long du promontoire, on voit plusieurs vallées grandes et intéressantes; entre autres, celle du Saetersdal, où habite un peuple remarquable. Depuis la ville de Christiansand, qui a une population d'environ 12,000 âmes, une bonne route carrossable conduit un peu au delà de l'église de Valle, à 98 milles environ de la ville; après quoi, un sentier mène à 23 milles plus loin, près de l'église de Bykle, d'où un autre s'étend jusqu'à la grande route de Thelemarken ou de Stavanger.

Une particularité qu'il est bon de remarquer dans les vallées de la partie la plus méridionale de la Norvège, c'est qu'elles courent du nord au sud. En été, on peut faire la route du Saetersdal en partie par eau, sur de petits steamers qui parcourent les lacs de Kyle et de Bygland, au bout desquels on trouve des abris confortables pour la nuit. Le touriste qui explore cette vallée peut se préparer à des déboires. La nourriture et les commodités de la vie y sont de la sorte la plus ordinaire, et des légions de puces, de l'espèce la plus vorace, empêcheront de dormir celui qui a la peau sensible. Les gens du Saetersdal ont la réputation d'être extraordinairement sales; mais je ne les ai pas trouvés pires que ceux d'autres districts montagneux. Ils se ressemblent en malpropreté, quoiqu'il y ait des exceptions. Souvent ils dorment enveloppés dans des peaux de mouton sans le moindre vêtement sur eux.

Les hommes du Saetersdal sont les plus grands et les plus forts

Costumes de Saetersdal.

de la Norvège, et, je crois, de toute la péninsule. J'ai lu dans une des publications annuelles de la Turistförening, que la taille moyenne des hommes, prise par un gentleman, à Osstad, lorsqu'ils sortaient de l'église, était de cinq pieds dix pouces. Leur costume est très particulier. Les hommes portent des pantalons qui montent jusqu'aux aisselles, et une veste courte agrémentée d'ornements d'argent. Les femmes ont les robes les plus courtes de la Norvège; leurs jupes de laine bleu foncé, ornées au bord de rubans de couleurs voyantes, atteignant juste au-dessous du genou, laissent généralement voir leurs jarretières qui consistent en rubans de laine de couleur éclatante. Ce costume leur permet d'étaler avec avantage leurs mollets bien formés, dont elles sont très fières. Il ne faut pas que le

Femme du Saetersdal.

spectateur se montre trop prude lorsqu'elles se penchent en avant pour faire la cuisine ou autre besogne ; car il verra souvent plus haut que la jarretière. Les robes de femmes sont garnies de beaucoup d'ornements en argent; de grandes broches de forme particulière en retiennent le haut, et quelquefois elles ceignent leur taille de ceintures de cuivre d'un beau travail.

Ici, comme en Thelemarken, on voit de vieilles maisons avec des piazzas, dont quelques-unes ont dans le toit le trou primitif pour laisser échapper la fumée. On trouve ici encore le « stabbur » (décrit dans ce même volume page 476) structure de forme particulière. A Osse, il y en a deux avec des chambranles sculptés et des croix au-dessus, qu'aux temps anciens on croyait être une protection contre les sorcières.

Les habitants du Saetersdal, sous bien des rapports, diffèrent des Norvégiens en disposition et en caractère. Ils sont tous querelleurs lorsqu'ils ont absorbé trop de boisson et se servent volontiers du couteau. Je ne connais point d'autre partie de la Norvège où les gens soient aussi adonnés aux liqueurs fortes ; mais je dois dire que, toutes les fois que je me suis trouvé au milieu d'eux, ils m'ont traité amicalement, et que beaucoup sont exempts du vice d'intempérance.

A Valle, je m'arrêtai à une ferme appartenant à mon homonyme Paul Paulsen. Il ne comprenait pas comment je pouvais parler le Norvégien et s'obstina à soutenir que, si je n'étais pas un de ses concitoyens, mon père en était un. Lorsqu'il me demanda mon nom, je lui répondis : « Paul. — Votre père s'appelait-il aussi Paul ? » Sur ma réponse affirmative, le bon garçon s'écria : « Alors vous vous appelez Paul Paulsen (fils de Paul), et certainement vous êtes un Norsk (Norvégien). »

De Saetersdal, je continuai ma route à travers les montagnes vers Thelemarken.

CHAPITRE XXXV

Thelemarken. — Un beau type de peuple. — Costumes. — Mécomptes en voyage. — Une chambre dans une vieille ferme. — Entrées dans Thelemarken. — Le Bandaks-Vand. — Mines d'argent de Kongsberg. — La ferme de Bolkesio. — Un riche fermier. — Maison intéressante à Bolkesio. — Le lac Tin. — La Riukandfoss. — Le lac Silgiord. — Ma première connaissance avec le Silgiord. — Je suis les troupeaux de bétail. — Réception de mes amis de Thelemarken.

Thelemarken est une des provinces les plus caractérisques de la Norvège; c'est toujours avec plaisir que j'ai parcouru ses vallées et que je me suis mêlé à ses habitants. Ceux-ci sont grands, bien bâtis, à l'air intelligent, et me rappellent les Dalécarliens de la Suède.

La province est divisée en supérieure et en inférieure. Dans la Thelemarken inférieure, comme dans le Saetersdal, les hommes portent des pantalons qui montent jusque sous les bras, mais de nuance foncée et de forme différente, et un gilet très court et bizarre de coupe, sur lequel ils mettent une jaquette blanche de forme encore plus étrange ; les boutons sont d'argent, et le tout est loin d'être gracieux. Les femmes sont vêtues en vadmal épais et foncé; leurs robes descendent plus bas que celles du Saetersdal, mais leurs jupons sont également bordés de larges rubans voyants; le corsage paraît tout particulier; c'est un corset bas avec lanières traversant les épaules, sur lesquelles saillit la chemise très montante et à longues manches ; lorsqu'elles sortent, elles ajoutent habituellement à cette tenue une sorte de jaquette flottante. A l'église, ou en d'autres occasions solennelles, elles portent des gants et des bas en drap brodé de fleurs éclatantes ; la coiffure consiste en un mouchoir de soie arrangé en turban, avec les bouts tombant derrière sur la taille.

Un fort mécompte, lorsqu'on voyage en cette province, c'est la

Stabbur

pauvre nourriture que l'on sert aux stations ; les aliments y sont du genre le plus commun et peu appétissants pour celui qui n'y est point accoutumé. Les vallées sont très irrégulières en toute direction, et la plupart des moyens de communication ont lieu par de simples routes de paroisse qui mènent à des endroits écartés et à d'anciennes fermes.

Parmi les styles de construction les plus caractéristiques de ces vieilles fermes, il faut citer le stabbur, où l'on conserve généralement les hardes et les provisions de la famille. Dans la maison d'habitation, on voit des chambres originales où sont de vieux bois de lits auxquels on monte par un degré élevé ; des tablettes sur lesquelles on garde la Bible ou quelque livre sacré ; des buffets renfermant des cafetières, des pots, en vieille porcelaine ; çà et là, des inscriptions bibliques, et d'anciennes chaises faites d'un seul bloc de bois.

Le voyageur entre dans Thelemarken soit par eau, par les fiords Eidanger, à Skien, et de là par canal à Nordsjö, ou par terre de Christiania, par Drammen et Kongsberg. Du nord, une magnifique grand'route de Odde sur le Norvanger, traverse jusqu'à Röldal ; sa plus grande élévation atteint 3,500 pieds au-dessus du niveau de la mer ; puis de l'Haukelid, on descend vers Silgiord. Une autre route s'embranche au sud par le Bandaks-Vand, sur les bords duquel est situé le hameau de Laurdal, où, en contraste avec le district sauvage de la Thelemarken supérieure, l'on voit de grands ormes, des tilleuls, des trembles, des frênes, des aunes et des sycomores ; le pommier, le cerisier, le noyer, — le dernier peu commun en Norvège, — sont ici chargés de fruits. Dans les champs, ils sont taillés de manière que leur ombre ne puisse retarder la croissance des récoltes. Le lac se trouve à 210 pieds au-dessus de la mer, et Laurdal est un endroit bien protégé.

Le lac Bandaks a une longueur de 30 milles, mais à peine un mille de largeur ; la scène est sauvage et l'eau d'un vert olive foncé ; les montagnes voisines portent des pins et des sapins jusqu'à leurs cimes. Depuis le lac, à travers une série d'autres lacs, on peut arriver à la mer, à l'exception d'un trajet en voiture de 14 milles, de Straengen à Ulefos.

Une année, vers la mi-août, je me trouvais à Kongsberg, qui a une population de 5,000 âmes et est bâtie sur les bords de la Laogen, à 500 pieds au-dessus de la mer. Cette ville est célèbre par ses mines d'argent, dont la plus productive est la Kongens-Grube, qui atteint déjà une profondeur de 1800 pieds.

En quittant Kongsberg, une course de 20 milles me conduisit à une forêt, sur un plateau élevé de 1700 pieds au-dessus de la mer. Je descendais un ravin à travers un bois sombre, lorsque tout à coup s'offrit à ma vue la ferme de Bolkesiö, à 1240 pieds au-dessus du niveau de la mer. Je ne connais pas en Norvège de ferme aussi pittoresquement située et avec un paysage aussi particulièrement superbe. Elle est comme nichée dans des collines couvertes de sapins dont la sombre couleur contraste avec les vertes prairies et les champs qui l'entourent. Le lieu est en partie enfermé dans des montagnes stériles sur lesquelles apparaissent des taches de neige. On remarque ici, dans une vallée agreste, deux lacs qui, en apparence, se recouvrent l'un l'autre : le Bolke, de forme triangulaire, à 1000 pieds, et, un peu plus loin, le Tol, à 690 pieds au-dessus de la mer. Partout de petits courants d'eau claire ruissellent sur les rampes des collines, remplissant l'air du doux murmure de leurs ondes.

Ole Gulliksen Bolkesiö, le propriétaire du lieu, appartenait à l'une de ces vieilles familles norvégiennes dont la généalogie se perd dans les siècles passés. Il possédait, dit-on, plus d'un quart de million de dollars ; c'était le vrai type du bonde travaillant dans les champs comme le dernier ouvrier de sa ferme.

La *stue,* ou maison, était à l'unisson des environs ; elle avait un étage ; dans la salle commune, au rez-de-chaussée, on voyait gravé dans le bois, 1778 (date de la l'achèvement du bâtiment) et « Soli Deo Gloria ». Dans la chambre du premier étage, deux lits, semblables à des coques de navire, avaient été établis le long des murs ; l'intérieur était peint en bleu et on avait orné l'extérieur de fleurs tirant l'œil. Par les inscriptions en vieux norvégien, on pouvait voir sur-le-champ les sentiments religieux du constructeur. Sur l'un était écrit en mauvaise orthographe : « Dieu veuille donner de la race à toutes les bonnes créatures ! » Dans une autre partie, on lisait : « On hérite des maisons et des biens des parents, mais une femme sensible vient du Seigneur. » Ailleurs encore : « Confiance en Dieu ! » Je fus incapable de traduire le reste. Dans un coin, il y avait un cabinet avec les lettres O. E. S. B. et dessous : 1797.

A 17 milles environ à l'ouest de Bolkesiö, on atteint le bout du lac Tin, sur les eaux duquel navigue un petit steamer. Les rives du lac sont absolument norvégiennes, avec leurs montagnes couvertes de forêts jusqu'à leur sommet. Vers le nord, sur la rive occidentale, on entre dans une partie du lac appelée Vestfiord, courant à l'est et à l'ouest ; la scène augmente de beauté et le paysage rappelle Hardanger. De ce fiord, une belle vallée étroite, la Vestfiorddal, a sur sa gauche Gaustad, qui est élevé de 6,000 pieds. Elle est célèbre par la Riukandfoss, une des plus hautes et des plus belles chutes d'eau de la Norvège, qui se trouve à son extrémité. La vallée finit abruptement ; elle est fermée par des murs gigantesques ; mais on aperçoit l'embrun des eaux turbulentes longtemps avant d'atteindre la chute.

La Riukandfoss (chute d'eau fumante) se précipite dans un abime d'une hauteur de 780 pieds du haut d'un récif perpendiculaire au plateau. Elle est formée par la rivière Maan, qui prend naissance dans le Mjös-Vand. La vue est effrayante quand l'œil cherche à suivre le torrent au milieu du rugissement de ses eaux; ce lieu est vraiment fascinant!

En quittant la Riukandfoss, je me dirigeai vers le lac Silgiord, partie charmante de la Thelemarken inférieure. A son extrémité supérieure sont les vallées de Morgedal, Flatdal et Grundingsdal, qui abondent en très jolies scènes montagneuses.

L'une des régions les plus fertiles de la Thelemarken inférieure est au sud du lac Silgiord, dans la vallée où son déversoir prend sa route vers Noddsiö. Des deux côtés du courant, sur les collines dominant le vallon plat dans lequel circule la rivière, on aperçoit de nombreuses fermes, avec de grandes maisons et des hangars qui donnent une belle idée de l'aisance des fermiers de Thelemarken. Ce district est connu sous le nom de Bö.

Voici de quelle manière j'allai la première fois à Silgiord : j'avais fait sur les saeters de la Thelemarken supérieure, connaissance avec beaucoup de bönder, qui, pendant l'été, y avaient amené paître leur bétail; quand vint la fin de la saison, je descendis des montagnes avec eux, suivant les chevaux et le bétail, dans l'intention de les accompagner à la foire aux chevaux de Silgiord et à l'exposition de bétail qui allait avoir lieu à Skien quelques jours après. Nous fûmes rejoints par les troupeaux appartenant aux fermiers, et enfin nous comptâmes plusieurs centaines de têtes de bétail et beaucoup de chevaux. A la brune, nous voulûmes faire halte aux endroits spéciaux bâtis dans ce but, et où les animaux furent parqués pour la nuit. Dans le cortège, il y avait aussi des chariots chargés des produits des laiteries.

Grâce à l'obligeance d'un ami de Christiania, j'avais fait retenir à Silgiord des chambres pour mes amis et moi, dans un magasin de la localité qui était en même temps une auberge. Il avait essayé de m'obtenir des quartiers dans quelques fermes; mais tous les fermiers s'étaient excusés en disant qu'ils seraient honteux de recevoir un étranger dans leurs modestes demeures. Dans ma route, j'avais fait des amis et je les invitai à demeurer avec moi pendant la foire; ils acceptèrent avec plaisir, et me déclarèrent un très bon garçon. Quand je fis mon apparition avec mes bönder, dans leur étrange costume de Thelemarken, l'hôtelier me fit des reproches : il croyait, dit-il que la chambre avait été retenue pour des gentlemen et leurs femmes. Je répondis que cela importait peu, que ces messieurs étaient des bönder honorables, loyaux et bien connus dans le district. Je commandai un dîner pour douze personnes ; mais il répondit qu'il ne pouvait me recevoir, qu'il n'avait pas de quoi nous donner à manger, point de pain, etc.

A la fin, il m'ennuya et je me fâchai ; je lui dis que tout cela n'avait

Intérieur d'une chambre en Thelemarken.

pas le sens commun ; qu'un bon et honnête fermier, même s'il portait un costume de paysan, valait tout autre individu. La plupart de ceux qui m'accompagnaient avaient des cheveux gris et appartenaient aux meilleures classes de bönder. Les chambres avaient été retenues pour moi et j'insistai pour qu'il me les livrât afin d'y traiter mes amis. J'ajoutai que, s'il refusait, je relaterais ses procédés dans les papiers publics. Il se radoucit alors, mais de mauvaise grâce, et ne nous donna jamais assez à manger, outre qu'il demanda des prix exorbitants. Le bruit de cette altercation ne tarda pas à se répandre parmi tous les bönder, chez lesquels je devins très populaire. Depuis lors, j'ai passé de bons moments au milieu de mes amis de Thelemarken.

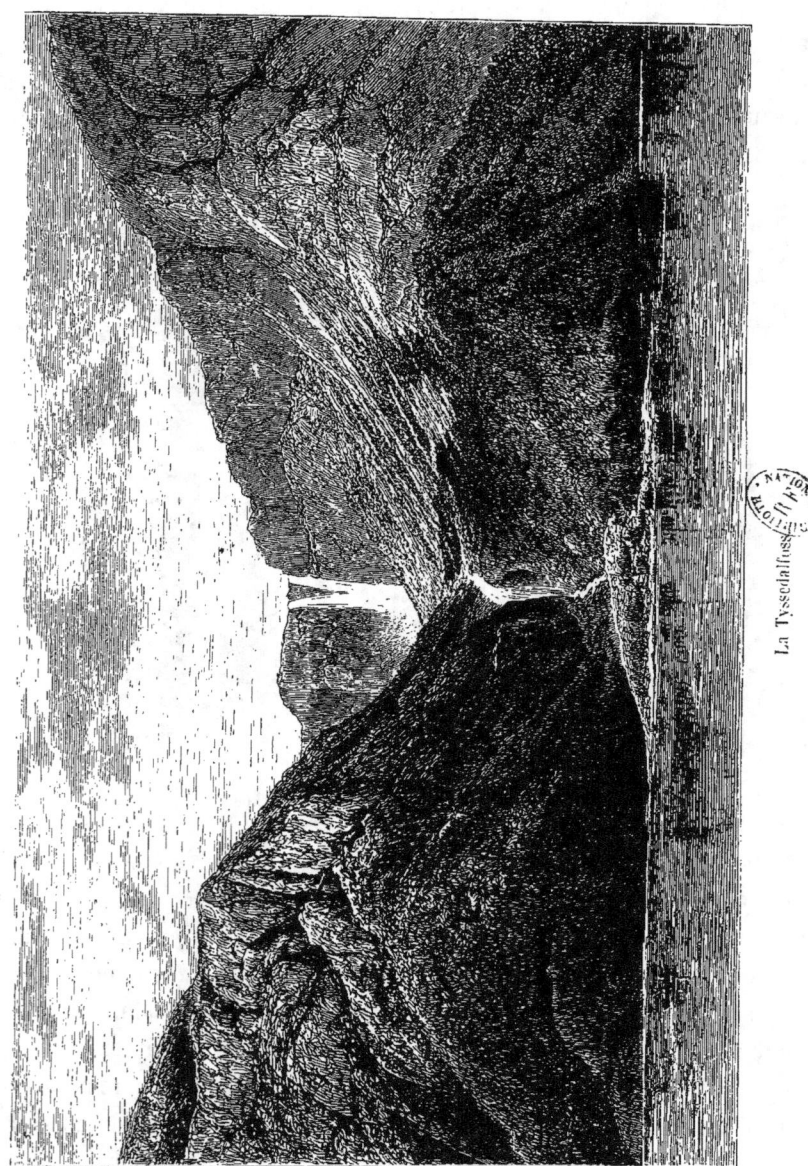

La Tyssedalfossen

CHAPITRE XXXVI

Thelemarken supérieure. — Mjös-Vand. — Superbe truite. — Un étrange docteur. — Charme des voyages à pied. — Popularité du rifle Remington. — Totak-Vand. — Costume de la Thelemarken supérieure. — Vieux bâtiments. — Église de Raudland. — Légende du cheval brun de Furnaes. — Ferme de Raudland. — Ferme de Berge. — Manière primitive de faire la cour.

La Thelemarken supérieure est riche en paysages sombres et lugubres dans ses vallées profondes, et ses montagnes sont parsemées de nombreux lacs. Le chasseur erre dans ses forêts en quête de gibier et de rennes sauvages ; le pêcheur trouve dans ses cours d'eau et dans ses lacs des truites qui lui mettent la joie au cœur.

Le lac Mjös-Vand est situé à quelques milles de la Riukandfoss. Un sentier montagneux, partant du plateau qui surmonte la chute, passe par une région herbeuse, sur laquelle sont disséminés beaucoup de saeters. Mjös-Vand est à 2830 pieds au-dessus de la mer; il a une longueur de 27 milles. Ses bords sont très irréguliers; son extrémité méridionale se divise en deux longues branches étroites, tandis que, vers le nord, il se termine au milieu de la scène la plus sauvage. A une courte distance de l'église d'Aamotsdal, la bonne route fait place à un chemin très raboteux, sur lequel cependant peut passer un chariot et qui mène à l'extrémité inférieure du lac, appelé Kromviken, route que j'ai souvent prise. Les bords, en bien des endroits, sont parsemés de grands espaces appelés *myr* (marécage) qui offrent du danger ; car souvent ils ne sont couverts que d'une mince croûte d'un sol herbeux trop faible pour supporter le poids d'un homme.

Une ferme apparaît çà et là, datant presque des âges préhistoriques. Tout près de la ferme de Hovden, on a construit une école et une chapelle neuve dans laquelle on célèbre le service divin quelques fois par an. La plupart des saeters appartiennent à des fermiers voisins qui en tirent un modeste revenu en les amodiant. J'ai passé bien de jours agréables chez les gens de cette région solitaire.

Les amusements ne sont pas nombreux ; la danse dans les fermes tient le premier rang. Par occasion, ils font une débouche de brænvin. Quand l'un d'eux va à la ville, tous se cotisent et fournissent une certaine somme pour acheter le liquide qui est mis dans un petit baril ; le partage se fait à la ferme. Je me souviens qu'une fois en rentrant à la maison, le fermier me dit : « Paul, le docteur Dunk est venu ! » C'est le nom qu'ils donnent au baril. Ne sachant pas ce que cela signifiait, je répondis : « J'en suis heureux. Est-il allé chasser dans les montagnes ? » Il s'aperçut de ma méprise, mais ne répliqua pas. Le soir, je lui dis : « Où donc est le docteur Dunk ? je trouve étrange qu'il ne soit pas encore rentré. » D'un ton confidentiel, il murmura : « Le docteur est ici ; » et, me conduisant dans une petite chambre, il ajouta : « Le voici, regardez. » Je dirigeai mes yeux vers le point indiqué et j'aperçus le baril ; il continua en riant : « C'est le docteur Dunk ; quand il arrive chez nous, qui vivons dans les montagnes, il est toujours le bienvenu, car il rend nos cœurs joyeux. » Puis la fête commence ; les fermiers s'assemblent et ne quittent pas la place avant que le fût ne soit vide, et chacun boit sa part. Mais, le lendemain matin, un violent mal de tête ne manque pas de faire son apparition, et le fermier dit : « Paul, le docteur Dunk n'est pas si aimable le lendemain que le jour de son arrivée chez nous. »

L'un des grands charmes du voyage en cette contrée, c'est de la parcourir à pied, de quitter la grande route, de suivre les sentiers qui conduisent aux passes des montagnes, d'où l'on obtient des vues dont on ne peut se faire idée sur les routes.

Je connais peu de lacs où la truite soit aussi abondante que

La Rinkandfoss.

dans celui de Mjös-Vand. A peine existe-t-il en Norvège une rivière aux eaux claires ou un lac où l'on ne trouve pas ce poisson. Il n'y en a réellement que deux variétés, le *salmo eriox* et le *salmo alpinus*, ou truite alpine. Dans certains lacs, spécialement dans ceux de la Thelemarken supérieure, la première atteint une très grande taille ; j'en ai vu beaucoup pesant de 6 à 12 livres, et, dans des cas rares, jusqu'à 20. Ces deux variétés fréquentent les rivières et les lacs ; cependant, on ne trouve la dernière qu'au nord. En septembre et au commencement d'octobre, elles remontent les rivières pour frayer et on les prend en grand nombre dans des filets ; on les sale pour l'hiver. Ce poisson a une saveur des plus agréables, et sa chair est d'une belle couleur rose ; les fermiers font souvent cuire le frai dans de la crème : c'est un mets délicieux.

Le chasseur et le pêcheur doivent savoir où aller. Il y a dans les montagnes des lacs et des rivières qui foisonnent de truites.

J'ai vu des centaines, des milliers même, de rennes sauvages réunis ; mais il faut une grande habileté pour les approcher. On est des semaines sans en voir un, et le succès dépend de la direction du vent. Le renne marche toujours contre le vent, et, s'il se produit un changement dans son cours, il disparaît aussitôt. Rien ne m'offrait plus de plaisir que de m'en aller seul, avec mon Remington, arme légère et splendide, à la recherche de ces animaux. Ce rifle est très populaire chez les Norvégiens, qui semblent le préférer à tout autre.

De Mjös-Vand, un sentier conduit au lac Totak, 2170 pieds au-dessus de la mer ; il a environ 17 milles de long et il est le plus large à son extrémité du sud-est. Ses fiords profonds pénètrent comme des baies dans les sombres montagnes, dont quelques-unes s'élèvent à 3000 pieds au-dessus de la mer ; le contraste de l'eau d'un vert foncé avec les rochers produit un effet aussi étrange que sombre. Le costume de la Thelemarken supérieure est moins grotesque que celui de la partie inférieure de la province. Le vêtement des hommes est une jaquette d'un bleu foncé ou noire, un gilet avec boutons d'argent, et un pantalon de même étoffe. Les femmes se mettent sur la tête un mouchoir qu'elles disposent d'une façon particulière et ont un jupon foncé.

Maint bâtiment de ferme est très vieux ; il en est qui sont occupés par les descendants de familles qui y vécurent longtemps avant l'époque de la peste (1350) et qui furent épargnées par le fléau, lequel parcourut le pays comme l'ange de la mort. On raconte de touchantes légendes sur cette époque terrifiante, alors que la population de districts entiers fut détruite.

Cette peste qui désola l'Europe, dépeupla les districts de la Suède et de la Norvège; il y a une tradition qui prétend que, dans la province de Vermland, l'épidémie ne laissa en vie qu'un homme et une femme. Le fléau apparut aussi en Islande et en Greenland (Groënland); comme il ne reste aucun souvenir des florissantes colonies de ce dernier pays, on suppose que la population entière en fut détruite alors.

L'église de Raudland est fort ancienne. Quand je quittai le cimetière, j'arrivai à une excavation qui me parut singulière. C'était le lieu que la tradition assigne comme sépulture au *Den brune Furnaes hest* (le cheval brun de Fornaes), qui forme le sujet d'une légende des jours de la *Sorte död* (peste noire). Le montagnard qui m'accompagnait devint extrêmement sérieux quand il me raconta l'histoire du noble animal ainsi qu'il suit :

La peste noire atteignit la Norvège en 1349 et 1350, visita ses régions montagneuses les plus sauvages, et pénétra jusqu'aux districts les plus lointains. En beaucoup d'endroits, les habitants des hameaux et des fermes périrent, et personne ne resta pour raconter l'histoire. Le fléau vint aussi en Thelemarken et passa comme une avalanche sur Raudland et Mjös-Vand. Sur la rive du dernier, en face du Hovden, se trouvait la ferme de Fornaes, à laquelle le fameux cheval appartenait. A cette époque, il n'y avait point d'église à Hovden, ni de cimetière; les gens devaient aller prier et se faire enterrer à Raudland. Tous les jours, pendant que la peste fit rage, le cheval vint au cimetière apportant les corps des décédés; au bout de quelque temps, il connut si bien le chemin, qu'il n'eut plus besoin d'être guidé. Bientôt personne n'eut plus la force de le suivre; mais quand le traîneau avait été chargé de cadavres, il allait de lui-même à Raudland, et, dès que les gens chargés du service du cimetière avaient accompli les rites funéraires, l'intelligent animal reprenait tout seul le chemin de son domicile. Ce fidèle serviteur n'avait point de repos; car, dès qu'il était revenu à Mjös-Vand, il fallait de nouveau emmener d'autres cadavres ; souvent il était si fatigué, qu'il chancelait dans la neige où il enfonçait et avait à peine la force de s'en tirer. Quand la neige était durcie, il allait et venait promptement ; s'il faisait doux, il fallait qu'il marchât lentement. Enfin le moment arriva où tous les gens de Mjös-Vand furent morts, un seul excepté. La peste l'attaqua aussi ; se sachant perdu, il mit des fers à glace au cheval, le harnacha, s'attacha lui-même avec une corde sur le traîneau, et mourut. Le cheval emmena lentement le dernier habitant de Mjös-Vand vers le cimetière de Raudland ; mais, en route, lorsqu'il eut atteint Falkeriset, à 3040 pieds au-dessus du niveau de la mer, la plus haute colline entre Mjös-Vand et Raudland, il perdit un de ses fers. Sentant qu'il ne pourrait aller plus loin parce qu'il enfonçait de plus en plus dans la neige, il poussa un hennissement formidable, comme pour appeler à l'aide. Les gens de Raudland l'entendirent, lui apportèrent un autre fer, et il put continuer sa route. Quand le corps eut été enterré, le cheval entra dans le cimetière, alla sur les tombes de tous ceux qu'il avait amenés de Mjös-Vand et s'arrêta un peu devant chacune. Il avait fini son travail, les gens qu'il avait connus étaient tous inhumés là, personne n'avait plus besoin de ses services. Il s'en alla lentement, la tête basse, vers l'une des anfractuosités entre les moraines, un peu à l'est de l'église, et, là, brisant ses fers, il se laissa aller dans le trou, soupira et mourut. « On appelle encore cet endroit me dit le paysan, en me désignant la crevasse, *heste dokken* (le trou du cheval), et on se souvient encore chez nous de *Furnaes brune ;* ce fut un noble cheval, et nous aimons raconter cette histoire à nos enfants comme nos pères nous l'ont racontée, afin que son nom passe aux générations futures. Oui, ajouta-t-il, ce fut un triste temps pour la Norvège ; à Odefield, à l'autre extrémité du lac, il ne resta qu'une femme mariée.

Le presbytère n'était pas à une grande distance ; le pasteur avait encore la charge de deux autres églises, dont l'une était celle de Mjös-Vand, où il officiait six fois par an. Il était quelque peu poète et avait publié des hymnes ; il était franc dans ses manières, libéral dans ses vues, et vraiment hospitalier.

L'église luthérienne est l'église nationale de la Suède et de la Norvège; ce n'est que depuis peu que d'autres sectes ont été autorisées à bâtir des maisons d'adoration; cependant, même aujourd'hui, certains offices ne peuvent être célébrés que par des luthériens.

Non loin de l'église est située l'ancienne ferme de Raudland, avec un stabbur que l'on dit avoir été construit vers l'an 1000. Près du bord, est la ferme de Berge, embrassant huit bâtiments — la maison d'habitation est un type de l'architecture de Thelemarken. A gauche de l'entrée, il y avait une chambre de 20 pieds carrés environ, avec la cheminée habituelle dans un coin, meublée d'une grande table peinte en rouge, d'un banc de bois et de quelques chaises de formes bizarres, faites chacune d'un tronc d'arbre; les fenêtres consistaient en petites vitres de verre. Dans deux coins de la chambre, on avait construit des lits qui ressemblaient à des coques de navire; ces lits étaient peints en couleurs vives et ils atteignaient presque le plafond, qui avait 8 pieds de haut. Un buffet colorié comme les lits, aussi haut que la chambre et scellé au mur, contenait des assiettes, des verres, des cuillers, etc. Trois fenêtres, dont deux ornées de pots de fleurs, donnaient un jour suffisant. Le plancher était sale, car on ne le lavait que tous les samedis et les gens y entraient sans cesse avec les souliers crottés. En face de la maison d'habitation se trouvait le stabbur, datant sans doute de plus de cinq cents ans; mais j'ai vu des maisons de bois beaucoup plus vieilles dans diverses parties de la Norvège. La planche de la page 476 donne une juste idée d'un stabbur. Je montai par une échelle rapide à l'étage supérieur et j'entrai dans la chambre après avoir fait tourner dans la serrure une énorme clef; la porte tournait sur des gonds d'une forme étrange, et le jour n'arrivait dans la pièce que par une ouverture fantastique de la piazza. Cette chambre sombre sentait le moyen âge, car tout y paraissait vieux et très bizarre; les principaux objets étaient d'énormes armoires portant les noms de leurs propriétaires; chacune des trois filles de Rickard, le maître de l'endroit, avait son armoire marquée de son nom, et dont le contenu devait former une part importante de sa dot, sous forme de hardes, vêtements et bijoux. Sur des traverses pendaient quatorze peaux de mouton blanches comme la neige; plusieurs nappes avec des ouvrages de fantaisie au crochet à chaque bout, et des couvertures de couleurs bariolées de Vossevangen, étaient disposées autour de la chambre. Il y avait un lit où dormaient autrefois le mari et la femme ; mais, depuis que les filles avaient grandi, toutes occupaient leurs chambres dans la maison précédemment décrite. La chambre du bas contenait de grands casiers à grain placés l'un à côté de l'autre ; de plus, des provisions de mouton et de lard salé, des sacs de farine et des paniers de laine, dont une partie était cardée. Rickard et sa femme Sigrid se montraient hospitaliers au suprême degré, et Torbiör, Sigrid et Ingeborg, leurs filles, étaient des modèles de prospérité. Je me souviendrai longtemps des belles journées que j'ai passées à Berge.

Parmi les anciennes coutumes de la population rurale qui règnent encore sur bien des points de la contrée, il faut compter celle appelée *frieri*, qui signifie en réalité « faire la cour ». J'ai eu occasion d'en être témoin et quelquefois je m'en suis beaucoup amusé.

Le samedi, les parents qui veulent avoir une nuit de bon repos et ne pas être éveillés par des cognements incessants, laissent leurs portes ouvertes ; car, s'ils ont beaucoup de filles, ils peuvent être sûrs qu'elles auront aussi beaucoup de visiteurs. Les demoiselles demeurent souvent fort loin ; conséquemment les amoureux ont à faire des milles, et parfois par des nuits obscures, sur la neige et sur des lacs glacés, ou par des sentiers dangereux quand le temps est très froid ; mais rien ne semble arrêter leur détermination, si ce n'est une pluie battante. Il est généralement convenu que l'heure de l'arrivée ne doit sonner que quand les vieux se sont retirés.

Un étranger peut à peine croire à cette absence d'artifice dans bien des districts, et il lui est difficile de la comprendre. Quand je revenais fatigué et mouillé de la chasse, ou d'une excursion dans la montagne, ou de la ferme d'un ami, l'un des membres féminins de la famille me mettait au lit comme si j'eusse été un enfant, et bordait ma couverture en me recommandant de bien dormir et en me souhaitant « une bonne nuit ». Le lendemain matin de bonne heure, quand j'étais encore au lit, la mère ou la fille m'apportait une tasse de café.

CHAPITRE XXXVII

Songadal. — Un orage dans les montagnes. — Chevaux solitaires. — J'arrive à un sæter. — Course dans la montagne. — Arrivée à Baerunuten. — L'approche de l'hiver. — De Grungedal à Haukelid fields. — Le lac Stad. — Le sæter Haukelid. — Une tempête de neige. — Knut Biörgufsen. — Ferme de Havredal. — Le Havredal. — Une fête à Havredal. — Sur la route de Röldal. — Bienvenue à Röldal. — A travers le Hardanger.

L'aspect du paysage, à l'extrémité supérieure du lac Totak, produit une profonde impression, car Raudland fields s'élève de 2840 pieds au-dessus de ses eaux d'un vert foncé. D'ici, l'étroit Songadal, dans un endroit entièrement bloqué par des rochers immenses, prend sa route dans la direction du nord-ouest. Pendant que j'errais seul pour m'approcher du lac Songa, dans l'intention d'atteindre la ferme montagneuse de Baerunuten, je fus surpris par un orage épouvantable. La pluie était froide et le vent soufflait presque en tempête; le brouillard devenait si épais que je ne pouvais plus reconnaître les contours des montagnes qui me servaient de guide, et je perdis mon chemin. Tout en marchant et en essayant de retrouver le sentier, j'arrivai à un sæter où logeaient deux hommes de Thelemarken inférieure, qui gardaient du bétail.

J'en fus ravi, car il se faisait tard. C'étaient de vieilles connaissances. Grand fut leur étonnement lorsque j'entrai dans la hutte ; ils firent de leur mieux pour me bien accueillir, jetèrent du bois sur le feu et me donnèrent de grand cœur leur nourriture ordinaire. Kittel, excellent garçon, me dit en plaisantant : « Ami Paul, ceci est l'hôtel royal. » Nous en rîmes beaucoup, car le lieu n'était guère appétissant.

De la paille malpropre étalée par terre nous servit de lit, et les peaux de mouton étaient loin d'être appétissantes. Ils s'excusèrent du pauvre logement qu'ils avaient à m'offrir et me dirent que, s'il n'avait pas été si tard, ils m'auraient conduit à un saeter tenu par des filles. « Car vous savez, Paul, ajoutèrent-ils, que ces saeters sont beaucoup plus propres que ceux des hommes. »

Le lendemain, le temps s'étant remis au beau, je dis adieu à mes amis et je continuai ma chasse tout seul, le district m'étant bien connu. Tout en marchant, je fus saisi de crainte en entendant un lourd piétinement ; c'était un groupe de onze chevaux qui paraissaient enchantés de voir un homme et qui arrivaient sur moi en gambadant et en se rémoussant ; ils appartenaient à différents saeters où on les avait laissés brouter durant l'été. Pendant une de mes excursions, la brune était venue quand j'arrivai à un saeter, simple hutte en pierre, dans laquelle j'aperçus, à travers les fentes de la porte, la lumière d'un feu qui flambait, et j'entendis des sons de voix. Je frappai en disant :

— Ne voulez-vous pas ouvrir la porte à l'étranger ?

Aussitôt on tira le verrou de bois, qui servait à empêcher le bétail d'entrer dans la hutte, et je vis deux femmes, une jeune fille d'environ vingt ans et l'autre plus âgée. La hutte me parut propre ; un lit était perché très haut et, sur un côté, on avait établi un foyer ; sur des planches, on voyait des vases contenant du lait. La comparaison de ces femmes avec celles que j'avais rencontrées dans les saeters de Hardanger ne leur était favorable ni en aspect, ni en propreté. Ce saeter avait vingt-six vaches laitières, vingt têtes de bétail et deux chevaux. Il était situé sur la rive d'un cours d'eau, le Valasiŏ, qui se jette dans la Songa-Vand.

Le trajet vers le nord sur le Sauerflot me parut charmant, car le plateau ondulait, le sol était ferme sous les pieds, et les marais solides par suite de la sécheresse de l'été. On avait placé à de courtes distances des blocs de pierre hauts de plusieurs pieds, presque en vue l'un de l'autre, pour indiquer le chemin, et le pays était entièrement couvert de lichen.

Non loin de Songa-Vand se trouve la ferme solitaire de Baerunuten, où je fus reçu avec beaucoup de bonté par la famille.

Des coups de vent froids et soudains m'avertirent que, dans les régions supérieures, l'hiver arrivait. De Baerunuten, j'allai dans Grungedal, et j'arrivai à la superbe grande route qui va de Hardanger à Christiania, avec l'intention de traverser les Haukelid fields jusqu'à Röldal, et d'aller de là à Odde.

L'obscurité pendant la nuit, dans les vallées ombragées par les montagnes, est si intense avant que la neige couvre le sol et quand le ciel est couvert, que souvent on ne distingue pas à deux pas de soi ; il m'est arrivé bien des fois, après avoir fait quelques pas hors d'une porte, de ne plus pouvoir la retrouver, et j'éprouvais la même sensation de frayeur que celle que j'avais ressentie pendant une aveuglante tempête de neige.

De Grungedal, pauvre district avec quelques fermes, la route monte graduellement aux Haukelid fields, en côtoyant maints lacs solitaires. Sur les bords de la Vaagslid-Vand, on voit la confortable ferme de Botnen, et, plus loin, celle de Vaagslid. Le lac le plus élevé et le dernier sur la route est celui de Staa, à 3010 pieds au-dessus de la mer ; là finissait la route, qui est en voie de construction ; les ouvriers étaient retournés chez eux ; car, en cette saison avancée de l'année, on suspend les travaux.

Sur les bords de la Staa-Vand est situé le saeter Haukelid, qui est maintenant une confortable maison que le gouvernement a fait construire pour la commodité des voyageurs. J'atteignis l'endroit juste à temps pour échapper à une tempête de neige qui dura toute la nuit et une partie de la matinée suivante. Nous étions au dernier jour de septembre, et, l'année précédente, au même lieu, j'avais eu un temps semblable ; la difficulté que j'avais éprouvée pour traverser les montagnes avec mes amis de Röldal me revint en mémoire ; car nous dûmes piétiner dans la neige nouvellement tombée, enfonçant souvent jusqu'à la taille et tombant contre des rochers en partie cachés.

L'ami Knut Biörgufsen, qui avait alors la garde de l'endroit, me fit un accueil cordial : c'est un bon et honnête garçon, et sous son toit hospitalier le temps ne me parut pas long.

Quand le ciel se fut remis au beau, Knut me proposa de visiter la ferme de Havredal, sur le lac Bordal, à 2830 pieds au-dessus du niveau de la mer. J'acceptai sur-le-champ ; car Ole Ormsen, son propriétaire, était un de mes bons amis. Nous partîmes donc, et, après une bonne marche de 4 à 5 milles dans la direction de l'est, nous arrivâmes à la ferme.

En m'apercevant, Ole put à peine en croire ses yeux. Il apporta aussitôt une bouteille d'eau-de-vie dont il conservait une petite provision pour des occasions spéciales ; il but un *skal* en mon honneur et me souhaita la bienvenue à sa ferme ; une fête fut préparée et il était tard lorsque nous nous retirâmes. Knut et moi, nous eûmes la chambre des invités au premier étage, et nous dormîmes dans d'excellents lits. Après s'être consultés, Ole et Knut conclurent que, si je désirais traverser Röldal, je devais me hâter, car il pourrait se faire que la neige devînt trop épaisse ; tous deux voulurent m'accompagner. Après un autre jour de fête au saeter Haukelid, et après avoir vidé deux bouteilles du porto de Knut, le lendemain matin de bonne heure, par un ciel clair, nous partîmes pour Röldal, où nous arrivâmes avant le soir.

Le lac Röldal, à 1200 pieds au-dessus du niveau de la mer, est situé dans un enfoncement entouré de tous côtés par des montagnes. L'église est à son extrémité septentrionale et les fermes sont nombreuses sur ses bords. Ole et Knut se trouvaient là comme chez eux ; car, de même que moi, ils y avaient un grand nombre de bons amis. Mes camarades, qui m'avaient accompagné l'année précédente, me firent un accueil très cordial ; on répéta les mêmes fêtes que dans les autres fermes, à Rabbi, Hagen, Haugen, Yuvet et autres, et je dus raconter tout ce que j'avais fait depuis que je les avais quittés. Parmi nos amis, je citerai particulièrement le vieux Jacob, qui aimait à parler littérature et voyages, pendant que son gendre faisait des bottes ; il était toujours triste quand je le quittais et ne manquait jamais de dire : « Revenez bientôt, nous reprendrons l'entretien. »

La route de Röldal à Odde est très escarpée après que l'on a quitté le lac, et l'on traverse une région bouleversée, sauvage, dont le paysage fait les délices du spectateur; après une descente abrupte, on atteint Odde. Là, je vis que la partie intérieure du fiord de Hardanger était gelée sur un espace de deux ou trois milles et le steamer retenu par la glace le long du bord. L'hiver était venu.

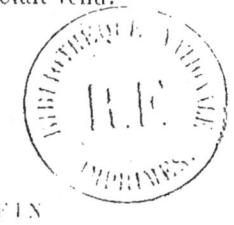

FIN

L'église de Hagby.

TABLE

A Robert Winthrop . . . .
Préface III

CHAPITRE PREMIER

Traits caractéristiques de la péninsule scandinave. 1

CHAPITRE II

De Londres à Göteborg. — Hospitalité native. — Un dîner suédois. — Mets étranges. — Voyage par chemin de fer en Suède. — Une salle à manger modèle. — Scène pittoresque. 4

CHAPITRE III

Stockholm. — Première impression. — Grande politesse. — Sociabilité du peuple. — Vie extérieure. — Charmantes dames. — Longs crépuscules. — Parcs. — Magnifiques faubourgs. — Dimanche. — Un établissement d'instruction. — Institutions libres. — Écoles 15

CHAPITRE IV

Charles XV, roi de Suède et de Norvège. — Son accueil amical. — Conversation sur différents sujets. — Sa sympathie pour les Français. — Il est opposé à la peine de mort. — Une visite au palais Ulriksdal. — Goûts de Sa Majesté. — Le parc Haga. — Un dimanche en Suède. — Palais de Rosendal. — Un visiteur matinal. — Photographies. — Mort du roi Charles. — Regrets sur sa perte. 30

CHAPITRE V

Appareillage vers le soleil de minuit. — Navigation à vapeur dans la Baltique. — Caractéristique des passagers. — Arrangement. — Aspect de la côte. — Débarquement. — Fêtes à bord. — Un hameau. — Haparanda. — Manière de voyager. 40

CHAPITRE VI

La contrée en dedans du cercle Arctique. — Je quitte Haparanda. — Une station finnoise. — Les moustiques. — Conducteurs féminins. — Bonté du peuple pour les bêtes de somme. —Fermes confortables. — Un hameau. — Le soleil de minuit. — Sattajärvi. — Désir d'aller en Amérique 59

CHAPITRE VII

Deux manières d'aller au nord. — Traversée de la Torne. — Montée de Muonio — Une station de bateaux. — Fabrication du goudron. — Fourmis. — Muoniovaara. — Le Palojoki. — Pluie d'orage. — Fermes solitaires. — Pêcheurs. — Une maison de refuge. — Descente vers la mer Arctique 75

CHAPITRE VIII

L'île de Magerö. — Gjaesver. — Saleté des maisons de pêcheurs. — Charmant foyer septentrional. — Bétail carnivore. — Temps pluvieux et changeant. — Fiord verdoyant. — Ascension du cap Nord. — Paysage désolé. — Un oiseau errant. — Le soleil de minuit. 111

CHAPITRE IX

Fusion du lever et du coucher du soleil. — Bodö. — A travers la péninsule scandinave. — Venset. — Vallée Saltdalen. — Rognan. — Mes voyages africains en Norvège. — Gens simples et contents. — Race primitive. — Hameau abandonné. — Hospitalité. — Filles du village d'Almindingen. — Dîner de famille. — Storjord. — Légendes de la côte. — Le précipice Kvaen et la baie de l'Homme mort. — Orage arctique. — Lang-Vang. — Puces scandinaves. — Skjönstuen. — Fagerli. — Ferme de Larsen. — Candi, billon et baisers. — Moulins à blé. — Préparatifs pour traverser le pays. — Mon bagage et mes provisions 119

CHAPITRE X

Tenue d'été laponne. — Scène aride et désolée. - Sulitelma et son grand glacier. — Campement lapon. — Intérieur désagréable. — Malpropreté et vermine. — Bon traitement.— Dure existence. — Le lac Pjeskajaur. — Passage à gué de la rivière. — Tente laponne. — Aspect des femmes et des hommes. — Vases et cuillers, nouvelle manière de les laver. — Arrivée d'un troupeau de rennes. — Le lait et la façon de le traire. — Fromage de renne. — Voyage difficile. — Njungis. — Qvickjock. — Niavi. — Jockmock. — Le baron de Düben. — Feux dévastateurs. — Vuollerim. — Superbes chutes. — Lulea. — Prison. — Ivrognerie. — Réception par le gouverneur 135

CHAPITRE XI

Climat d'été en dedans du cercle Arctique. — Végétation 165

CHAPITRE XII

Les saisons près du cercle Arctique. — Maisons de ferme. — Chambre de réception et cuisine. — Nourriture habituelle. — Holmsund. — La maison D... et Cie. — Sa prévoyance et sa philanthropie. — Umea. — Réception par le gouverneur. — Écoles d'agriculture. — Un accueil cordial. — Un charmant jardin. — Plats natifs. — Scène religieuse. — Jolis noms de femmes. — Banques. — Un cas de fièvre typhoïde. . . . 170

CHAPITRE XIII

Provinces méridionales de Westerbotten. — Angermanland. — Une belle rivière. — Ornsköldsvik. — Une côte pittoresque. — Hernôsand. — Je quitte Hernôsand. — Une route charmante. — Scène rurale. — École d'agriculture à Nordvik. — Beaux bâtiments. — Quartiers des étudiants. — Règlements. — Accueil hospitalier. — Un dîner. — L'hôtesse. — Honnêteté du peuple. — Amélioration dans la végétation. — Pommiers. — Le hameau de Nora. — Changements de température. — Une réunion. — La rivière Angermann. — Une belle ferme. — Grande hässja. — Fabrication du beurre. — Harmanger. — L'église paroissiale. — Épitaphes dans le cimetière. — Comment on a soin du pauvre. — Funérailles à Njutanger. 182

CHAPITRE XIV

D'Ostersund en Norvège. — Maisons de fermiers en Jemtland. — Paysage sur la route. — Un troupeau de bétail. — La ville d'Ostersund. — Une confiante hôtesse. — Frösö. — Fossoyeurs. — Départ d'Ostersund. — Forêts immenses. — Gibier. — Une pittoresque contrée. — Une cheval intelligent. — Areskutan. — La frontière norvégienne. — Descente vers la mer. — Scène superbe. — Une ancienne ferme. — Levanger. — Un district fertile. — Trondhjem. —. 192

CHAPITRE XV

Fin de la saison du touriste. — Mauvais temps. — Voyage avec une jeune dame. — « Prenez garde à vos courroies. » — Un cheval paresseux et intelligent. — Une ferme de montagne. — Les montagnes Dovre. — Destruction des récoltes. — Gelée. — Désespoir des fermiers. — Une tempête de neige. — Traînage en Septembre. — La Romsdal. — Belle vue. — Nombreuses chutes d'eau. — Une confortable auberge de campagne. — Le fiord Molde. — La ville de Molde. — Dîner chez le gouverneur. — Routes commodes. 210

CHAPITRE XVI

BERGEN

Le port de Bergen. — Fondation de la ville. — Un endroit pluvieux. — Le marché au poisson. — Une vision de beauté féminine. — Une intéressante école industrielle. — La cathédrale. — Confirmation. — Jours de changement des servantes. — Aspect animé du Strandgaden. — Hospitalité de Bergen. 223

CHAPITRE XVII

LES FIORDS

Fiords de Scandinavie. — Leurs murs et vallées terminales. — Action des glaciers. — Terrasses ou brèches de mer. — Phénomènes et causes. — Lignes de côtes et marques de la mer. — Élévation et abaissement du pays dans les temps modernes. — Ne peut être utilisé comme mesure de temps. — Vues du professeur Kjerulf sur ce sujet. — Théories de l'iceberg et du glacier. — Mouvements inégaux et intermittents, et longues périodes de repos. — Changements dans le climat et dans la distribution de la vie des plantes et des animaux 238

CHAPITRE XVIII

LES GLACIERS DE LA SCANDINAVIE

Immenses champs de neiges perpétuelles. — Sources des glaciers. — Comment on les appelle. — Glaciers au nord du cercle Arctique. — Glacier au sud du cercle Arctique. — Étude sur la naissance et l'accroissement d'un glacier. — Causes de sa formation. 249

CHAPITRE XIX

LE FIORD SOGNE

Le Sogne. — Entrée du fiord. — Profondeur du fiord. — Les branches latérales et leur profondeur. — Bönder à bord des steamers. — Passagers de troisième classe. — Vallée des fiords. — Le fiord Fjaerland. — Glaciers. — Je quitte le Fjaerland. — Le fiord Sogndal. — La vallée Sogndal. — Vue superbe du fiord. — Un beau cône. — Le fiord Lyster.. 253

CHAPITRE XX

LES SNEBRAEER JUSTEDAL

Les glaciers Justedal. — Vastes champs de neige. — La vallée et l'église de Justedal. — Le glacier Nygaard. — Faaberg. — Maisons de ferme malpropres. — Peu engageant. — Draps de lit. — Un saeter. — Aspect du glacier Lodal. — Une superbe caverne de glace. — Marche du glacier. — Un glacier, rivière de glace. — Mouvement d'un glacier. — Moraines. — Le glacier Stegcholt.. 260

CHAPITRE XXI

Deux agréables connaissances. — Une invitation à visiter Krokengaard. — Arrivée à la ferme. — Un hôte vénérable. — Une réunion de famille. — Une dame de Hollande. — Un jeu de croquet. — Fruits délicieux. — Foyer d'un gentleman. — Vie auprès du fiord. — Familles industrieuses. — Hospitalité scandinave. — Dîner d'adieu. — Adieu à Krokengaard. 266

CHAPITRE XXII

LE FIORD AARDAL

Le fiord Aardal. — Sa splendide entrée. — Vallées sauvages des fiords. — Bateaux sur le lac. — Retour des saeters. — Un lac lugubre. — La ferme Moen. — La Hjaelledal-foss et la Hagadal-foss. — La ferme de Hofdal. — La ferme de Vetti. — Le Mark ou Vetti-foss. — Le fiord Aurland. — Le fiord Naero. — Grandeur de la scène. — Gudrangen. — La Naerodal. — La brèche de Stalheim. — Un beau paysage. — Vossevangen. — Le fiord Graven. 274

TABLE

CHAPITRE XXIII
LE RIANT HARDANGER

Le fiord Hardanger. — Ses beaux paysages. — Melderskin. — Rosendal. — Tempêtes d'automne. — Un dimanche sur le fiord. — Toilette de la fiancée. — Fiancés en route pour l'église. — Ulvik. — Cour de justice. — La ferme Lione. — Accueil amical de Lars. — L'Eidfiord. — Une bourrasque. — Eau merveilleusement phosphorescente. — Vik. — Voyage à la Voringfoss. — Une vue superbe. — Le Sor-fiord. — Les plus charmants fiords de la Norvège. — La Tyssedal-foss. — Le lac Ringedal. — Eau bleu foncé. — La Skjaeggedal ou Rengedalfoss. — Norvège. — Belle chute d'eau. 292

CHAPITRE XXIV
LES SAETERS

Les saeters. — Époque du départ pour les montagnes. — Préparatifs avant de se rendre aux saeters. — Hameaux déserts. — Départ de Stavanger. — Samson. — La vallée Suledal. — Réception au presbytère. — Ferme de Samson. — Le lac Suledal. — Sur les montagnes à Rôldal. — Le Valdal. — Le saeter Valdal. — Une famille de Hardanger. — Vie du saeter. — Dimanche. — Départ du père pour la ferme. — Hautes montagnes. — Neige rouge. — Le saeter Björn-Vand. — Ambjör et Marthe. — Adieu au saeter Björn-Vand. 320

CHAPITRE XXV

Christiania. — Latitude de la ville. — Caractéristique de ses habitants. — Maisons. — Manière de vivre. — Peuple hospitalier et bon. — Foyers délicieux. — Société de Christiania. — Un repas royal. — Convives distingués. — Écrivains norvégiens. — Le Palais Royal. — L'université. — Édifices publics. — Les environs de la ville. — Le fiord Christiania. — Oscar Hall. — Saeter Frogner. — Sarabräten. — Départ de la ville. 339

CHAPITRE XXVI

L'île de Gotland. — Wisby. — Son ancienne importance commerciale. — Saga sur l'île. — Restes des anciens temps. — Pierres commémoratives. — Les anciens habitants Wikings. — Fortifications et ruines de Wisby. — Son ancienne prospérité et sa chute. — Vieilles monnaies. — Marchands princiers. — Églises. — Dixième, onzième et douzième siècles. — La crypte de Saint-Göran (Saint-Georges). — Saint-Lars. — Saint-Nicolas. — Ruines. — Excursions dans l'île. — Nombreuses églises. — Un pays fertile. 345

CHAPITRE XXVII

Upsal. — L'Université. — Les Nations. — La bibliothèque. — La cathédrale. — La vieille Upsal. — Les monticules du roi. — Surexcitation en ville. — Les étudiants. — Chant en chœur. — Sérénades aux jeunes dames. — Chant. — Cérémonie accompagnant la délivrance des grades. — Diplômes. — Le banquet. — Menu. — Le bal. — Jeunes dames suédoises. — Le Gouverneur de la province. — Sa descendance écossaise. — Le vieux château. — Un concert. — Dîner au château. — Une charmante famille. 364

CHAPITRE XXVIII

Les âges de la pierre, du bronze et du fer en Scandinavie. — Climat du premier âge de la pierre. — Extinction des grands mammifères, après le premier âge de la pierre.

— Kjökkenmödlinger, ou amas de coquilles. — Les constructeurs des tombes de l'âge de la pierre. — Ustensiles grossiers. — Poteries. — Quatre différents groupes de tombes. — Tombes en morceaux de pierres. — Tombes à passage. — Cercueils de pierre. — L'âge du bronze. — Étrange rocher gravé. — Tombes avec ossements brûlés et non brûlés. — Ustensiles et ornements de bronze et d'or. — Poteries de l'âge du bronze. — Rocher gravé avec chevaux et bétail. — Fin de l'âge du bronze. 377

CHAPITRE XXIX

PREMIER, DEUXIÈME ET DERNIER AGE.

Les premier, moyen et dernier âges du fer en Suède et en Norvège. — Leur durée. — Trouvailles de coins étrangers. — Rapports commerciaux avec les Romains. — Tombes nombreuses de l'âge du fer. — Intéressantes trouvailles de l'âge du fer. — Beaux objets ou ornements de bronze, argent et or. — Accoutrement d'un chef norse. — Valeur des objets de verre. — *Baustastenar* (tombes). — Les Runes. — Alphabet runique. — Runes anciennes et récentes. 411

CHAPITRE XXX

LE DERNIER AGE DU FER OU DES VIKINGS.

Le dernier âge du fer ou Viking. — Apparition subite des Vikings dans l'Europe occidentale et méridionale. — Armes dont se servaient les Vikings. — Expéditions pacifiques et guerrières. — Inscriptions intéressantes sur des pierres runiques. — L'ancien pont de Täby. — Ponts avec pierres runiques. — Coutumes et habitudes des Scandinaves dans la dernière partie de la période païenne. — Manière de bâtir. — Point de cheminée. — Forts de pierre. — Restes à Ismanstorp. — Ustensiles de ménage. — Manière d'enterrer pendant l'époque viking. — Une pierre runique remarquable. — Construction de vaisseaux chez les Norses. — Grandes flottes. — Pierre runique expliquant les formes des vaisseaux. — Navire viking trouvé dans la Norvège méridionale. — Comment on enterrait les Vikings. 421

CHAPITRE XXXI

Foires en Scandinavie. — Foire à Laerdalsoren. — Arrivée à la foire par bateaux. — Une place encombrée. — Costumes du district de Laerdal. — Articles de vente. — Comment le peuple est logé aux foires. — Marchandises populaires. — Bons moments. — Paroxysme de la foire. — Une foule joyeuse. — Manière de faire la cour. — Arrangements. — Scène d'adieu. 438

CHAPITRE XXXII

Un superbe grand chemin. — Entrée de la Laerdal. — Le portail de Lysne. — Le défilé de Galderne. — Abondance de saumon. — La ferme de Husum. — Le vieux Roar Halversen. — Comment on hérite des noms de famille. — Indépendance du peuple. — Comment une ferme passe d'un père à son fils. — Une touchante scène de famille. — La nourriture des districts ruraux. — L'ancienne église de Borgund. — Adieu à Husum et à Laerdal. 443

CHAPITRE XXXIII

La ferme de Nystuen. — Une maison de refuge. — Vie à Nystuen. — Descente dans Valders. — Costume de Valders. — Hospitalité en Vang. — Étiquette parmi les Bönders. — Caractère du bonde norvégien. — Habileté des bönders. — Rites sacrés d'hospitalité. —

Comment je vins à Vang. — Un Storthingsmand. — L'Église de Vang. — Un ecclésiastique modèle. — Travaux du pasteur de la paroisse. — Ferme de Haugen. — Comment les invités sont traités. — Naissance d'un enfant à Haugen. — Ferme de Nertröst. — Un baptême. — Danse en Valders. — Amis célibataires. 454

CHAPITRE XXXIV

Norvège méridionale. — Un long grand chemin. — La population fermière. — Belles fermes. — Maisons confortables. — Villes de Norvège. — Comment on maintient la paix publique. — Pieux excursionnistes. — La demeure d'un juge. — Prestation de serment. — Saetersdal. — Un peuple de haute taille. — Costumes de Saetersdal. — Vieux Stabburs en Osse. — Caractère du peuple du Saetersdal. — Valle. — Paul Paulsen. 467

CHAPITRE XXXV

Thelemarken. — Un beau type de peuple. — Costumes. — Mécomptes en voyage. — Une chambre dans une vieille ferme. — Entrées dans Thelemarken. — Le Baudaks Vand. — Mines d'argent de Kongsberg. — La ferme de Bolkesjo. — Un riche fermier. — Maison intéressante à Bolkesjo. — Le lac Tin. — La Rjukandfoss. — Le lac Silgjord. — Ma première connaissance avec Silgjord. — Je suis les troupeaux de bétail. — Réception de mes amis de Thelemarken. 475

CHAPITRE XXXVI

Thelemarken supérieure. — Mjös Vand. — Superbe truite. — Un étrange Dr Dunk. — Charme des voyages à pied. — Popularité du rifle Remington. — Totak Vand. — Costume de Thelemarken supérieure. — Vieux bâtiments. — Église de Raudland. — Légende du cheval brun de Furnaes. — Ferme de Raudland. — Ferme de Berge. — Manière primitive de faire la cour. 483

CHAPITRE XXXVII

Songadal. — Un orage dans les montagnes. — Chevaux solitaires. — J'arrive à un saeter. — Course dans la montagne. — Arrivée à Baerunuten. — L'approche de l'hiver. — De Grungedal a Haukalid fjelds. — Le lac Stad. — Le saeter Haukelid. — Une tempête de neige. — Knut Björgufsen. — Ferme de Havredal. — Le Havredal. — Une fête à Havredal. — Sur la route de Röldal. — Bienvenue à Röldal. — A travers le Hardanger. 492

FIN DE LA TABLE

Paris. — Imp. P. Mouillot, quai Voltaire, 13. — 23570

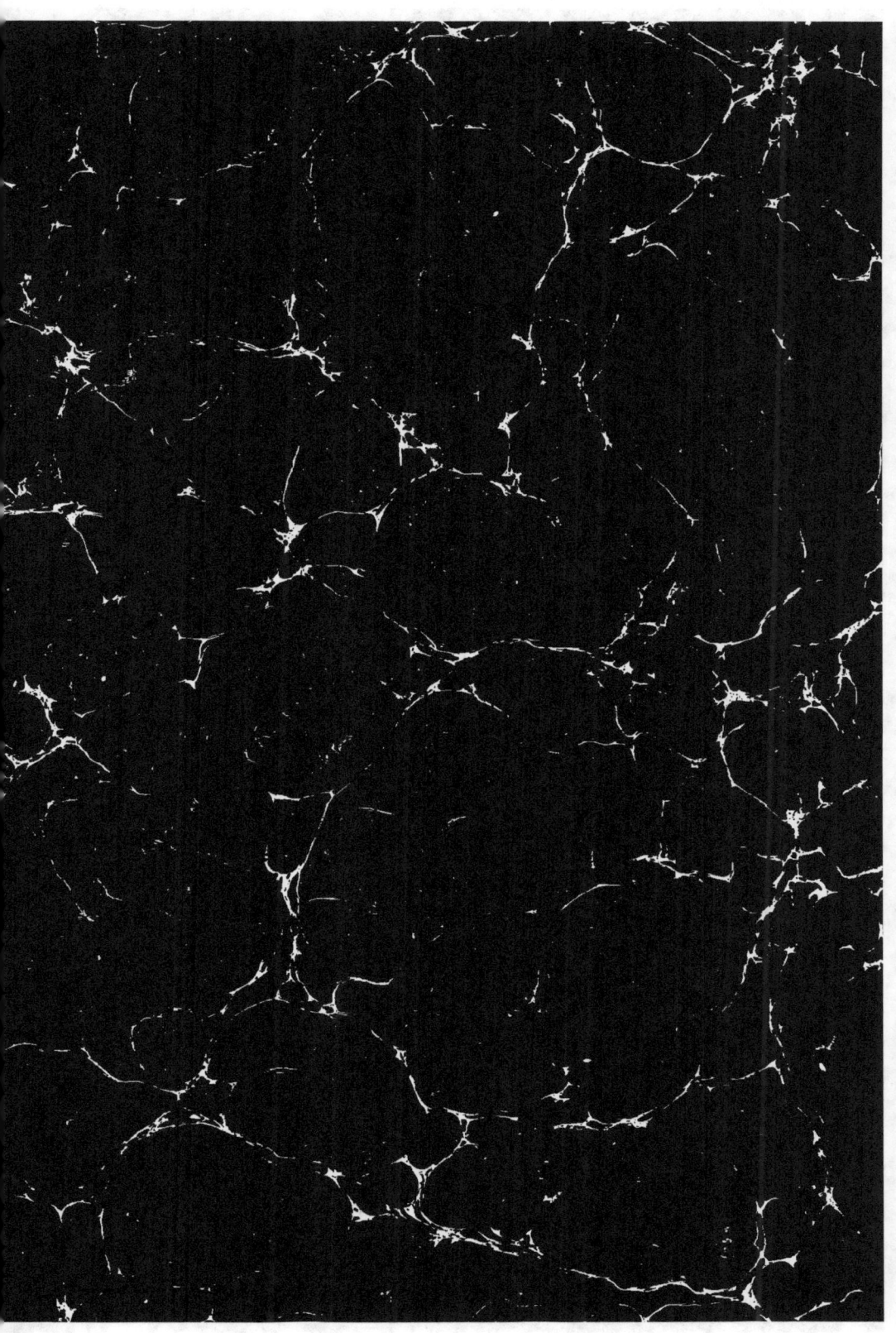